ULRICH BENTZIEN

BAUERNARBEIT IM FEUDALISMUS

AKADEMIE DER WISSENSCHAFTEN DER DDR
ZENTRALINSTITUT FÜR GESCHICHTE

Veröffentlichungen
zur Volkskunde und Kulturgeschichte

ULRICH BENTZIEN

Bauernarbeit im Feudalismus

Landwirtschaftliche Arbeitsgeräte und -verfahren
in Deutschland
von der Mitte des ersten Jahrtausends u. Z. bis um 1800

Mit 110 Abbildungen im Text und 26 Fotos auf 16 Tafeln

AKADEMIE-VERLAG · BERLIN
1980

Karl Baumgarten gewidmet

Erschienen im Akademie-Verlag, DDR - 108 Berlin, Leipziger Straße 3—4

Lizenznummer: 202 · 100/219/80
Gesamtherstellung: VEB Druckhaus „Maxim Gorki", 74 Altenburg
Umschlaggestaltung: Nina Striewski
Bestellnummer: 753 512 5 (2034/67) · LSV 0705 · P 85/78
Printed in GDR
DDR 28,— M

Inhaltsverzeichnis

Vorwort

Die Kapitel dieses Buches beruhen auf Studien, die hier sämtlich erstmals bzw. erstmals vollständig veröffentlicht werden. Eine Ausnahme bildet nur der zweite Teil des 4. Kapitels (S. 194—235), der unter dem Titel „Fortschritte und Fortschrittsträger der deutschen Landwirtschaft im 18. Jahrhundert“ im Jahrbuch für Volkskunde und Kulturgeschichte 21 (1978) S. 125—165 vorauspubliziert worden ist. Der erste Teil des Kapitels 4 (S. 141—194) wurde dagegen im Vergleich zu seiner Vorauspublikation unter dem Titel „Der agrartechnische Standard in Deutschland am Vorabend der bürgerlichen Agrarreformen“ (In: Probleme der Agrargeschichte des Feudalismus und Kapitalismus, Teil 9, Rostock 1977, S. 49—91) beträchtlich erweitert; ebenso das gesamte Kapitel 3, das zuerst unter dem Titel „Arbeit und Arbeitsgerät der Bauern zur Zeit des deutschen Bauernkrieges“ (In: Der arm man 1525. Volkskundliche Studien, hrsg. von Hermann Strobach, Berlin 1975, S. 22—51) erschienen ist. In beiden Fällen bietet die jetzige Buchveröffentlichung die ausführlichere Information. Die Kapitel 1 und 2 werden hier zum ersten Mal publiziert.

Dieses Buch ist langsam gewachsen — vor allem in die Breite. Ausgehend von meinem Spezialgebiet, den Pfluggeräten, habe ich mich bemüht, mir Kenntnisse über weitere wesentliche Bereiche der bäuerlichen materiellen Kultur der Produktionssphäre anzueignen und sie in die Untersuchung einzubeziehen. Sachlich umfaßt die Darstellung somit Feldsysteme, Düngung, Pflüge, Eggen, Walzen, Schollenhämmer, Ernte- und Dreschgeräte nebst den dazugehörigen Verfahren, ferner Kulturpflanzen des Feldbaus sowie die Haustierhaltung, also entscheidende Bereiche der gesamten Landwirtschaft. Zu den Abbildungen vergleiche man stets auch die Nachweise S. 262ff.

Das Zustandekommen dieses Buches wurde durch verschiedene Umstände und Personen maßgeblich gefördert. Wesentliche Anstöße gingen ab 1970 vom Autorenkollektiv des volkskundlichen „Abrisses“ sowie von dem der „Geschichte des deutschen Volkes“ (Grundriß) aus. In beiden Fällen waren Materialbeiträge bzw. Studien zu erbringen, die mich vor die Aufgabe stellten, eine altvertraute Thematik nicht nur zu erweitern, sondern sie erstmals auch überregional und vor allem konkret-historisch — im Rahmen universal- und nationalgeschichtlicher Periodisierung — abzuhandeln. Hilfe und ermutigender Zuspruch kamen dabei von den Kollegen der Wissenschaftsbereiche Kulturgeschichte/Volkskunde (Leiter: Bernhard Weißel) und Feudalismus (Leiter: Adolf Laube) im Zentralinstitut für Geschichte, aber auch von Historikern anderer Sparten und Institutionen. Dankenswerte praktische Hilfe durch Gutachten über einzelne Kapitel leisteten der Archäologe Eike Gringmuth-Dallmer, der Mediävist Siegfried Epperlein und der Wirtschaftshistoriker Hans-Heinrich Müller. Von meinen Kollegen hat mich namentlich Rudolf Quietzsch in selbstloser Weise unterstützt, indem er zunächst bei seinen Materialerschließungen jahrelang Belege für mein Vorhaben mitgesammelt und schließlich auch alle

Kapitel fachmännisch korrigiert hat. Das gesamte Manuskript wurde auch gelesen von Hermann Strobach, der mich vor allem in wichtigen theoretisch-methodologischen Fragen kollegial beraten hat, sowie von Siegfried Neumann, der als Volkskundler und als einstiger Landwirtschaftspraktiker ständig freundschaftlichen Rat spendete. An der Bereitstellung historischer Bildzeugnisse hatte Claus Kreuzberg zeitweiligen Anteil. Allen genannten und ungenannten Helfern sei gedankt.

Trotz aller Anregung und Hilfe hätte mich der Mut zum Niederschreiben dieses Buches vielleicht dennoch verlassen. Denn jeder Wissenschaftler glaubt ja ernsthaft, angesichts der Breite und Kompliziertheit seines Arbeitsgebiets, der schwierigen Quellenlage und des ungleichmäßigen Forschungsstandes sei gerade die von ihm geforderte „Gesamtdarstellung“ ein unerhörtes Wagnis. Möglicherweise wäre also das Buch tatsächlich nicht zustandegekommen, hätte mir nicht das Entstehen einer anderen Arbeit — vergleichbar im Gegenstand, im Untersuchungsraum und in der Periodisierung — als aufmunternder Rückhalt gedient: Karl Baumgartens „Geschichte des deutschen Bauernhauses“, verfaßt von einem Autor, der sich in seinem siebenten Lebensjahrzehnt an eine solche Gesamtdarstellung gewagt und sie bewältigt hat. Nachdem in früheren Phasen in Mecklenburg angesiedelte gemeinsame Feldforschungen, Archivarbeiten und Publikationen den Schüler mit dem Lehrer verbunden hatten, sind nunmehr zwei vergleichbare Bücher neuer Art gleichsam Schreibtisch an Schreibtisch entstanden — eine glückliche Konstellation, der ich viel verdanke und die mich bestimmt, dieses Buch Karl Baumgarten zu widmen.

Übrigens teile ich mit Karl Baumgarten auch die Ansicht, daß die überregionale Synthese keine immerwährende Forschungsrichtung des Volkskundlers sein sollte und durch materialintensive Analysen in der Region ständig ergänzt werden muß.

Rostock, Neujahr 1978

Einleitung

In jenen Zeitabschnitten, mit denen sich die Kapitel dieses Buches beschäftigen, war landwirtschaftliche Arbeit die am häufigsten verrichtete Arbeit überhaupt. Bauern und Bäuerinnen, Knechte und Mägde, Tagelöhner und ihre Frauen, aber auch Mönche und Konversen, Pfarrer und Dorfschulmeister, Ackerbürger und Handwerker waren landwirtschaftlich tätig, ernährten sich und den kleineren, allmählich wachsenden Teil der nichtagrarischen Bevölkerung durch die Landwirtschaft. Ihre Zahl war groß — nicht nur relativ, sondern sogar absolut größer als die Zahl jener, die heute in Mitteleuropa mit moderner landwirtschaftlicher Produktion zu tun haben. Aber ihr Fachwissen war dürftig, die Produktivität gering, die Qualität der Instrumente und der Produkte mangelhaft im Vergleich zu heutigen Verhältnissen. Alltäglichkeit und Dürftigkeit, Tiefstand der Produktivität und des Kulturniveaus — all das macht die Beschäftigung mit bäuerlichen Arbeitsgeräten und -verfahren im Feudalismus nicht gerade attraktiv. Einst — im Zeitalter der Neolithischen Revolution — hatten wohl Bodenbau und Haustierwerdung eine weltbewegende Rolle gespielt und schrittweise den ganzen Kontinent für die bäuerliche Lebensweise gewonnen; und auch die vorrömische und römische Eisenzeit hatte noch einmal aufsehenerregende Fortschritte etwa durch die Herausbildung der eisernen Pflugschar oder die Erreichung eines vorläufigen Maximums bei den Haustiergrößen gebracht. Im Kapitalismus schließlich begann mit zunehmender Technisierung und Chemisierung ein stürmischer Aufschwung der agrarischen Produktion, der anhält und in unseren Tagen in vielen Ländern zum Vorteil der Bauern, der Landarbeiter und aller Werktätigen mit den Vorzügen des Sozialismus verbunden ist. Aber die dazwischen liegende Zeit? Während des Feudalismus gab es im agraren Bereich kein revolutionäres Wachstum der Produktivkräfte. Dennoch wirkte auch zu dieser Zeit die Produktivkraft der Arbeit als Kontinuum des gesellschaftlichen Fortschritts, schuf — nach dem treffenden Wort von Engels — die „stille Arbeit der unterdrückten Klassen" die Voraussetzungen dafür. Bauern sicherten die gefährdete Kontinuität landwirtschaftlicher Produktionserfahrungen im Übergang zum Feudalismus; auf dem bäuerlichen Mehrprodukt beruhte das Hinüberwachsen des Feudalismus in seine warenwirtschaftliche Phase; bäuerliche Produktionssteigerungen und bäuerlicher antifeudaler Klassenkampf halfen schließlich den Feudalismus zu untergraben. Bäuerliche Arbeit im Feudalismus verdient also die volle Aufmerksamkeit der Forschung, und sie hat sie — unterschiedlich motiviert — auch schon seit längerem gefunden.

In einer wissenschaftsgeschichtlichen Untersuchung zum Gegenstand *Bäuerliche Arbeit und Wirtschaft* hat W. Jacobeit[1] die entsprechenden Erfolge, aber auch ernste Versäum-

[1] Jacobeit 1965, passim.

nisse der bürgerlichen deutschen Volkskunde in der Vergangenheit namhaft gemacht und zugleich Leistungen von Nachbardisziplinen (Philologie, Regionalgeschichte, Museumskunde u. a.) gewürdigt. Die wissenschaftsgeschichtliche Situation ist demnach zwiespältig. Etwas zugespitzt läßt sie sich so charakterisieren: Wo auf unserem Feld bedeutende Ergebnisse vorliegen, waren keine Volkskundler am Werk, und wo die Volkskunde gewirkt hat, waren bäuerliche Arbeit und Wirtschaft kein Forschungsgegenstand. In der akademischen bürgerlichen Volkskunde unseres Jahrhunderts herrschten in Deutschland Forschungsrichtungen vor, die den „materiellen“ Bezirk der Volkskultur weitgehend negierten und die „geistigen“ — sprachlichen und brauchtümlichen — Äußerungen bevorzugten, wie dies u. a. durch die sogenannte psychologistische Richtung der zwanziger und dreißiger Jahre geschah. Dies hatte schwerwiegende negative Auswirkungen auf die Forschungspraxis und brachte Deutschland hinsichtlich dieses Untersuchungsbereichs der Volkskultur in einen erheblichen Rückstand gegenüber anderen Ländern, beispielsweise Schweden, Polen oder Ungarn. Positive Gegenbeispiele innerhalb und vor allem außerhalb der Volkskunde hat es im deutschsprachigen Gebiet immerhin gegeben, und ihre Zahl ist seit 1945 und noch einmal seit 1965, dem Erscheinungsjahr von Jacobeits Buch, beträchtlich — wenngleich in unterschiedlicher Weise — angewachsen. Hat sich die Situation gewandelt?

Gewandelt hat sich jedenfalls zunächst die Stellung zu den wissenschaftlichen Traditionslinien. War es in den sechziger Jahren noch angebracht, angesichts der Vernachlässigung des Forschungsgegenstandes alle irgend greifbaren Aktivitäten zur Erforschung bäuerlicher Arbeit und Wirtschaft gleichsam als positives Erbe zur Begründung eines komplexen Bildes bäuerlicher Kultur und Lebensweise zu nutzen, so fällt heute, nachdem eben diese Komplexität des Bildes außer Frage steht, die Einschätzung notwendigerweise differenzierter aus. Wir sehen jetzt beispielsweise deutlicher, daß, sofern die bürgerliche Forschung sich unserem Untersuchungsgegenstand zuwandte, ihre Behandlung der bäuerlichen materiellen Kultur — ob des Bauernhauses oder des Geräts — im Grunde genommen von der gleichen ideologischen Position her erfolgte wie die Untersuchung der geistigen Kultur oder anderer Erscheinungen. Die verdienstvolle Beschäftigung mit dem vernachlässigten „materiellen“ Untersuchungsgegenstand zeitigte normalerweise keine abweichenden Forschungsansätze und -ergebnisse. Das betrifft den idealistischen Kern ebenso wie die konkreten Zielvorstellungen. Bäuerliches Arbeitsgerät diente der älteren Forschung als Grundlage „stammesmäßiger“ Zuweisungen, es war sodann „Beweismittel“ germanisch-deutscher Überlegenheit und blieb schließlich seitens der revanchistischen „Volkskunde der Heimatvertriebenen“ nicht unberücksichtigt.[2] Nicht an der Wahl des Untersuchungsgegenstandes scheiden sich die Geister, sondern an der weltanschaulichen Position.

Auf der Ebene allgemeinster Bewertung des Phänomens *Arbeit* zeigt sich der idealistische Kern in der bürgerlichen deutschen Volkskunde besonders dauerhaft. W. H. Riehl hatte sein Buch „Die deutsche Arbeit“ (1861) ausdrücklich „wider den modernen Materialismus“ konzipiert und klar herausgestellt, daß der „Geist“ die „Arbeit“ verwirkliche.[3] Mehr als hundert Jahre später (1965) wird in der kulturanthropologischen Konzeption zur *Arbeit* durch den seinerzeit führenden Volkskundler der BRD, G. Heilfurth, zwar

[2] Vgl. etwa Braungarts Schriften (Titel bei Leser 1931, S. 586f.); Maybaum 1934; Harmjanz 1936, S. 15f.; Schier 1939/40; Kasparek 1959/60.

[3] Riehl 1883, S. 7, 10.

an erster Stelle auf die „Realstrukturen der Arbeit" hingewiesen, jedoch mit dem mystifizierenden Schlußbekenntnis, „daß es hinter und über der Arbeit formative Kräfte gibt, die für die vita humana ebenso wichtig sind, vielleicht wichtiger."[4]

Auch die engere Arbeitsgeräteforschung innerhalb der bürgerlichen deutschen Volkskunde hat — soweit es die theoretische Dimension betrifft — ihren idealistischen Kern bewahrt und sogar zu befestigen versucht. Das an sich legitime Bemühen, über die Geräte hinaus den damit arbeitenden Menschen erfassen zu wollen, richtet sich weniger auf rational deutbare „Zweckbeziehungen" zwischen Gerät und Mensch, sondern letztlich „auf die Hauptelemente des irrationalen Verhältnisses zwischen Mensch und Ding".[5] Als zentrale Termini wählte man *Dingbeseelung* (nach O. Höfler),[6] *Gestaltheiligkeit* (L. Schmidt)[7] und — zurückhaltender — *Dingbedeutsamkeit* (K.-S. Kramer).[8] Abgesehen von dem Versuch des Österreichers L. Schmidt, die „Gestaltheiligkeit im bäuerlichen Arbeitsmythos" durch die Formkonstanz der Bogensichel nachzuweisen, hat diese mythologische Richtung freilich kaum eine Anwendung erfahren, während der oben erwähnte kulturanthropologische Ansatz G. Heilfurths zwar ebenfalls nicht durch die BRD-Sachvolkskunde selbst, aber immerhin in Gestalt zweier größerer deutschsprachiger Publikationen,[9] von denen die eine in G. Heilfurths Institutsreihe erschienen ist, entsprechend exemplifiziert wurde. — Auf weitere Theorien und Methoden, die am Komplex der bäuerlichen Arbeit praktiziert wurden — u. a. den technologischen Determinismus L. Whites und die „kulturräumliche" Sicht G. Wiegelmanns — wird unten in den einzelnen Querschnittsanalysen eingegangen werden.

Allgemein kann man feststellen, daß sich die jeweils herrschenden theoretisch-methodischen Leitbilder auf die empirische Forschung bzw. die konkrete Darstellung des bäuerlichen Arbeitslebens durch bürgerliche Volkskundler und Vertreter benachbarter Disziplinen nur teilweise oder bedingt ausgewirkt haben bzw. auswirken. Solche Ideen, wie sie der mythologische Begriff „Gestaltheiligkeit" vermittelt, oder kulturanthropologische Theorien, die in einem Geräteensemble „Populationen" mit verschlungenen Systembeziehungen wahrnehmen, waren bisher kaum in der Lage, Sammlerfreude und Schreiberfleiß nachhaltig zu beeinflussen. Dagegen sind romantische Auffassungen vom „Urväter"-Charakter allen nicht-industriell gefertigten bäuerlichen Geräts und Hausrats einst bis weit in den Kreis regional und lokal tätiger Laienforscher vorgedrungen und leben dort teilweise noch heute; sie haben übrigens respektable Leistungen nicht ausgeschlossen, deren bedeutendste im deutschen Sprachgebiet W. Bomann mit seinem ahistorisch angelegten, aber stoffreichen und daher erkenntnisfördernden Buch über bäuerliches Hauswesen und Tagewerk im „alten" Niedersachsen[10] erbracht hat. Obgleich gewiß niemals „jenseits der Ideologien"[11] angesiedelt, existieren aus bürgerlicher Feder außerdem viele andere auswertbare, materialintensive ältere und jüngere Publikationen, ohne die der hier vorgelegte Versuch einer zusammenfassenden historischen Darstellung gar nicht hätte

[4] Heilfurth 1965, S. 30 (= 1967, S. 16).
[5] Kramer 1962, S. 91, 99.
[6] Vgl. ebda. S. 99.
[7] Schmidt L. 1950a.
[8] Kramer 1962, S. 100.
[9] Fél-Hofer 1972 (Hrsg.: G. Heilfurth), vgl. dazu meine Rezension in JVK 17 (1974), S. 277 bis 279; ferner Fél-Hofer 1974, dazu JVK 19 (1976) S. 255f.
[10] Bomann 1927.
[11] Dies das Schlagwort bei Heilfurth 1961.

gewagt werden können. Dabei ist sowohl an einzelne wissenschaftliche Ausnahmeerscheinungen auf dem Gebiet der Volkskunde zu denken, wie sie A. Lühnings ungedruckte (!) Dissertation über die schneidenden Erntegeräte darstellt,[12] als auch an zahlreiche verstreute archäologische, landeskundliche, kunsthistorische oder sprachgeschichtliche Editionen und Untersuchungen, die — unter ganz anderen Aspekten und Themen konzipiert — einzelne Belege lieferten, und zwar letztlich mehr als die Gesamtdarstellungen „führender" Autoren der BRD-Volkskunde[13] und -Agrargeschichte.[14]

Das Unterfangen, bäuerliche Arbeitsgeräte und -verfahren im Feudalismus für das historische deutsche Sprachgebiet zusammenfassend darzustellen, bliebe freilich unlösbar, hätte sich nicht die Volkskunde in der DDR — im Kreise ihrer Nachbardisziplinen — auf ein solches Vorhaben hin praktisch und theoretisch gerüstet. Nachdem zunächst eine „agrarethnographische" Geräteforschung auf völkerkundlicher Grundlage erste Schritte gewagt hatte,[15] sind die wesentlichen Anstöße zur volkskundlichen Erforschung bäuerlicher Arbeit und Wirtschaft wiederum von W. Jacobeit ausgegangen, der an dem von W. Steinitz geleiteten Institut für deutsche Volkskunde die planmäßige Erfassung der einschlägigen Museumsbestände — später auch die Begründung eines ikonographischen Archivs — initiierte,[16] Forschungen zur bäuerlichen und nichtbäuerlichen landwirtschaftlichen Arbeit (darunter das Standardwerk über Schafhaltung und Schäfer) vorlegte[17] und anregte[18] sowie schließlich einen entscheidenden Schritt zur theoretisch-methodologischen Standortfindung tat, indem er die volkskundliche Erforschung bäuerlicher Arbeit und Wirtschaft bzw. die volkskundliche Forschung überhaupt mit der marxistischen Theorie der Produktivkräfte zu verbinden suchte.[19]

Das geschah zu einem Zeitpunkt, da unter den Volkskundlern der DDR, speziell auch unter den sogenannten Geräteforschern, noch zäh um theoretische Klarheit gerungen wurde. Entgegengesetzter Ausgangspunkt war dabei die von Folkloristen und sodann von R. Peesch anhand des Fischereigeräts entwickelte These, daß mündlich-gedächtnismäßiges Tradieren ein Hauptkriterium von Erscheinungen der Volkskultur sei.[20] Der Meinungsstreit mündete dann einerseits in die Frage, ob Kultur und Lebensweise des werktätigen Volkes im 19./20. Jahrhundert — also unter Bedingungen, die jenes Kriterium in vielen Bereichen fraglos nicht aufweisen — noch Gegenstand volkskundlicher Forschung und Geräteforschung sein könnten. Diese Seite des Problems soll hier, da es — aus ganz anderen Gründen — allein um feudalzeitliche Verhältnisse geht, für die das Überwiegen des mündlich-gedächtnismäßigen Bewahrens und Vermittelns gesellschaftlicher Arbeitserfahrungen ja außer Frage steht, vorläufig nicht weiter verfolgt werden. Andererseits ging und geht es um „Integration" oder „Abgrenzung" volkskundlicher Zuständigkeiten — in die bzw. gegenüber der Wirtschaftsgeschichte, Soziologie usw. —, und diese Seite des Problems berührt jeden, auch den mit feudalzeitlichen Verhältnissen

[12] Lühning 1951.
[13] Dühninger 1962; Schwarz 1970 (dazu Rezension in JVK 16, 1973, S. 251).
[14] DA 2–4 (dazu Heitz 1977a).
[15] Kothe 1953, 1954 u. ö.
[16] Jacobeit 1958, 1963 u. ö.
[17] Jacobeit 1957, 1961.
[18] Bentzien 1969 usw.; Quietzsch 1969 u. a.
[19] Jacobeit 1966; vgl. jetzt auch Jacobeit-Müller 1977.
[20] Peesch 1966, 1967.

befaßten Volkskundler, der sich beispielsweise als Geräteforscher immer wieder fragt, wie seinem Gegenstand, der einen Doppelcharakter als Produktionsinstrument einerseits und als Kulturerscheinung andererseits besitzt, theoretisch-methodologisch beizukommen sei.

Die erwähnte wirtschaftsgeschichtliche Orientierung erfolgte nun aber auch zu einem Zeitpunkt, da ein führender Vertreter der Wirtschaftsgeschichte in der DDR eben für seine Disziplin gerade das Eingeständnis abgelegt hatte, „daß wir von einer marxistischen Theorie der Produktivkräfte noch weit entfernt sind.“[21] Und der Historiker E. Engelberg stellte, auf die Forschungspraxis und auf geschichtswissenschaftliche Publikationen in der DDR bezogen, noch Jahre später fest, daß die Darstellung der „Wirkungsweise der Produktivkräfte innerhalb einer Produktionsweise nur zu oft einen fast mystischen Charakter an(nehme), weil die Vermittlungen zwischen Produktivkräften und Produktionsverhältnissen nicht durch konkretes Material aufgezeigt und theoretisch erklärt werden.“[22] Beide Äußerungen sind als Polemiken zu bewerten — denn natürlich gibt es eine marxistische Theorie der Produktivkräfte in ihren Grundzügen, und mystische Anwendung hat sie eigentlich kaum erfahren —, aber sie verweisen auf Desiderate historischer Forschung und machen verständlich, warum ein interdisziplinäres und unter anderem auch volkskundliches Engagement zur Erforschung der Geschichte der Produktivkräfte — und sei es zunächst in Beschränkung auf den agraren Sektor — so willkommen sein mußte. Tatsächlich hat das mehr oder minder zu konstatierende theoretisch-methodologische Defizit denn auch nicht hinderlich gewirkt, sondern die gemeinsame Wegsuche ist bei allen beteiligten und bald auch befreundeten Volkskundlern und Wirtschaftshistorikern mit erfreulichen Ergebnissen verbunden gewesen. Die theoretische Substanz solcher volkskundlichen Arbeiten wie der von U. Bentzien[23] oder R. Weinhold[24] war sicherlich begrenzt (die letztere reflektiert die Problematik der *Produktivkräfte* wenigstens einleitend kurz, die erstere stellt den Begriff *Produktionsinstrumente* eigentlich bloß auf dem Titelblatt heraus). Auf wirtschaftsgeschichtlicher Seite wurde der theoretische Erkenntniszuwachs, wie er sich in dem Torso gebliebenen Werk „Die Produktivkräfte in der Geschichte“[25] abzuzeichnen begann, m. E. ebenfalls übertroffen durch die aus empirischer Forschung gewonnenen konkreten Ergebnisse zur Produktivkraftentwicklung des agrarischen Bereichs, woran verschiedene Autoren Anteil haben.[26] Als bedeutende Leistung sei auch eine — in der DDR erstmals für die mittelalterliche Epoche vorgelegte — populärwissenschaftliche Darstellung des Bauern und der bäuerlichen Arbeit erwähnt,[27] deren Autor S. Epperlein sich übrigens konsequenterweise volkskundlicher Konsultation bediente.

Inzwischen ist in der DDR auch die philosophisch-wirtschaftswissenschaftliche Durchdringung der Produktivkräfte-Problematik weiter vorangekommen. Sie betrifft vor allem Fragen der Wechselbeziehungen zwischen Produktivkräften und Produktionsverhältnissen,[28] aber auch das System der Produktivkräfte selbst, als dessen Grundlage weiterhin der Mensch und die Arbeitsmittel zu gelten haben, wobei zu den „menschlichen Produktivkräften“ nicht mehr nur Arbeitskraft, Arbeitsfertigkeit und Produktionserfah-

[21] Jonas 1964, S. 12 (z. T. entgegen Schuchardin 1963).
[22] Engelberg 1968, S. 1127.
[23] Bentzien 1969.
[24] Weinhold 1973, S. 9f.
[25] Jonas/Linsbauer/Marx 1969.
[26] Berthold 1962 usw.; Müller H.-H. 1967, 1975 usw.; Harnisch 1968; u. a.
[27] Epperlein 1975; vgl. dazu Epperlein 1976.
[28] Eichhorn 1974; Stiehler 1974, S. 40—123; u. a.

rung gerechnet werden, sondern ausdrücklich auch „das kulturelle Niveau der unmittelbaren Produzenten".[29] An diesem Punkt ist die Volkskunde angesprochen, eine marxistische Volkskunde zumal, die sich in der DDR seit etwa 1970 zunehmend kulturgeschichtlich orientiert hat. Diese kulturgeschichtliche Orientierung bietet meines Erachtens objektiv gute Voraussetzungen dafür, zum wissenschaftlichen Nutzen der kooperierenden Disziplinen und vor allem zum eigenen fachlichen Gewinn sich sowohl interdisziplinär zu integrieren als auch fachspezifisch abzugrenzen. Das scheint mir in bezug auf den hier angesprochenen Punkt besonders dann möglich zu sein, wenn man ihn mehr als Schnittpunkt zweier Forschungsrichtungen begreift und weniger als großflächige Überlagerung der Forschungsgegenstände Produktivkräfte und Kultur.

Kultur und Lebensweise der werktätigen Klassen und Schichten in der Geschichte des deutschen Volkes zu erforschen, bedeutet auch und unter anderem, einen Beitrag zur Entwicklungsgeschichte der Produktivkräfte zu leisten. Geschichte der Produktivkräfte zu schreiben, bedeutet auch und unter anderem, die Basis zu fixieren, auf der kulturelle Erscheinungen beruhen und in die sie selbst sogar eingebettet sind. Dabei überschneiden sich kulturgeschichtlich-volkskundliche und Produktivkraft-historische Forschungen, decken sich aber nicht. Das wird bereits bei der äußeren Umgrenzung der Untersuchungsgegenstände evident. Beispielsweise interessieren den Volkskundler hinsichtlich der Lebensweise nicht nur „produktive", sondern auch retardierende, unter Umständen gar destruktive Kräfte. Auf der anderen Seite beschäftigt ihn von den „sachlichen" Produktivkräften zwar der Komplex der Produktionsinstrumente, aber nicht der der Arbeitsgegenstände. Es kann also kein identisches Forschungsprogramm zwischen der Geschichte der Produktivkräfte (wie auch der der Produktionsverhältnisse) einerseits und der Geschichte von Kultur und Lebensweise andererseits geben, auch nicht speziell zwischen Wirtschaftsgeschichte und Geschichte der materiellen Kultur.

Man muß an dieser Stelle nun offen aussprechen, daß sich für den Bereich der materiellen Kultur das spezifisch kulturgeschichtlich-volkskundliche Profil nicht eben leicht bestimmen läßt. Und innerhalb der materiellen Kultur sind Arbeitsgeräte und -verfahren natürlich besonders schwer „isolierbar" etwa gegenüber wirtschaftsgeschichtlicher Problemstellung. Daß es dem Verfasser nicht um eine gewaltsame „Isolierung" des kulturgeschichtlich-volkskundlichen Forschungsansatzes bei dieser Thematik geht, werden die Analysen dieses Buches, die sich vielfach vor allem an die Wirtschaftsgeschichte recht eng anlehnen, erweisen. Vorläufig aber geht es noch theoretisch-methodologisch um das Verhältnis von *Wirtschaft* und *Materieller Kultur*, hauptsächlich um den letzteren Begriff.

Über die begriffsgeschichtliche Herkunft herrscht vorläufig Unklarheit. Zuerst wohl seit etwa der Mitte des 19. Jahrhunderts im Kreis kulturgeschichtlich orientierter Landeskundler benutzt, verwendeten in der Folge nur solche bürgerlichen Historiker den Terminus *Materielle Kultur*, die wirtschafts- und kulturgeschichtliche Methoden vertraten wie K. Lamprecht und A. Dopsch.[30] Im übrigen zeigt sich der Begriff *Materielle Kultur* enger mit der Ethnologie verbunden, deren führende Methodenlehre (von F. Graebner, 1911) den Terminus ziemlich eindeutig festlegt[31] und in Korrelation zu *Geistige Kultur* bringt.[32] Ethnologische „Wirtschaftsforschung" im Rahmen der Kulturkreislehre bzw. ihrer neueren

[29] Stiehler 1974, S. 257f.

[30] Lamprecht 1885/86, 1, S. V; 2, S. 4 (programmatisch); Dopsch 1924, S. 17 (en passant).

[31] Graebner 1911, S. 11, 21, 56, 83, 98 u. ö.

[32] Ebda. S. 30f.

Spielarten verwendet zögernd „den ungewöhnlichen Ausdruck",[33] während sich Volkskundler der BRD von ihm abgewandt haben, da er — zumal als fragwürdiges Pendant zu *Geistige Kultur* — „wenig Erkenntniswert" aufweise.[34] Dagegen wurde *Materielle Kultur* in der marxistischen Ethnographie und Archäologie zu einem Zentralbegriff. Lenin redigierte und unterzeichnete am 18. April 1919 ein Dekret des Rates der Volkskommissare über die Begründung einer „Russischen (1926: Staatlichen) Akademie für Geschichte der materiellen Kultur",[35] die 1937 als Institut der Akademie der Wissenschaften der UdSSR angegliedert wurde und 1959 im Akademieinstitut für Archäologie aufging. Ursprünglich war eine Beschränkung auf „archäologische Kulturen" offensichtlich nicht vorgesehen, wie denn auch das von der Polnischen Akademie der Wissenschaften Anfang der 1950er Jahre begründete große „Institut für Geschichte der materiellen Kultur" keineswegs allein archäologisch ausgerichtet ist. Die Ethnographie der sozialistischen Länder verwendet den Terminus ebenso selbstverständlich wie neuerdings auch in der DDR die marxistisch-leninistische Kulturtheorie, für die der Begriff *Materielle Kultur* geradezu den weiten Kulturbegriff mit konstituiert.[36] Die Belege aus der archäologischen, ethnographischen, kulturgeschichtlichen, -theoretischen und -politischen Literatur ließen sich häufen, was zunächst einmal besagt, daß der Begriff eingeführt ist und in der Forschungspraxis gehandhabt wird. Inhaltlich umschreibt nach weitgehender Übereinstimmung der meisten marxistischen Autoren der Begriff *Materielle Kultur* die materiell objektivierten Kulturerscheinungen der Produktions- und Konsumtionssphäre nebst den damit verbundenen menschlichen Handlungen (z. B. Gerät/Gerätefertigung und -anwendung; Haus/Bauen und Wohnen; Nahrung/Erzeugung und Essen ...).

Es ist mit Recht eingewendet worden, daß der Begriff *materiell* in diesem Zusammenhang leicht mißverständlich wirkt, weil er die geistige menschliche Leistung zu negieren scheint, die natürlich im Bereich der materiellen Kultur nicht ausgeschlossen werden darf; andererseits scheint mir das durch die Pendants *materiell — geistig* bestimmte Prinzip der Gliederung von Kulturerscheinungen — auch in der Volkskunde — statthaft, und zwar vornehmlich aus pragmatischen Gründen im Hinblick auf interdisziplinäre Kooperationsmöglichkeiten.

Entscheidendes Element des Begriffspaares *Materielle Kultur* ist aber die Kultur. *Materiell* allein und für sich würde die materielle menschliche Lebenstätigkeit in voller Breite ansprechen: Arbeit, Produktion, Wirtschaft usw. *Kultur* erst bringt das wesentliche Moment. Dabei halten wir uns definitorisch an die marxistische Kulturtheorie, wonach unter Kultur eine besondere Seite des gesellschaftlichen Lebens und der Geschichte zu verstehen ist. „Den zentralen Inhalt der Kulturentwicklung bildet die besondere Entwicklung der körperlichen und geistigen Fähigkeiten, der Individualität und Schöpferkraft der Menschen im Prozeß fortschreitender Beherrschung, Aneignung und Umgestaltung der Natur, des wachsenden Reichtums und der Humanisierung der gesellschaftlichen Beziehungen sowie des politischen Klassenkampfes für den gesellschaftlichen Fortschritt." Im Verlauf dieser Entwicklung entfernen sich die Menschen von ihren ursprünglich tierischen oder naturhaften Zuständen und verwirklichen sich als menschliche und zugleich gesellschaftliche Wesen.[37]

[33] Leser 1972 und 1977, S. 47, Anm. 60.
[34] Wiegelmann 1970a; vgl. auch Kramer 1969.
[35] Lenin i kul'turnaja revoljucija, Moskva 1972, S. 144.
[36] Mühlberg 1976, S. 28.
[37] Schuppan 1976, S. 16; ders. 1977, S. 163.

Bezogen auf das Verhältnis von Wirtschaft und materieller Kultur bzw. deren Erforschung bedeutet dies, daß es nicht ökonomisch-technische Leistungen in der Produktion materieller Güter schlechthin sind, die den Erforscher der materiellen Kultur beschäftigen, sondern schöpferische Leistungen, die der Höherentwicklung der Menschen als gesellschaftlicher Wesen dienen, Leistungen, die menschlichen Fortschritt bewirken und sichern. Wirtschaft und Kultur sind zweierlei. Wirtschaft ist auf Bedürfnisbefriedigung gerichtet, „Kultur hat die Humanität zum Ziel", wie es Herder einmal ausgedrückt hat. Nicht jede Wirtschaft bringt Humanität hervor, nicht jedes Bedürfnis ist human, nicht jede Arbeit schöpferisch. *Materielle Kultur* impliziert wie *Kultur* allgemein die Schöpfung von Werten, die der Höherentwicklung der Menschen dienen, die ihre Humanität befördern. J. Pazdur hat den Sachverhalt so ausgedrückt: „Die Geschichte der materiellen Kultur befaßt sich mit der Aktivität, die auf création gerichtet ist, ... mit Bedingungen, die diese Aktivität begleiten, und einer Ideologie, die der Ursprung jener Gewohnheit der Menschen ist, ihre Pflichten ohne Rücksicht auf ökonomischen Gewinn zu erfüllen ..." Darin sieht er zugleich die Wertorientierung des Begriffs *Materielle Kultur*.[38]

Die folgende Untersuchung bietet somit in der Hauptsache keine Geschichte der agraren Produktivkräfte, keine Geschichte der Agrartechnik und auch keine Geschichte der Landwirtschaft im feudalen Deutschland — wenngleich sie zu allen eine Vorarbeit leisten möchte —, sondern zuerst einen Beitrag zur Geschichte der bäuerlichen materiellen Kultur, speziell auf dem Gebiet der landwirtschaftlichen Arbeitsgeräte und -verfahren. Dementsprechend suche man darin beispielsweise nicht nach Quantifizierungen von Rentenbezügen und -leistungen, nach Effektivitäts- und Rentabilitätsberechnungen, landwirtschaftlichen Preisen und Löhnen u. a. m. Dafür wurde versucht, die historischen kulturellen Zusammenhänge des Untersuchungsgegenstandes auszuleuchten, und zwar teilweise bis in Bereiche der geistigen Kultur hinein.

Niemand empfindet mehr als der Verfasser selbst, daß der kulturgeschichtlich-volkskundliche Umkreis nur lückenhaft erfaßt wurde und darstellerisch keineswegs die beherrschende Rolle spielt. Eine erstmalig vorgenommene Zusammenfassung kann notwendigerweise von den ergologischen, technologischen und sozialökonomischen Zusammenhängen, die in bezug auf den erweiterten Untersuchungsgegenstand ja noch niemals dargestellt worden sind, nicht abstrahieren und direkt — Unbekanntes als bekannt voraussetzend — auf das kulturgeschichtlich-volkskundliche Anliegen lossteuern. Überdies sind an den feudalzeitlichen Befunden viele als notwendig und erstrangig erkannte volkskundliche Gesichtspunkte auch schwer erreichbar, besonders der ganze Komplex der direkten Beziehungen zwischen Mensch und Gerät, Mensch und Haustier usw., darunter auch die Beobachtung des Tradierungsprozesses oder die Fixierung von Novationen, ferner die Variabilität der Typen u. a. m. Da wäre etwa die These von R. Peesch zu überprüfen: „Die Tradierung der materiellen Volkskultur erfolgt als mündlich-gedächtnismäßiges Bewahren und Vermitteln der gesellschaftlichen Arbeitserfahrung"[39] — eine These, deren Allgemeingültigkeit zu Recht bestritten worden ist, die aber ein ungemein erkenntnisförderndes, historisch gültiges Merkmal benennt, das gerade auf die materielle bäuerliche Kultur im Feudalismus zuzutreffen scheint, ohne daß man — leider — den Sach-

[38] Pazdur 1974, S. 431 f.
[39] Peesch 1967, S. 116.

verhalt aufgrund der Quellenlage anschaulicher erläutern konnte, als Peesch dies aufgrund jüngerer Befunde (die aber für das 19./20. Jahrhundert eben nicht mehr typisch sind) schon getan hat.[40] Dabei läge hier vielleicht ein Schlüssel zum Verständnis der Tatsache, daß der technisch-kulturelle Fortschritt während des Feudalismus im agraren Bereich so außerordentlich langsam vorankam. — Auch andere Erkenntnisziele konnten nur anvisiert, aber selten erreicht werden, beispielsweise Nachweise, „warum die entsprechende Form oder der Typ so und nicht anders ist, warum in der einen Landschaft der Pflug mit einer Sterze, in einer anderen mit zwei Sterzen üblich ist, warum man hier ein Stirnjoch, dort aber ein Widerristdoppeljoch benutzt usw."[41] Dagegen glaube ich einer anderen Forderung, die W. Jacobeit immer wieder erhoben hat,[42] jetzt nachgekommen zu sein, nämlich der nach einem größeren, überregionalen Untersuchungsraum, der freilich auch zur gefährlichen Fehlerquelle werden kann. Es sei betont, daß es mir keinesfalls um eine proportionale Abdeckung aller Landschaften geht, daß vielmehr der räumliche Aspekt hinter dem stratigraphischen zurücksteht.

Wenn hier von kulturgeschichtlicher Orientierung der Volkskunde gesprochen und ihr zu entsprechen versucht wird, so liegt der Nachdruck sowohl auf *Kultur* wie auf Geschichte. An diesem Punkt habe ich mich am stärksten bemüht, keine Unterlassungen zu begehen, sondern die Historizität jeder einzelnen Erscheinung zu prüfen, d. h. den geschichtlichen Zusammenhang zu erfassen. Dabei sind die einleitenden Hinweise auf die jeweilige historische Situation, die bäuerliche Klassenlage usw. stets nur kurz gehalten (darüber gibt es in der DDR genügend geschichtswissenschaftliche Literatur). Es schien methodologisch sinnvoller, zunächst jeweils die Erscheinungen der materiellen Kultur einzeln zu charakterisieren, um dann deren Einordnung in den Geschichtsprozeß vorzunehmen bzw. die entsprechenden Wechselbeziehungen zu analysieren. Dabei wurde auf E. Engelbergs — den Entwicklungsstand der Produktivkräfte betreffende, aber hier ebenso gut praktizierbare — Anregung zurückgegriffen, solche historischen Analysen am Ende bestimmter Perioden anzusiedeln,[43] also Querschnittsanalysen herzustellen. Der Querschnittscharakter der einzelnen Perioden-Kapitel läßt natürlicherweise den genetischen Aspekt etwas hinter den systematischen zurücktreten. Dafür erleichtert die gleichartige Anlage der Kapitel die Erkenntnis der historischen Entwicklung auch in den Einzelheiten.

Es werden vier Querschnittsanalysen vorgelegt. Bei der Auswahl der Perioden fiel bereits eine gewisse Vorentscheidung. Es wurde unterstellt, daß in diesen Perioden wesentliche Entwicklungstendenzen greifbar würden und auf andere Perioden vorerst verzichtet werden könne (dazu gehören z. B. die Zeit der Agrarkrise im 14./15. Jahrhundert, die der partiellen Agrarkonjunktur am Ende des 16. Jahrhunderts, die des Dreißigjährigen Krieges oder das Jahrhundert nach dem Dreißigjährigen Krieg); in einem Fall — hinsichtlich des 10./11. Jahrhunderts — zwang die Materiallage zu einem entsprechenden Verzicht. Es verbleibt somit Raum für weitere Forschungen: chronologisch, geographisch und vor allem systematisch, denn manche Bereiche des bäuerlichen Gerätewesens, der Viehhaltung usw. sind noch immer volkskundliche Desiderate, zu deren allmählicher Auffüllung das vorliegende Buch vielleicht anregt.

[40] Vgl. Peesch 1966.
[41] Jacobeit 1965, S. 17.
[42] Ebda, S. 18f.
[43] Engelberg 1968, S. 1125.

Methodisch anregend wirken möchte das Buch vor allem in Richtung auf eine verstärkte und subtilere Auswertung der schriftlichen Quellen,[44] darunter teilweise entlegener, wie sie von mir herangezogen wurden. Auch die Methode „Wörter und Sachen“ anzuwenden und für die volkskundliche Sachforschung erneut zu empfehlen, lag in der Absicht des Verfassers. Das vergleichsweise geringere Vertrautsein mit archäologischer und ikonographischer Methodik möge ein potentieller Nachfolger wettmachen.

Zur Stunde bewegt mich bereits die Fortführung der eigenen Arbeit, und zwar in Richtung auf Verhältnisse des 19./20. Jahrhunderts. Was für die vorliegende Untersuchung zum Teil Postulat bleiben mußte, kann dort möglicherweise mit größerem Erfolg verwirklicht werden.

[44] Vgl. Appelt 1976.

Kapitel 1

Im Übergang zum Feudalismus

Die erste Querschnittsanalyse soll ans Ende jener Epoche gelegt werden, die historisch durch den Übergang zum Feudalismus und die Ausbildung der feudalen Gesellschaftsordnung im späteren Deutschland[1] gekennzeichnet ist. Dabei werden, zunächst sachgebietsweise vorgehend, Befunde vornehmlich der zweiten Hälfte des ersten Jahrtausends behandelt, jedoch auch Zeugnisse älteren ur- und frühgeschichtlichen Erbes einbezogen, soweit sie um die Jahrtausendwende noch eine Rolle für die bäuerliche Arbeit spielten.

Die Entscheidung, den Gang der Untersuchung etwa mit dem 5./6. Jahrhundert zu beginnen, kann sich nicht auf wissenschaftsinterne Üblichkeit im Rahmen volkskundlicher Periodisierung berufen. Bei längsschnittorientierten Gerätemonographien wären als weit früherer zeitlicher Einsatz urgeschichtliche Perioden vertretbar, bei Ackerbaugeräten logischerweise die Zeit der „neolithischen Revolution"; geht es um ganze Geräteensembles, käme vor allem die Latènezeit als Ausgangspunkt in Frage, da ein großer Teil des mittelalterlichen landwirtschaftlichen Gerätefundus in den keltischen Oppida bereits präsent ist. Auf der anderen Seite ist bei Gesamtdarstellungen der Volkskultur aus verschiedenen Gründen ein zeitlicher Einsatz erst mit dem voll entfalteten Feudalismus, also jenseits der Verhältnisse einer „archäologischen Kultur", vertretbar; so hat man beim „Abriß" entschieden (wobei in der veröffentlichten Fassung noch eine Korrektur zuungunsten der mittelalterlichen Perioden erfolgte),[2] während die auf das Gebiet der Volksdichtung bezügliche Gesamtdarstellung jenen Einsatz im Frühfeudalismus wählte,[3] der aus inneren Gründen auch für das Thema Arbeit und Arbeitsgerät der Bauern am sinnvollsten ist: Als Klasse bildete sich die Bauernschaft, die zum Gegenstand unserer Untersuchung gehört, im Prozeß der Feudalisierung heraus, ebenso das deutsche Volk, dessen jeweiliges Siedlungsgebiet im Feudalismus den räumlichen Rahmen der Untersuchung bilden soll.

Zum Stand der Forschung

Volkskundliche Untersuchungen über frühfeudale Geschichtsabschnitte können anknüpfen an quellenerschließende Arbeiten, gesicherte Ergebnisse und zur Diskussion stehende Hypothesen anderer historischer Disziplinen. Unter dem hier behandelten Thema sind das vor allem die der Mediävistik, der Archäologie und der Sprachgeschichte. Was die von ihnen geschaffenen Quellenwerke betrifft, so ist ihr Publikationsstand unterschiedlich fortgeschritten. Genannt seien auf der einen Seite das fundamentale Traditionsunternehmen der Monumenta Germaniae historica (MGH) nebst einigen Spezialeditionen zur Agrargeschichte,[4] auf der anderen Seite das erst jüngst in Angriff genommene Corpus archäologischer Quellen zur Frühgeschichte auf dem Gebiet der DDR (1973ff.), in der BRD die laufende Publikation von Kreisinventaren sowie die nicht abgeschlossene Neuausgabe des Reallexikons der germanischen Altertumskunde (1973ff.), auf sprachwissen-

[1] Grundriß 1974, S. 53—82.
[2] Abriß 1972.
[3] Strobach 1980 (im Druck).
[4] Wopfner 1928; Becker-Dillingen 1935; Franz 1967.

schaftlichem Gebiet schließlich das im Erscheinen begriffene Althochdeutsche Wörterbuch (1968ff.). Daneben können einige weitere Quellenwerke (einschließlich musealer Sammlungen) sowie zahlreiche materialerschließende Untersuchungen herangezogen werden, ohne daß die Quellenbasis für die Thematik damit besonders umfänglich und sicher würde. Namentlich die Mittelalter-Archäologie, deren Bodenfunde und Ausgrabungen wohl die sichersten Aufschlüsse zum Thema versprechen, scheint quantitativ noch schwach entwickelt. Gerade für das frühe Mittelalter gilt die generell von archäologischer Seite getroffene Feststellung von der unbefriedigenden Quellenlage zum Hauptproduktionszweig des ur- und frühgeschichtlichen Menschen.[5] Sämtliche Quellengruppen zusammengenommen (Funde, Bilder, Wortbelege, Urkunden usw.) ermöglichen immerhin einige wertende Aussagen, an denen es übrigens auch in der Vergangenheit keineswegs gemangelt hat.

Die bürgerliche deutsche Mediävistik (und Historiographie allgemein) hat — von Ausnahmen wie K. Lamprecht abgesehen — aufgrund ihres nicht zufällig sehr distanzierten Verhältnisses zur Technik- und Kulturgeschichte[6] zwar kaum eigene Forschungen über ein Thema wie Bauernarbeit und -gerät angestellt, sich aber vielfach mit lapidaren Urteilen nicht zurückgehalten. Ihr Inhalt bestand vorzugsweise in stereotypen Behauptungen von der Überlegenheit germanisch-deutscher Landwirtschaft über die der Slawen und anderer Völker (darauf wird im nächsten Kapitel bei Behandlung der Ostexpansion näher eingegangen). Wandelbarer zeigt sich die Beurteilung des Verhältnisses zum Niveau der römischen Agrikultur, die man zunächst als vorbildhaft gegenüber den germanischen und frühdeutschen Verhältnissen angesehen hatte. Spätestens um 1900 kehrte man von der These des römischen Ausgangspunktes aller Fortschritte der Agrikultur ab und hob von sprachgeschichtlicher und agrarhistorischer Seite betont die autochthon germanischen Errungenschaften hervor;[7] anschließend reklamierten Volkskundler faktisch für das gesamte bäuerliche Gerätearsenal vom Pflugradvorgestell bis zum Dreschflegel germanische Herkunft.[8] Ein abermaliger Umschwung der Ansichten zugunsten antikmittelalterlicher Kontinuität auf dem Gebiet des Agrarwesens, der sich nach dem zweiten Weltkrieg vorübergehend andeutete,[9] kam nicht zustande, da vor allem archäologische und philologische Indizien zutage traten, die zwar keineswegs die Überlegenheit speziell der germanischen Landwirtschaft des frühen Mittelalters bewiesen, wohl aber die gegenüber der antik-mediterranen Agrikultur vorhandene Eigenständigkeit des mitteleuropäischen Ackerbaus insgesamt. Die anschließende sachbezogene Darstellung wird auf die Fakten und Thesen zurückkommen.

Eine nahezu theoriebildende Dimension erreichte das Thema Landwirtschaft im Frühmittelalter erstmals durch L. White, der an diesem Gegenstand durch überdisziplinäre Auswertung der Literatur von A. Meitzen über M. Bloch bis zu G. Duby und anderen seinen technologischen Determinismus (eine Spielart des amerikanischen Historismus) erprobte.[10] Für ihn steckt diese Zeit voller epochemachender technischer Novationen, wobei, zugespitzt gesagt, der schwere Beetpflug die Grundherrschaft und der ritterliche Steigbügel den Feudalismus begründet habe. Die an sich geistvolle Verknüpfung techni-

[5] Krüger B. 1972, S. 317 (betr. Jankuhn 1969).
[6] Schuppan 1975, S. 53.
[7] Hoops 1905, S. 483ff.; v. Below 1937, S. 26f.
[8] Schier 1939/40, S. 338.
[9] Aubin 1949, S. 90; vgl. Pirenne (1933) 1974, S. 5.
[10] White L. 1964/1968.

schen Fortschritts und „sozialen Wandels“ krankt jedoch, abgesehen von rein sachlichen Fehl- und Überinterpretationen des agrartechnischen Standards, an der Ausklammerung des konkret-historischen Produktionsverhältnisses.

Marxistische Agrarhistoriker sind teilweise zu ähnlich positiven Wertungen des Produktionsniveaus der frühfeudalen Landwirtschaft gekommen[11] und verwenden vereinzelt ebenfalls den problematischen Begriff „frühmittelalterliche Agrarrevolution“,[12] doch betonen sie insgesamt in dialektischer Weise als entscheidenden Faktor die massenhafte Anwendungsmöglichkeit der Instrumente und Technologien durch die in den Besitz von Produktionsmitteln gelangten Feudalbauern, die damit auf die Dauer die Entwicklung der Produktivkräfte nachhaltiger zu fördern vermochten als die Sklaven und Quasi-Sklaven im Rahmen antiker Eigentumsverhältnisse. Dabei wird das hohe Entwicklungsniveau der provinzialrömischen Landwirtschaft im Auge behalten,[13] die anfängliche Zerstörung agrarer Produktivkräfte im Übergang zum Feudalismus nicht übersehen und die relative Langsamkeit des Fortschritts hervorgehoben.[14] Hinsichtlich der Produktionsinstrumente im besonderen hat man festgestellt, daß es einen tiefgreifenden Wandel in deren Charakter faktisch während des gesamten Frühfeudalismus nicht gegeben habe[15] — ohne damit das Wachstum anderer Produktivkraftbereiche in Abrede zu stellen. Von archäologischer Seite konnten beispielsweise Nachweise für einen großräumigen Landesausbau schon im 6./7. Jahrhundert erbracht werden.[16] Die Urteile sind somit recht differenziert, teilweise kontrovers und bedürfen der Überprüfung in einzelnen Sachbereichen.

Funde und Befunde aus der zweiten Hälfte des ersten Jahrtausends u. Z.

Feldwirtschaft und Geräte

Es gehört zu den festgefügtesten Lehrmeinungen der agrarhistorischen und frühgeschichtlichen (weniger der historisch-geographischen) Forschung, daß die Dreifelderwirtschaft während des Frühfeudalismus ausgebildet worden sei bzw. zur Karolingerzeit auf deutschem Boden jedenfalls existiert habe.[17] Da archäologische und paläobotanische Nachweise hierfür begreiflicherweise kaum zu erbringen sind, bilden die Stütze für die Annahme weiterhin bestimmte schriftliche Nachrichten des 8./9. Jahrhunderts, nämlich Fronbestimmungen von größeren Feudalkomplexen.

Dafür zwei Beispiele: 763 erwirbt das Kloster St. Gallen im württembergischen Dorr Weigheim u. a. bäuerliche Dienste folgender Art: Erntearbeiten sowie „in primum vie arata [sic] jurnalem unam et in mense junio brachare alterum, et in autumno ipsum arare et seminare“,[18] also Arbeiten zur Frühjahrsfurche auf einem Feld und solche zur Brach-

[11] Parain 1966, S. 125ff.
[12] Hoffmann T. 1969/70.
[13] Böttger 1975; Krüger B. 1976, S. 296ff.; Skazkin 1976, S. 17ff.
[14] Grundriß 1974, S. 48, 59 u. ö.; Ševelenko 1975, S. 81.
[15] Töpfer 1967, S. 282.
[16] Gringmuth-Dallmer 1972, 1976.
[17] Hühns 1962, S. 56; Epperlein 1975, S. 14; Grundriß 1974, S. 68, 81f.
[18] Wartmann 1863, 1, S. 41.

und Wintersaatfurche auf einem anderen. Gegen Ende des 9. Jahrhunderts beansprucht das Kloster Werden in Dörfern um Friemersheim am Rhein folgende Dienste: „Duas ebdomadas in autumno. Duas ebdomadas ante uernum. Duas ebdomadas in iunio. In singulis ebdomadibus quinque dies. In autumno unum iugum quod sunt duo iornales proscindere, id est gibrakon. Dehinc arare, sementem a curte accipare. Complanare id est giekkian. Si non illud proscindit id est gibrakod, tunc debet arare iugum unum et complanare, id est giekkian, et aliud dimidium arare tantum non complanare. Idem seruicium de proscindendo et arando et complanando in uerno debet facere ... Rursum in uere unum petitorium iornalem arare, ...",[19] also Bodenbearbeitungsgänge im Herbst zur Wintersaat bzw. ersatzweise im Frühjahr (zur Sommersaat) sowie einen normalen Bodenbearbeitungsgang im Frühjahr (zur Sommerzeit). Abgesehen von der widersprüchlichen jahreszeitlichen Ansetzung des „Brachens" im Herbst in der zweiten Quelle, die an der betreffenden Textstelle vielleicht verderbt ist, stützen diese und ähnliche Texte, in denen ein *brächvelt* auftaucht, oder auch die karolingische Namengebung *brächmänöth* für den Juni die Annahme der „klassischen" Dreifelderwirtschaft m. E. nur schwach. Zwar sind Winter- und Sommersaat ziemlich eindeutig bezeugt, ebenso die Brache, denn das Umbrechen im Juni setzt ja einen zu dieser Zeit nichtbestellten Acker voraus; es existierten also auf feudalen Wirtschaftshöfen während eines Landwirtschaftsjahres gleichzeitig mindestens drei verschiedene „Felder". Aber über deren Rotation, daß nämlich (um den späteren Normalfall anzuführen) das jeweilige Brachfeld jahrs zuvor Sommersaat getragen hat, die Sommersaat ihrerseits ins vorjährige „Winterfeld" gesät worden ist, dem wiederum die Brache vorausgegangen war, — darüber geht aus den Quellen nichts hervor. Es ist lediglich die Ähnlichkeit, ja Identität mit bestimmten Termini in jüngeren, sachlich unmißverständlichen Aufzeichnungen, die auf einen identischen Befund im Spiegel der älteren Texte schließen lassen. Man kann diesen Schluß ziehen, doch bleibt er hypothetisch wie auch alle darauf aufbauenden weiteren Ableitungen.

Dazu zählen vor allem: Die Dreifelderwirtschaft bewirkte mit ihrem (theoretisch) ausgewogenen Verhältnis von Winter- und Sommersaat eine günstigere Verteilung der Arbeiten über das Landwirtschaftsjahr. Sie verringerte aufgrund der getrennten Kulturen in beschränktem Maße das Risiko von Mißernten. Sie ermöglichte aufgrund des starken Sommergetreideanteils (Hafer) die zunehmende Nutzung des Pferdes als landwirtschaftliches Arbeitstier.[20]

Setzt man dergestalt das Vorhandensein der Dreifelderwirtschaft in diesem oder jenem Verbreitungsgrad seit etwa dem 8. Jahrhundert voraus, so gilt das keineswegs selbstverständlich für die Bauernwirtschaften jener Zeit. Die oben angeführten Quellen sind Fronfestlegungen, sie beschreiben nicht etwa bäuerliche Eigendispositionen. Andererseits sind darin nur die als Arbeitsrente abgeforderten, nicht die womöglich durch feudalherrliches Gesinde zusätzlich geleisteten Bestellungsarbeiten aufgeführt. Es kann sowohl auf den feudalherrlichen wie auch auf den bäuerlichen Feldern mehr Arbeit geleistet worden sein als die höchst einseitigen Quellen verraten — ob im Rahmen der Dreifelderwirtschaft oder einer anderen Bewirtschaftungsform.

Bodenkundlich-archäologische Befunde und ethnographische Parallelen deuten darauf hin, daß die Bauern im westgermanisch-deutschen Bereich während der zweiten Jahrtausendhälfte verschiedene Feldwirtschaftsformen anwandten, die zusammengenommen

[19] Kötzschke 1906, 2/1, S. 17.
[20] Parain 1966, S. 136—139; Epperlein 1975, S. 15f.

gegenüber den Anfängen der Dreifelderwirtschaft dominiert haben[21]:

- Feld-Wald-Wechsel bei nicht-periodischer oder periodischer Brandrodung mit Aschedüngung;
- Feld-Ödland-Wechsel ähnlicher Art in Heidelandschaften;
- Feld-Gras-Wechsel in Hochgebirgs- und ozeanischen Klimaten, die eine Wiederbegrünung garantierten, periodisch oder nicht-periodisch betrieben;
- Zwei-Feld-System mit regelmäßig eingeschalteter und teilweise gedüngter Brache;
- Ein-Feld-System in Form „ewigen" Getreidebaus bis zur Erschöpfung des regelmäßig gedüngten Bodens.

Einzelne Formen können nebeneinander existiert haben. Beispielsweise schloß der „Plaggenesch", der ständig bebaute, mit Heidplaggen gedüngte Acker nordwestdeutscher Bauern, die in Hofnähe diesen Bodenbau spätestens seit dem 9. Jahrhundert praktizierten,[22] das Vorhandensein extensiv genutzter weiterer Felder nicht aus, sondern eher ein.

Weideflächen für das Vieh gab es je nach bioklimatischer Voraussetzung offenbar sowohl als Dauerweiden wie als Brachweiden. Eine Wiesenkultur, die zusätzlich zu den natürlichen Wiesenflächen in Flußauen usw. — sowie dem weiterhin genutzten Laubheu — winterliches Viehfutter bereitstellte, entwickelte sich langsam. Wortgeschichtliche Indizien sprechen für Fortschritte auf eine vermehrte Zweischürigkeit der Wiesen, denn Wörter vom Typ *Grummet* belegen — vom Südosten ausgehend — seit dem 9./10. Jahrhundert das Vorkommen der zweiten Grasmahd im Herbst,[23] was auf eine verbesserte Wiesenpflege hinweist. Das bäuerliche Wirtschaftsjahr erfuhr durch diese Novation eine weitere, künftig von Bestand bleibende Modifizierung.

Über frühmittelalterliche Acker- und Flurformen auf später deutschem Boden können — im Gegensatz zu den Verhältnissen auf den britischen Inseln und in Skandinavien[24] — nur Vermutungen aufgrund topographisch-genetischer Überlegungen und schriftlicher Quellen angestellt werden. Als ältere Form ist, bei Benutzung einfacherer Pfluggeräte und viehwirtschaftlicher Dominanz, eine unregelmäßige Blockflur anzunehmen, als jüngere, mehr auf den Beetpflug und den Getreidebau zugeschnittene Form die Streifenflur,[25] die sich während der Untersuchungszeit noch nicht voll durchgesetzt haben dürfte, schon gar nicht in ihrer extremen Form als Langstreifen. Wenn in der Lex Baiuvariorum (XIII, 6) das Abpflügen von drei Furchen der Länge nach und von sechs Furchen der Breite nach unter Strafe gestellt wird,[26] so deutet sich hier für das 7./8. Jahrhundert keineswegs ein extrem ausgebildetes Länge-Breite-Verhältnis, sondern eine mäßig oblonge Ackerform an (das Abpflügen dreier Längsfurchen hätte bei typischen Langstreifen, wie wir sie aus jüngerer Zeit kennen, ja ein Viertel bis ein Sechstel der Fläche weggenommen!). — Der Beetpflug kann nicht als Argument für die Existenz von frühmittelalterlichen Langstreifen eingesetzt werden, denn seine Existenz ist in unserem Untersuchungsraum zu dieser Zeit höchst fraglich.

Um die Pflüge der zweiten Jahrtausendhälfte beurteilen zu können, macht sich ein Exkurs in die erste Jahrtausendhälfte erforderlich. Die relativ günstige Forschungslage

[21] Vgl. Hoops 1972, 1, S. 39 (H. Jäger, mit Literatur).
[22] Zoller 1962; vgl. Mückenhausen/Scharpenseel/Pietig 1968.
[23] Steinhauer 1952; Reichmann 1966, S. 43.
[24] Vgl. Hoops 1972, 1, S. 42—50 (mit Literatur).
[25] Vgl. Fliedner 1969, S. 104f.; Gringmuth-Dallmer 1976, S. 654.
[26] v. Schwind 1926, S. 410.

ermöglicht es in diesem Fall, Fragen nach der Kontinuität der Gerätekultur im mitteleuropäischen Raum zwischen Antike und Frühfeudalismus zu stellen und aufgrund einzelner Beispiele zu beantworten.

Zur Terminologie der Pfluggeräte, wie sie im folgenden und in den weiteren Kapiteln dieses Buches verwendet wird, sei hier vorausgeschickt: Haken (Hakenpflüge) als die genetisch ältere Art sind symmetrisch konstruierte und arbeitende Pfluggeräte, die den Boden aufwühlen (daher auch „Wühlpflüge" genannt) und ihn je nach Bodenstruktur krümeln, aber nicht umwenden. Haken besitzen kein seitliches Streichbrett, sondern allenfalls beidseitige „Streichpflöcke". Schräghaltung ermöglicht bei manchen Hakentypen eine unbedeutende Bodenwendung. Mit dem Haken kann unmittelbar Furche neben Furche ohne „Leerfahrt" gezogen werden. Mit ihm wird bei aufeinanderfolgenden Bodenbearbeitungsgängen normalerweise senkrecht zur ersten Furche, also über Kreuz geackert, weshalb seine Anwendung häufig mit blockförmigen, dem Quadrat angenäherten Äckern korrespondiert. — Beetpflüge (Pflüge im engeren Sinne) als die genetisch jüngere Art sind asymmetrisch konstruierte und arbeitende Pfluggeräte mit einseitigem (meist rechtsseitigem) Streichbrett, das den Boden mehr oder weniger wendet (daher auch „Bodenwendepflug" genannt) bzw. seitlich versetzt. Seine Schar ist im Gegensatz zur Hakenschar asymmetrisch ausgeschmiedet; weitere (nicht-konstitutive) Zubehöre sind das Sech und das Radvorgestell. Da das Streichbrett die Scholle nur nach einer Seite (nach rechts) bewegt, kann mit diesem Gerät nicht unmittelbar aufeinanderfolgend neben der jeweils letzten Furche zurückgepflügt werden, sondern das Pfluggespann muß an der Stirnseite des Ackers eine „Leerfahrt" machen, pflügt am anderen Feldrand zurück und legt die dritte Furche neben die erste, die vierte neben die zweite usw. Bei diesem „Auseinanderpflügen" und seinem Pendant, dem „Zusammenpflügen", entstehen Beete (daher „Beetpflug" genannt). Minimale „Leerfahrten" sind dann garantiert, wenn der Acker möglichst schmal ist. Daher korrespondiert die Beetpfluganwendung normalerweise mit extrem oblongen Äckern („Langstreifen").

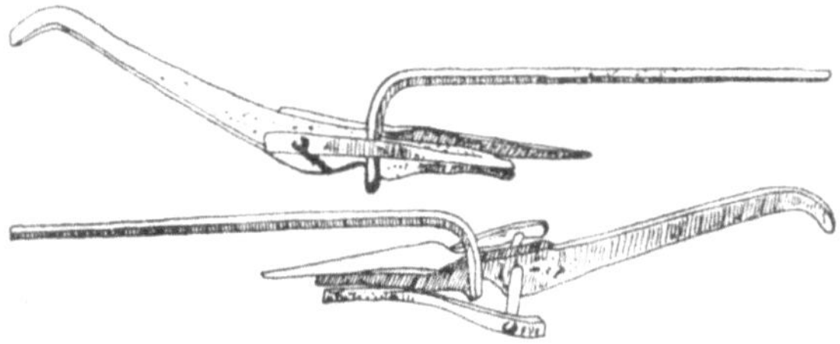

Abb. 1. Römerzeitlicher Haken (symmetrisches Pfluggerät) mit Krümmel-Pflugbaum, Sterz-Sohlenstück, pfeilförmiger Stielschar und beidseitigen Streichpflöcken. Bronzemodell. Köln. M etwa 1:2.

Von diesen beiden Gerätearten steht die Existenz der Haken während des gesamten Zeitraums außer Frage. Spätestens seit der Latènezeit war es auch üblich, den „arbeitenden" Teil des Hakens mit Eisen zu versehen. Allein vom keltischen Steinsburg-Oppidum bei Römhild in Thüringen sind 43 eiserne, verstahlte Hakenschare in verschiedenen Varianten bekannt geworden, aus Manching (Kr. Ingolstadt) 9.[27] Funde des 1. bis 4./5. Jahrhunderts bezeugen in den später deutschen Territorien kontinuierlich die Anwendung von Hakenpflügen mit Eisenscharen, und zwar sowohl im provinzialrömischen Gebiet wie in der Germania libera. Am sichersten nachgewiesen ist durch Votivmodelle aus Köln

(Abb. 1) und Rodenkirchen sowie einige Scharfunde (Abb. 2) ein Sohlenhaken mit Streichpflöcken und geneigt angebrachter pfeilförmiger Schar, wie er übrigens ähnlich im Rheinland als *Hunspflug* (Abb. 108) noch bis in die Neuzeit benutzt wurde.[28] Eine andere Gruppe von Scharen besitzt bei gestreckter, speerförmiger oder dreieckiger Gestalt eine längliche,

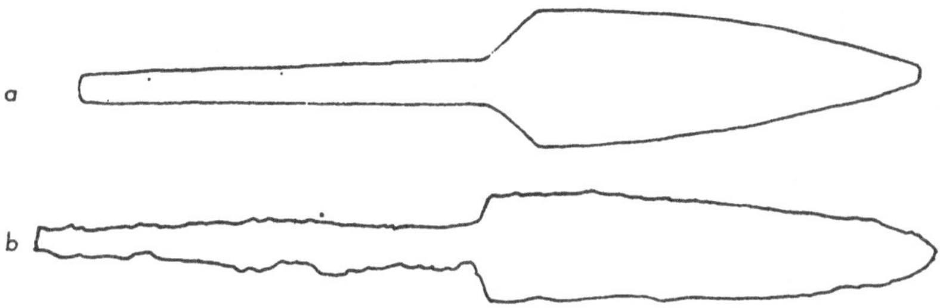

Abb. 2. Römerzeitliche „pfeilförmige" Schare mit Stiel.
a — Eschringen Kr. St. Ingbert/Saarland; *b* — Fechingen Kr. Saarbrücken. M 1:4.

röhrenförmige Tülle (Abb. 3), die ein Holz umfaßt hat, das ebenfalls eine geneigte oder sogar vertikale Stellung besessen haben wird; nach Ausweis ethnographischer Parallelen ist bei solchen Haken mit Sohlenlosigkeit zu rechnen. Vergleichsweise fortgeschrittenere Formen repräsentieren „dolch"förmige Schare (Abb. 4) sowie Schare mit breitem Blatt (Abb. 5), darunter solche mit „Achseln" und abgesetzter Tüllenpartie (Abb. 6); sie können teilweise bereits horizontal der Sohle aufgesessen haben (was durch Autopsie geklärt werden müßte); bei einigen steht fest, daß ihr Längsprofil diese Befestigung noch nicht zuließ (Abb. 5a/b). Überwiegend wurde auf den Fundplätzen nur jeweils ein Schartyp angetroffen, seltener waren es zwei, die somit die mögliche Anwendung unterschiedlicher Geräte auf unterschiedlichen Böden bzw. für verschiedenartige Bodenbearbeitungsgänge signalisieren. — Die einzeln oder zusammen mit Scharen gefundenen Seche können als Vorschneidemesser zu den Haken gehört haben, besonders die der geringeren Dimension von 40/50 cm (Abb. 7a—d, 8a—c), während die größeren bis 70/80 cm (Abb. 7e—h) wohl eher als Zubehör eines selbständigen „Vorschneide"geräts von der Art des ethnographisch bezeugten *Riss* zu deuten sind. — Grindelkettenfunde, die für das Vorhandensein eines Radvorgestells sprechen würden, sind aus dem später deutschen Gebiet (außer von der südöstlichsten Peripherie) nicht bekannt geworden. Sämtliche Geräte werden also einen langen bzw. verlängerten Grindel besessen haben, der bis an das Joch der Zugtiere heraufgereicht hat.

Asymmetrische Schare, die das Vorhandensein des Beetpfluges bezeugen würden, fehlen vorläufig im archäologischen Material des 1. bis 4./5. Jahrhunderts aus unserem Untersuchungsraum gänzlich. Sie fehlen aber nicht in anderen Teilen Europas. Nach gründlicher Überprüfung der Quellen und Abwägung vieler Argumente ist I. Balassa aufgrund provinzialrömischer bzw. zeitgleicher Funde von Scharen, Sechen und Grindelketten — insbesondere asymmetrischer oder zur Asymmetrie neigender Schare (Abb. 9b) — zu dem Schluß gelangt,[29] daß der Beetpflug, dessen bodenwendende Arbeitsweise eine neue Ära in der Geschichte der Bodenkultur einleitete, in den Jahrhunderten nach der

[27] Spehr 1971, S. 487; Jacobi G. 1974, S. 67—70.
[28] Haberey 1949, S. 99f.; Leser 1927.
[29] Balassa 1971, S. 431—435.

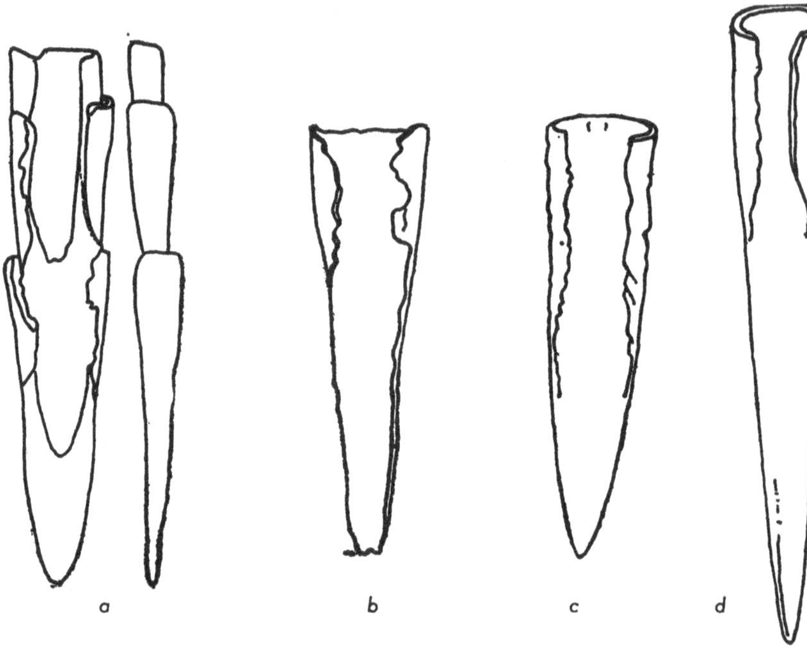

Abb. 3. Latènezeitliche „speerförmige" Schare mit länglicher Tülle.
Goldgrube Kr. Obertaunus; *b* — Der Glauberg Kr. Büdingen/Oberhessen; *c* — Steinsburg (Kleiner Gleichberg)/Südthüringen; *d* — Der Marberg bei Pommern/Mosel. M 1:4.

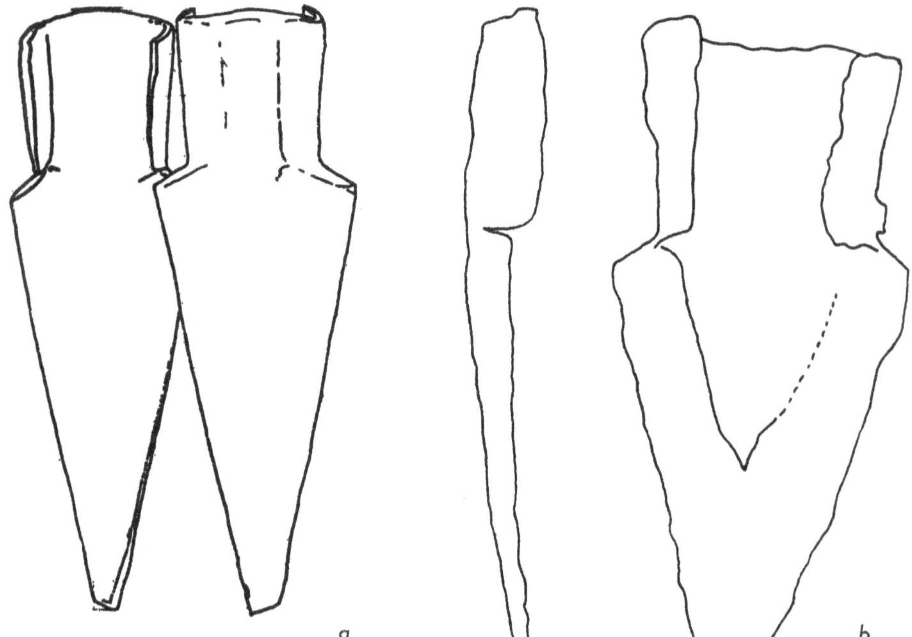

Abb. 4. Römerzeitliche „dolchförmige" Schare mit langem Blatt und abgesetzter Tüllenpartie.
a — Aldenhoven (Schleiden) Kr. Jülich/Niederrhein; *b* — Bratislava/Slowakei. M 1:4.

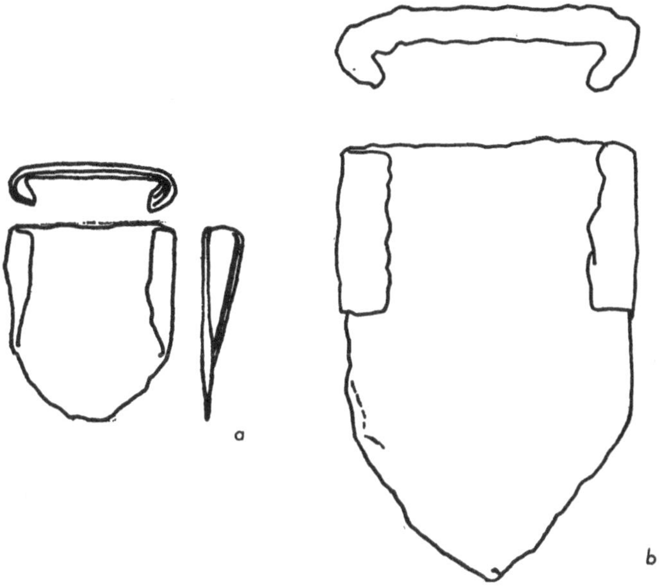

Abb. 5. Vorrömische und römerzeitliche „breite" Schare mit nicht-abgesetzter Tülle. *a* — Santpoort/Noord-Holland; *b* — Carnuntum/Niederösterreich. M 1:4.

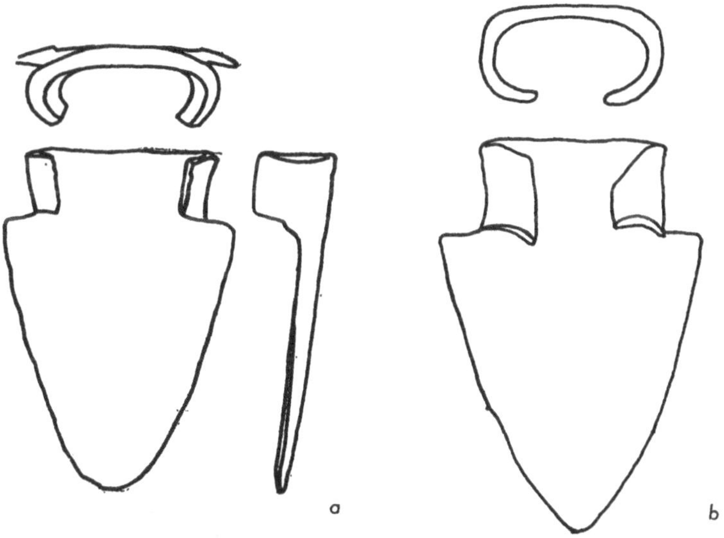

Abb. 6. Kaiserzeitliche „breite" Schare mit „Achseln", abgesetzter Tüllenteil. *a* — Tuttlingen/Württemberg; *b* — Guhrow Kr. Cottbus. M 1:4.

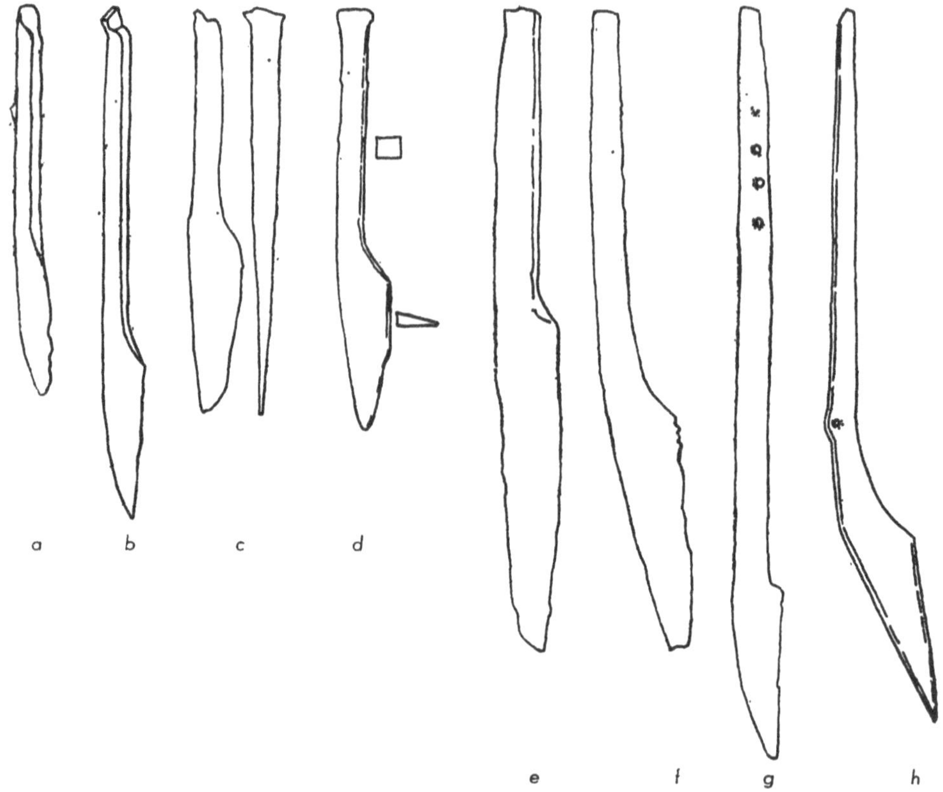

Abb. 7. Römerzeitliche Seche kleinerer und größerer Dimension.
a — Die Saalburg bei Bad Homburg; *b* — Der Herzberg, Nähe Saalburg; *c* — Kleinblittersdorf Kr. Saarbrücken; *d* — Iffezheim Kr. Rastatt/Baden; *e* — Hundersingen Kr. Münsingen/Württemberg; *f* — Riveris Kr. Trier; *g* — Gettenau Kr. Büdingen/Hessen; *h* — Heddernheim bei Frankfurt a. M. M. 1:8.

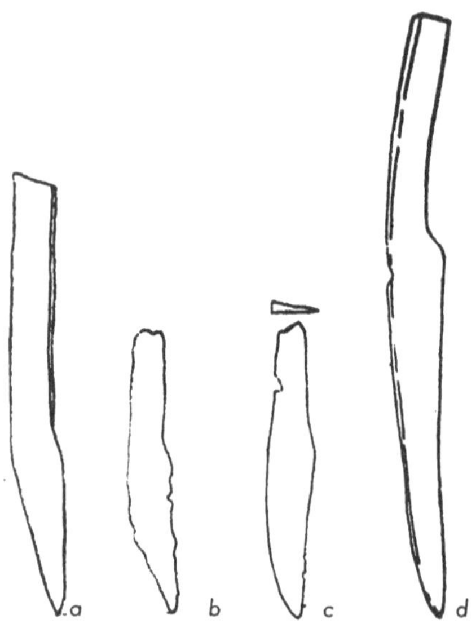

Abb. 8. Kaiserzeitlich-völkerwanderungszeitliche und frühmittelalterliche Seche.
a — Guhrow Kr. Cottbus; *b* — Radeberg-Lotzdorf Kr. Dresden; *c* — Pępice, pow. Brzeg (Pampitz Kr. Brieg); *d* — Dokkum Prov. Friesland/Niederlande. M 1:8.

Zeitenwende neben dem Haken existiert hat: ziemlich sicher in Pannonien, Illyrien, Britannien, wahrscheinlich in Galizien und der Südwestukraine, möglicherweise in Nordgallien; „Zentraleuropa“ wird hypothetisch eingeschlossen, ist aber wie gesagt nicht mit entsprechenden Belegen vertreten. Als Ausgangspunkt werden latènezeitliche Entwicklungen des Ackerbaus und des Schmiedehandwerks im Zusammenhang mit der keltischen Oppida-Kultur angenommen, die dann in römischer Zeit an verschiedenen Stellen zur Erfindung des Streichbretts und zur Ausbildung der asymmetrischen Schar als Beetpflugbestandteil geführt haben. An römisch-mediterranen Import ist nicht zu denken, wie etwa die Wortgeschichte von *Sech* lehrt,[30] wohl aber an römische Vermittlung innerhalb und außerhalb der „Provinzen“. Bemerkenswerterweise scheint diese progressive Entwicklung den später deutschen Teil des Kontinents also — jedenfalls nach Maßgabe der Funde — nicht erfaßt zu haben, und zwar weder im keltisch-römischen noch im germanischen Siedlungsgebiet.

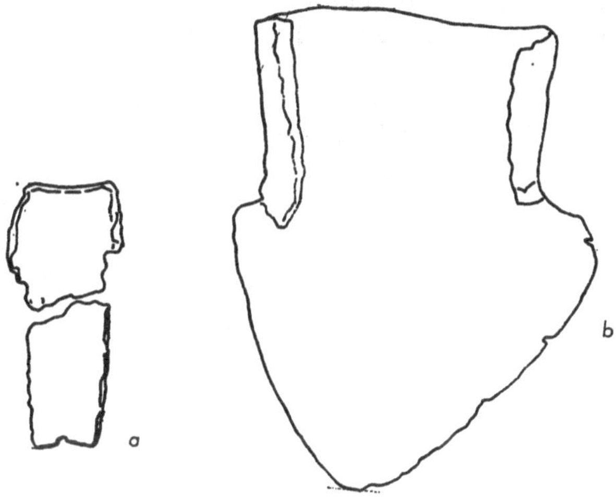

Abb. 9. Einfachste und entwickelteste Scharform des 1. Jahrtausends u. Z.
a — Kleine platte, symmetrische Schar von Hamburg-Farmsen; *b* — große gewölbte, asymmetrische Schar von Szentgyörgyvár/Pannonien. M 1:4.

Zu dem Bild eines wenig leistungsfähigen Hakenpfluges — keineswegs zu einem Beetpflug — paßt auch jene Schar (Abb. 9a), die 1953 in Hamburg-Farmsen in zwei Bruchstücken bei einer Siedlungsgrabung geborgen wurde (die Deutung als Sech[31] ist falsch); die Schar stammt aus dem Bereich von Häusern des 3. Jahrhunderts u. Z. Ihre einstige Länge mag ungefähr 15 cm betragen haben, die Breite ist etwa 6 cm. Auf horizontale Arbeitsweise kann nicht geschlossen werden, noch weniger auf einen Bodenwendeeffekt, da sie symmetrisch ist und somit nichts für das Vorhandensein eines Streichbretts spricht. Erstaunlicherweise aber sind nun in derselben Region, weiter elbabwärts bei Ostermoor/Brunsbüttelkoog, Pflugspuren aus dem 2. Jahrhundert u. Z. entdeckt worden, die A. Bantelmann als von einem Streichbrettpflug herrührend gedeutet hat.[32] Die etwa 20 cm breiten Erdschollen sind schräg angekippt. Derselbe Pflugtyp ist offenbar schon für den von

[30] Kratz 1966a.
[31] Schindler 1953/55, S. 180, 188.
[32] Bantelmann 1960, S. 60f., Taf. 2/3.

W. Haarnagel ergrabenen Siedlungshorizont A I auf der Feddersen Wierde (zwischen Elb- und Wesermündung), also das 1. Jahrhundert v. u. Z., vorauszusetzen, wo die angekippten Erdschollen durchschnittlich 22 cm breit sind.[33] Mit einer Schar wie der aus Hamburg-Farmsen kann ein Gerät, das diese Furchen hergestellt hat, kaum ausgerüstet gewesen sein. Möglicherweise sind die Pflugfurchenüberreste im germanischen Nordseeküstenbereich so zu deuten, wie dies M. Beranová getan hat,[34] daß hier nämlich Streichbrettpflüge ohne Eisenteile zum vorsätzlich einseitigen Pflügen eingesetzt wurden. Demnach wäre das Arbeitsverfahren einschließlich des Streichbretts dort bekannt gewesen, die eiserne asymmetrische Schar dagegen noch nicht. Die außerdem vorhandenen symmetrischen Eisenschare mögen an Hakenpflügen, die für bestimmte Aufgaben auf anderen Böden dienten, benutzt worden sein.

Übergehend zur eigentlichen Untersuchungszeit, dem 5./6. bis 10. Jahrhundert, wird die Evidenz für das Vorkommen des Beetpfluges noch schwächer, ja sie verschwindet faktisch. Archäologisch und ikonographisch ist der für die Geschichte der Bodenkultur so bedeutsame Beetpflug während dieser Zeit auf westgermanisch-deutschem Siedlungsgebiet nicht nachweisbar.

Auch philologisch läßt sich kein Beweis konstruieren, umso weniger, als die Schlüsselwörter der Pflugnomenklatur (*Pflug*, *Sech*, *Grindel*) etymologisch nicht-germanisch sind.[35] Wortgeschichtlich ist indessen belangvoll, daß im westgermanischen Sprachbereich die Bezeichnung für das genetisch ältere Pfluggerät vom Hakentyp, ein Wort mit der indoeuropäischen Wurzel **ar-*, nicht vorkommt oder früh ausgestorben ist, während es viele andere Sprachen beibehielten (italienisch *ara*, russisch usw. *ralo*), so auch das Nordgermanische (*ard* u. ä.); diese Wörter bezeichnen also hakenartige Geräte im Gegensatz zum Beetpflug, der *pio*, *plug*, *plog* usw. heißt. Die deutschen Dialekte kennen ein Substantiv mit der Wurzel **ar-* nicht (ausgenommen südostdeutsch *Arl*, wofür jedoch Entlehnung aus einer slawischen Sprache, z. B. slowenisch *oralo*, in Frage kommt);[36] das Wort *Haken* ist in der Bedeutung ‚Pfluggerät' jung.[37] Gäbe es also wirkliche Nachweise für das Vorkommen der Sache, des Beetpfluges, bei den Westgermanen, so ließe sich aus diesem philologischen Befund schlußfolgern, daß die Geräte vom Hakentyp, für die es keine besondere Bezeichnung gibt, hier nicht mehr existiert haben bzw. ausgestorben waren.[38] Da es sich aber entgegengesetzt verhält, d. h. allein die Existenz von Haken zweifelsfrei nachgewiesen werden kann, muß zu dieser Zeit **plog* oder *phluog* den Haken oder zumindest auch den Haken bezeichnet haben. Als Benennungsmotiv würde demnach nicht das Aufkommen des Streichbretts bzw. der asymmetrischen Arbeitsweise den Ausschlag gegeben haben, sondern eine andere Novation des „Pflug" genannten Gerätes, wahrscheinlich das Radvorgestell.[39] Dieses hat denn auch die Benennung *charrue* in Nordfrankreich bewirkt, was möglicherweise mit dem Eindringen fränkischer Siedler, die ein Radvorgestellgerät benutzten, zusammenhängt. Daß diese Bedeutung bereits bei *carruca* in der merowingischen Lex Salica (XXXVIII, 1) bzw. deren frühkarolingischen Textfassungen (LXIII, 1)[40] vorliegt,

[33] Haarnagel 1961, S. 43—45, Taf. 17/2.
[34] Beranová 1968, S. 542.
[35] Kratz 1966a.
[36] Bielfeldt 1966, S. 64.
[37] Bentzien 1968/69.
[38] So bei Jirlow 1970, S. 113.
[39] Vgl. Leser 1931, S. 529f.
[40] Eckhardt 1962, S. 136; ders. 1969, S. 101.

ist möglich,[41] doch kann auch ein anderer zweirädriger Karren gemeint sein.[42] Es muß festgehalten werden, daß solche Überlegungen jedenfalls nur an die Existenz eines Radvorgestellpfluges (-hakens) heranführen, nicht an die des Beetpfluges mit Streichbrett. Auch das Wort *riostra* (Riester) fällt als Argument aus, da es im Althochdeutschen in verschiedener Bedeutung auftritt, wobei ‚Streichbrett' eine sekundäre ist.[43]

Ähnlich zweifelhaft ist es um den „heavy plough" bestellt, der wegen seiner Schwere von einem Großgespann gezogen werden mußte, dem sog. Achterzug, bestehend aus acht Zugochsen, die wohl innerhalb einer Pfluggemeinschaft oder -genossenschaft zusammengespannt wurden.[44] Die genossenschaftliche Haltung eines „großen" Betriebsmittels wäre hochbedeutsam, aber daß dies zwangsläufig ein Beetpflug gewesen sein muß, steht dahin. Und die Sache selbst wird auch allein durch englische und skandinavische, nicht durch kontinental-westgermanische Quellen bezeugt. Ebenso verhält es sich mit den extrem oblongen Ackerstreifen, die durch die Arbeitsweise des Beetpflugs verursacht sein können, aber genau so mit der erwünschten Reduzierung der lästigen Wendemanöver des großen Gespanns begründet werden können,[45] wobei die materiellen Zeugnisse in Gestalt der „strip lynchets" m. W. wiederum nur aus England stammen.

Die scheinbar unergiebigen Erörterungen über die Nichtbeweisbarkeit einer Sache beziehen ihre Berechtigung aus der Notwendigkeit, auf diesem Gebiet nicht nur chauvinistische Behauptungen zurückzuweisen, sondern auch ernsthafte Lehrmeinungen zu überprüfen. Die oben teilweise referierte Literatur ist nämlich voll von Würdigungen des Beetpfluges, der geradezu konstitutiv für die frühmittelalterliche Flurgestaltung, ja die gesamte Landwirtschaft gewesen sein soll[46] bzw. — nach einer marxistischen Einschätzung[47] — im 6. Jahrhundert bei den westgermanischen Völkerschaften jedenfalls weit verbreitet war (ohne deshalb von sich aus die neuen Produktionsverhältnisse geschaffen zu haben). Nachdem entgegen solchen Annahmen gezeigt werden konnte, auf wie schwachen Füßen auch die ernsthafteste Argumentation in dieser Frage ruht, darf eingestanden werden, daß die komplizierte Situation hinsichtlich des meistdiskutierten und besterforschten Bodenbearbeitungsgerätes in der Tat dazu einlädt, Hypothesen aufzustellen. Ein Fund kann möglicherweise genügen, eine von ihnen zur Evidenz zu erheben; mehrere Funde würden die gesamte Argumentenkette vom Negativen ins Positive heben und etwa die Vermutung untermauern, daß die zunehmende Besiedlung schwerer Lehmböden in karolingischer Zeit z. B. im thüringischen Gebiet mit dem Einsatz „neuer Bodenbearbeitungsgeräte" zusammenhänge.[48] Vorläufig ist jedoch davon auszugehen, daß trotz eines offenkundigen Beetpflugvorkommens in vorvölkerwanderungszeitlichen Perioden sich dieser progressivste Strang der Bodenkultur während des Frühmittelalters zunächst nicht fortgesetzt hat. Das gilt sowohl für die später deutschen Gebiete als auch zunächst für andere Regionen Mitteleuropas.[49] Der früheste zögernde Neubeginn zeichnet sich sodann nicht im fränkischen Merowinger- und Karolingerreich ab, wo freilich die Fundsituation extrem ungün-

[41] Frings 1931, S. 103f.
[42] Prinz/Schneider 1969, 2/2, Sp. 311.
[43] Kratz 1965, S. 307.
[44] Rhamm 1905, 1, S. 178; Schier 1938/39.
[45] Steensberg 1936, S. 556f., 280; ders. 1960; Orwin-Orwin 1967.
[46] Bloch 1931; Müller-Wille 1944; White L. 1964, S. 41—57 u. v. a.
[47] Neussychin 1961, S. 39f.
[48] Gringmuth-Dallmer 1976, S. 656f.
[49] Balassa 1972, S. 157ff.

stig gelagert ist, sondern im Umkreis des westslawischen großmährischen Reiches, aus dem ideal auswertbare Hortfunde — u. a. mit asymmetrischen Pflugscharen — vorliegen.[50]

Die spärlichen Funde des 5./6. bis 10. Jahrhunderts erweisen auf westgermanisch-deutschem Gebiet das Vorkommen von Haken mit eisernen Scharen verschiedenen Typs. Darunter fehlt jetzt die relativ entwickelte Form mit großen „Achseln" und scharf abgesetzter Tüllenpartie, wie sie in provinzial-römischen und anderen Zusammenhängen einst greifbar gewesen war (vgl. Abb. 4,6), aber auch die pfeilförmige Stielschar (vgl. Abb. 2). Nachweisbar sind:

a) „Speerförmige" Schare (Abb. 10). Sie zeigen eine extrem schmale Form, die sich von der Basis auf die Spitze zu gleichmäßig verjüngt. Die röhrenförmige Tülle ist relativ lang. Die beiden Funde aus der Provinz Groningen und aus Dorestad, dem wikingerzeitlichen Handelsplatz, zeigen als Besonderheit die zusätzliche Aufnagelung oder Aufnietung der Schar und gleichen sonst völlig der entsprechenden latènezeitlichen Form (vgl. Abb. 3) sowie wikingerzeitlichen Parallelen aus Skandinavien. Nach F. Šachs funktionaler Systematik[51] gehören solche Schare zu leichten, sohlenlosen Haken; ihre Stellung muß der Vertikale stark angenähert gewesen sein, ähnlich der russischen Socha (als ethnographischer Parallele).

b) „Viereckige" Schare (Abb. 11). Sie besitzen eine klobigrechteckige Form mit schwach oder nicht gerundeter Vorderschneide und einer nicht von der Klinge abgesetzten Tüllenpartie. Die frühmittelalterlichen Funde aus dem Nord- und Ostseeküstenbereich haben provinzialrömische Parallelen in England. Dieser Typ wurde von der Forschung kaum beachtet — teilweise auch nicht als Schar anerkannt — und fehlt in Šachs Systematik. Verwandt scheint die Schar von Hamburg-Farmsen (vgl. Abb. 9a). Die plane Oberfläche spricht für eine geneigte Arbeitsstellung solcher Schare; sie sind möglicherweise an Geräten wie dem im Utrechter Psalter (um 830) skizzierten Haken (Abb. 15b) befestigt gewesen.

c) „Fünfeckige" Schare (Abb. 12). Sie haben eine gedrungene „fünfeckige" (durch Reibungsverlust an der Spitze meist abgerundete) Form, sind von auffallender Kleinheit — um und unter 15 cm — und weisen ziemlich offene, nicht oder schwach konische Tüllen auf, die von der Klinge nicht oder kaum durch „Achseln" abgesetzt sind. Der Typ ist durch völkerwanderungs- und merowingerzeitliche Funde belegt und besitzt enge Parallelen in Scharen aus der böhmisch-mährischen Burgwallzeit. Nach Šach kommt „freie" Befestigung in der Art des Typs a aufgrund der zu offenen Tülle nicht in Frage; andererseits läßt das Längsprofil solcher Schare ein Aufsetzen auf die waagerechte Sohle nicht zu, so daß sie an einem geneigten Holz, das seinerseits an die abgeschrägte Nase der Sohle gelehnt war, befestigt gewesen sein müssen.[52] Vergleichbar ist in dieser Hinsicht u. a. der jüngere Mecklenburgische Haken (s. h., Abb. 78).

d) „Dolchförmige" Schare. Sie sind auffallend schlank, besitzen keine oder unwesentliche „Achseln" und sind in der Längsachse der Klinge verstärkt. Der Typ taucht bereits in provinzialrömischen Zusammenhängen auf (vgl. Abb. 4), ist völkerwanderungszeitlich (Abb. 13) und weiter bis etwa ins 9./10. Jahrhundert belegt, wobei die Dimensionen geringer werden, aber die Tüllenform nach Šach[53] die Möglichkeit zuläßt, daß etwa die Schar

[50] Šach 1961, S. 143–150; Beranová 1968, S. 542.
[51] Šach 1961, S. 139.
[52] Ebda. S. 141. Eine weitere merowingerzeitliche Schar dieses Typs (Tauberbischofsheim/Dittigheim, Württ. Landesmuseum Stuttgart) ist noch nicht publiziert. Vgl. Planck 1976, S. 58.
[53] Šach 1961. S. 141f.

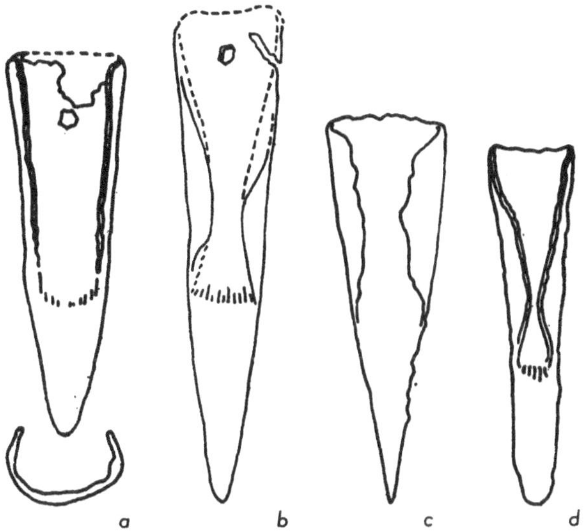

Abb. 10. Frühmittelalterliche „speerförmige" Schare, wahrscheinlich zu einem sohlenlosen Hakentyp gehörig.
a — Duurstede, Prov. Utrecht/Niederlande; *b* — „terpen"-Gebiet der Provinz Groningen/Niederlande; *c* — Villand, Hol pgd., Buskerud/Norwegen; *d* (zum Vergleich) — Woodcuts, Craneborn Chase/England. M 1:4.

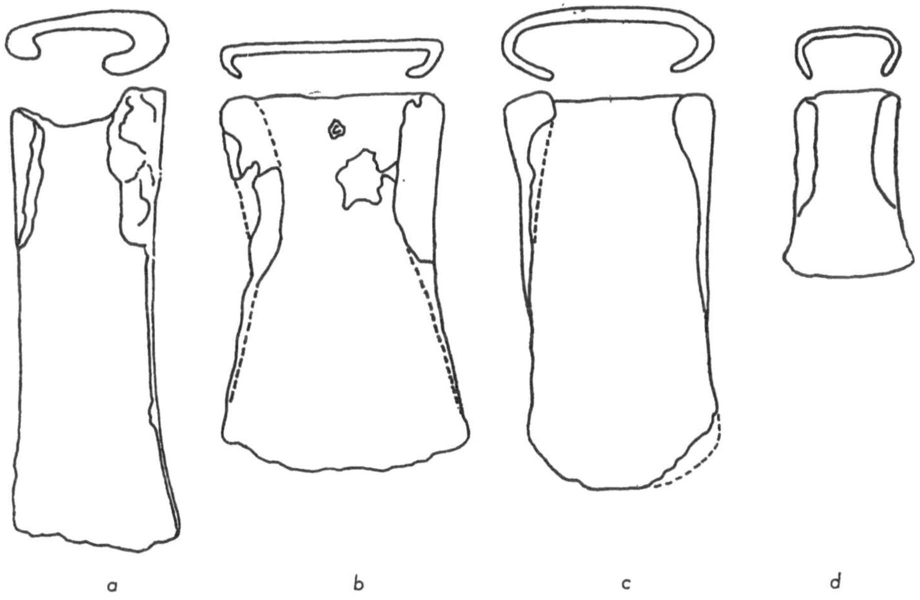

Abb. 11. Frühmittelalterliche „viereckige" Schare, wahrscheinlich zu einem Haken des Sterz-Sohlen-Typs gehörig.
a — Haithabu bei Schleswig; *b* — Wijk bei Duurstede, Prov. Utrecht; *c* — Ferwerd, Prov. Friesland/Niederlande; *d* (zum Vergleich) — Wallingford, Berks/England. M 1:4.

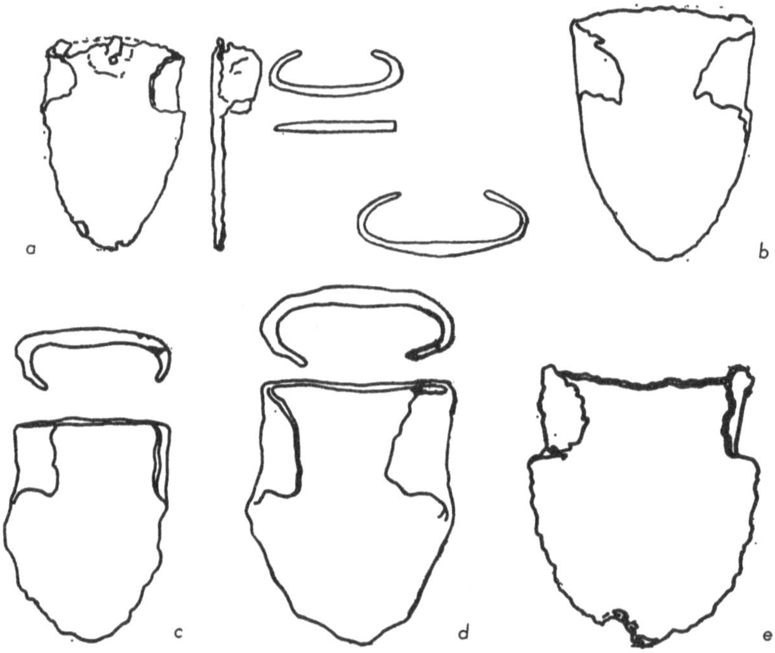

Abb. 12. Völkerwanderungszeitliche und frühmittelalterliche „fünfeckige" Schare für nicht-horizontale Arbeitsweise an einem unbestimmbaren Hakentyp.
a — Radeberg-Lotzdorf Kr. Dresden; *b* — Jelenia Góra (Hirschberg/Schlesien); *c* und *d* — Gera-Tinz/Ostthüringen; *e* — Büdinger Wald (Gelnhausen) Kr. Gettenbach/Hessen. M 1:4.

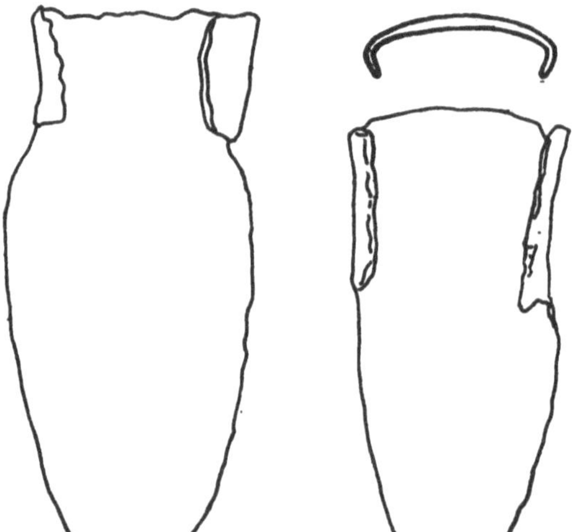

Abb. 13. Völkerwanderungszeitliche „dolch-" oder „blattförmige" Schare, zu einem unbestimmbaren Hakentyp mit Sohle gehörig.
a — Naumburg/Saale; *b* — Jaroniów pow. Głubczyce (Jernau Kr. Leobschütz). M 1:4.

von Ichtershausen (Abb. 14) bereits waagerecht der Sohle aufgesessen hat — eine Voraussetzung für den späteren Übergang zur ebenfalls horizontal arbeitenden Beetpflugschar. Ein entsprechendes Gerät mit vierseitigem Gerippe zeigt ein karolingischer Bilderpsalter (Abb. 16).

Das zuletzt genannte Bildzeugnis läßt außerdem ein Sech im Grindel erkennen, jenes notwendige vertikale Komplement zur horizontalen Schar. Archäologisch sind frühmittelalterliche Seche im Gegensatz zu provinzialrömischen oder kaiser- und völkerwanderungszeitlichen Hortfunden (vgl. Abb. 7, 8) nur unsicher nachweisbar (Abb. 8 d). Dem Wort nach ist *Seh* schon in den althochdeutschen Glossen, wenngleich nicht eindeutig, belegt.[54]

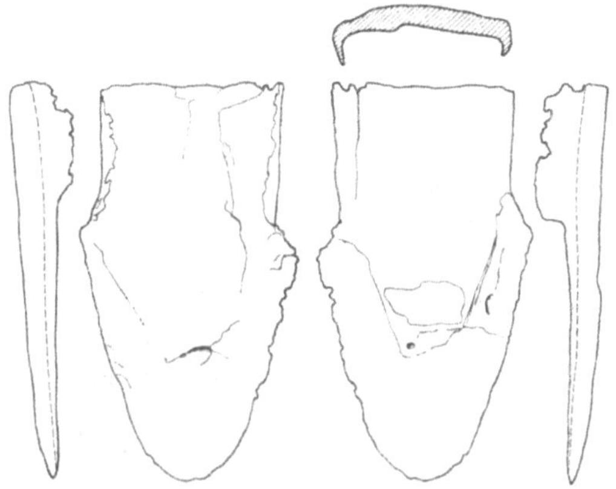

Abb. 14. Im Übergang von der Haken- zur Pflugschar: asymmetrisch abgenutzte Schar von Ichtershausen, Kr. Arnstadt/Thüringen. M 1:4.

Grindelkettenfunde existieren überhaupt nicht, was mit dem ikonographischen Befund übereinstimmt: Die karolingischen Bilderpsalter zeigen in den Pflugszenen kein Radvorgestell, sondern der Grindel bzw. die Grindelverlängerung reicht bis an das Widerristdoppeljoch der Zugtiere herauf. Von einem *charrue* zu nennenden Pfluggerät in der nordfranzösischen Ebene findet man auf den Bildern nordfranzösischer Provenienz noch keine Spur. Hier wie wahrscheinlich auch auf deutschem Gebiet herrschte das unbewegliche Jochgespann vor.

Der frühmittelalterliche Bauer konnte mit seinen unzulänglichen Pfluggeräten den Boden weder in ausreichender Tiefe (kaum über 5—6 cm) noch in hinlänglicher Furchenbreite — man vergleiche die Abmessungen der Schare! — bearbeiten. Er war daher gezwungen, das Feld überkreuz zu ackern: „in transverso“ und „in longo arare“, wie es die Lex Baiuvariorum von den „colonis vel servis“ fordert (I, 13).[55] Die Winzigkeit der Schare muß nochmals in Erinnerung gerufen werden als Illustration dafür, wie mühselig und uneffektiv die eigentliche Ackerarbeit für den Bauern in einer Ära gewesen ist, der man verschiedentlich „revolutionäre“ Veränderungen in der Pflugtechnik zugeschrieben hat.

Bestanden bei den Pfluggeräten wenigstens die „arbeitenden“ Teile Schar und — wenn vorhanden — Sech aus Eisen, so war die Egge jener Zeit mit ziemlicher Sicherheit völlig hölzern. Daß dieses wichtige Gerät zum Einebnen, Unkrautentfernen, Saatabdecken usw.

[54] Baur 1960, S. 244f.; Kratz 1966a, S. 56—59.
[55] v. Schwind 1926, S. 286f.

überhaupt vorhanden gewesen ist, bezeugen lateinische Erwähnungen in den Volksrechten (Lex Salica XXXIV, 2 bzw. 54; Lex Alamannorum XCIII, 4 bzw. XCVI, 4)[56] und vom 8. Jahrhundert ab althochdeutsche Glossen,[57] die das Wort *egida* enthalten, teilweise auch die genauere Erläuterung *egeda dentalia*, was darauf hinweist, daß es sich um eine Zinkenegge handelt, sowie *egidâri*, worunter das zum Eggen gebrauchte Arbeitspferd zu ver-

Abb. 15. Karolingerzeitliche Pflugszenen.
a — Schlenhaken des Vierseittyps (?) mit Y-Sterze, Rinderpaar; *b* — Haken des Sterz-Sohlen-Typs, Rinderpaar im Widerristdoppeljoch.

Abb. 16. Pfluggespann des 9. Jahrhunderts. Entwickelter einsterziger Vierseithaken mit Sech und seitlichen Streichpflöcken, Pflüger mit Gerte (Reute), Rinderpaar im Genickdoppeljoch.

stehen ist. Das Verbum *(gi)ekkian* kommt in dem oben zitierten Werdener Urbar vom Ende des 9. Jahrhunderts vor und ist dort volkssprachliche Erklärung für lateinisch *complanare*.[58] Das dürfte aber nicht die einzige Funktion der Egge in jener Zeit gewesen sein, denn die Walze fehlte im mitteleuropäischen Gerätefundus jener Zeit noch gänzlich. *Medulla, medela* in der Lex Alamannorum (XCIII, 1 bzw. XCVI, 1 sowie Fragm. V, 2)[59] ist in diesem Zusammenhang wohl fehlinterpretiert.[59a]

[56] Eckhardt 1962, S. 127; ders. 1969, S. 94; Lehmann K. 1888, S. 154 (auch Fragm. V, 2 = S. 26).
[57] Frings/Karg-Gasterstädt 1971f., 3, 2/3, Sp. 78f.
[58] Kötzschke 1906, 2/1, S. 17.
[59] Lehmann K. 1888, S. 153, 26.
[59a] Durch Becker-Dillingen 1935, S. 685; eher: ‚Wagenrunge' oder ‚Radnabe'.

Die hölzernen Zinken waren in Balken befestigt, die durch Scheiden zusammengehalten wurden. Diesen Typ der Rahmenegge für die frühmittelalterliche Periode vorauszusetzen, ist in diesem Fall durch die Tatsache gerechtfertigt, daß sowohl aus der voraufgehenden als auch aus der folgenden Zeit (nunmehr ikonographisch) entsprechende Belege vorhanden sind. Beim Beetpflug war diese Kontinuitätsprämisse zwar abzulehnen, da der archäologi-

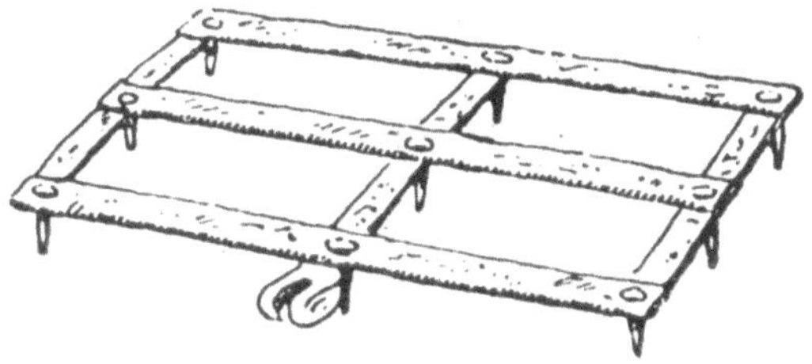

Abb. 17. Römerzeitliche Rahmenegge des „geschlossenen" „Balken"-Typs, d. h. zinkentragenden Querbalken und zinkenlosen Längsscheiden; Zinkenzahl nicht naturgetreu. Bronzemodell. Köln. M etwa 1:1.

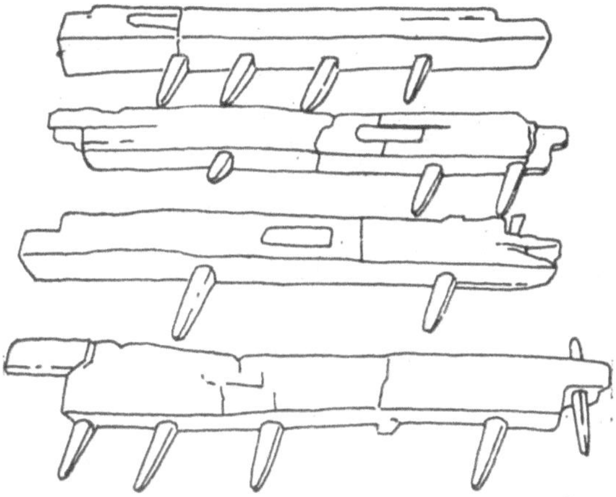

Abb. 18. Eggenfragmente des 3. Jahrhunderts u. Z. von Dorregeest/Noord-Holland. Rahmeneggen des Typs Abb. 17, in dieser Form nordmitteleuropäisch bis ins 20. Jahrhundert verbreitet. M etwa 1:12.

sche Befund in Gestalt von Hakenscharen das Gegenteil bewiesen hatte. Bei der Egge jedoch, wo Funde — wegen der rein hölzernen Bestandteile — überdies viel seltener zu erwarten sind, stützt das Wort *dentalia* die Annahme der Sache, d. h. der Rahmenegge mit Zinken. Wir haben, um auf die zeitlich vorausliegenden Belege zu kommen, eine solche zunächst vor uns in Gestalt eines Kölner Bronzemodells aus provinzialrömischer Zeit (Abb. 17). Entsprechend seinem Votivcharakter ist es nur zierlich (etwa 6×6 cm), was den Künstler offenbar hinderte, die Zinkenzahl naturgetreu zu bemessen; daß drei Balken und drei Scheiden den Rahmen bilden, kann durchaus der Realität entsprochen haben. Ein Parallelfund (Vergrabungsdatum 368 u. Z.) stammt aus Rodenkirchen bei Köln.[60]

[60] Haberey 1949, S. 100, Abb. 2/6.

Vier Eggenbalken, die aber wahrscheinlich von mindestens zwei Geräten stammen, sind 1941 bei Dorregeest/Gemeinde Uitgeest (Nordholland) gefunden und später durch die C^{14}-Methode auf 1680 ± 60 Jahre (Gro 1171), also das 3. Jahrhundert u. Z. datiert worden; einige Zinken aus Eichenholz — ursprünglich etwa sechs pro Balken — waren wohlerhalten (Abb. 18). Da es sich bei den Balken offenbar um zweitverzimmerte Hölzer handelt, kann die Zahl der querverlaufenden Scheiden ohne Autopsie nicht bestimmt werden. Der hochbedeutsame Fund wird von J. M. G. van der Poel weiter ausgewertet.

Die Holzzinken an diesen Eggenbalken schließen übrigens nicht aus, daß auf provinzialrömischem Boden auch eiserne Zinken vorgekommen sein mögen — die Bronzemodelle fallen ja als Beweis und Gegenbeweis aus; Plinius (18.186) erwähnt immerhin eine solche

Abb. 19. Römisch-gallischer Mähwagen *vallus*, Rekonstruktion von White/Cüppers.

Egge: „cratis et hoc genus dentatae stilis ferreis" (eine Art von Egge, ausgestattet mit eisernen Zähnen).[61] Da aber bisher kein einziger frühmittelalterlicher Eggenzinken gefunden worden ist, muß weiterhin angenommen werden, daß die „arbeitenden" Teile der Egge ausschließlich hölzern waren und auf diesem Gebiet der wahrscheinlich höhere römerzeitlich-mediterrane Standard zunächst in Mitteleuropa nicht erreicht wurde.

Auf dem Gebiet der Erntetechnik sind im frühmittelalterlichen Zentraleuropa Kontinuität und Diskontinuität hinsichtlich der voraufgegangenen Zeitabschnitte feststellbar. Der progressivste Entwicklungsstrang, die Anwendung eines mähmaschinenartigen Gespanngeräts, des *vallus* (Abb. 19), setzte sich nach Ende der Römerherrschaft nicht fort. Diese bemerkenswerte, durch bildliche Darstellungen — u. a. auch aus Trier — sowie durch die römischen Agrarschriftsteller mehrfach belegte keltisch-römische Errungenschaft war sicherlich stärker als der übrige spätantike landwirtschaftliche Gerätefundus mit der Latifundienwirtschaft verbunden[62] und für die frühfeudale bäuerliche Agrikultur schon von der Dimension her nicht rezipierbar. Anders bei den schneidenden Ernte-Handgeräten.

Archäologisch liegt das Vorhandensein der Sense mit langem Blatt und langem Baum auf westgermanisch-deutschem Siedlungsboden zwar im Dunkel; aber ikonographisch ist es seit karolingischer Zeit nachweisbar (Abb. 21). Die sonst wenig naturalistischen Bilder zeigen wenigstens, daß Sensenblatt und *Hamme* (und damit der an diesem Teil mittels Ring befestigte Baum) nicht mehr einen stumpfen, sondern einen rechten oder spitzen

[61] White K. D. 1967, S. 146.
[62] Böttger 1975, S. 171 f.

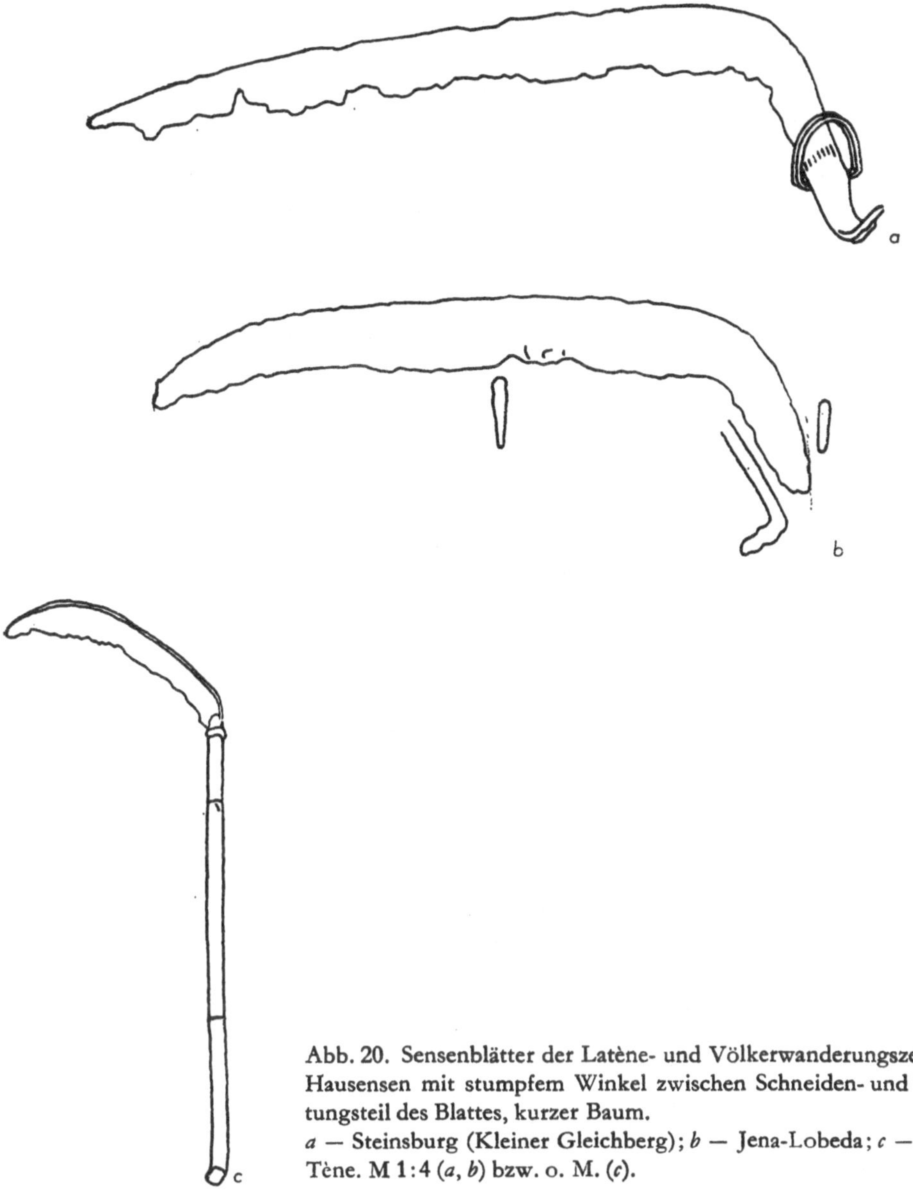

Abb. 20. Sensenblätter der Latène- und Völkerwanderungszeit. Hausensen mit stumpfem Winkel zwischen Schneiden- und Schäftungsteil des Blattes, kurzer Baum.
a — Steinsburg (Kleiner Gleichberg); *b* — Jena-Lobeda; *c* — La Tène. M 1:4 (*a*, *b*) bzw. o. M. (*c*).

Winkel bildeten, es sich also um Mähsensen handelt. Sie waren freilich unvollkommen; wo nach Art mancher provinzialrömischen Geräte der Hammen-Winkel 60 Grad und weniger betrug (so wahrscheinlich bei der Sense Abb. 22a trotz rechtwinkliger Darstellung durch den Künstler), scheint die nach außen geschwungene Formgebung des Baums das ungünstige Drehmoment des nach einer Seite abstehenden schweren Eisenteils ausbalanciert zu haben.[63] Jedenfalls sind dies keine Hausensen mehr, wie sie im keltischen Kultur-

[63] Zeitlinger 1944, S. 24f., 35.

bereich und noch bei germanischen Ackerbauern der Völkerwanderungszeit (Abb. 20) sowie in anderen Zusammenhängen auch später anzutreffen waren bzw. sind. Der Unterschied in der Konstruktion und Handhabung besteht nach A. Lühning, L. Takács und anderen[64] darin, daß mit der Hausense, die aus einem kurzen, oft breiten Blatt und einem stumpfwinklig befestigten, nur etwa 1 m langen Stiel besteht, mit kräftigen, schräg angesetzten Hieben — wahrscheinlich sogar wechselnd nach links und rechts — gearbeitet wird, während man mit der Mähsense eine bogenförmige Schwungbewegung ausführt. Freilich erlaubte die Tatsache, daß die im Winkel vom Blatt abgesetzte, aber noch in gleicher Ebene mit ihm liegende *Hamme* unvollkommen konstruiert war, eine horizontale Führung des Sensenblatts bei aufrechter Mähhaltung nur dann, wenn durch die Befestigung am Sensenbaum mittels einer Hilfskonstruktion nach Art ethnographischer Parallelen (Abb. 48) die entsprechende Verlagerung der Blattebene erfolgte.

Abb. 21. Mann mit Mähsense und Wetzstein im Wasserbehälter (10. Jahrhundert). Der Winkel zwischen Schneiden- und Schäftungsteil des Blattes scheint weniger stumpf.

Als Mähgut für diese Sensen kommt während des Frühmittelalters allein Gras, nicht etwa Getreide in Frage. Die bäuerliche Futterwirtschaft, in der zum einen Teil noch das Futterlaub eine bedeutende Rolle spielte,[65] war zum anderen Teil auf Wiesengras orientiert. Ursprünglich „gehauen" — wovon wortgeschichtlich *Heu* abzuleiten ist —, wurde es jetzt zunehmend „gemäht", nämlich mit Mähsensen — wahrscheinlich etwa seit der Merowingerzeit.[66] Es entwickelte sich langsam eine Wiesenkultur auf fränkisch-deutschem Gebiet (regional wohl schon einschließlich des zweiten Grasschnitts *Grummet* im Frühherbst, wofür wiederum philologische Indizien sprechen),[67] doch fallen entscheidende weitere Verbesserungen des Erntegeräts und eine massenhafte Kultivierung der Wiesenflora offensichtlich erst in die hochmittelalterliche Zeit. — Die geschlechtliche Arbeitsteilung bestimmte für die Sensenmahd überwiegend den Mann.

Entsprechend der Konzentration auf die Mähsense statt auf die Hausense (die aber regional Sonderfunktionen wie das Heidplaggenhauen behielt) ist auch bei der Sichel in unserem Gebiet eine Orientierung auf den genetisch jüngeren, arbeitseffektiveren Typ

[64] Lühning 1951, S. 307ff.; vgl. Takács 1971.
[65] Trier 1963, S. 3ff.
[66] Lühning 1961, S. 27.
[67] Reichmann 1966, S. 43.

feststellbar. Dieses uralte Gerät für den Getreideschnitt hatte seine eisenzeitliche Ausprägung in zwei Typen erfahren: der Hakensichel (Typ A, angular) und der Bogensichel (Typ B, balanced).[68] Die erstere, gekennzeichnet durch eine hakenartig nach links aus dem Griff herausragende Klinge, war in vielen Teilen Europas, darunter auch bei germanischen Bodenbauern, bis in die Völkerwanderungszeit hinein verbreitet gewesen (Abb. 23a, b). In der zweiten Jahrtausendhälfte ist die Hakensichel im später deutschen Gebiet offenbar nicht mehr anzutreffen. Etwa seit der Merowingerzeit erscheint die Bogen-

Abb. 22. Grasmäher und Kornschnitter im 9. Jahrhundert. Mähsense mit auswärts gebogenem Baum, Bogensichel.

sichel als das typische Getreideschnittgerät (Abb. 24—26). Ihre Erfindung datiert bereits aus der Latènezeit (Abb. 23c, d) und war mitverursacht durch störende Nachteile des Formprinzips der Hakensichel (einseitiges Übergewicht des Schneidenteils, was dessen Vergrößerung behinderte); die Bogensichel besitzt eine zunächst nach rechts ausladende Schneide, die dann im Bogen über die Achse des Geräts hinweg nach links ausschwingt, also „ausbalanciert" ist, was seinerseits die Verwendung größerer Schneiden möglich macht. Die Bogensichel trägt die althochdeutsche Bezeichnung *sihhila*, abzuleiten aus vulgärlateinisch *sicila*, was die römische Verbreitungsrolle bei dieser von Haus keltischen Geräteform unterstreicht.[69] Von den zwei frühgeschichtlichen Varianten der Bogensichel scheint nun die langgestreckte, auf Griffhöhe winklig gebogene Schneidenform (Abb. 23c, d) im fränkisch-frühdeutschen Fundmaterial nicht oder weniger vertreten zu sein als die andere mit gleichmäßig — oft nahezu in der Art eines liegenden U — gebogener, breiterer Schneide (Abb. 24, 25).

Der schlechte Erhaltungszustand der Funde und die Miniaturgröße der Bilder (Abb. 22b) lassen nicht erkennen, ob diese Bogensicheln gezähnt waren oder nicht. Von gezähnten Sicheln, *falcibus ... denticulatis*, ist bereits bei Columella (2.20.3) die Rede,[70] doch geht die Zähnung zunächst mit der in Deutschland weniger verbreiteten Bogensichelvariante (der

[68] Steensberg 1943.
[69] Kratz 1966b, S. 69—71.
[70] White, K. D. 1967, S. 79.

schmaleren) einher. Das Problem ist hinsichtlich des Arbeitsverfahrens von Interesse- Mit der gezähnten Sichel wurden die Halme „sägend“, am Griffansatz beginnend und an der Klingenspitze endend, abgeschnitten; mit der glattschneidigen Sichel arbeitete man mehr „hauend“, beginnend mit dem vorderen Klingenteil, auf den Körper zu.[71] Geschnitten wurde wahrscheinlich leicht gebückt in halber Halmhöhe. Frauen als Schnitterinnen werden — neben Männern — diese Arbeit mitgeleistet haben. Daß sie auf frühmittel-

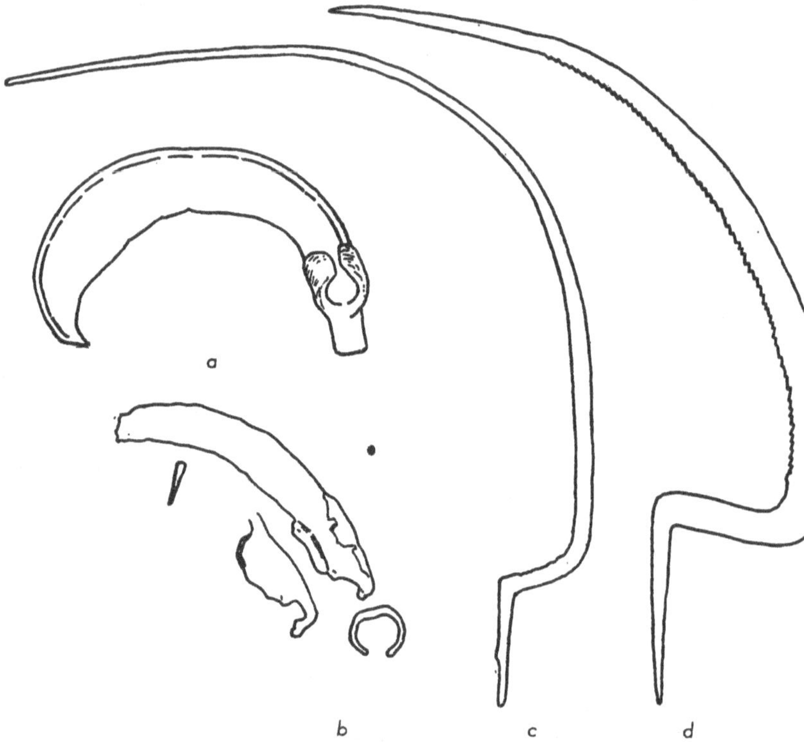

Abb. 23. Germanische Hakensicheln (links) und keltische Bogensicheln (rechts). *a* — Körchow Kr. Hagenow/Meckl.; *b* — Jena-Lobeda; *c* — Steinsburg (Kleiner Gleichberg); *d* — La Tène. M 1:4.

alterlichen Arbeitsdarstellungen in dieser Rolle nicht auftauchen, ist ein ikonographisches, kein agrartechnologisches Problem, wie S. Epperlein zutreffend ausgeführt hat.[72] Ausdrücklich als Arbeit der Bauernfrau im Rahmen des Frondienstes belegt das schon erwähnte Werdener Urbar vom Ende des 9. Jahrhunderts „ad ... aceruos manipulos alligare et eosdem aceruos colligere uel construere“,[73] d. h. Getreidebündel zu Garben binden und diese Garben (zu Hocken) aufstellen; während dies die *uxor* (Ehefrau) leistet, hat wiederum der *maritus* (Ehemann) das Einfahren in die feudalherrliche Scheune zu besorgen. Über die entsprechende Arbeitsteilung auf dem bäuerlichen Erntefeld schweigen die Quellen.

Über das Dreschen im Frühmittelalter und in der vorhergehenden Zeit konnte von der Forschung das folgende ermittelt werden: Die Etymologie des althochdeutschen

[71] Lühning 1951, S. 98—103.
[72] Epperlein 1975, S. 73f.
[73] Kötzschke 1906, 2/1, S. 17.

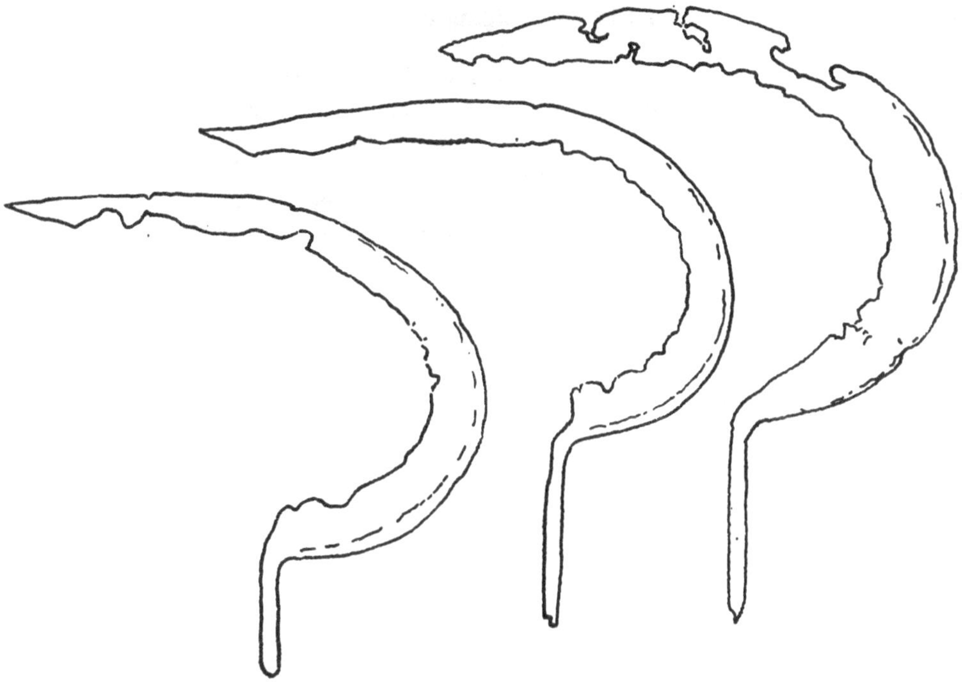

Abb. 24. Fränkische Bogensicheln von Gladbach Kr. Neuwied/Nordrhein. M etwa 1:4.

Abb. 25. Nordelbingische Bogensicheln von Albersdorf Kr. Süderdithmarschen. Ohne M.

Wortes *dreskan* ‚trampeln', ‚mit den Füßen stampfen' verweist darauf, daß im germanischen Sprachbereich als ursprüngliches Dreschverfahren das Austreten der Körner durch Tiere verbreitet gewesen ist.[74] Dieses in mediterranen, vorderasiatischen und anderen Regionen auch ethnographisch vielfältig bezeugte Verfahren[75] scheint während unserer Untersuchungszeit auf später deutschem Gebiet nicht mehr angewandt worden zu sein. Auch das Ausschlagen der Körner mittels einteiliger Stücke oder Dreschsparren war nicht

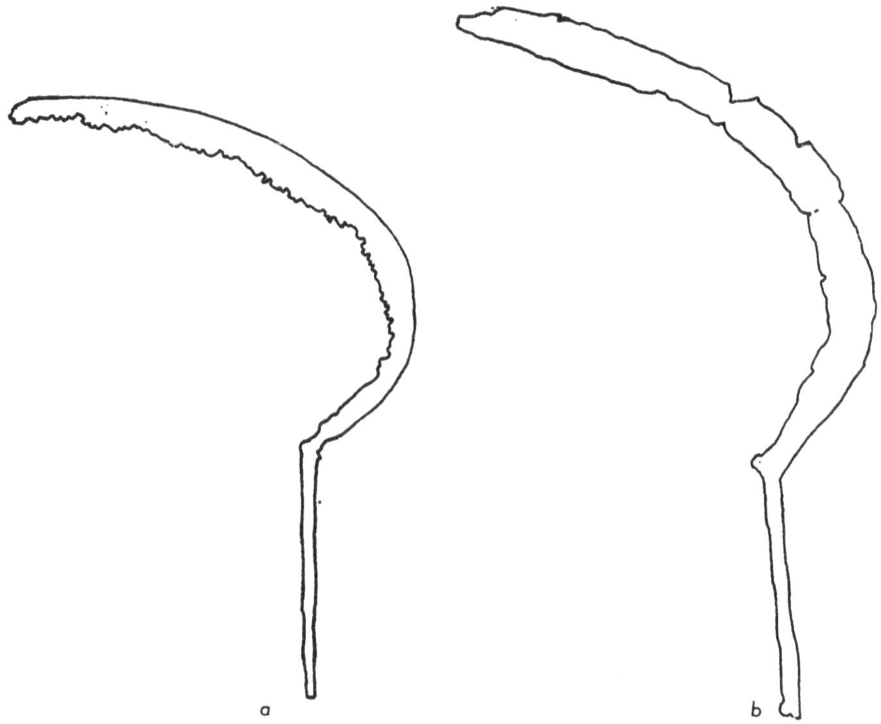

Abb. 26. Bogensicheln aus dem slawischen bzw. slawisch-bajuvarischen Bereich.
a — Semice/ČSSR; *b* — Zistersdorf Kr. Gänserndorf/Niederösterreich. M 1:4.

mehr die zeitgemäße Methode, denn inzwischen war ein zweiteiliges, aus den beweglich verbundenen Teilen Stiel und Schlegel bestehendes Dreschinstrument erfunden worden. Man nannte und nennt es *Flegel.* Das Wort geht auf lat. *flagellum* ‚Peitsche' zurück, charakterisiert also die Beweglichkeit des Schlaginstruments. Wortgeschichtlich mit dem Lateinischen verbunden, weist die Sachgeschichte jedoch — gestützt durch jüngere Verbreitungsstrukturen — auf nicht-mediterrane Gebiete. Daß man in den Mittelmeerländern normalerweise den Flegeldrusch ausgeübt haben soll,[76] ist eine unrichtige Behauptung. D. Trotzig hat plausibel gemacht, daß der Flegel sich im keltisch-germanisch-romanischen Kontaktgebiet (etwa in der Rhein-Mosel-Gegend) aus dem Dreschsparren entwickelt hat;

[74] Kratz 1966b, S. 66.
[5] Vgl. Hoffmann T. 1963.
[76] Skazkin 1976, S. 24.

zeitlich kommt das 3.—5. Jahrhundert u. Z. in Frage.[77] Bei der Entstehung und Verbreitung der Sache hat provinzialrömischer Einfluß wesentlich mitgewirkt.[78]

Insofern ist es nur bedingt richtig, wenn Ch. Parain, der den Vorgang ins 4. Jahrhundert verlegt, konstatiert: „In threshing also the Middle Ages were inventive"[79] — die Erfindung lag früher, aber die massenhafte Ausbreitung dieses wirkungsvollen und zugleich billigen Instruments über ganz Mittel- und Osteuropa mag während des Frühmittelalters stattgefunden haben. Für das deutsche Gebiet ist die Sache durch ahd. *flegil* in den sog. Glossen belegt; *driskil* kann als Synonym (möglicherweise analog zu *flegil* sekundär gebildet) aufgefaßt werden, aber auch den noch stellenweise vorhandenen einteiligen Dreschsparren bezeichnet haben. Der *flegil* war jedenfalls zweiteilig, er wurde zusammengehalten durch das *flegilbant* aus Leder.[80] Im Anschluß an nordfranzösische und angelsächsische Bildbelege taucht kurz vor der Jahrtausendwende die erste Abbildung eines Dreschflegels in einem geistlichen Kontext — nicht als Arbeitsdarstellung — auf (Abb. 27). Es scheint sich um einen Doppelkappenflegel zu handeln; das Längenverhältnis des Stiels zum Schlegel beträgt etwa 1,5:1.

Abb. 27. Mann mit Dreschflegel, Ende des 10. Jahrhunderts. Die Zacken am Stiel und Flegel wohl nicht naturgetreu.

Der Flegeldrusch als herbstliche und winterliche Tätigkeit dürfte in überdachten Räumlichkeiten stattgefunden haben, ebenso die Nachfolgearbeit des Kornreinigens. Als Gerät dafür ist dem Wort nach *wanna* ‚Getreideschwinge' seit dem 9. Jahrhundert belegt, ein Schüttelgerät, mit dessen Hilfe durch den Luftzug das Korn von der Spreu getrennt wird. Die demselben Zweck dienende Wurfschaufel *worfskûvala* oder *wintworfa* ist vor der Jahrtausendmitte nicht belegbar. Eine sorgfältigere Reinigung erfolgte durch die *rîtara* ‚Reiter', ‚Sieb'.[81] Da frühmittelalterliche Abbildungen der entsprechenden Arbeitsvorgänge und Geräte fehlen, können nähere Aussagen vorläufig nicht getroffen werden. Das obige Geräteensemble scheint teilweise schon in provinzialrömischer Zeit existiert zu haben.[82]

Die Weiterverarbeitung des Getreides erfolgte durch Mühlen, wobei während des Frühmittelalters neben der Handmühle zunehmend die Wassermühle eine bedeutende Rolle

[77] Trotzig 1943, S. 176.
[78] Kratz 1966b, S. 68.
[79] Parain 1966, S. 157.
[80] Baur 1960, S. 86.
[81] Ebda. S. 87f.
[82] Vgl. Haberey 1949, S. 101.

spielte.[83] Erfunden und sporadisch genutzt schon unter antiken Produktionsverhältnissen, setzte sie sich während der frühfeudalen Periode langsam, aber kontinuierlich durch. Dabei spielte neben sozialökonomischen Faktoren auch das geographische Milieu West- und Mitteleuropas mit seinen jahreszeitlich ausgeglicheneren hydrologischen Verhältnissen eine gewisse Rolle.[84] Alleiniger Typ blieb die unterschlächtige Wassermühle; eine Variante bilden die vom 9. Jahrhundert ab belegten Schiffsmühlen.

Die die Naturkraft Wasser nutzenden Mühlen besaßen mit ihrer entwickelten Mechanik — Übertragung der Drehbewegung von der horizontalen Wasserradwelle auf die vertikale Mühlspindel mittels Kammrad und Stockgetriebe — den Charakter von Arbeitsmaschinen, und folgerichtig wertet man sie als konstitutiv für ein jetzt beginnendes ganzes Stadium bzw. ein Jahrtausend der Technikgeschichte (von der Spätantike bzw. dem Frühfeudalismus bis gegen 1500) überhaupt.[85] Am Schluß des Kapitels wird auf diese Problematik nochmals eingegangen werden. Vorläufig sei nur die Sonderstellung der Wassermühle und der mit ihr verbundenen sozialen Faktoren als Bestandteil der feudalzeitlichen Nahrungsgüterwirtschaft gegenüber den landwirtschaftlichen Produktionsinstrumenten festgehalten.

Hinsichtlich der Kulturpflanzen kann an dieser Stelle auf die Ergebnisse paläoethnobotanischer und pollenanalytischer Untersuchungen hingewiesen werden. Wie E. Lange zusammenfassend festgestellt hat,[86] stand die Germania libera im Kulturpflanzenbau hinter dem provinzialrömischen Gebiet zurück, empfing auch keine wesentlichen Impulse von dort, bildete aber während des Frühmittelalters — in Parallelität zur slawischen Landwirtschaft des 6. bis 10. Jahrhunderts — neue Strukturen aus. Dazu gehört in erster Linie eine starke Zunahme des Roggenanbaus (verbunden mit verstärktem Übergang von der Sommerung zur Herbstsaat), nachdem zuvor Gerste und Spelzweizenarten dominant gewesen waren. Nach der von der Autorin herangezogenen Literatur scheint sich diese Entwicklung im fränkisch-sächsischen Bereich vor allem seit dem 8./9. Jahrhundert vollzogen zu haben. Bemerkenswerterweise erhoben noch die merowingischen Könige Tribute aus den später deutschen Reichsteilen in Form von Gerste. Hafer spielte noch keine vergleichbare Rolle, Saatweizen, der im Gegensatz zu Spelzweizen teilweise nur in Gärten angebaut wurde, noch weniger. Feldmäßig gebaut wurden außerdem Flachs und Hanf als Textilpflanzen. Die zuletzt gemachten Angaben sind einer zusammenfassenden Darstellung aus der Feder des französischen marxistischen Mediävisten Ch. Parain entnommen,[87] die auch nähere Erörterungen über die Gemüse-, Obst- und Weinkultur enthält, die hier außerhalb der Betrachtung bleiben.

Viehwirtschaft

Zur Viehhaltung sind seitens der Archäozoologie bzw. der Geschichte der Haustiere aufschlußreiche Fakten und Daten veröffentlicht worden, die, ergänzt durch Forschungsergebnisse anderer Disziplinen, etwa folgendes Bild der frühmittelalterlichen Verhältnisse ergeben.

[83] Gleisberg 1956.
[84] Forbes 1957, S. 601f.
[85] Ebda. S. 589f.; Schuchardin 1963, S. 58.
[86] Lange, E. 1971, S. 62f., 101; dies. 1975; dies. 1976.
[87] Parain 1966, S. 160ff.

Nach S. Bökönyi[88] setzte sich die seit der Völkerwanderungszeit bestehende Entwicklungslinie fort, die gegenüber den römerzeitlichen Verhältnissen in Mitteleuropa durch einen gewissen Niedergang gekennzeichnet ist. Züchterische Selektion und damit bewußte Tierzucht im eigentlichen Sinne waren weitgehend unbekannt bzw. in Vergessenheit geraten. Zwar nahm das Volumen der Tierhaltung innerhalb der landwirtschaftlichen Produktion teilweise zu, doch war dieser Vorgang bis über die frühmittelalterliche Periode hinaus nicht von zunehmender Qualität begleitet.

Am ehesten scheint noch dem Pferd eine minimale züchterische Aufmerksamkeit gegolten zu haben. Ohne zunächst die Pferdegrößen im provinzialrömischen Bereich (Widerristhöhen um 155 cm)[89] zu erreichen, wurde doch in mehreren Fällen der Kleinpferd-Standard (heute in der DDR: bis 138 cm Stockmaß) überschritten oder beinahe überschritten. Die aus Skeletten errechneten Widerristhöhen der Pferde von einigen Fundplätzen seien im folgenden genannt: Eltville/Mittelrhein (um 600) = 138 cm; Beckum/Westfalen (6.—8. Jh.) = 131 bis 145 cm (⌀ 137,6); Rheinhausen/Niederrhein (7. Jh.) = 141,2 cm; Anderten/Niedersachsen (merowingerzeitl.) = 134,5/138/142,5 cm; Burgheim/Bayr. Schwaben (7.—9. Jh.) = 135 bis 140 cm; Linz-Zizlau (bajuwarisch) = 132,7 bis 140 cm.[90] Die relative Kleinheit — für frühgeschichtliche Verhältnisse war es ein „mittlerer" Schlag — ist mit ihrer quantitativen Meßbarkeit ein abgesicherter Hinweis auf die Leistungsschwäche solcher Tiere.

Es ist selbstverständlich nicht ausgemacht, daß die Pferde von den hier erwähnten Fundkomplexen überhaupt als landwirtschaftliche Arbeitstiere gedient haben (die aus fränkischen Gräbern wohl keinesfalls). Aber auch als Reit- oder Fahrtiere verdienen sie Beachtung, da von diesen Bereichen her während des Frühmittelalters wesentliche technische Neuerungen ausgingen und später den landwirtschaftlichen Sektor stark beeinflußten. Es sind dies zum einen der Hufbeschlag durch Eisen, eine schon alte, ursprünglich keltische Errungenschaft,[91] die verlorengegangen war und seit karolingischer Zeit bei den Ritterpferden wieder auftaucht,[92] zum anderen die „moderne" Anschirrung mittels Sielen oder Kummet, nachweisbar zufrühst an Pferden vor einem nicht-landwirtschaftlichen Fahrzeug, ebenfalls aus der karolingischen Zeit.[92a] Das Sielengeschirr, das die Zugkraft von der Brust des Pferdes abnimmt, ist dem Wort nach — althochdeutsch *silo, selo, sile* — häufiger bezeugt;[93] es dürfte nach Ansicht von Lefèbvre des Noëttes und A. G. Haudricourt die Westgermanen schon vor dem 6. Jahrhundert aus Richtung Osten erreicht haben.[94] Das Kummet, das die Zugkraft von der Schulterpartie des Pferdes abnimmt, deutet mit seiner aus dem Slawischen entlehnten Bezeichnung ahd. *chomat* ebenfalls auf eine östliche Kulturströmung,[95] die möglicherweise etwas jünger ist. Die später so ausgeprägten, stark alternativen Verbreitungsgebiete beider Anschirrungsformen — Sielen im Norden, Kummet im Süden — zeichnen sich noch nicht ab.

[88] Bökönyi 1974, S. 86.
[89] Nobis 1955, S. 211.
[90] Hemmer/Jaeger 1968/69; Reichstein 1971; Bökönyi 1974, S. 293 (jeweils mit weiterführender Literatur); die Widerristerrechnungen überwiegend nach Boessnecks Methode.
[91] Hell 1969.
[92] Abel 1971, S. 95.
[92a] Vgl. White, L. 1964, Abb. 3.
[93] Heyne 1901, S. 199.
[94] Hielscher 1963, S. 247f.; vgl. auch Tarr 1970, S. 170f.
[95] Heyne 1901, S. 199; Klemm 1961, S. 11.

Hufbeschlag und Sielen oder Kummet spielten wahrscheinlich zuerst im Verkehrswesen eine Rolle, bevor sie in eine folgenreiche Verbindung mit der Landwirtschaft, besonders den Ackergeräten, traten. Als Mittelglied kommt der Ackerwagen in Frage, über dessen Frühgeschichte aber wenig bekannt ist. Immerhin befindet sich ein vierrädriger Wagen inmitten landwirtschaftlichen Arbeitsgeräts wie Hakenpflug, Egge, Sense usw. bereits unter den Bronzemodellen von Rodenkirchen bei Köln (368 u. Z.).[96] Er besitzt den charakteristischen Langbaum, offenbar aber keine drehbare Vorderachse, die jedoch nach schwachen Indizien im spätlatènezeitlichen Material von Manching bei Ingolstadt — in Form eines Beschlages für das Loch des Reibnagels[97] — in keltischer Zeit schon einmal bekannt gewesen sein kann. Nach L. Tarr „wird man annehmen dürfen, daß sie in der Zwischenzeit in Vergessenheit geriet und alsdann neu erfunden wurde",[98] was irgendwann während „des Mittelalters" geschehen sei,[99] „vielleicht gelegentlich seit etwa 800."[100] Es ist darauf hinzuweisen, daß das Wort für den oben erwähnten Reibnagel, der den Langbaum und den beweglichen Vorderschemel verbindet, im Althochdeutschen schon in dieser Bedeutung vorkommt als *spannagil*,[101] womit die Existenz der Sache doch wohl allgemeiner vorausgesetzt werden darf. Eine andere Frage ist, ob vor dem Wagen als landwirtschaftlichem Fahrzeug normalerweise bereits Pferde angespannt wurden.

Es deutet einiges darauf hin, daß es jedenfalls nicht der Pflug war, der zuerst mit Pferden bespannt wurde, sondern außer und vielleicht noch vor dem Wagen die Egge. Hier wird das erwünschte und aufgrund ihrer Leichtzügigkeit auch mögliche höhere Arbeitstempo eher den Ausschlag für Pferdeanspann gegeben haben. In jüngerer Zeit wurde die Egge bemerkenswerterweise auch dort, wo zum Pfluganspann noch allein Rinder dienten, vom Pferd gezogen. Ein solches Pferd besitzt bereits im Althochdeutschen eine besondere Bezeichnung, *egidari* oder *egideri*.[102] Man kann noch weitergehen und vermuten, daß sich an der einzeln gezogenen Egge in unserem Gebiet erstmals — sieht man eventuell vom Zweiradwagen mit Gabeldeichsel ab — die nicht-paarige Zugtieranspannung anteilig verbreitete. Auch die Entwicklung des Zugholzes *Ortscheit* ist mit der Anspannung von Wagen und Egge ursprünglich enger verbunden als mit der des Pfluges.[103]

Beim Pflug fallen in die frühmittelalterliche Periode allenfalls die ersten Anfänge des Pferdeanspanns, wie sie W. Jacobeit anhand bestimmter Indizien für die nördlichen Gebiete wahrscheinlich gemacht hat.[104] Wenn dabei auf das vielzitierte „caballum, qui carrucam trahit" der Lex Salica (38,1 bzw. 63,1)[105] als Argument verzichtet wurde, so mit gutem Grund, da die Lesung ‚Pflug' umstritten ist. Die bedeutsame allgemeingültige Verbindung von Beetpflug und Pferd mit Kummet, Zugsträngen und Ortscheit sollte man — W. Jacobeits These[106] zeitlich präzisierend — für frühdeutsche Verhältnisse erst nach der Jahrtausend-

[96] Haberey 1949, S. 98, Abb. 3.

[97] Jacobi G. 1974, S. 221, Nr. 1320.

[98] Tarr 1970, S. 172.

[99] Ebda. S. 171.

[100] Treue 1965, S. 204.

[101] Grimm DW 1905, 10/1, Sp. 1912; Kratz 1965a, S. 304, 306.

[102] Frings/Karg-Gasterstädt 1971 ff., 3, Sp. 78f.

[103] Freudenberg 1960, S. 35.

[104] Jacobeit 1957, S. 139.

[105] Eckhardt 1962, S. 136; ders. 1969, S. 101.

[106] Jacobeit 1957, S. 143.

wende ansetzen, wobei der Altersvorrang des Pferdeanspanns der Egge in Rechnung zu stellen ist.

Als Zugvieh vor dem Pflug (besser: Haken) bezeugen die Quellen mittelbar und unmittelbar allein das Rind. Die Lex Baiuvariorum (Additio prima II, 1) rügt den Diebstahl der Geräte *plovum* aut *aratrum* und *iugum* (Rinderjoch) in einer Reihe.[107] Thietmars Chronik (VII, 15) läßt zu Imbshausen am Harz einen Bauern auftreten, „portans adhuc stimulum hunc, quo tunc pecus arans minavit", d. h. er trug noch den Stock, mit dem er sein Vieh (d. h. Rinder) vor dem Pflug angetrieben hatte.[108] Im St. Galler Gebiet bildeten 895 vier Ochsen den Zugviehstand einer Zweihufenwirtschaft.[109] Das Urbar von Prüm/Eifel verpflichtet 893 die Bauern von Mehring zu Diensten „cum bove uel manu", d. h. mit dem Ochsen oder der Hand; dabei leisten „coruadas cum aratro, qui boves habent", d. h. Frondienste mit dem Pflug (Haken) diejenigen, die Ochsen haben.[110]

Die spärlichen Bildquellen (Abb. 15, 16) lassen als Anschirrgerät das Widerristdoppeljoch unscharf erkennen. Daß vorerst niemals mehr als zwei Rinder abgebildet werden, sollte nicht zu raschen Schlüssen hinsichtlich der Größe des Pfluggespanns verleiten.

Der absolute Vorrang als Spannvieh und der hohe Anteil der Rinder an der frühmittelalterlichen Viehwirtschaft überhaupt sind keineswegs gleichbedeutend mit einem entwickelten Stand der Rinderhaltung. Degeneriert während der Völkerwanderungszeit, war das mitteleuropäische Rind jener Zeit klein und dürftig.[111] Dennoch muß es Unterschiede gegeben haben. Theoderich d. Gr. befahl um 507 den damals romanischen Bewohnern von Noricum, ihre kleinen, aber leistungsstarken Rinder den Alemannen für den Weitermarsch zu überlassen und dafür deren größeres (derzeit erschöpftes) Vieh zum Nutzen des eigenen Ackerbaus zu übernehmen.[112] Tatsächlich übertreffen die Dimensionen im Fundmaterial von Burgheim/Schwaben (7.—9. Jh.) mit einer Widerristhöhe der Ochsen von 130 cm das frühmittelalterliche Normalmaß beträchtlich, ohne freilich römerzeitliche Ausmaße zu erreichen.[113] Bioklimatische Begünstigung im voralpinen Raum und wahrscheinlich auch im Marschengebiet werden solche Ausnahmen ermöglicht haben. Die Rinder von Haithabu maßen bei einem Mittel von 111 cm zwischen 95 und 132 cm, die im mittelalterlichen Hamburg zwischen 95 und 125 cm Widerristhöhe.[114] Die im Entstehen begriffene Wiesenwirtschaft garantierte offenbar noch nicht überall eine ausreichende winterliche Fütterung mit Heu. Die hauptsächliche Nutzungsrichtung war (außer dem Zug) offenbar mehr die Milch-, weniger die Fleischerzeugung.[115]

Quantitativ spielte die Schweinehaltung eine bedeutende Rolle. Sie hat in Gebieten, wo ausgedehnte Eichen- und Buchenwälder günstige Waldmastbedingungen schufen, sogar absolut vorgeherrscht, etwa in Haithabu[116] und im Moselland, wo sie ihr krasses

[107] Merkel 1863, S. 451 (nur in den Sonderüberlieferungen, nicht bei v. Schwind 1926).
[108] Holtzmann 1935, S. 416.
[109] Wartmann 1866, 2, S. 303.
[110] Beyer 1860, 1, S. 155.
[111] Bökönyi 1974, S. 134—136.
[112] Mommsen 1894, S. 104f.
[113] Bökönyi 1974, S. 137f.
[114] Herre/Nobis/Requate/Siewing 1960, S. 69f.
[115] Lamprecht 1866, 1, S. 536 (520ff.).
[116] Tiessen 1969, S. 150.

Übergewicht ab Ende des 9. Jahrhunderts einbüßte.[117] Im Anschluß an K. Lamprecht und W. Abel[118] darf in Erinnerung gerufen werden, daß die germanischen Volksrechte den Diebstahl von Vieh weitaus schärfer bestraften als den von Feldfrüchten, wobei namentlich eine ganze „Schweineterminologie" die Sachverhalte differenziert erläutert: Es gab nach der Lex Salica (II, 1ff.) saugende Ferkel aus dem ersten, zweiten und dritten Gehege, Ferkel, die in Koben, in der Hürde und auf dem Feld gehalten wurden, gewöhnliche Ferkel, Mastferkel, ferner Läufer, Mutterschweine, Leitsauen, Borgschweine, Eber.[119] Gras-, Stoppel- und Waldweide sowie vor allem die Eichel- und Eckernmast bis weit in den Winter hinein bildeten hauptsächlich die Ernährungsgrundlage. Diese Hausschweine waren eine primitive Population.[120] Ihre Lebensweise glich in vielem der des Wildschweins, auch ihr Aussehen, so daß man den frühesten Bildbelegen nicht mit Sicherheit entnehmen kann, ob es sich um ein Haus- oder ein Wildschwein handelt (Abb. 28).

Abb. 28. Hausschwein (?) des 9. Jahrhunderts. Das Schwein, das den Weinstock zerwühlt.

Die Schafhaltung war nach den Forschungen W. Jacobeits,[121] denen wir hier und in den folgenden Kapiteln jeweils wesentliche Schlußfolgerungen entnehmen, zwar ausgedehnt, aber vor Ende des Hochmittelalters züchterisch unentwickelt. Eine bestimmte Nutzungsrichtung auf Wolle, Fleisch usw. zeichnet sich — in teilweisem Gegensatz zu den antiken Verhältnissen, wo das Schaf überhaupt eine exzeptionelle Stellung unter den Haustieren eingenommen hatte — nicht ab. Unter den Wirtschaftsformen sind neben stationärer Schafhaltung die Wanderschafhaltung (Transhumanz) und die Alpwirtschaft anzunehmen. Die historisch-geographische Dimension der später vielfältig bezeugten südwestdeutsch-rheinischen Wanderschafhaltung ist zwar unsicher, doch sprechen genetische Überlegungen für ihre Existenz in unserem Raum in frühgeschichtlicher Zeit; die Alpwirtschaft, später vorwiegend auf Rinder orientiert, dürfte im alpinen Gebiet mit ziemlicher Sicherheit als saisonale Form der Schafweide während der frühmittelalterlichen Jahrhunderte von den Talbauern bzw. ihren Hirten praktiziert worden sein. Die Schäferei großen Stils kennt diese Zeit noch nicht.

Keine der hier behandelten Haustierarten (auch keine der nicht erwähnten wie Geflügel und Bienen) war während des Frühmittelalters in die später deutschen Gebiete eingeführt

[117] Lamprecht 1886, 1, S. 520.
[118] Abel 1971, S. 88.
[119] Eckhardt 1962, S. 20—28; ders. 1969, S. 28—32.
[120] Bökönyi 1974, S. 224.
[121] Jacobeit 1961, S. 11ff.

worden, keine erfuhr eine nachweisbare Höherentwicklung. Als funktionale Neuheit deutet sich die Übernahme des Pferdes für landwirtschaftliche Arbeiten schwach an. Strukturelle Besonderheiten wie das lokale Überwiegen der Schweine- und Schafhaltung über die Rinderhaltung sind kaum als progressive Tendenz zu deuten. Die gestaltliche Vielfalt innerhalb einzelner Fundkomplexe kann, wie W. Herre aus dem Material von Haithabu schlußfolgert, nicht etwa als Ergebnis züchterischer Absichten oder Vorgänge bewertet werden, sondern ist ein biologischer Sachverhalt.[122] Dem frühmittelalterlichen Bauern Mittel- und Nordeuropas deshalb tierzüchterische Uninteressiertheit und Unfähigkeit zu bescheinigen, wie es der zuletzt genannte Autor tut, ist zwar in bezug auf die subjektiv erstrebten und erbrachten Leistungen jener Viehhalter gewiß unangemessen hart geurteilt, aber nach heutigen Maßstäben objektiv gerechtfertigt.

Soziale und kulturelle Zusammenhänge

Die gegebene Übersicht über wichtige (nicht alle) Teilbereiche der landwirtschaftlichen Produktion während des Frühmittelalters verlangt nach einer Zusammenfassung, die zugleich die Verbindung zur bäuerlichen Lebensweise und Kultur dieser Zeit herstellt.

Die Arbeitsgeräte und -verfahren der Feld- und Viehwirtschaft zeigen im Vergleich zu den Verhältnissen der ersten Jahrtausendhälfte — jedenfalls zu denen im provinzialrömischen Bereich — keinen Niveauanstieg. Qualität und Dimension nahmen bei einzelnen Gerätschaften und Haustieren sogar nachweisbar ab, während in manchen Teilbereichen die unbefriedigende Quellenlage diesen Schluß nicht untermauert, ihn aber auch nicht widerlegt. Von den einst vorhandenen Errungenschaften ging indessen kaum eine prinzipiell und für dauernd verloren, aber es kam auch keine mit Sicherheit hinzu. Eine gewisse Aufwärtsentwicklung innerhalb des erfaßten Zeitraums deutet sich allenfalls bei der Struktur und den Methoden des Kulturpflanzenbaues sowie in der Nahrungsgüterwirtschaft (Getreidemühle) an. Eine „Revolution" im agrartechnischen Bereich hat zweifellos nicht stattgefunden.

Die revolutionären Veränderungen im Übergang von der Sklavenhaltergesellschaft bzw. der zerfallenden Gentilgesellschaft zur sozialökonomischen Formation des Feudalismus[123] waren nicht phasengleich verbunden mit entsprechenden technischen bzw. technologischen Vorgängen. Das entscheidende Moment lag nicht im „technischen" Wandel, sondern in den veränderten sozialen Beziehungen,[124] den neuen Eigentumsverhältnissen der unmittelbaren Produzenten, wodurch die massenhafte Verfügbarkeit der bereits lange existierenden agrartechnischen Errungenschaften nunmehr objektiv gegeben war. Der weitere Geschichtsverlauf beweist eindeutig, daß die zwar feudalabhängige, aber faktisch über Hauptproduktionsmittel und einen Anteil am Mehrprodukt verfügende bäuerliche Klasse aufgrund dieser neuen Verhältnisse die Produktivkraftentwicklung und deren Kontinuität zu sichern vermochte.[125] Der Prozeß der Übernahme, der Wiedererlangung und schließlich der Erhöhung des technisch-kulturellen Niveaus der spätantiken Agrikultur im Rahmen der feudalen Landwirtschaft verlief im einzelnen freilich langsam, uneinheitlich und widersprüchlich. Typischer als Kontinuität und Aufwärtsentwicklung in einzelnen agrar-

[122] Herre/Nobis/Requate/Siewing 1960, S. 16.
[123] Vgl. hierzu Grundriß 1974, S. 55ff.; Herrmann 1975, S. 25.
[124] Hoffmann T. 1975, S. 18.
[125] Herrmann 1975, S. 25.

technischen Bereichen ist das Wachstum des jeweils erlangten Niveaus in die Breite — räumlich und sozial. Hatte es während der Spätantike einen bedeutenden Niveauunterschied zwischen den Agrarproduzenten im römischen Rhein-Donau-Gebiet und den Bodenbauern der Germania libera gegeben, so kam es offensichtlich schon während des Frühmittelalters im gesamten feudalisierten Gebiet zwischen Rhein und Elbe/Saale zu einem stärkeren Niveauausgleich. Das wird vor allem durch die weitgehend übereinstimmende quantitative Kulturlandschaftsentwicklung im kontinental-germanischen Bereich (bei den Franken, Bayern, Alemannen, Thüringern, phasenverschoben den Sachsen) seit dem 6./7. Jahrhundert belegt, für die ein erster großräumiger Landesausbau — auf siedlungsfreundlichen und anderen Böden — charakteristisch ist.[126]

Das bäuerliche Wirtschaften auf den alten und neuen Siedlungsböden entwickelte sich unter mindestens zwei Grundvoraussetzungen, von denen G. Heitz[127] die eine etwa wie folgt charakterisiert hat: Die Villikation im Rahmen der frühfeudalen Grundherrschaft, d. h. die Verbindung von feudalherrlicher und bäuerlicher Wirtschaft, beruhte darauf, daß — nach Marx' Worten — „der unmittelbare Produzent einen Teil der Woche mit faktisch oder juristisch ihm gehörigen Arbeitswerkzeugen (Pflug, Vieh etc.) den ihm faktisch gehörigen Boden bestellt und die andern Tage der Woche auf dem Gute des Grundherrn arbeitet, für den Grundherrn, unentgeltlich."[128] Feudalherrliches Interesse an produktiver bäuerlicher Arbeit und bäuerlicher Fleiß — vor allem bei der Bestellung des eigenen Landes — machten es langfristig möglich, daß „unter diesen Verhältnissen überhaupt eine selbständige Entwicklung von Vermögen und, relativ gesprochen, Reichtum auf seiten der Fronpflichtigen oder Leibeignen vor sich gehn kann."[129] Diese Konstellation war der Produktivkraftentwicklung im agraren Bereich zunächst günstig. Dabei ist zu beachten, daß die Feudalrente während des Frühmittelalters in ihrer primitivsten Form — als Arbeitsrente — abgefordert wurde, eine Praxis, gegen die sich alsbald bäuerlicher Widerstand in Form von Fronverweigerungen erhob[130] und der historische Grenzen gesetzt waren, wie die folgende Epoche zeigen wird. Persönliche Unfreiheit wirkte zusätzlich belastend — übrigens nicht nur auf die Bauern, sondern auch auf jene Produzentengruppe, die außerhalb der Bauernschaft einen wesentlichen Teil der Geräteproduktion besorgte: die der Grobschmiede; die „fabri ferrarii" waren noch zur Karolingerzeit unfreie Leute.[131]

Die Konsolidierung der frühfeudalen kleinbäuerlichen Agrikultur vollzog sich nun aber nicht allein im Kraftfeld grundherrlich-bäuerlicher Beziehungen und im einsetzenden antifeudalen Klassenkampf, sondern auch aufgrund eines veränderten Verhältnisses zwischen den überlieferten gemeinwirtschaftlichen und den historisch jüngeren individualwirtschaftlichen Elementen bäuerlicher Produktion, zwischen der Bewirtschaftung der Allmende und der des Allods. Mit ziemlicher Sicherheit wurden Wälder, Gewässer, Dauerweiden und Wiesen von den Mitgliedern der Bauern- bzw. Dorfschaften gemeinsam benutzt, soweit die zunehmende grundherrliche Gewalt entsprechenden Raum beließ. Eine Mittelstellung nahmen die periodisch oder nicht-periodisch brachliegenden Äcker ein, die gemeinschaftlich beweidet wurden, ohne Gemeinschaftsbesitz zu sein. Der Acker und die Hofstelle waren Individualbesitz und wurden individuell genutzt. So etwa stellt

[126] Gringmuth-Dallmer 1972, 1976.
[127] Heitz 1977, S. 980.
[128] Marx, Kapital, Bd. 1. MEW 25, S. 798.
[129] Ebda., S. 801.
[130] Dopsch 1962, 2, S. 32f.
[131] Zeitlinger 1944, S. 32f.

sich — feudalherrliches Obereigentum am Grund und Boden vorausgesetzt — das Verhältnis zwischen den divergierenden Besitz- und Nutzungsformen gegen Ende der frühfeudalen Epoche dar (noch nicht an ihrem Anfang, wo mit Gemeindebesitz am gesamten Acker gerechnet werden kann[132]).

Gemeinwirtschaftliche Elemente prägten die bäuerliche Arbeit offensichtlich noch in hohem Maße; aber sie waren nicht allein herrschend. Es wurde auf vielfältige Art gemeinsam produziert; aber Saatgut und Frucht, Haustiere und viehwirtschaftliche Produkte waren bzw. verwandelten sich in privates Eigentum. Gemeinsam gehaltene Kuh-, Schaf- und Schweinehirten weideten auf gemeinsamem Grund die Dorfherden; aber diese waren eine Addition des Viehbestandes der einzelnen bäuerlichen Produzenten. Bestell-, Pflege- und Erntearbeiten wurden wohl gleichzeitig und unter gegenseitiger Rücksichtnahme durchgeführt; aber Arbeitskraft, Gerät und Zugvieh stellte jede Bauernwirtschaft für sich. „Pfluggenossenschaftliche" Traditionen, die — wie oben ausgeführt — auf kontinental-westgermanischem Gebiet durch die Quellen nicht nachweisbar sind, werden zumindest keine besondere Rolle gespielt haben. Das feudalgebundene individualwirtschaftliche Element war historisch im Vormarsch und verkörperte langfristig die Perspektive.

Damit soll keineswegs behauptet werden, die gemeinwirtschaftlichen Elemente und die Gemeinschaftszüge in der dörflichen Lebensweise wären schon zum Absterben verurteilt gewesen. Im Gegenteil: Das kollektive Element in der Lebensweise außerhalb der feld- und viehwirtschaftlichen Produktion war und blieb das gesamte Feudalzeitalter hindurch stark ausgeprägt, und auch innerhalb dieser Bereiche erhielt es sich durch teilweise erfolgreiche Verteidigung des Allmenderechts gegenüber feudalherrlichen Zugriffen vital, ja, es verfestigte sich — vor allem im Ackerbau — noch einmal, als nämlich die Siedlungsverdichtung in der Folgezeit zu ausgeprägterer Gemenglage der Äcker und damit zum Flurzwang auf dorfgenossenschaftlicher Ebene führte. Aber diese Phase, in der es zu einer ziemlich dauerhaften Synthese zwischen den kollektiven und den individuellen Elementen der bäuerlichen Wirtschaft und des gesamten Lebens im Dorf kam, reicht kaum in die frühfeudale Periode hinein und wird aufgrund der Zeitstellung der entsprechenden Quellen (vor allem der Weistümer) im nächsten Kapitel behandelt werden.

Die Darstellung eines Teilbereichs der karolingerzeitlichen Landwirtschaft schließt L. White mit der euphorischen Aussage: „Man and nature are now two things, and man is master."[133] Man sollte sich, wie die anschließend gebrachten Beispiele es nahelegen, an die entgegengesetzte These halten, die A. Ja. Gurevič so formuliert hat: „Der mittelalterliche Mensch verschmilzt zwar nicht mehr mit der Natur (wie der urgeschichtliche), aber er stellt sich ihr auch nicht gegenüber."[134] Verschiedene Begleitumstände gerade der landwirtschaftlichen Produktion des Frühmittelalters offenbaren alles andere als einen hohen Grad der Naturbeherrschung und damit ein niedriges Kulturniveau.

Haltungen und Praktiken eines vor- bzw. außerchristlichen Volksglaubens durchdrangen die landwirtschaftliche Produktion in vielfältiger Weise. Das Alter der verschiedenen Erscheinungen zu bestimmen, ist zwar weniger leicht, als dies manche Mythologen des 19. Jahrhunderts glaubten („Aus inneren Gründen werden wir geneigt sein, dasselbe in frühe Urzeit hinaufzuschieben"[135]); immerhin gewähren Quellenzeugnisse und ethnographische Analogien einige Sicherheit bei der konkret-historischen Zuweisung in die

[132] Neussychin 1961, S. 15f.
[133] White L. 1964, S. 57.
[134] Gurevič 1972, S. 50. Nach Springer 1975, S. 257.
[135] Mannhardt 1866, S. 59.

frühfeudale Epoche. Demnach dürften (genetisch alte) vegetationsdämonische Vorstellungen bei den ländlichen Produzenten noch recht vital gewesen sein, Vorstellungen, wonach man im Gedeihen und Nichtgedeihen der Gräser, der Feldfrüchte, der Obst- und Waldbäume, also der gesamten Vegetation, tier- oder menschengestaltige Dämonen tätig glaubte, die die Ernte mehrten oder minderten.[136] Bekanntestes Beispiel ist der Korn und Kinder fressende Roggenwolf, der in der Ernte vor den Schnittern von Ackerstück zu Ackerstück flieht und sich in den letzten Halmen bzw. der letzten Garbe verbirgt. Daneben waltete der (genetisch jüngere) Glaube an eine menschlich gestaltete Gottheit, die dem Gedeihen der Früchte vorsteht und welcher der Mensch in Demut das letzte Erntebüschel zu weihen hat.[137] Hierher gehört die Futterreichung für Wodans Rosse, die vor Ausgang des Mittelalters allerdings nicht direkt bezeugt ist, während der Gebrauch, dem Wodan eine Libation von Bier darzubringen, für die noch heidnischen Schwaben oder Alemannen bereits durch den hl. Columban (6. Jh.) belegt wird.[138] Außer Wodan, dem die Ernter huldigten, galt den Ackerbauern auch Thor als der Herr über das Wachstum der Frucht; ihm waren, wie Adam von Bremen (IV, 26) aus dem nordgermanischen Bereich mitteilt, Donner und Blitz beigelegt, woraus sich die Herrschaft über das Wetter und damit über die Früchte ableitete.[139] Opfergebräuche innerhalb und außerhalb solcher Zusammenhänge spielten eine bedeutende Rolle in der Feld- und Viehwirtschaft. Quellenmäßig annähernd belegbar sind etwa Opferlaibe, die in die Pflugfurche gelegt wurden,[140] Tieropfer durch Vergraben oder Hauptabschneiden zwecks Abwendung von Viehseuchen, Opferung eines Lammes im Rahmen des Wolfssegens usw.[141]

Wettervertreibende Segen im Ackerbau, Viehsegen mancherlei Art bis hin zum Bienensegen, Notfeuer bei Viehseuchen (742/743 unter Pippin verboten),[142] Zaubersprüche zur Heilung von Tierverletzungen — wie der bekannte zweite Merseburger Zauberspruch zwecks Einrenkung eines Pferdebeins — vervollständigen das Bild. Hinzu kommen weitere Äußerungsformen des „tätigen“, aber auch des „leidenden Aberglaubens“ wie Hexenfurcht auf dem Acker, im Viehstall oder im Haushalt, wobei sich nach J. Grimms Ansicht eine zunehmende Verlagerung vom ursprünglich dominanten Kriegs- und Siegesaberglauben zum „niederen Hausbedarf“ hin abzeichnet: „Wenn die heidnische zauberin durch ihren hagel das feindliche heer verdirbt, so macht die hexe wetter für des nachbars acker.“[143]

Solches Fortleben vorchristlich-„heidnischer“ Züge in Glaube und Brauch bestätigt — ohne daß der frühmittelalterliche Bauer in den entsprechenden Quellenzusammenhängen unmittelbar auftaucht — mittelbar das Verhaftetsein der ländlichen Produzenten in fruchtbarkeits-magischen und anderen Glaubensvorstellungen, in die der empirisch betriebene landwirtschaftliche Produktionsprozeß noch weitgehend eingebettet war. Hier äußert sich ein niedriges Niveau des Verhältnisses zur Natur und der Naturbeherrschung.

Die christliche Lehre bekämpfte solche Glaubensäußerungen und sah das Gedeihen der Frucht dem Walten Gottes allgemein anheimgestellt. Nichtsdestoweniger funktionierte die Kirche heidnisches agrarisches Brauchtum um, etwa indem Bittprozessionen für

[136] Mannhardt 1868, S. 1f.
[137] Mannhardt 1866, S. 59f.
[138] Mannhardt 1860, 1, S. 129.
[139] Grimm J. DM 1875, 1, S. 146f.
[140] Ebda. 2, S. 1035f.
[141] Jahn U. 1884, S. 24, 302f.
[142] Ebda. S. 26.
[143] Grimm J., DM 1876, 2, S. 925f.

das Gedeihen der Saat veranstaltet wurden. Im fränkischen Gebiet gab es solche öffentlichen Umzüge spätestens seit dem 6. Jahrhundert; im 9. Jahrhundert beschlossen sogar Synoden und Konzile die Durchführung von Bittprozessionen zu Marcus (25. 4.) und in den Tagen vor Christi Himmelfahrt.[144] Auch anderweitig war die Stellung der Kirche ambivalent: Einerseits wertete sie die Arbeit als menschliche Lebenstätigkeit und speziell die Landarbeit (ursprünglich als Strafe für den Sündenfall verhängt gedacht) als Mittel seelischer Vervollkommnung betont auf, wovon sie als feudale Grundeigentümerin profitierte.[145] Andererseits verbot sie die Arbeit an den Feiertagen, die mehr als ein Drittel (!) des Jahres ausmachten, was das Zeitbudget der Produzenten empfindlich einschränkte und auch die Kirche selbst ökonomisch schädigte, sie freilich ideologisch eher stärkte.

A. Ja. Gurevič hat zutreffend herausgestellt, daß die Bewertung der Arbeit, der Produktion, ja der Wirtschaft überhaupt durch die Kirche, aber auch durch die weltliche Feudalität während des Mittelalters recht widersprüchlich war.[146] Unrationelle Verhaltensweisen, moralische Wertungen statt ökonomischer, religiöse Leitbilder, Hochschätzung bestimmter Traditionen (auch nicht-feudalen Charakters) u. a. m. beeinträchtigten die Ausbildung dessen, was man eine funktionierende Agrarökonomie nennen könnte.

Diese Einschränkungen wollen beachtet sein, wenn man die progressive Rolle, welche die Feudalklasse während ihrer historischen Aufstiegsperiode für die Entwicklung und Organisation der agraren Produktivkräfte objektiv spielte,[147] beurteilt. Dabei ist zunächst der „geistliche" Anteil in Gestalt der Bewahrung antiker Produktionserfahrungen auf dem Gebiet landwirtschaftlicher Spezialkulturen sowie des Weinbaus ins Auge zu fassen. Mönche hüteten — und nutzten (?) — Kopien der Werke römischer Agrarschriftsteller; so befand sich in Fulda und Corbie zur Karolingerzeit je eine Columella-Handschrift. Benediktiner brachten neue Gartenkulturpflanzen über die Alpen.[148] Spätestens seit der Karolingerzeit aber wuchs auch der entsprechende Anteil der weltlichen Feudalität. Die Königsgüter etwa wiesen zwar kein schlechtweg vollkommenes Produktionsprogramm auf — beispielsweise gab es in Staffelsee bei Augsburg (ca. 817/840) kein Zugpferd, 26 Zugochsen und im Verhältnis dazu wenig Nutzvieh: 20 Kühe, 40 Schweine, 87 Schafe usw., jeweils mit Jungvieh[149] —, aber allein die Ansätze zu einer schriftlichen Betriebsführung und landwirtschaftlichen Buchhaltung, wie sie vor allem das Capitulare de villis (unabhängig von seiner stark umstrittenen regionalen Gültigkeit) markiert, müssen zweifellos als zukunftsweisend eingeschätzt werden. Insofern ist es nicht unberechtigt, die grundherrliche Wirtschaft im Frühfeudalismus als „Fokus der Zivilisation"[150] zu bezeichnen, mag auch unterhalb der Ebene der Königsgüter und führender Klöster, also bei den „normalen" weltlichen und geistlichen Grundherrschaften, der beispielgebende Charakter des Produktionsniveaus weniger ausgeprägt gewesen sein. Immerhin zeigt sich an einem bedeutsamen Beispiel, daß technischer Fortschritt in einem wesentlichen Punkt allein mit grundherrschaftlicher Betriebsführung — nicht mit bäuerlicher Agrikultur — verbunden war: Es handelt sich um die Wassergetreidemühle, das vergleichsweise entwickelteste Produktionsinstrument der frühfeudalen Land- und Nahrungsgüterwirtschaft,

144 Cox 1976, S. 61.
145 Epperlein 1975, S. 21f.
146 Gurevič 1972, passim. Nach Springer 1975, S. 259f.
147 Grundriß 1974, S. 72.
148 Fischer H. 1929, S. 129.
149 Boretius 1883, S. 252.
150 Hoffmann T. 1975, S. 23.

eine Arbeitsmaschine, die der grundherrlichen Wirtschaft den Charakter einer „avantgarde de la technique“[151] verlieh und während des gesamten Feudalismus für dauernd unter grundherrlicher (später teilweise gutsherrlicher) Regie verblieb, jedenfalls im weitaus größten Teil Deutschlands weder technisch noch sozial in die bäuerliche Sphäre integriert wurde. Am Rande sei vermerkt, daß in dieser durch das feudale Mühlenrecht verhinderten Nichtintegration zugleich der Ausgangspunkt bäuerlicher Antipathien gegen den Müller als Beauftragten des Grundherrn zu suchen sein dürfte.

Die frühfeudalen Bauern auf später deutschem Gebiet waren aufgrund ihres kulturellen Niveaus noch nicht jene gesellschaftliche Kraft, die der landwirtschaftlichen Entwicklung entscheidende agrartechnische und arbeitsorganisatorische Impulse hätte vermitteln können. Auf sie darf man K. Lamprechts Worte anwenden: „Konnte man aber nun vom 5. bis zum 9. Jahrhundert neue und einschneidende Detailerfahrungen machen, während man so ins Große wirkte?“[152] Dieses „Große“ bestand nun zwar nicht — wie man früher gemeint hat — vornehmlich in der Seßhaftwerdung, der Annahme des Ackerbaustatus' usw. — diese Stadien waren schon einmal erreicht worden —, eher schon in der Bewältigung einer ersten Etappe des feudalzeitlichen Landesausbaus durch Rodungsarbeit. Vor allem bestand die Größe der bäuerlichen Leistungen jener Zeit in der massenhaften erfolgreichen Anwendung bewährter, aber wenig ausgereifter landwirtschaftlicher Arbeitsverfahren und -geräte unter den harten Bedingungen der Herausbildung einer historisch neuen Produktionsweise.

[151] Duby 1962, 1, S. 72.
[152] Lamprecht (1885) 1974, S. 112.

Kapitel 2

In der Epoche des vollentfalteten Feudalismus

Zum Stand der Forschung

Vergegenwärtigt man sich den Hauptinhalt des Geschichtsprozesses vom 11. bis zum frühen 14. Jahrhundert, nämlich die volle Entfaltung der Feudalgesellschaft mit ihren Hauptklassen,[1] wozu im kulturellen Bereich die volle Ausprägung des Antagonismus zwischen Feudalkultur und Volkskultur gehört, so scheint chronologisch spätestens von dieser Epoche an die Mitzuständigkeit der Volkskunde als kulturhistorischer Disziplin unbestritten. Es streitet in der Tat weder die Mittelalter-Archäologie, die Mediävistik noch irgendeine andere Disziplin gegen eine entsprechende volkskundliche Mitverantwortlichkeit — nur wahrgenommen wurde und wird sie zu sporadisch. Aus dem Bereich der materiellen Kultur des Agrarwesens sind nur wenige Längsschnittuntersuchungen (über Anschirrung, Schäferei, Pfluggeräte, Bauernhäuser) bis in die hochmittelalterliche Zeit vorgedrungen.[2] Und obgleich es in der DDR eine stillschweigende interdisziplinäre Arbeitsvereinbarung gibt, die solche Bereiche wie das landwirtschaftliche Gerätewesen in die Zuständigkeit der Volkskunde delegiert hat, wurde die erste zusammenfassende marxistische Darstellung über diesen Bereich nicht von einem Volkskundler, sondern von dem Mediävisten S. Epperlein verfaßt[3] — eine erfreuliche „Grenzverletzung", die zweifellos die Volkskunde anspornt.

Wirtschaftsgeschichtlich gehört das gesamte Mittelalter — im Gegensatz zur Antike und zum Spätfeudalismus — in der DDR zu den von der Forschung vernachlässigten Perioden. Was H. Gericke an Belegen für den Stand und die Entwicklung der agraren Produktivkräfte im Feudalismus zusammengetragen hat, betrifft fast ausnahmslos westeuropäische Verhältnisse und entstammt der dortigen Literatur.[4] Die im „Grundriß" getroffene allgemeine Aussage, die feudalen Produktionsverhältnisse hätten in jener Zeit (Mitte des 11. bis Anfang des 14. Jahrhunderts) der Entwicklung der Produktivkräfte im agrarischen Bereich günstige Möglichkeiten geboten,[5] abstrahiert notwendigerweise sehr stark und muß noch konkretisiert werden. Festzuhalten ist wegen der speziellen Einbeziehung unseres Untersuchungsgegenstandes die folgende These von E. Müller-Mertens, die allerdings das feudale Produktionsverhältnis allgemein (nicht nur im Hochmittelalter) betrifft: „Die landwirtschaftlichen Produktionsinstrumente waren auf den Handgebrauch zugeschnitten, ihre Anwendung erforderte keine Arbeitsteilung. So bedingte der Stand der Produktivkräfte eine individuelle Gestaltung der Agrarproduktion. Dabei wurde die individuelle Wirtschaftsführung durch genossenschaftliche und herrschaftliche

[1] Grundriß 1974, S. 89ff.

[2] Jacobeit 1957, 1961; Bentzien 1969, 1972; Baumgarten 1980.

[3] Epperlein 1975; vgl. ders. 1976.

[4] Gericke 1966, S. 922–924, 928.

[5] Grundriß 1974, S. 92.

Formen der Arbeitsorganisation sowie der Flur- und Marknutzung ergänzt."[6] Die volkskundliche Analyse der verschiedenen hier angesprochenen Punkte wird — um das vorwegzunehmen — zu einer weitgehenden Stützung und partiellen Präzisierung dieser Aussage gelangen.

Bürgerliche Forschungen, die das hier anstehende Thema behandelt oder berührt haben, gibt es in stattlicher Zahl, am wenigsten freilich in der Volkskunde, die W.-E. Peuckerts Behauptung, das Mittelalter sei die „große Zeit des bäuerlichen Seins" gewesen,[7] niemals näher ausgeführt geschweige denn aufgrund einer Analyse bäuerlicher Arbeit und Wirtschaft bewiesen hat. Mit einigen Nuancen war Peuckerts Urteil übrigens dem Historiker K. Lamprecht abgeborgt, der für das 13. Jahrhundert „ein allseitiges materielles Wohlbehagen in den landarbeitenden Klassen" konstatiert und weiter festgestellt hatte: „Nie vielleicht hat sich der Bauer im Mittelalter wohler gefühlt als im 13. Jahrhundert."[8] Dabei besteht die Grundlage dieser hier nicht zu debattierenden These in einer faktenreichen, verallgemeinerungsfähigen Analyse der agraren Wirtschaft des Moselgebietes, einer niveauvollen Untersuchung, die abseits der seinerzeit herrschenden historiographischen Richtung entstanden ist und wenig Nachfolge unter den bürgerlichen Mediävisten gefunden hat. Am ehesten ist die Sphäre der materiellen Produktion des Agrarbereichs noch präsent in Arbeiten von A. Dopsch[9] und seinen Schülern, während G. v. Below in seiner „Geschichte der deutschen Landwirtschaft des Mittelalters"[10] diesen Aspekt zugunsten einer rein agrarverfassungsgeschichtlichen Sicht faktisch negiert hat, womit er selbst hinter Th. v. d. Goltz[11] und anderen, noch älteren Autoren zurückgeblieben ist. Einen neuen Ansatz zur Landwirtschaftsgeschichte begründete und verwirklichte W. Abel,[12] der sein methodisches Instrumentarium zwar nicht hauptsächlich auf die hochmittelalterlichen Jahrhunderte angewandt hat, aber auch für diesen Zeitraum zu wichtigen Ergebnissen und Hypothesen gelangt ist; erwähnt seien die Hypothesen von der „Vergetreidung" der hochmittelalterlichen Agrarlandschaft und die Schlußfolgerung, die damaligen Bauern hätten betriebswirtschaftlich „auf der Spitze balanciert", womit das verklärte Bild von den glücklichen bäuerlichen Arbeitsverhältnissen erheblich relativiert wurde.

Aus kultur- und technikgeschichtlicher Sicht hat man in der BRD und anderen westlichen Ländern die mittelalterliche Bauernarbeit verschiedentlich gewürdigt. Demnach habe sich in jener Zeit ein „spezifisch bäuerliches Arbeitsethos" herausgebildet, das europäische Dimensionen besitze, wie sich überhaupt dieser Bauernstand deutlich abhebe „von einer fellachenhaften, anonym gewordenen, proletarisierten Landbevölkerung anderer Kulturwelten und Kontinente."[13] Hier wird ein um die deutschtümelnde Komponente amputierter Blut-und-Boden-Mythos offenbar. Derselbe Autor läßt die Leser von „Kindlers Kulturgeschichte Mittelalter" wissen, daß diese tüchtigen Bauern im Rahmen der „alten Zweifelderwirtschaft" nach Getreide jeweils Klee (!) und „Raps" (!) — beides Kulturpflanzen des 18. Jahrhunderts — angebaut hätten.[14] Zuverlässiger in den Details

[6] Müller-Mertens 1972, S. 543.
[7] Peuckert 1948, S. 12.
[8] Lamprecht 1886, 1, S. 1239, 1511.
[9] Dopsch 1930, 1933 u. ö.
[10] v. Below (1937) 1966.
[11] v. d. Goltz 1903.
[12] Abel 1967 u. ö.
[13] Heer 1961, S. 52.
[14] Ebda. S. 55.

ist eine von F. Klemm vorgelegte technikgeschichtliche Synthese, die als technische Hauptleistung des Mittelalters die zunehmende Indienststellung der Kräfte des Tieres, des bewegten Wassers und des Windes namhaft macht, im übrigen aber gleichfalls der Abendland-Ideologie verhaftet ist, indem von „dynamischem Schöpfertum“, dem „Gestaltungstrieb“ und dem besonderen „Bedürfnis des germanischen und romanischen Menschen nach selbstverantwortlichem Schaffen“ geredet wird,[15] wobei der Bauer in diesem Zitat freilich nicht auftaucht; seine Gerätschaften werden sonst beiläufig mitbehandelt. Detaillierter geschieht das durch K. Hielscher,[16] der zugleich Kulturströmungen aus dem slawischen Osten verfolgt hat, die sich indessen auf die Vermittlung des Kummetgeschirrs während des Frühmittelalters beschränkt hätten: „Vom Beginn des Hochmittelalters an lief der Strom der Entwicklung jedoch vom Westen nach dem Osten ...“[17] Prononciertere anti-slawische Tendenzen sind — offenbar unter dem Eindruck von Forschungsergebnissen der Slawen-Archäologie in der DDR und anderen sozialistischen Ländern — selten geworden.

In derartigen Darstellungen könnte der gesamte Komplex landwirtschaftlicher Produktionsinstrumente und -verfahren — im weitesten Sinne: vom Rodungs- und Deichbauwerk über den Beetpflug, die Flurformen und Feldsysteme bis hin zur Getreidemühle — nur schwerlich zu so weitgehenden Schlüssen ausgebaut werden, wenn nicht westeuropäische Kultur- und Technikhistoriker hier originäre Vorarbeit geleistet hätten. Dabei sind Autoren zu nennen, die der französischen Schule der „Annales“ verbunden sind, wie M. Bloch und der immer wieder zitierte Lefèbvre des Noëttes,[18] ferner Mediävisten wie H. Pirenne,[19] Wirtschaftsgeschichtler wie Slicher van Bath,[20] nicht zuletzt auch der marxistische Agrarhistoriker Ch. Parain.[21] Ihnen und nicht etwa den Traditionen des preußisch-deutschen Historismus ist überhaupt das Interesse für solche Themen geschuldet. Aus ihnen und einigen anglo-amerikanischen Autoren konnte auch schlechterdings keine Führungsrolle Deutschlands bzw. deutscher Landwirtschaft im Mittelalter abgeleitet werden (“It is a basic premise of this book, that there were no ‘German Middle Ages’,” heißt es bei F. H. Bäuml), sondern man sah sich mit dem Nachweis von “supra-national characteristics” konfrontiert.[22] Die Rezeption einer damit verbundenen geschichtstheoretischen Variante, die am Beispiel L. Whites im Kapitel I erwähnt wurde und für die in unserem Zusammenhang auch B. Gille namhaft zu machen wäre, scheint noch nicht abgeschlossen. Der zuletzt genannte Autor hat seinen technologisch-ökologischen Determinismus so offenbart: „Die Gesellschaftsstruktur ist weitgehend Auswirkung eines technischen Niveaus, das seinerseits von natürlichen Bedingungen abhängt.“[23] Als eines von vielen Beispielen sei nur angeführt, daß die größere Dimension und Widerstandsfähigkeit der nördlichen Eiche gegenüber der mediterranen Olive oder Pinie die Materialfrage im Mittelalter zugunsten des Nordens als „Zentrum der Aktivität“ entschieden habe.[24] Der Mensch als produzierendes und kulturtragendes Subjekt spielt hier keine besondere Rolle.

[15] Klemm 1961, S. 10.
[16] Hielscher 1969.
[17] Hielscher 1963, S. 254.
[18] Bloch 1931; Lefèbvre des Noëttes 1932.
[19] Pirenne (1933) 1974.
[20] Slicher van Bath 1963.
[21] Parain 1966 ([1]1941).
[22] Bäuml 1969, S. 13.
[23] Gille 1956, S. 108.
[24] Ebda. S. 65.

Es wird die Aufgabe der folgenden Querschnittsanalyse sein, den agrartechnischen Standard im hochmittelalterlichen Deutschland zu untersuchen und das Kulturniveau der feudalen Bauernschaft, soweit es sich im agraren Produktionsprozeß äußert, darzustellen.

Für die Lösung dieser Aufgabe stehen Quellen und quellenbezogene Spezialuntersuchungen zu einzelnen Sachbereichen keineswegs in reicher Auswahl zur Verfügung. Die archäologischen Zeugnisse zur deutschen Landwirtschaft treten während der Untersuchungszeit sehr zurück bzw. sind im Gegensatz zu den jungslawischen Befunden in der DDR,[25] der ČSSR[26] und der VR Polen[27] nicht zusammenfassend aufgearbeitet worden. Dagegen ist eine Zunahme der Bildquellen festzustellen, von denen S. Epperlein eine Anzahl veröffentlicht und interpretiert hat, wie auch ein Anwachsen der schriftlichen Überlieferung in Gestalt von Urkunden, Urbaren, Weistümern usw., deren Auswertung in bezug auf Arbeit und Arbeitsgerät gewiß schwierig ist. „Es ist eine allbekannte Tatsache, daß die Urkunden grade über die gewöhnlichsten, obgleich für die Erkenntniß der Kulturzustände höchst wichtigen Dinge sehr dürftiges Licht verbreiten," schrieb V. Jacobi vor 125 Jahren.[28] Neue Funde, verfeinerte Methoden, kombinierte Auswertung der verschiedenen Quellengruppen und der auf sie jeweils bezogenen Spezialliteratur haben inzwischen bessere Möglichkeiten geschaffen, unser Thema neu anzugehen.

Landwirtschaftliche Arbeitsgeräte und -verfahren im 12./13. Jahrhundert

Feldwirtschaft

Während des 12./13. Jahrhunderts wurde die landwirtschaftliche Nutzfläche in den unterschiedlichsten Landschaften enorm erweitert.[29] Beflügelt durch die Erlangung günstigerer Eigentumsverhältnisse und Produktionsbedingungen trieben bäuerliche Siedler den Landesausbau in einem Maße voran wie nie zuvor und — quantitativ gemessen — nie danach. Waren es in den vorausgegangenen Jahrhunderten überwiegend siedlungsfreundliche und siedlungsfördernde Böden gewesen, die man in Kultur genommen hatte, so wurden jetzt in großem Stil Waldgebiete, Gebirgslagen, Moore und Marschen urbar gemacht.

Der flächenmäßig größte Zuwachs wurde durch die Rodung von Wald in zahlreichen Mittelgebirgslandschaften und Teilen der Norddeutschen Tiefebene erzielt. Hier veränderte die menschliche Rodungstätigkeit vielfach zum ersten Mal die natürliche Vegetation des zusammenhängenden „Urwaldes". Dieser Neubruch war ein mühseliges Werk für die Reutmeister und die anderen Bauern. Wie K. Lamprecht aus Quellen des Mosel-Eifel-Gebietes erschlossen hat,[30] praktizierte man kein totales Abbrennen, sondern schlug den Hochwald mit der Axt, brannte den Niederwald ab, dessen Asche zugleich als Dünger wirkte, und bearbeitete den Boden zwischen den verbliebenen größeren Stubben zunächst nur mit der Hacke, „solo rastro", wie es 1133/37 in einer Hildesheimer Urkunde für das Rodungsdorf Eschershausen heißt, und anschließend erst, wenn diese später gehoben oder

[25] Herrmann 1968 u. 1970.
[26] Beranová 1974.
[27] Podwińska 1962.
[28] Jacobi 1854, S. 30.
[29] Slicher van Bath 1963, S. 132f. u. a. Literatur.
[30] Lamprecht 1886, 1, S. 124—127.

vergangen waren, mit dem Pflug, „vomere".[31] Es handelte sich somit teilweise um eine Art Halbrodung. Als eigentliche Rodungsgeräte nennen Weistümer des 14. Jahrhunderts in einem besonderen Kontext (Rodungsbeschränkung bzw. Rodung als Fron) *axe* ‚Axt', *howe* ‚Haue', *krademe* ‚Rodehacke' und *stockhauwe* ‚Stubbenhacke'.[32]

Die Waldrodung erstreckte sich im alpinen Raum nunmehr bis in abgelegenste Täler — der häufige Ortsname *Mittenwald* veranschaulicht das ebenso wie die Urkundenformel von einem „loco horrendo et inculto" (1142 Neustift/Tirol)[33] —, und sie erreichte vertikal Höhen jenseits bisheriger Dauersiedlung. Temporäre Almen wurden in Dauerkultur genommen, vor allem in Form von Weidebetrieben, den sog. Schwaigen.[34] In der alpenländischen Volkssage bewahrten sich bis ins 19. Jahrhundert Erinnerungen daran, daß sich manche Gebirgsdörfer aus vormaligen Almen entwickelt haben.[35]

Eine qualitativ neue Stufe der Erschließung von Kulturland wurde durch Moortrockenlegungen, vor allem aber durch den Deichschlag an der Nordseeküste erreicht, wo mit den Poldern fruchtbarstes Land dem Meer abgewonnen wurde. Nachdem die niederländische Küstenbevölkerung mit frühen Bedeichungen und Sielanlegungen etwa seit der Jahrtausendwende vorangegangen war, schloß sich im 12. Jahrhundert die Seedeichlinie auch im gesamten Bereich zwischen Ost- und Nordfriesland.[36] In zahlreichen Flußniederungen entstanden entsprechende Schutz- und Entwässerungsanlagen. Niederländische Siedler praktizierten ihre kulturtechnischen Kenntnisse in weiteren küstennahen und -fernen Territorien des Reiches.

Der umfassende Landesausbau durch die Bauern des Hochmittelalters hatte nicht nur eine beträchtliche Erweiterung und Optimierung des Hauptproduktionsmittels der feudalen Produktionsweise, des Grund und Bodens, zur Folge, sondern es entstand — in Parallelität zur Entwicklung der Städte — unter gewaltigem physischem Kraftaufwand einer ganzen Klasse zugleich ein neuer Typ der Kulturlandschaft, der weit über das Mittelalter hinaus bis an die Schwelle der kapitalistischen Industrialisierung im 19. Jahrhundert bestimmend blieb.

Landesausbau und Dreifelderwirtschaft werden normalerweise als eng miteinander verbundene Erscheinungen betrachtet. Chronologisch ist der Zusammenhang in der Tat unabweisbar. Hatte es während des Frühmittelalters allenfalls erste Ansätze zur Ausbildung der Dreifelderwirtschaft gegeben, so wurde dieses Feldsystem während des Hochmittelalters voll ausgebildet. Tatsächlich gibt es jetzt zweifelsfreie Belege für die Rotation Wintergetreide — Sommergetreide — Brache auf einer Besitzeinheit,[37] so daß nunmehr auch die in sonstigen Urkunden, Weistümern usw. zahlreich vorkommenden Termini *Winterfeld*, *Sommerfeld*, *Brachfeld* (u. ä.) als Belege für die Existenz der Dreifelderwirtschaft herangezogen werden können. Dabei ist die massenhafte Einführung weder näher zu datieren noch der Befund im ganzen zu quantifizieren, doch neigt die Forschung trotz immer wieder auftauchender Zweifel überwiegend dazu, die Dreifelderwirtschaft als das herrschende Feldsystem im Hochmittelalter anzusehen. Dieses System, "the great agricultural novelty of the Middle Ages" (Ch. Parain), ist so häufig beschrieben worden, daß

[31] Böhmer 1870, S. 816.
[32] Grimm WT 1, S. 340; 6, S. 563.
[33] Dopsch 1930, S. 78.
[34] Ebda. S. 79f.
[35] Ebda. S. 81.
[36] Alberts 1964, S. 425; Stoob 1964, S. 389ff.
[37] Lamprecht 1886, 1, S. 545ff.

das hier nicht nochmals geschehen muß. Aber die Dreifelderwirtschaft ist ebenso oft derart ausschließlich und schematisch dargestellt worden, daß daran erinnert werden muß, daß das zugrundeliegende Schema eine wissenschaftliche Abstraktion der Landwirtschaftsgeschichte ist und nicht einhellige Realität auf den Dorffluren Deutschlands im Mittelalter war.

Drei Felder in der oben angeführten Rotation zu bewirtschaften — das konnte je nach dem Besitzgefüge im Dorf auf höchst unterschiedliche Weise geschehen. Als „klassisch" gilt dabei die Dreifelderwirtschaft im Rahmen der Gewannflur mit ihrem charakteristischen Besitzgemenge, das den sog. Flurzwang erheischt. „Gewanne" sind kleine längliche Besitzparzellen, von denen jeder Bauer mehr als eine, meist jedoch eine Vielzahl in jedem der drei Felder des Dorfes besitzt. Ob die „streitfreie" Aufteilung gemäß Quantität und Qualität des Bodens als Ursache für diese Gemenglage anzusehen ist oder als Folge des Wachstums der Flur und der Zerstückelung des Besitzes im Erbgang (usw.), sei dahingestellt. In der Regel nicht über einen ständigen Feldweg zugänglich, verlangten die Gewanne jedenfalls besondere flurnachbarliche Vereinbarungen, vor allem Überfahrtsrechte und darüber hinaus ein ganzes System gegenseitiger Beschränkungen. Auf seine Modalitäten wird weiter unten bei Behandlung dorfgenossenschaftlicher Züge eingegangen. Hier sei festgehalten, daß diese Version der Dreifelderwirtschaft „reiner Ausprägung" für die Zeit des Hochmittelalters nur in dichter und altbesiedelten Landschaften vorausgesetzt werden kann.[38]

Dreifelderwirtschaft konnte aber auch — und dies in unkomplizierterer Weise — betrieben werden, wenn jeder Bauer in jedem der drei Felder nur je ein Stück zugewiesen erhielt und dieser Status mehr oder weniger stabil blieb, was namentlich für Landschaften mit Geltung des Anerbenrechts (das einer Besitzzerstückelung entgegenwirkte) angenommen werden kann. Bei solch mäßiger Gemenglage brauchte kein so straffer Flurzwang beachtet zu werden, da diese größeren Flurstücke — meist wohl als Langstreifen — an den Schmalseiten vom Weg her zugänglich gewesen sein dürften. Derartige größere Streifen als Besitzparzellen sind — im Gegensatz zu den kleineren Gewannen — archäologisch mehrfach nachgewiesen worden.[39] In Königshagen am Harz, einem Rodungsdorf des 12. Jahrhunderts (seit Anfang des 15. Jahrhunderts wüst), betrug die Breite eines Streifens 10 Meter, die Länge bis zu 640 Metern, wobei zehn bis elf solcher Streifen ein „System" (= ein „Feld" innerhalb der Dreifelderwirtschaft des Dorfes?) bildeten.[40] Historisch-topographische Untersuchungen an Königshufenfluren des Merseburger Gebietes haben für das 11. Jahrhundert die Existenz von drei Feldern wahrscheinlich gemacht, die z. B. in Knapendorf in je sechs breitere Streifen geteilt waren, von denen jeder der sechs Bauern in jedem Feld einen besessen haben dürfte (Breite eines Streifens ca. 22,75 m, Länge ca. 1700 bis 1800 m).[41]

Schließlich war Dreifelderwirtschaft auch auf individuell arrondierten Ackerflächen praktizierbar, wie sie für die Waldhufenflur kennzeichnend sind. Das bekannte Erscheinungsbild abgeschlossener Bauernfelder, die auf den Höfen an der Straße fünfzig bis hundert Meter breit ansetzend sich in paralleler Anordnung und im Wald endigend bis zu 2000 Meter Länge hinziehen, darf in zahlreichen Rodungsgebieten bereits für hochmittel-

[38] Bader 1957, 1, S. 47.
[39] Scharlau 1964, S. 30.
[40] Janssen 1965, S. 128f.
[41] August 1964, S. 378f.

alterliche Verhältnisse angenommen werden.[42] Hier war in der engeren Feldwirtschaft kein Flurzwang notwendig, jeder konnte unbehindert durch den Nachbarn disponieren.

Die Einteilung der Dorfflur (im letztgenannten Fall der Individualflur) in drei Felder oder Zelgen bedeutet nicht, daß diese allemal gleich groß gewesen sein müssen. Als Beispiel diene jene Urkunde von ca. 1247, in der das Kloster Niederalteich (Niederbayern) die Aufteilung der Flur des Dorfes Isarhofen neu festlegt.[43] Dabei handelt es sich teils um wüstgefallenes, wiederzuerschließendes Ackerland, teils um bebaute Flächen, jedenfalls nicht um eine regelrechte Rodungsflur. Man bildet drei Felder, und in jedem der Felder wird jeder Hufe mit Stricken dieselbe Fläche zugemessen. Aber die Felder sind keineswegs gleich groß; es wird ausdrücklich erwähnt, daß im größten Feld an jede Hufe 12 Joch zugeteilt werden, in den beiden kleineren Feldern jedoch weniger. Das jeweilige Winterfeld, Sommerfeld und Brachfeld auf der Dorfflur sind also in keinem Wirtschaftsjahr gleich groß gewesen, und die Ernte jedes einzelnen mußte — abgesehen von allen sonstigen, natürlichen Faktoren — im dreijährigen Turnus zwangsläufig ein unregelmäßiges Verhältnis von Winter- und Sommergetreide aufweisen.

Auch die Rotation darf nicht schematisch aufgefaßt werden. Abgesehen von Modifikationen, die sicherlich aufgrund der Witterung (Auswintern der Herbstsaat u. ä.) von Fall zu Fall notwendig waren, dürfte es weitere Abweichungen gegeben haben. Als konstitutiv für die Dreifelderwirtschaft gilt gemeinhin die gedüngte, nicht bebaute Brache. Mangelhaftes Stallmistaufkommen machte es einerseits oft unmöglich, das gesamte Brachfeld zur kommenden Wintersaat zu düngen. Andererseits gibt es Nachrichten über eine — ebenfalls partielle — Düngung zum Sommergetreide.[44] Eingeschaltet sei hier, daß auch Erfahrungen mit „künstlichem" Dünger gemacht wurden. Das Mergeln der Äcker, d. h. nach damaliger Praxis die Zufuhr von kalkhaltiger Erde und anderer kompostartiger Substanz auf bedürftige Böden, ist seit der Mitte des 13. Jahrhunderts im Niederrheingebiet, später auch im Moselland, im Elsaß und in der Schweiz belegt.[45] Was die Nichtbebauung der Brache angeht, so herrschte ebenfalls keine völlige Konsequenz. Vereinzelt gab es durchaus schon eine „Besömmerung" des Brachfeldes mit Futterfrüchten; frühe Belege des 12./13. Jahrhunderts stammen aus Flandern,[46] vom Niederrhein[47] und aus Rheinhessen,[48] also wiederum dichtbesiedelten, urbanisierten Landschaften.

Das differenzierte Bild, das die Anwendung der Dreifelderwirtschaft in flurgenetischer und betriebstechnischer Hinsicht bietet und das außerdem der Ergänzung durch den Hinweis bedarf, daß die bäuerliche Betriebsfläche ja nicht allein aus rotationsgebundenem Ackerland bestand, wird noch farbiger durch das Vorkommen anderer Feldsysteme im hochmittelalterlichen Deutschland. Die im vorigen Kapitel (S. 22f.) aufgezählten Formen dürften größtenteils auch weiterhin eine gewisse Rolle gespielt haben, etwa die Feld-Gras-Wirtschaft an der Küste einerseits und im alpinen Gebiet andererseits („Egart"-System). Hervorhebung verdient die Zweifelderwirtschaft am Mittel- und Oberrhein,[49] wo teilweise Getreide und Sonderkulturen (Gemüse, Handelsgewächse u. a.) im zweijährigen

[42] Schröder, K. H. 1964, S. 13f.
[43] Loersch/Schröder 1912, S. 92f.
[44] Lamprecht 1886, 1, S. 559.
[45] Lamprecht 1886, 1, S. 560; Heyne 1901, S. 42f.; Lindemans 1952, 1, S. 45; Abel 1967, S. 90f.
[46] Parain 1966, S. 141f.
[47] Jacobi 1854, S. 29; Abel 1967, S. 95.
[48] Lamprecht 1886, 1, S. 561f.
[49] Abel 1967, S. 87.

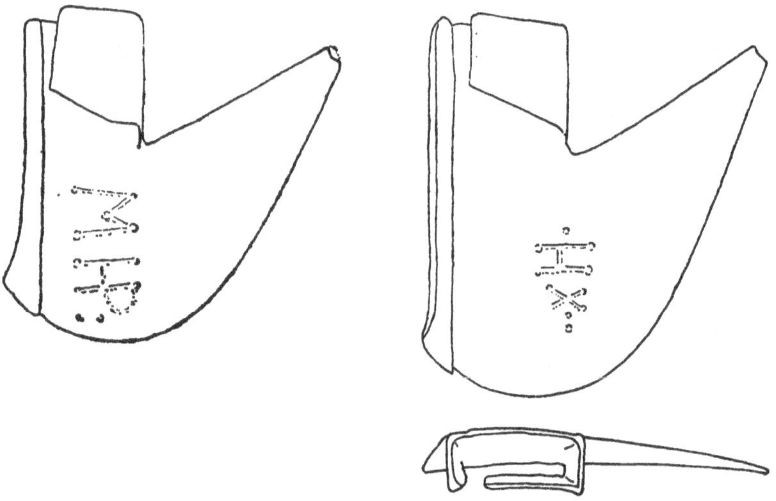

Abb. 29. Asymmetrische Beetpflugschare mit Schmiedemarken MHP: bzw. HX, 1233. Zemendorf, Burgenland/Österreich. M etwa 1:4.

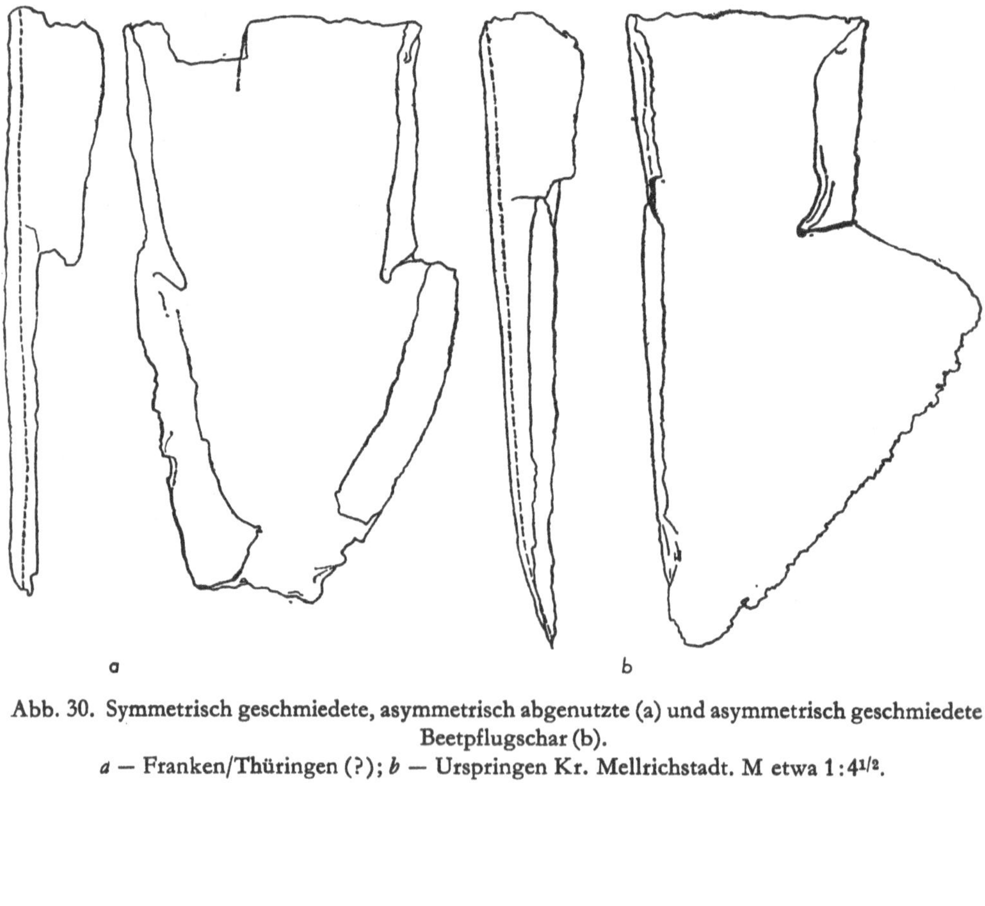

Abb. 30. Symmetrisch geschmiedete, asymmetrisch abgenutzte (a) und asymmetrisch geschmiedete Beetpflugschar (b).
a — Franken/Thüringen (?); *b* — Urspringen Kr. Mellrichstadt. M etwa 1:4½.

Rhythmus gebaut wurden und Pachtverträge es untersagten, Land *zo dreysse* ‚zu driesch‘, d. h. unbesät, liegen zu lassen.[50] Dabei ist in diesem Fall weniger bioklimatische Gunst für die intensivere Bewirtschaftung geltend zu machen — eine Präferenz der Lößzone für die zweijährige Rotation in der oberrheinischen „Kornkammer“ hat sich als nicht stichhaltig erwiesen[51] —, sondern abermals der Bedarf der urbanisierten Region und die entsprechende Disposition der landwirtschaftlichen Produzenten. Es muß übrigens erwogen werden, ob sich nicht die obigen „Mergel“-Belege auf diese Zweifelderwirtschaft (und nicht auf die Dreifelder-Brachwirtschaft) beziehen.

Die Zahl der Bodenbearbeitungsgänge für die einzelnen Kulturen zu bestimmen, ist schwierig, da fast ausschließlich Fron- und Pachtfestlegungen entsprechende Angaben enthalten, die begreiflicherweise nur ein Minimum fixieren. Zweifellos hat es eine Zunahme gegeben, denn im Gegensatz zu karolingerzeitlichen Bestimmungen über zweimaliges Pflügen der Brache zur kommenden Wintersaat wird seit dem 12. Jahrhundert hin und wieder auch dreimaliges Pflügen verfügt.[52] Die allgemeine Verpflichtung „ter in anno“, also dreimal im Jahr zu pflügen,[53] schließt dagegen die Sommersaatfurche ein, so daß hier wieder nur zwei Furchen zur Wintersaat übrig bleiben, während die Bestimmung, eine *quartam araturam*, also einen vierten Pflugdienst zu leisten,[54] wohl auf die dritte Furche zum künftigen „Winterfeld“ zielt. In jedem der genannten Fälle verbleibt also nur eine Furche zur Sommersaat „in vere“, im Frühjahr, was unwahrscheinlich anmutet, auch wenn in Rechnung gestellt wird, daß die Stoppel nach der Ernte abgeweidet wurde.

Die Pfluggeräte im hochmittelalterlichen Deutschland lassen sich aus dem anwachsenden ikonographischen Quellengut und einigen Funden von Pflugzubehör weitgehend rekonstruieren.

Der Beetpflug, der im vorigen Kapitel hinsichtlich seiner Arbeitsweise bereits beschrieben worden ist, dessen frühmittelalterliche Existenz aber in Frage gestellt werden mußte, zeigt sich spätestens seit dem 13. Jahrhundert als bestimmende Geräteart in mehreren Varianten vertreten. Seine bodenwendende Funktion erlangte besonders für das Umbrechen der begrünten Brache im Rahmen der Dreifelderwirtschaft große Bedeutung. Der in dieser Hinsicht konstitutive Bestandteil des Beetpfluges, das seitliche Streichbrett, durch das der Boden (teil-)gewendet wird, ist zwar auf manchen Abbildungen nicht ganz zweifelsfrei auszumachen (Abb. 36, 40). Für seine Existenz sprechen aber außer den (etwas jüngeren) Pflugdarstellungen auf der Dresdner Bilderhandschrift des „Sachsenspiegels“ (Abb. 54) mehrere hochmittelalterliche Funde von Pflugscharen, deren Asymmetrie nur durch ein einseitiges Streichbrett zu erklären ist (Abb. 29—33). Symmetrische Schare, einerseits deutbar als Bestandteil von Haken mit asymmetrischer Arbeitsweise, können bei asymmetrischen Abnutzungsspuren unter Vorbehalt gleichfalls in die Gruppe der Beetpflugschare eingereiht werden (Abb. 30). Auffällig ist bei allen Scharfunden die gegenüber den frühmittelalterlichen Stücken bedeutend gewachsene Dimension. — Hinzu kommen einige Funde von Sechen (Abb. 34, 35); das Sech, normalerweise ein ständiges Beetpflugzubehör — und in einem Fund auch unmittelbar mit einer Beetpflugschar zusammen anzutreffen (Abb. 34) — schneidet die Scholle senkrecht an, bevor sie von der Schar horizontal abgeschnitten und vom Streichbrett gewendet bzw. seitlich versetzt wird.

[50] Frick/Zimmer 1966, 1, Nr. 536, S. 205.

[51] Ott 1970, S. 94.

[52] Hanssen 1880, S. 163; Lamprecht 1886, 1, S. 558; Frick/Zimmer 1966, 1, Nr. 536, S. 205.

[53] Frast 1851, S. 498.

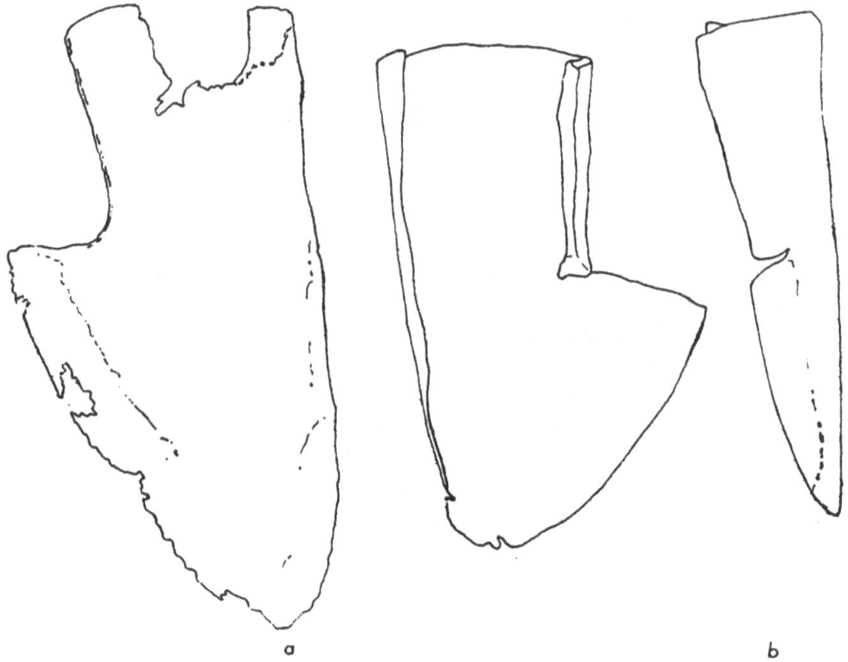

Abb. 31. Asymmetrische Beetpflugschare des Tüllentyps aus der Oberlausitz und Sachsen. *a* — Rothenburg Kr. Niesky; *b* — Mutzschen Kr. Grimma. M 1:4.

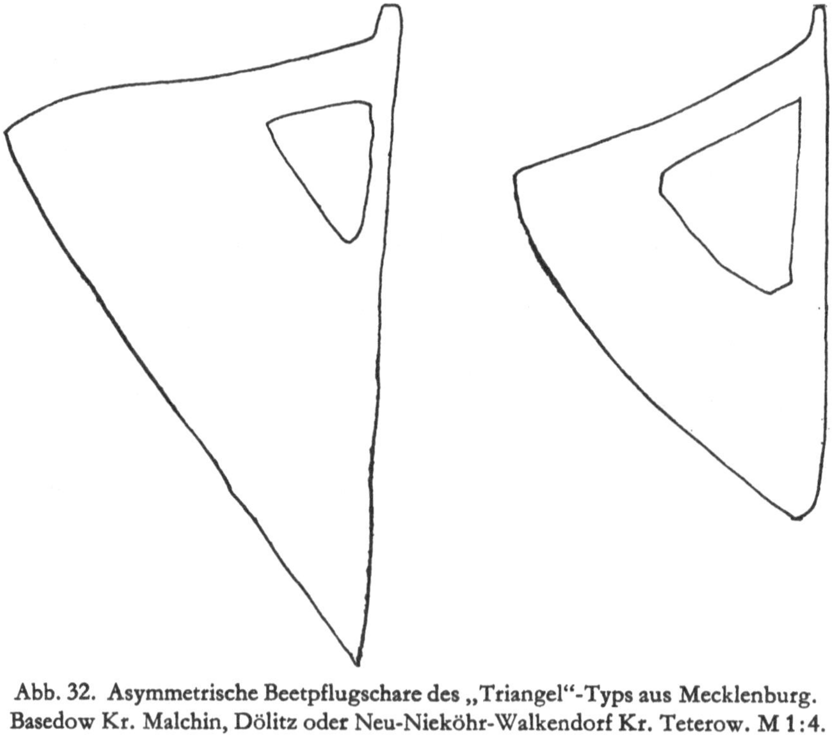

Abb. 32. Asymmetrische Beetpflugschare des „Triangel"-Typs aus Mecklenburg. Basedow Kr. Malchin, Dölitz oder Neu-Nieköhr-Walkendorf Kr. Teterow. M 1:4.

Unter Zuhilfenahme jüngerer Parallelen lassen die ikonographischen und archäologischen Zeugnisse folgende Beetpflugtypen erkennen:

a) „Altdeutscher“ Beetpflug mit asymmetrisch ausgeschmiedeter bzw. asymmetrisch abgenutzer Tüllenschar, rechtsseitigem festem Streichbrett, Sech und Radvorgestell sowie vierseitigem Gerippe, bestehend aus Sohle, Griessäule, Grindel und (linker) Hauptsterze, die in der Sohle fußt, während die (rechte) Nebensterze nur am Streichbrett befestigt ist. Bilder und Scharfunde verweisen auf Mittelelbien (Abb. 54), Thüringen (Abb. 30a),[55] Franken (Abb. 36)[56] und Österreich (Abb. 29, 40).

b) „Norddeutscher“ Beetpflug mit platter Triangelschar ohne Tülle (Abb. 32), sonst mit den gleichen funktionalen und typologischen Merkmalen bei einer Besonderheit, die in der Einsterzigkeit besteht. Die Entwicklung dieses arbeits- und materialsparenden Pfluges, vermutlich von den Niederlanden ausgehend, wird von der Forschung ins Hochmittelalter verlegt,[57] was durch jüngere Verbreitungsstrukturen, die hochmittelalterliche Siedlungsbewegungen in diesem Fall sehr klar widerspiegeln, untermauert wird.[58] Dänische hochmittelalterliche Parallelen[59] machen es wahrscheinlich, daß dieser Typ außer mit der Triangelschar auch mit einer Stielschar (Abb. 33) ausgerüstet gewesen sein kann.

Abb. 33. Asymmetrisch abgenutzte Stielschar. Rohrberg Kr. Klötze/Altmark. M 1:4.

c) „Südwestdeutscher“ Beetpflug (oder Kehrpflug) mit symmetrischer Tüllenschar, Sech, Radvorgestell usw. (wie a), der jedoch eine gegabelte sog. Y-Sterze besitzt. Deren beidseitige Ausbalancierung (Abb. 53), die Scharsymmetrie (Abb. 38 u. a.)[60] und die Vorrichtung zum wechselseitigen Einstellen des Sechs (Abb. 53) lassen vermuten, daß solche Pflüge ein versetzbares Streichbrett besessen haben; es wären dies demnach Kehrpflüge, mit denen unter Beibehaltung des Bodenwendeeffekts „eben“ gepflügt werden konnte, also keine „Beete“ gebaut zu werden brauchten, da man am Ende der Furche das Streichbrett umsetzte. Außer dem südwestdeutschen Bereich, der sich durch seinen „Ebenbau“ seit dem 13./14. Jahrhundert auch flurgeographisch von dem ostschwäbisch-bayerischen „Beetbau“-Gebiet abzuheben beginnt,[61] zeichnet sich nach einer neuen Deutung[62] von

54 Kiem 1883, 3/3, S. 63.

55 Nicht abgebildet: Pflugbild aus dem thüringischen „Landgrafen-Psalter“, 1211/13, bei Löffler 1925, Taf. VI.

56 Zu den nicht unproblematischen Lokalisierungen und Datierungen vgl. man die Angaben in den Abbildungsnachweisen S. 262ff.

57 Slicher van Bath 1963, S. 185.

58 Bentzien-Quietzsch 1976, S. 186f.

59 Lerche 1970, S. 136f.

60 Nicht abgebildet: Pflugbild mit symmetrischer Schar (Streichbrett fortgelassen) im Chronicon Zwifaltense, Mitte 12. Jh., bei Brandt 1927, 1, Abb. 193.

61 Jänichen 1970, S. 41–45 (ohne das Kehrpflug-Argument zu beachten); vgl. Sick 1968, S. 165.

62 v. d. Poel 1971 entgegen Lindemans 1952, 1, S. 164ff.

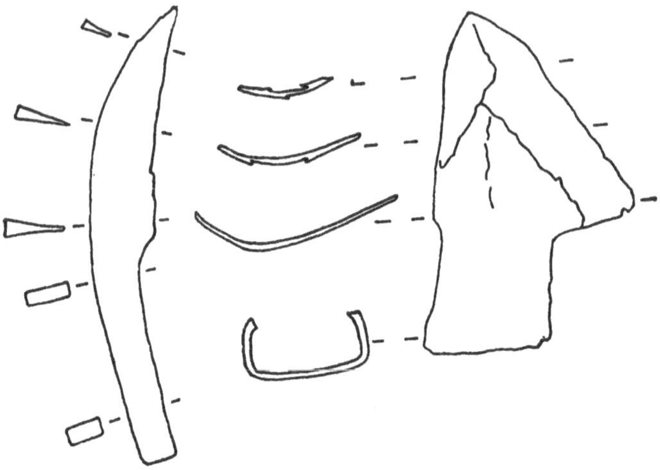

Abb. 34. Asymmetrische Beetpflugschar und Sech.
Görlitz-Landeskrone. M 1:8.

a b.

Abb. 35. Hochmittelalterliche Seche aus der Schweiz.
a — Erlenbach, Kanton Bern; *b* — Büren a. d. A., Kanton Bern. M 1:8.

Pflugbildern (Abb. 37) auch Flandern als frühes Verbreitungsgebiet des Kehrpfluges ab.

Das Spannvieh der Pflüge bildeten überwiegend Rinder; die zuletzt erwähnte flandrische Pflugdarstellung (ca. 1275) und vor allem die Pflugbilder der Dresdner Bilderhandschrift des „Sachsenspiegels“ (3. Viertel des 14. Jahrhunderts, Abb. 54) zeigen Pferdevorspann. Die Gespanngröße betrug teilweise sicherlich mehr als ein Paar Zugtiere — hier dürften aus Raumgründen die Künstler sparsamer gewesen sein als die Bauern.

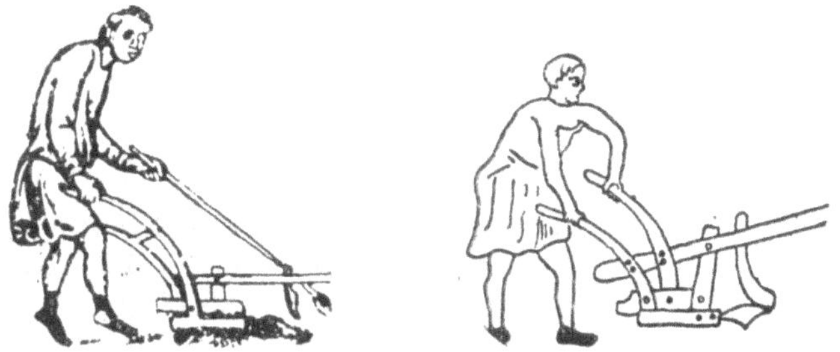

Abb. 36. Vierseitige Beetpflüge „altdeutschen“ Typs aus Franken mit zwei getrennten Sterzen — eine in der Sohle fußend, die andere am Streichbett befestigt, Schar und Sech. 13. Jahrhundert.

Abb. 37. Kehrpflug aus Flandern mit umsetzbarem Streichbrett, Umstellvorrichtung für das Sech, Radvorgestell und Zugpferd im Kummetgeschirr. Ende des 13. Jahrhunderts.

Das für Mensch und Tier anstrengende Pflügen geschah auf den mittelalterlichen Äckern in Arbeitsteilung zwischen zwei Personen, einer, die den Pflug führte, und einer, die das Spannvieh leitete und mit einem eisenbewehrten Stecken antrieb (Abb. 40). Man nannte sie in Süddeutschland den *Heber* und den *Mener*,[63] im Norden *Pluchholder* und *-driwer*,[64] wobei die letztere Tätigkeit wohl auch von Knaben (vgl. süddeutsch *Menebub*)[65] ausgeführt wurde. Meier Helmbrecht (V. 247 ff.) bietet dem erwachsenen Sohn situationsgemäß einen Rollentausch an:

> Lieber sun, nu men du mir,
> od habe den pfluoc, so men ich dir,
> und bouwen wir die huobe ...

[63] Wopfner 1928, Nr. 197, S. 246.
[64] Bentzien 1969, S. 273.
[65] Jänichen 1970, S. 36.

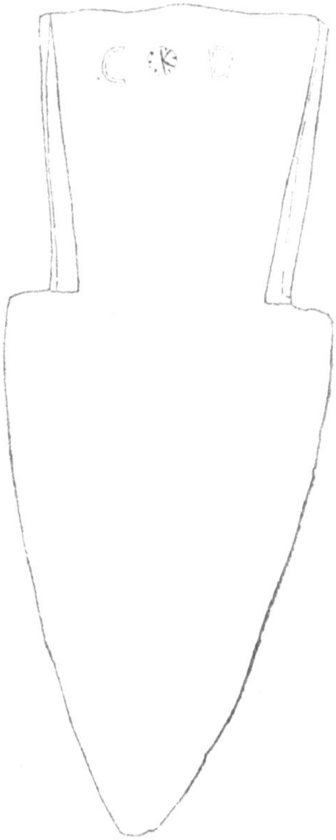

Abb. 38. Symmetrische Schar eines südwestdeutschen Kehr(?)-pfluges. Prägemarken einer Schmiede bzw. eines Hüttenwerkes. Dettingen a. d. Erms, Kr. Reutlingen. M 1:4.

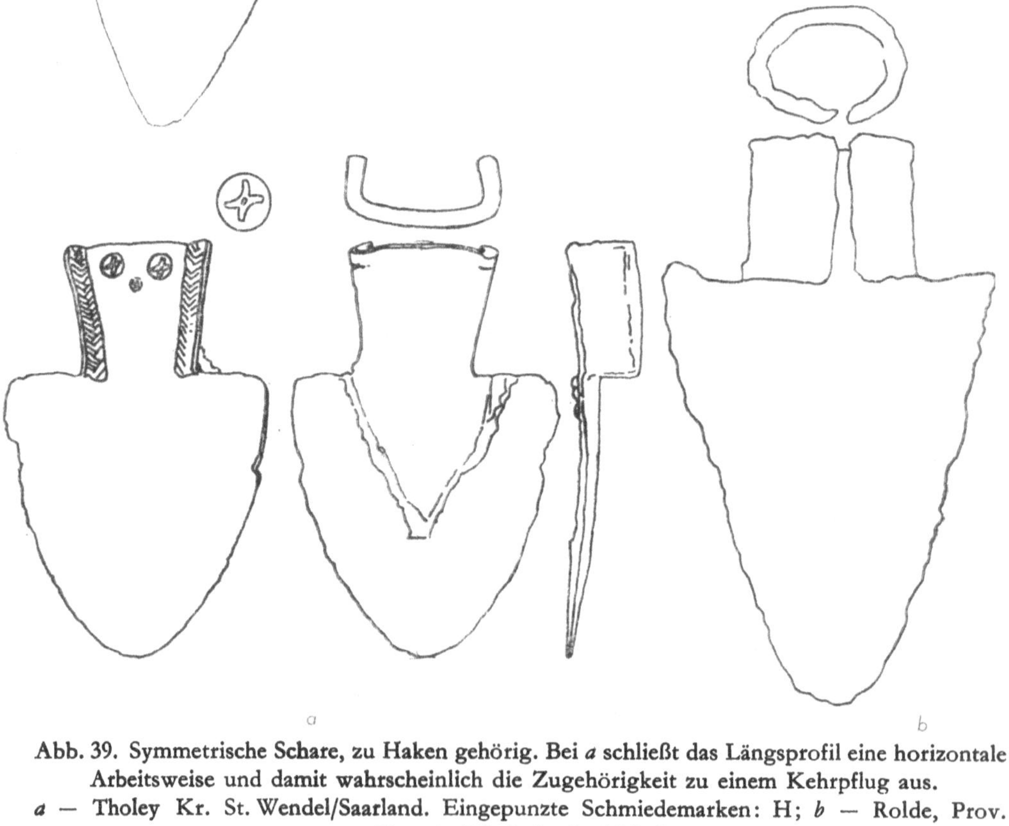

Abb. 39. Symmetrische Schare, zu Haken gehörig. Bei *a* schließt das Längsprofil eine horizontale Arbeitsweise und damit wahrscheinlich die Zugehörigkeit zu einem Kehrpflug aus. *a* – Tholey Kr. St. Wendel/Saarland. Eingepunzte Schmiedemarken: H; *b* – Rolde, Prov. Drenthe/Niederlande. M 1:4.

Der Stecken des *Meners* wurde *melen* oder *menel* genannt.[66] Teilweise war bei besonderen Bodenverhältnissen auch noch eine dritte Person zum ständigen Reinigen der Schar mittels der *riute* dem Pfluggespann beigestellt.[67]

Mit der hier auf den Beetpflug bzw. Kehrpflug beschränkten Darstellung soll nicht zum Ausdruck gebracht werden, daß der genetisch ältere Haken während des Hochmittelalters nicht existiert habe. Es gab ihn durchaus, und zwar sowohl in den westlichen Reichsteilen (Abb. 39) — selbst in den Niederlanden rechnet man bis ins Spätmittelalter hinein mit der Benutzung solcher Geräte[68] —, als auch vor allem im gesamten östlichen Gebiet, weshalb dieser Fakt weiter unten bei der Behandlung slawisch-deutscher Kulturbeziehungen geschlossen zur Sprache kommen wird.

Die Egge läßt im Vergleich zum Pflug während der Untersuchungszeit keine Fortentwicklung erkennen. Die schon für das Frühmittelalter belegte bzw. erschlossene Rahmenegge mit Zinken erweist sich als konstant bewahrt (Abb. 40, 41, 55). Die wenigen Abbildungen zeigen einfeldrige Eggen mit vier und fünf zinkentragenden Balken, auf-

Abb. 40. Pflug „altdeutschen" Typs (wie Abb. 36); geführt vom „Heber", der die Sterzen hält, und vom „Mener", der die Zugtiere antreibt. — Rahmenegge des Typs Abb. 41. Waage und zwei Ortscheite deuten auf Zwei-Pferde-Anspannung. Steiermark, um 1200.

fälligerweise ohne innere Querscheiden, ferner Pferdeanspannung: einmal ein aus dem Sattel gerittenes einzelnes Pferd mit Kummet und Zugseilen ohne weiteres Spanngerät (Abb. 41), einmal Waage und Schwengel für — nicht mitgezeichnete — Zwei-Pferde-Anspannung (Abb. 40), einmal zwei Pferde in Sielengeschirren bei Diagonalanspannung (Abb. 55). Ein niederbayerisches Inventarverzeichnis, das ausnahmsweise einmal ins

[66] Grimm WT 1957, 4, S. 263.
[67] Lamprecht 1886, 1, S. 556.
[68] v. d. Poel 1967, S. 15.

14. Jahrhundert zurückreicht, benennt als Zubehör zu 3 *äten* eine unbestimmte Zahl von *zugscheittern*, ferner 6 *halzstrick* und 4 + 4 *zuegsail*;[69] eine Fronbestimmung des 13. Jahrhunderts aus dem niederösterreichischen Kloster Zwettl fordert von jedem Bauern „duos

Abb. 41. Rahmenegge des „offenen" „Scheiden"-Typs, d. h. zinkentragenden Querscheiden und zinkenlosen Außenlängsbalken. Ein Pferd im Kummetgeschirr, aus dem Sattel geritten. Schweiz, Ende 13. Jahrhundert.

Abb. 42. Sämann, aus dem Tuch „über die Hand" säend. Steiermark, 13. Jahrhundert.

equos ad agros complanandos quod dicitur egn",[70] was hinsichtlich der Gespanngröße Übereinstimmung mit dem steirischen Bildbeleg (Abb. 40) anzeigt. Der Beginn des Ersatzes der hölzernen Eggenzinken durch eiserne wird während der hochmittelalterlichen Jahrhunderte bemerkenswerterweise noch nicht greifbar. Ebenso fehlen alle Anzeichen einer Existenz so wichtiger Gespanngeräte für die Bodenbearbeitung wie Walze und Ackerschleife, deren Funktionen notdürftig von der Egge mit wahrgenommen worden sein dürften. Das Schollenzerschlagen mit Holzhämmern, wie es eine englische Miniatur

[69] Piendl 1969, S. 200ff.
[70] Frast 1851, S. 498.

von ca. 1340 belegt,[71] ist aus zeitgleichen deutschen Zusammenhängen ebenfalls nichtnachweisbar.

Der Vorgang des Säens hat mittelalterliche Künstler verschiedentlich zur bildlichen Darstellung angeregt. Die hier stellvertretend gebotene Abbildung aus dem Südosten (Abb. 42) zeigt in Übereinstimmung mit anderen Bildern,[72] daß aus einem Tuch gesät wurde, und zwar sowohl „über die Hand" als auch „von der Hand".

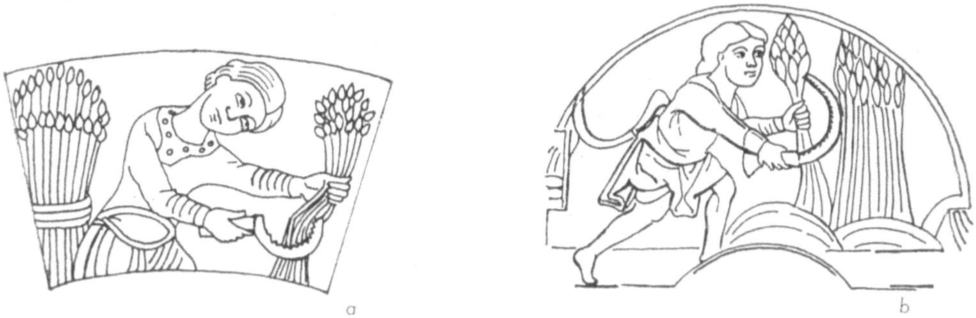

Abb. 43. Kornschnitterin und -schnitter mit gezähnten Bogensicheln. Halbtiefer Schnitt, die Halmlänge ermöglicht das Garbenbinden.
a — Württemberg, 12. Jahrhundert; *b* — Thüringen, frühes 13. Jahrhundert.

Abb. 44. Ernteszene: Kornschneiden mit der Bogensichel, Garbenbinden, aufgestellte Kurzhalmgarben. Mittelelbien (?), 14. Jahrhundert.

In größerer Zahl sind hochmittelalterliche Arbeitsdarstellungen überliefert, die Erntegeräte und -verfahren zeigen (Abb. 43ff.).[73] Man sieht sowohl Männer wie Frauen beim Schneiden des Getreides tätig, wobei es möglicherweise landschaftliche Unterschiede gegeben hat. Südwestdeutsche Weistümer benennen gelegentlich allein Frauen für den Getreideschnitt,[74] während im allgemeinen die Geschlechterfrage offenbleibt. Wenn in norddeutschen Quellen[75] von *messoribus* ‚Schnittern' die Rede ist, können — nicht zwingend — Männer gemeint sein, während es sich bei den *ligatricibus* ‚Binderinnen' mit Sicherheit um Frauen oder Mägde handelt. Die geschlechtliche Arbeitsteilung war also beim Schneiden

[71] Epperlein 1975, Abb. 19.
[72] Ebda., Abb. 30; Löffler 1928, Taf. 22.
[73] Vgl. außerdem Epperlein 1975, Abb. 24, 29, 32, 40 u. a.
[74] Grimm WT 1957, 4, S. 160.
[75] Lisch MUB 1899, 19, Nr. 11247, S. 475f.

noch nicht scharf ausgeprägt, beim Binden dagegen — auch in anderen Landschaften — strikt auf die Frau festgelegt. Dabei wurden keine Langstrohgarben gebunden, weil der Schnitt nicht tief ansetzte, sondern etwa auf halber Halmhöhe erfolgte.

Nach Ausweis der Bilder wurde zur Getreideernte allein die Sichel benutzt. Der Grundtyp, die ausbalancierte, arbeitseffektivere Bogensichel, entspricht dem des Frühmittelalters. Freilich zeichnen sich im Gegensatz zur voraufgegangenen Periode andeutungsweise zwei Varianten ab: die in der Art eines liegenden U mehr geschlossene, kurze Form (Abb. 43a) und zusätzlich die mehr offene, längere Form (Abb. 44), die aber schon einmal im latènezeitlichen Fundmaterial aufgetaucht war (Abb. 23c, d). Soweit es die Miniaturgröße der Bilder und der Erhaltungszustand der Fundstücke erkennen lassen, war die Schneide normalerweise gezähnt (Abb. 43).[76] Die Schnitter und Schnitterinnen führten also nicht den „hauenden", sondern den „sägenden" Schnitt aus, der die Ähren am wenigsten erschütterte und den geringsten Körnerausfall garantierte.

Unter den Funden mittelalterlicher Sicheln (Abb. 45) ist einer deshalb besonders interessant, weil ausnahmsweise der Handgriff wenigstens fragmentarisch erhalten geblieben ist (Abb. 45d). H. Küas[77] hat anschaulich erklärt, wie die glühend gemachte Sichelangel in das zylindrische Griffholz eingetrieben und dieses dann individuell für die Hand des Werkzeugbenutzers im wahrsten Sinne des Wortes „zugeschnitten" wurde, nämlich durch Aushöhlungen für das Lagern des Handballens und Belassung eines erhabenen Endes, um dem Entgleiten des Gerätes vorzubeugen.

Der ikonographische Befund deutet, wie bereits erwähnt, darauf hin, daß in den betreffenden Landschaften alles Getreide noch mit der Sichel geschnitten wurde, demnach wohl auch Hafer und Sommergerste, bei denen sonst am frühesten mit einem Übergang zur Sensenmahd gerechnet werden muß, der im nordfranzösisch-rheinisch-niederländischen Gebiet, also in wirtschaftlich hochentwickelten Territorien, etwa im 14. Jahrhundert erfolgt sein wird.[78] Als spezielles Gerät dafür kommt die *Sichte*, eine einarmig zu handhabende Hausense, in Frage; sie soll zuerst zum Stoppelabmähen sowie bei Wicken, Hafer und Gerste eingesetzt worden sein. Roggenmahd mit der *Sense* war dort wohl noch nicht üblich, ebenso keinesfalls im süddeutschen Bereich, wo beispielsweise um die Mitte des 12. Jahrhunderts in der Regensburger „Kaiserchronik" (Vers 10978) das *ab maigen* von *chorn* in einer Reihe mit *salz ... saigen* als Wahnsinnstat hingestellt wird[79] und noch 1344 nach einem Schwarzwälder Weistum sogar der Haferschnitter *mit sinr sichlun* zur Fron erscheinen muß,[80] sondern auffälligerweise deutet sich diese hochbedeutsame Novation im Nordosten an. Zunächst gibt es ein wortgeschichtliches Indiz, indem hier das Tätigkeitswort für den Sichelschnitt, *sniden*, schwindet bzw. zu fehlen scheint, während *mähen* und *hauen* als „Sensenwörter" auch im Zusammenhang mit der Getreideernte auftauchen. Schon 1278 erwähnt eine Urkunde aus dem Ordensland Preußen, daß „die fruchte der ecker *abgemeet* werden."[81] Weitere Nachrichten, darunter ein neumärkischer Beleg für die Unterscheidung von *korn seysene* und *gras seysene* (1439),[82] liegen schon jenseits unserer

[76] Lühning 1951, S. 234—239; Quitta 1955, S. 150f.

[77] Küas 1961, S. 54f.

[78] Parain 1966, S. 155f.; Lindemans 1952, 2, S. 63—65; Slicher van Bath 1963, S. 187; vgl. auch Duby 1962, S. 269f.

[79] Schröder, E. 1895, S. 282.

[80] Ott 1970, S. 183.

[81] Codex dipl. pruss. 1, 172 V. Nach Grimm DW ^{2}1, Sp. 575.

[82] Riedel 1863, I/24, S. 151; Hinweis durch Lühning 1951, S. 368.

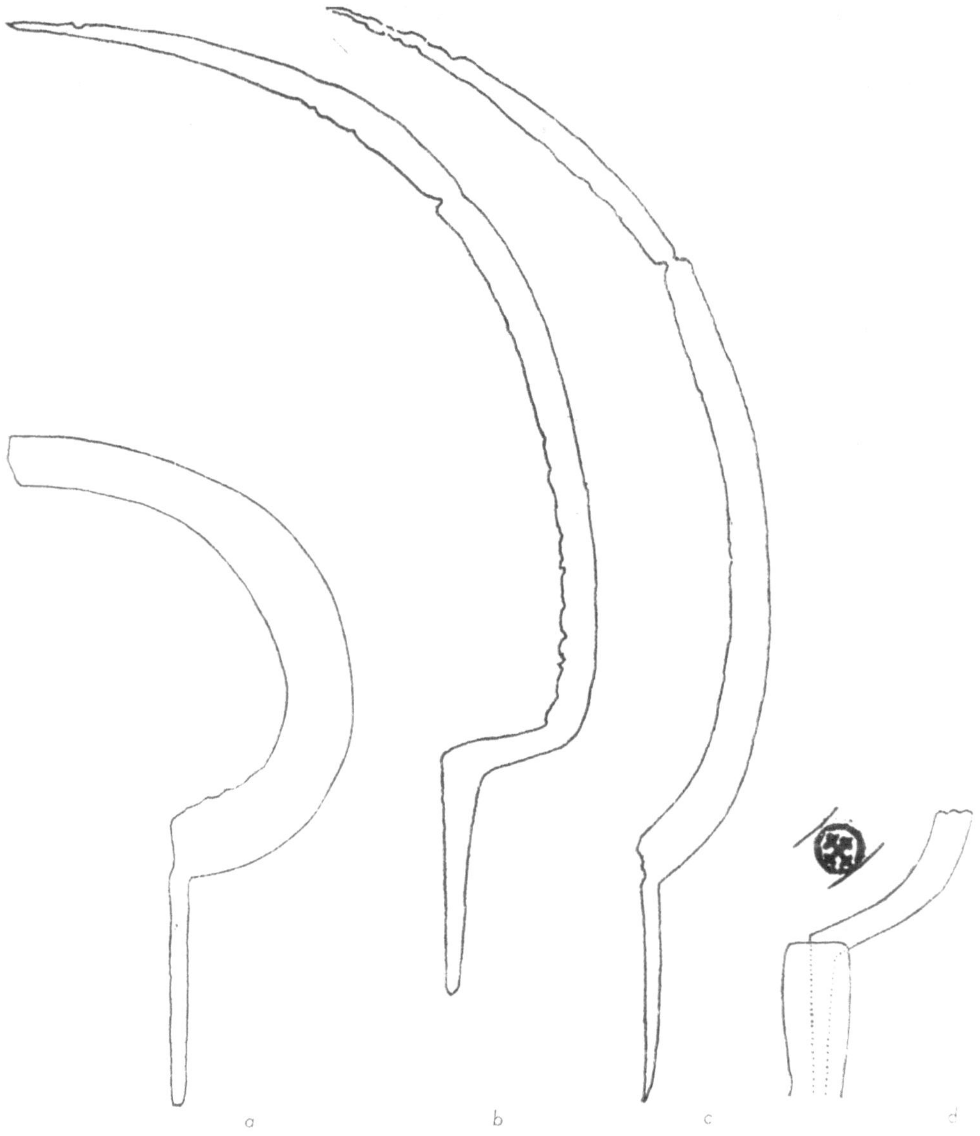

Abb. 45. Mittelalterliche Bogensicheln nebst Details.
a — Ferwerd, Prov. Friesland/Niederlande; *b* und *c* — Hohenrode/Südharz; *d* — Leipzig (mit Schmiedemarke). *a*—*c* M 1:4, *d* o. M.

Untersuchungszeit, signalisieren aber möglicherweise ein früheres Vorkommen der Sensenmahd von Getreide etwa ausgangs des Hochmittelalters. Das stünde durchaus im Einklang mit dem Charakter und der Perspektive jener Landschaften als Zentrum großflächigen Getreidebaus.

Bevor dieser grundlegende Wandel, der hochbedeutend war für die Arbeitseffektivität bei der Getreideernte, eingeleitet werden konnte, mußte allerdings die Qualität des Mähwerkzeugs entsprechend beschaffen sein. Die Sense erfuhr während des Hochmittelalters in der Tat eine bedeutende Verbesserung. Der Ausgangspunkt ist in ihrer Funktion als Grassense zu erblicken.[83] Die schon ausgangs der frühmittelalterlichen Periode einsetzende Wiesenkultur verlangte ein Gerät, mit dem so tief gemäht werden konnte, daß die Regenerationsfähigkeit bestimmter Giftpflanzen, Disteln usw. verkümmerte, die

Abb. 46. Mähsensen des 11. bis 14. Jahrhunderts. Die Sensenklinge mit scharf abgekantetem „Bart" ist vom Halterungsteil abgesetzt.
a — Reichenau bei Konstanz; *b* — Zwiefalten/Württemberg; *c* — Thüringen; *d* — Flandern.

schnellwüchsigen eigentlichen Wiesenpflanzen aber, deren Blüte und Aussamung in die Zeiten zwischen den Mahdterminen fallen, sich entfalteten. Diese „Wiesenflora" ist letztlich (wenngleich nicht allein) ein Ergebnis ständiger Sensenmahd. Dazu aber reichten die bisherigen instabilen und konstruktiv unvollkommenen Mähsensen nicht aus.

[83] Das folgende nach Ilg 1948, S. 187f.; Lühning 1951, S. 307ff., 392ff.

Die neue, „moderne“ Sense besitzt einen aufgekanteten Klingenrücken, aus dem jetzt mit scharfem Absatz die „Hamme“ (zur Halterung des Sensenbaums) hervorgeht. Vor allem aber ist die Hamme aus der Ebene der Klinge herausgedreht — „eine entschiedene Verbesserung des Gerätes, die es einerseits ermöglicht, daß auch bei aufrechter Haltung des Mähers die Sense mit ihrer ganzen Schneide parallel zum Boden geführt wird, und andererseits ein ungehindertes Durchgleiten des abgeschnittenen Grases unter dem Wurf [Baum] der Sense erleichtert.“[84] Dazu gehört ferner der mannslange Baum, der das charak-

Abb. 47. Blatt einer Mähsense mit aufgekantetem Klingenrücken. „Bart“ nicht erkennbar, Klinge und Halterungsteil noch in einer Ebene befindlich. — Bradlo, Gem. Debrné, Kr. Trutnov/ČSSR. Um 1300. M 1:4.

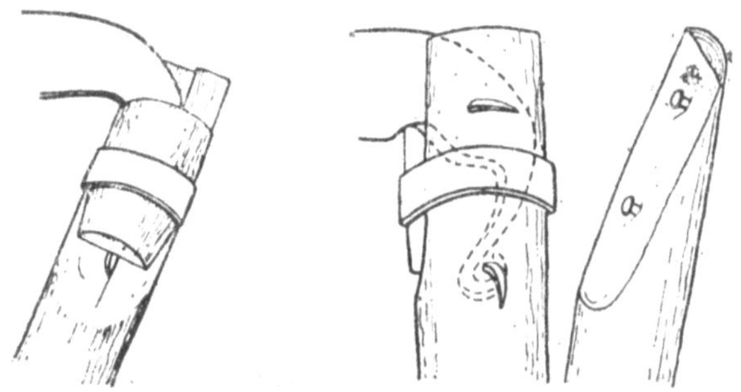

Abb. 48. Befestigung eines Sensenblatts vom Typ Abb. 47, d. h. bei Nicht-Verlagerung des Halterungsteils aus der Ebene des Blattes. — Nach ethnographischen Parallelen, o. M.

teristische „Mähen mit dem Körper“ ermöglicht. Im Anschluß an J. Zeitlinger haben K. Ilg und A. Lühning die Entstehungszeit dieser „modernen“, bis heute gebräuchlichen Sensenform ins 12./13. Jahrhundert datiert. Als ikonographisches Erkennungsmerkmal kann dabei der „Bart“, in dem die Klinge endigt, dienen; ihn zeigen einige Bilder recht deutlich, beginnend um die Jahrtausendwende (Abb. 46), während die Details der Halterung auf kein Verständnis bei den Künstlern stießen. So ist auch nirgendwo eindeutig auszumachen, daß die Hamme tatsächlich aus der Ebene der Klinge verlagert war. Ein einzelner mittelalterlicher Fund aus dem deutschen Siedlungsgebiet Böhmens (Abb. 47) weist diese entscheidende Neuerung noch nicht auf. Ihr Nichtvorhandensein braucht aber das erwünschte arbeitstechnische Ergebnis — die Führung des Sensenblatts parallel zum Boden bei aufrechter Mähhaltung — nicht ausgeschlossen zu haben; wie ethnographische Paral-

[84] Zeitlinger 1944, S. 37.

lelen zeigen, konnte der entsprechende Effekt auch durch einen schrägen Anschnitt des Baums an der Halterungsstelle erzielt werden (Abb. 48), wobei die Festigkeit jedoch unvollkommen blieb.

Diese dergestalt verbesserte Sense (auf ihre Produktionsstätten wird später eingegangen) spielte eine bedeutende Rolle für die mittelalterliche Wiesenkultur und damit für die Futterwirtschaft. Dies trifft auf Betriebe mit großer Viehhaltung zu, z. B. die Schwaigen im Alpenraum, aber auch auf die normale Bauernwirtschaft. Winterfutter in Form von Heu wurde zur Handelsware — mancher städtische *Heumarkt* bezeugt das vom Namen her —, half die Tierernährung in Stadt und Land sichern und verwandelte sich außer in menschliche Nahrungsmittel auch in Stallmist, der für das Funktionieren der Dreifelderwirtschaft von größter Wichtigkeit war.

Die Übernahme der Sense auf die Getreidefelder erfolgte — außer jenen ersten Ansätzen im Norden — erst Jahrhunderte später. Aber eine Grundvoraussetzung dafür war mit der verbesserten Sense geschaffen worden.

Weitere Ernteverfahren müssen hier wegen der Nicht-Aufbereitung entsprechenden Quellenmaterials durch die Forschung übergangen werden.

Über das Dreschen des Getreides liegen nur wenige Angaben vor. Es geschah mit ziemlicher Sicherheit in Scheunen oder anderen überdachten Gebäuden und erstreckte sich jahreszeitlich wahrscheinlich bis weit in den Winter hinein. Als Dreschgerät taucht in Arbeitsdarstellungen (Abb. 50) allein der zweiteilige Flegel auf, wobei seine näheren typologischen Merkmale nicht erkennbar sind. Der Kappenflegel scheint sich im 12./13. Jahrhundert allgemein durchgesetzt zu haben.[85] Das jüngere Verbreitungsbild der verschiede-

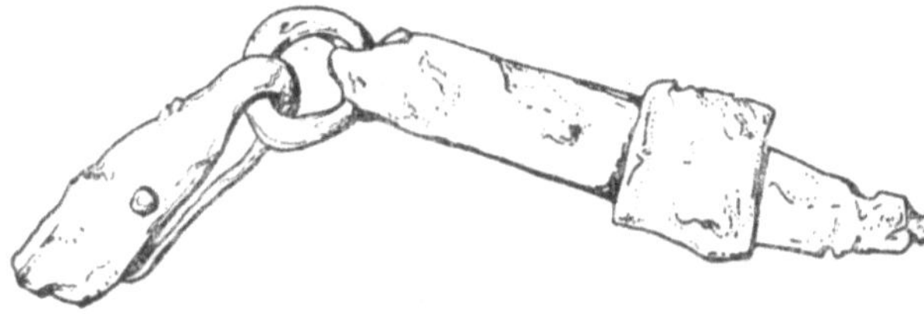

Abb. 49. Teile eines mittelalterlichen Dreschflegels: eiserne Stiel- und Schlegelklappe sowie Verbindungsring. Wüstung Pfaffenschlag bei Slavonice na Moravě/ČSSR; o. M.

nen Stielkappen (Abb. 101), das R. Quietzsch gründlich ausgewertet hat,[85a] legt u. a. den Schluß nahe, daß die Lederkappe am Flegelstiel sich im Zuge der feudalen Ostexpansion verbreitet hat, während des Hochmittelalters also vorhanden gewesen ist. Ochsenhaut für *vlegeltapken* wird um 1400 in Hattem bei Zwolle/Niederlande erwähnt (ob aber Kappenmaterial gemeint ist?).[86] Die Holzkappe als genetisch älterer Materialstandard wäre logischerweise vorauszusetzen. Als dritte Materialvariante zeigt das jüngere Verbreitungsbild (Abb. 101) Eisenkappen in einem Gebiet, das sich vom Erzgebirgskamm keilförmig bis in die Leipziger Tieflandsbucht erstreckt. Dieses begrenzte Vorkommen hat nun jüngst den Beweis einer historischen Dimension erfahren, und zwar durch Mittelalterarchäologen der ČSSR.[87] Der in mehrfacher Hinsicht einmalige Fund von Eisenteilen eines Dresch-

[85] Trotzig 1943, S. 81 f.

[85a] Quietzsch 1969, S. 91 ff., Karte 1.

[86] Sloet 1877, S. 15, 55.

[87] Beranová 1975, S. 23, Abb. 10/3. Vgl. Nekuda 1975.

flegels aus Pfaffenschlag bei Slavonice na Moravě (Abb. 49) hat mittelalterliche Zeitstellung und verweist möglicherweise auf deutsche Provenienz, gibt aber auch neue Fragen auf, da nicht nur die Stiel-, sondern auch die Schlegelkappe und der Verbindungsring aus Eisen sind, eine Eigenart, die im ethnographischen Material nicht wieder auftaucht, allerdings von „Kriegsflegeln", wie sie im Bauernkrieg verwendet wurden, bekannt ist.

Abb. 50. Dreschen mit dem Flegel — die Garben sind fälschlicherweise unaufgebunden; Kornreinigen mit der Wurfschaufel — die Schwinge als weiteres Reinigungsgerät steht unbenutzt. — Thüringisch, frühes 13. Jahrhundert.

Auf das Mühlenwesen als Zweig der Nahrungsgüterwirtschaft und auffälligstes Merkmal der „Technik im Dorf" sei an dieser Stelle letztmalig hingewiesen (die folgenden Perioden bringen bis 1800 keine Novationen, die sich auf den bäuerlichen Bereich besonders ausgewirkt hätten).

Die Verbreitung von Wassermühlen, in denen das Getreide vermahlen wurde, nahm während des Hochmittelalters rapide zu. Wie Urkunden belegen, wurde wohl im Bereich buchstäblich jeder Grundherrschaft, wo die hydrologischen Verhältnisse es irgend zuließen, eine Wassermühle errichtet. Technologische Veränderungen des spätantik-frühmittelalterlichen Typs erfolgten zunächst nicht, d. h. die ausschließliche Unterschlächtigkeit der Mühlradanlage blieb weitgehend von Bestand. Frühestens ab etwa 1300 entwickelte sich dort, wo günstige Voraussetzungen dafür bestanden, die oberschlächtige Anlage.[88] Sie hatte mit der notwendigen Errichtung von Dämmen, Stauweihern und Gerinnen weitere landschaftsverändernde Konsequenzen.[89]

Den entscheidenden epochalen Fortschritt bedeutete die Nutzung der Windkraft. Sie in der Weise vorzunehmen, wie es bei den unbeweglichen mediterranen Windmühlen bereits geschah, verbot sich unter den mittel- und westeuropäischen Bedingungen ständig wechselnder Windrichtungen. Die geniale Lösung bestand in der Drehbarkeit der Windmühle, indem das gesamte hölzerne Gebäude karussellartig auf dem Gestell („Bock") aufgehängt wurde und mit dem „Sterz" in den Wind gedreht werden konnte. Ein weiteres technisches Prinzip, das Zahnradwinkelgetriebe zur Übertragung von der Vertikalen (Flügel) auf die Horizontale (Mahlstein), war ähnlich schon bei der Wassermühle gelöst worden. Die Bockwindmühle (Abb. 51) entstand während des 12./13. Jahrhunderts im städtereichen nordfranzösisch-niederländischen Raum, wo sowohl der sozialökonomische Faktor wie das geographische Milieu (meteorologische bzw. ungünstige hydrologische Verhältnisse) eine solche Erfindung wesentlich begünstigten und erforderten. Frühester

[88] Gleisberg 1956, S. 36f.
[89] Klemm 1961, S. 12f.

Beleg aus unserem Untersuchungsgebiet ist 1197 Nonnenbossche bei Ypern, aus dem nicht-niederländischen Bereich 1222 Köln.[90] Die Ausdehnung der neuen Errungenschaft nach Osten und Süden (hier bis etwa an die Mittelgebirgsschwelle) gehört teilweise erst dem Spätmittelalter an. Windmühlen waren seitdem neben den Kirchtürmen die hervorragenden Merkzeichen der besiedelten Landschaft in Norddeutschland.

Abb. 51. Flandrische Bockwindmühle des späten 13. Jahrhunderts.

Der Anbau von Kulturpflanzen während der hochmittelalterlichen Periode war nach Ansicht verschiedener Agrarhistoriker durch ein starkes Überwiegen des Getreidebaus gekennzeichnet.[91] W. Abel hat sogar von einer „Vergetreidung" der Agrarlandschaft gesprochen[92] und als Beweis — offenbar nach K. Lamprecht — Verhältnisse im Moselgebiet ins Feld geführt, wo der einst bedeutendere Flachsbau im 12./13. Jahrhundert zurückgedrängt worden sei, um mehr Getreide anbauen zu können.[93] Abgesehen davon, daß K. Lamprecht den Rückgang des Flachsanbaus nicht dergestalt, sondern mit einer Vergrößerung der Schafweiden begründet hatte,[94] kann man die Vergetreidungs-Hypothese quantitativ nur schwerlich absichern. Die Quellen offenbaren nach wie vor eine außerordentliche Vielfalt von Kulturpflanzen, wobei das Getreide gewiß dominiert hat, zumal in solchen Rodungsgebieten, die durch klimatische Voraussetzungen weniger für den Anbau von Gemüse, Obst oder Wein prädestiniert waren.

Die Relationen der Getreidearten untereinander sind zumindest für einzelne Herrschaftsbezirke mit ihren Dörfern scheinbar leicht zu bestimmen, wenn man Hebungsverzeichnisse durchrechnet, in denen spezifizierte Angaben enthalten sind. Aber diese spezifizieren die

[90] Notebaart 1972, S. 46, 62f.
[91] Slicher van Bath 1963, S. 136, 154; auch Epperlein 1975, S. 45.
[92] Abel 1962, S. 24.
[93] Abel 1955, S. 41.
[94] Lamprecht 1886, 1, S. 563.

als Naturalrente zu entrichtenden Getreidearten (usw.), nicht die tatsächlich gegebenen Relationen dieser Arten untereinander. Die Schlüsse sind also mit Vorsicht zu ziehen. Immerhin wird man unterstellen können, daß beispielsweise eine geforderte Rentenleistung in Weizen auch Weizenanbau voraussetzt, nicht geforderte Weizenlieferung dagegen Nichtanbau desselben, weil dieser das für die Rentenempfänger begehrteste Getreide war, während nicht geforderte Lieferung von Hafer oder Gerste wahrscheinlich nicht deren Fehlen im bäuerlichen Anbauprogramm voraussetzt.

Eine statistische Auswertung der Getreide-Einnahmen der Reichsabtei Corvey, durchgeführt aufgrund der Corveyer Heberolle[95] schon von Ch. E. Langethal und zitiert von W. Abel,[96] ergibt für die erste Hälfte des 11. Jahrhunderts im nordwestdeutschen Gebiet zwischen Weser und Ems folgende Verhältniszahlen:

Weizen	0,4%
Roggen	48,8%
Gerste	8,6%
Hafer	43,0%

Zum Vergleich die Verhältniszahlen der Getreiderenten aus Dörfern des Ordenslandes Preußen (linke Spalte)[97] und Schlesiens (rechte Spalte)[98] im 13. und beginnenden 14. Jahrhundert:

Weizen	26,5%	28,5%
Roggen	44,1%	31,9%
Gerste	8,8%	5,0%
Hafer	20,6%	34,5%

Die dominierende Stellung des Roggens, der als Hauptbrotgetreide in den Quellen oft einfach *frumentum*, später *Korn* heißt, und des Hafers als wichtigstes Futtergetreide ist hier wie in den Urkunden vieler anderer Landschaften sehr auffällig. Es sind dies die Hauptkulturarten der Dreifelderwirtschaft und anderer mittelalterlicher Feldsysteme. Die Gerste tritt allenthalben stark zurück — mit Ausnahme von Dörfern in der Nähe großer Städte, deren Markt besonders aufnahmefähig für Braugerste war, z. B. 1152/85 Schartau bei Magdeburg (Gerste als alleiniges Zinsgetreide),[99] 1319—1333 Blüssen bei Lübeck (9 Hufen zinsen 20% Roggen, 44% Gerste, 36% Hafer),[100] 1379/80 Rostock, auf dessen Stadtfeldern in jenem Wirtschaftsjahr 13,6% Roggen, 45,4% Gerste und 41% Hafer ausgesät (nicht gezinst!) wurden.[101]

In dem Maße, wie in den preußischen und schlesischen Verhältniszahlen der Hafer als weniger begehrtes Zinsgetreide unterrepräsentiert erscheint, dürfte Weizen als das begehrteste Getreide im Verhältnis zu den tatsächlichen Anbaumengen dort überstark vertreten sein. Eine Zunahme des Weizenanbaus gegenüber den Verhältnissen des 11. Jahr-

[95] Neu ediert von Kaminsky 1972.
[96] Abel 1967, S. 40.
[97] Errechnet aus Urkunden b. Helbig/Weinrich 1968, 1. Nr. 116, 118, 121, 126, 130, 131, 133 bis 136, 138, 139.
[98] A. a. O. 1970, 2, Nr. 10—12, 19, 26—33, 37, 38, 43, 45.
[99] A. a. O. 1968, 1, Nr. 14.
[100] Krüger-Ploen 1926, S. 7 (aber 1 Talent = 8 Scheffel); Rörig 1925, S. 25.
[101] Lisch, MUB 1899, 19, Nr. 11247, S. 475.

hunderts (und davor) wird man trotzdem annehmen dürfen. Im Moselland gab es im 9. Jahrhundert nur unterhalb von Trier drei weizenanbauende Orte, gegen Ende des 11. waren es 27, im 13. Jahrhundert 33 Orte.[102] A. Dopsch hat aus österreichischen Urbaren des 13./14. Jahrhunderts entnommen, daß im niederösterreichischen Marchfeld der Weizenbau stark verbreitet war und in einigen steirischen Gegenden sogar dominierte,[103] während er in Oberösterreich wenig vorkam bzw. als Zinsgetreide wenig aufgeführt wird. In Tirol war der Weizen interessanterweise um 1300 schon an die natürliche Höhengrenze seines Gedeihens gelangt.[104]

In einigen Landschaften wurde nicht Saatweizen (Triticum vulgare), sondern weiterhin Spelzweizen (Triticum Spelta) oder Dinkel angebaut, wobei das behauptete Gebundensein an das altalemannische Ethnikum[105] zwar durch das massenhafte Vorkommen im ganzen Südwesten, aber kaum durch das am Mittelrhein und in Thüringen gestützt wird.

Zunehmender und dominierender Getreidebau im Hochmittelalter war nicht notwendig verbunden mit Qualität und Erträgen heutigen Maßstabs. Das Saatgut dürfte kaum jemals rein gewesen sein; noch im 13. Jahrhundert wird das Jäten der jungen Saat als Frondienst erwähnt.[106] Die Erträge lagen, wenn man von den rechnerisch etwas abgesicherteren Angaben des 18. Jahrhunderts ausgeht, zweifellos niedriger als das „vierte Korn" (d. h. das Vierfache der Aussaat). Flandrische Durchschnittserträge sollen um 1300 das Fünffache, um die Mitte des 14. Jahrhunderts das Sechs- bis Siebenfache der Aussaat und als Spitzenergebnis sogar das Dreizehnfache erreicht haben,[107] doch sind solche Angaben für die deutschen Verhältnisse keinesfalls zu verallgemeinern.

Unter den sonstigen Kulturpflanzen spielten eine unterschiedlich bedeutende Rolle Felderbsen und -bohnen als Nahrungsfrüchte, Flachs und Hanf als Gespinstpflanzen sowie Mohn zur Ölgewinnung. Futterpflanzen wie Rüben und Wicken tauchen in den zweckbezogenen Quellen weniger auf, aber auch Hirse, eine alte Pflanze des „Breistandards", kaum, und noch gar nicht Buchweizen, den es aber vereinzelt schon gegeben hat.[107a]

In den Bereich des Futterpflanzenbaus muß wegen ihrer Planmäßigkeit seit dem Hochmittelalter die Wiesenkultur gerechnet werden. Sie machte vor allem in den süddeutschen Gebirgsregionen deutliche Fortschritte, die nicht nur in der oben erläuterten verbesserten Sensenmahd, sondern auch in Ent- und Bewässerungsmaßnahmen bestanden. Schlecht entwässerte Talsohlen wurden durch Verbauung der Flußläufe als Wiesenareal kulturfähig gemacht.[108] Im März/April leitete man das Wasser der Gebirgsflüsse über die Wiesen,[109] wobei sich ein fester Nutzungsrhythmus entwickelte. Verbreitet war auch der periodische Wechsel von Getreideanbau und Graswuchs auf demselben Areal, das man dann *Egert* (‚Wiese, die Acker war bzw. wird') nannte. Von solchen Wiesen erntete man häufig nicht nur das erste und das zweite Gras (*gruonmat*), sondern als drittes noch den *Pofl*, der aber meist nicht gemäht, sondern abgeweidet wurde.[110] Im übrigen ist aber hier mit strikter

[102] Fischer 1929, S. 250f.
[103] Dopsch 1904, 1/1, S. CLXXVI; 1910, 1/2, S. CXXII, CXXXII.
[104] Stolz 1930a, S. 116.
[105] Bertsch/Bertsch 1947, S. 43–45.
[106] Lamprecht 1886, 1, S. 556.
[107] van Houtte 1966, S. 91, 98.
[107a] Knörzer 1975, S. 164f.
[108] Dopsch 1930, S. 89.
[109] Hagelstange 1898, S. 159.
[110] Stolz 1930a, S. 106f.

Trennung von Weideland und zu schonendem Wiesenland zu rechnen, was in westdeutschen Gebirgsregionen offenbar noch nicht die Regel war, wenngleich zum Beispiel im Moselgebiet das Wiesenbewässern seit dem 12. Jahrhundert und die Zweischürigkeit seit dem 13. Jahrhundert nachweisbar sind.[111] Als weitere Arbeiten im Rahmen der Wiesenwirtschaft nennen die Quellen das Wenden, Haufensetzen und Einfahren des Heus.

Viehwirtschaft

Die hochmittelalterliche Viehwirtschaft soll zunächst hinsichtlich des Zugviehstandes untersucht werden.

Der frühmittelalterliche Standard, allein Rinder zur Ackerarbeit einzuspannen, zeigt sich nur noch teilweise bewahrt, und zwar hauptsächlich im Süden. Hier ist „aratrum cum bubus" noch während des 12./13. Jahrhunderts eine feststehende Formel in Frondienstbestimmungen;[112] als Pflugfron müssen die Hüfner „errun in dem brachot mit iren rindurn" (1344 Weitenau/Südschwarzwald).[113] Die pro Bauernwirtschaft normalerweise vorhandenen drei bis vier Ochsen im Alemannischen[114] und im Bayerischen (man erinnere sich der vier Ochsen auf dem Helmbrechtschen Hof) wurden bei Nichtvorhandensein von Arbeitspferden selbstverständlich auch vor die Egge und den Wagen gespannt. Hier hatte also der Bauer beispielsweise das Heueinfahren „cum suis bobus" zu beschaffen (um 1150 Aargau).[115] Auf größeren süddeutschen Betrieben wie den grundherrlichen Grangien gab es dagegen neben Pflugochsen auch „equi utiles ad trahendum currus", d. h. Arbeitspferde zum Wagenziehen (Ende 13. Jh. Zwetl/Niederösterreich).[116]

Über diesen Status waren andere Ackerbaulandschaften schon weitgehend hinausgelangt, und zwar gerade nicht der Süden und auch weniger das Rheinland (beide hat Ch. Parain wohl zu unrecht dafür als erste in Anspruch genommen und auch die Anfänge in zu späte Zeit verlegt),[117] sondern der Norden. Im niederländisch-flandrischen Gebiet fällt um die Jahrtausendwende ein Bauer, der nur mit einem Ochsen pflügt, dem Spott der Dorfgenossen anheim, während zwei Ochsen „sub iugo" anzuspannen als normal gilt; aber jener durch List reich gewordene Bauer Einochs („Unibos") schafft sich am Ende eine Stute an, die es gewohnt war „ad aratrum deduci", also vor den Pflug gespannt zu werden.[118] In den folgenden Jahrhunderten dominierte das Pferd in der flandrischen Landwirtschaft bereits als Zugvieh, ohne daß der Ochsenanspann völlig verdrängt worden wäre.[119] Ähnliche Verhältnisse scheinen in der Ackerbauzone nördlich der Mittelgebirge, auf welche die Angaben des „Sachsenspiegels" (1221/24) bezogen sind, geherrscht zu haben; hier wurde die Ackerarbeit durch *veltperde*, aber auch durch *tochossen* verrichtet (III, 51, 1). Am nachhaltigsten setzte sich die Pferdeanspannung im eigentlichen Norden des deutschen Sprachgebietes durch, etwa in Mecklenburg, wo beispielsweise in Dobe-

111 Lamprecht 1886, 1, S. 529f.
112 Frast 1851, S. 542–544; Franz 1967, S. 164.
113 Ott 1970, S. 183.
114 Mone 1852, S. 405.
115 Kiem 1883, 3/3, S. 71.
116 Frast 1851, S. 542, 544.
117 Parain 1966, S. 143.
118 Langosch 1956, S. 252ff., Strophe 5–6, 39, 121ff., 144.
119 Lindemans 1952, 2, S. 291, 338.

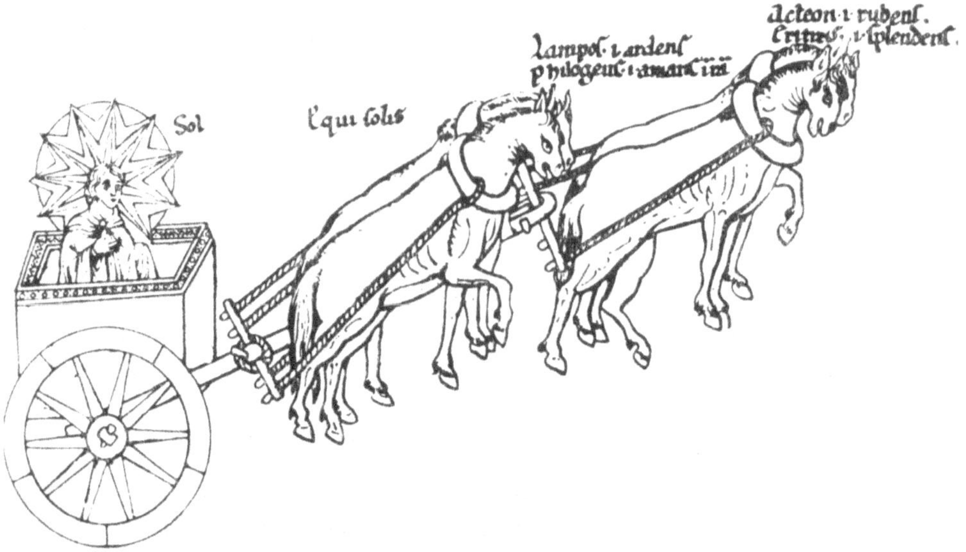

Abb. 52. Vier-Pferde-Anspannung: Kummetgeschirre der Zugtiere, unvollkommen wiedergegebene Details (Waage, Ortscheite, Deichselverlängerung). — Elsaß, 12. Jahrhundert.

Abb. 53. Anspannung eines Rinderpaares vor dem Pflug: Genickdoppeljoch der Zugtiere, Deichselverlängerung. Der Kehrpflug hat eine Y-Sterze, ein umsetzbares Streichbrett und eine Umstellvorrichtung für das Sech; er wird vom „Heber" und vom „Mener" bedient. — Elsaß, 12. Jahrhundert.

raner Klosterdörfern 1312 den Bauern hunderte von Pferden und nur ein (!) Ochse neben zahlreichen Kühen, Schweinen usw. bei Fehdezügen geraubt wurden; andere Räuber vor Wismar werden 1272 beschuldigt, „ex aratros equos" weggeführt zu haben, usw.[120] Entsprechende Nachrichten, die sich aber bereits der Zeit um 1400 nähern, stammen vom Niederrhein, aus Westfalen-Lippe und anderen norddeutschen Territorien.[121]

Somit erscheint „im Norden als neue Errungenschaft das Pferd als Arbeitstier mit verbesserter Anschirrweise (Kummet, Zugstränge, Ortscheit)", wie W. Jacobeit erstmals gezeigt hat,[122] wobei ich Raum und Zeit oben näher zu präzisieren versucht habe und außerdem eine Korrektur anbringen möchte: Das Kummet gehört nur randweise, nämlich in Flandern (vgl. Abb. 37), zu diesem „nördlichen" Komplex — in den anderen Landschaften

Abb. 54. Beetpfluggespann mit „Pluchholder" und „-driwer", zwei Pferden in Sielengeschirren nebst Waage und Ortscheiten. — Mittelelbien (?), 14. Jahrhundert.

Abb. 55. Eggengespann. Zwei Pferde in Sielengeschirren ziehen an einer (?) Waage diagonal da Gerät, eine Rahmenegge des „offenen" „Scheiden"-Typs (vgl. Abb. 40, 41). — Mittelelbien (?) 14. Jahrhundert.

Norddeutschlands war der Siegeszug des Pferdes vom Sielengeschirr (Abb. 54, 55) begleitet. Es darf die Antithese gewagt werden, daß das Sielen während des Hochmittelalters überall dort Verbreitung fand, wo das Pferd sich als Universalzugtier — also auch vor dem Pflug — durchsetzte, während das Kummet als besser geeignet für schweren Zug sich vor allem dort verbreitete, wo dem Pferd in einer Art „Arbeitsteilung" der

[120] Bentzien 1964, S. 22.

[121] Franz 1967, Nr. 169, S. 450f.; Sandow 1954, S. 69ff. (vgl. die weiteren Quellenverweise ebda., S. 55).

[122] Jacobeit 1957, S. 143.

Zugtiere in erster Linie das Wagenziehen vorbehalten blieb, vor allem also in Süddeutschland (Abb. 52). Dort scheint übrigens das Sielengeschirr zunächst ebenfalls nicht unbekannt gewesen zu sein; zwischen 1369/76 tauchen in einer niederbayerischen Wirtschaft nebeneinander *chamat* ‚Kummete‘ und *siln* ‚Sielen‘ auf.[123] Zur Unterscheidung beider Formen vgl. auch Abb. 52—56.

Abb. 56. Leerer Erntewagen ohne Leitern. Pferde in Sielen, Wagen mit Drehschemel, Langbaum und Rungen. Mittelelbien (?), 14. Jahrhundert.

Eine verbesserte Anschirrung der Pferde an Wagen, Pflug und Egge wurde durch die Entwicklung von Waage und Ortscheit erreicht — eine wesentliche mittelalterliche Novation,[124] die bis in die Neuzeit im wesentlichen unverändert blieb. Seine vorläufig „endgültige“ Gestalt erhielt jetzt wahrscheinlich auch der landwirtschaftliche Wagen (Abb. 56) in seiner wandelbaren Form als Ernte-, Mist- und Transportfahrzeug sowie mit der Drehbarkeit des Vorderschemels. Das Erntefuder auf dem Leiterwagen wurde durch den Wiesbaum in seiner Lage gehalten, ein festgebundenes Längsholz, dessen Länge in süddeutschen Weistümern (real oder symbolisch?) mit 4 bis 5 Metern angegeben wird.[125] Hufeisenbeschlag ist vielleicht nicht allgemein vorauszusetzen, war aber bei Wagenpferden jedenfalls üblich.[126]

Sicherlich wurde durch starke oder alleinige Pferdehaltung eine höhere Arbeitsproduktivität erzielt; auch den gestiegenen Kommunikationsanforderungen im Rahmen der marktwirtschaftlichen Beziehungen entsprach das Pferd besser; aber betriebswirtschaftlich stellte sich die Pferdehaltung weniger günstig, da sie den Anbau von viel Futtergetreide erforderte. Der Zusammenhang von starker Pferdehaltung und starkem Haferanbau liegt auf der Hand.[127]

Die Pferde des Hochmittelalters waren im Durchschnitt offenbar größer als die frühmittelalterlichen. Nachdem um die Jahrtausendwende Tiere mit einer Widerristhöhe zwischen 134 und 142,5 cm nachweisbar sind,[128] wozu es von Fundplätzen der folgenden Jahrhunderte Vergleichswerte gibt,[129] wurde schließlich eine durchschnittliche Widerristhöhe von etwa 160 cm und damit die Höhe der größeren römerzeitlichen Pferde erstmals wieder erreicht; als Züchtungsziel zeichnet sich ein breitwüchsigeres, schwereres Pferd ab.[130] Einkreuzungen durch orientalische Zuchtpferde kamen allenfalls in könig-

[123] Piendl 1969, S. 193ff.
[124] Freudenberg 1960, S. 35ff.
[125] Grimm WT 1957, 4, S. 161, 394.
[126] Coblenz 1971, S. 97.
[127] Parain 1966, S. 139.
[128] Clason 1968, S. 107; die Werte (wie auch im folgenden) errechnet nach Boessneck.
[129] Bökönyi 1974, S. 293.
[130] Nobis 1955, S. 211; Liepe 1958, S. 20.

lichen und hochadligen Gestüten vor und betrafen allein die herrschaftlichen Reitpferde. Die planmäßige Zucht der Rinder scheint nach den Angaben Bökönyis auch während des Hochmittelalters noch völlig danieder gelegen zu haben. Der römerzeitliche Standard in der Dimension der Tiere, die mehr zum Zug und zur Milchgewinnung als zur Fleischproduktion gehalten wurden, wurde durchweg nicht erreicht. Hessisches und hannoversches Vieh des 11. bis 14. Jahrhunderts wies Widerristhöhen zwischen 105 und 115 cm auf. Größere Tiere gediehen im alpinen und im Küstenbereich, sie waren aber auch dort nicht das Ergebnis züchterischer Selektion, sondern günstigerer natürlicher Ernährungsgrundlage.[131]

Betriebswirtschaftlich markieren die auf Rindviehhaltung ausgerichteten alpinen Schwaigen einen gewissen Fortschritt. Es handelt sich bei ihnen nicht um temporär genutzte Stationen in der Art der Almen (die auch weiterhin von den Talbauern unterhalten wurden), sondern um selbständige Dauersiedlungen in jener Höhenlage, die den Getreidebau wegen zu geringer Sommerwärme nicht oder kaum mehr zuläßt, für Wiesenbau und Weidebetrieb aber noch geeignet ist. Ein elsässisches Weistum aus St. Pilt/Vogesen enthält die treffende Definition: „congregatio animalium non arantium, que vulgariter dicitur ein sweige(r)".[132] Nach einer Durchschnittsberechnung aufgrund von steirischen Urbaren war eine solche Schwaige im 13. Jahrhundert mit etwa zehn Milchkühen besetzt.[133] Als Zins hatten die bäuerlichen Pächter übrigens nicht Butter, sondern Käse zu liefern. Der Höhepunkt der Gründung solcher Viehhöfe fällt ins 12./13. Jahrhundert.[134] Ihre vertikale Ausdehnung wurde oft überzogen, so daß viele Schwaigen während der spätmittelalterlichen Agrarkrise wieder eingingen.

Außer Rinderschwaigen gab es im alpinen Gebiet zahlreiche Schwaigen, auf denen allein Schafe gehalten wurden. Diese Schafschwaigen herrschten in Kärnten während des 13. Jahrhunderts sogar vor.[135] Im übrigen waren, wie W. Jacobeit erschöpfend dargelegt hat, andere Wirtschaftsformen der Schafhaltung in Deutschland und Zentraleuropa typisch.[136] Konkrete Belege für die Transhumanz fehlen dabei im Hochmittelalter; die Gemeindeschafhaltung einerseits und die grundherrliche Schäferei andererseits scheinen recht ausgedehnt gewesen zu sein.[137] Wohl nicht erst im Spätmittelalter, das freilich die große Expansion dieses Zweiges der Viehwirtschaft bringt, sondern bereits im 13. Jahrhundert dürften die verschiedenen Nutzungsrichtungen der Schafhaltung voll ausgeprägt worden sein: das planmäßige Pferchen im Zyklus der dungbedürftigen Dreifelderwirtschaft, das Saateintreten durch die Schafe, die Fleisch-, Milch- und Wollerzeugung, ohne daß eine dieser Richtungen sich in speziellen Züchtungszielen niedergeschlagen hätte. Kollisionen der extensiven, auf ausgedehnte Weidekapazität zugeschnittenen Schafhaltung mit dem vorherrschenden Ackerbau hat es sicherlich schon gegeben, wobei sich als künftig bestimmender Gegensatz der zwischen den grundherrlichen Schäfereien und den bäuerlichen Gemeinden entwickelte. Mit der Vergrößerung vor allem der grundherrlichen Herden bildete sich außerdem der Beruf des Schäfers, verbunden mit der Herauslösung

[131] Bökönyi 1974, S. 78, 136–138.
[132] Grimm WT 1957, 5, S. 389, 392.
[133] Dopsch 1910, 1/2, S. CXXV.
[134] Stolz 1930, S. 42, 45, 94.
[135] Dinklage 1966, S. 74.
[136] Jacobeit 1961, passim.
[137] Lamprecht 1886, 1, S. 536ff.

aus dem Normalstatus des ländlichen Produzenten, heraus. Als Novationen bei den Arbeitsgeräten erscheinen im Übergang zur folgenden Periode das Schäferschäufelchen und — als Maßnahme gegen die Wolfsgefahr — das Stachelhalsband des Hundes.

Die Schweine, züchterisch ebenfalls vernachlässigt und ihren wildlebenden Artgenossen nicht unähnlich, wurden fast das ganze Jahr hindurch tagsüber und nachts geweidet. Als Mastfutter schätzte man unverändert die Früchte der Eichen und Buchen, wobei deren unsicherer Ertrag in jedem Jahr umständlich geprüft und ermittelt wurde, ob *volle ecker* oder *wenig eckers* (1310 Selz/Unterelsaß) angefallen war.[138] Insgesamt dürfte diese Futtergrundlage mit den zunehmenden Rodungen während des Hochmittelalters quantitativ verschlechtert worden sein. Lange Wanderungen der Schweineherden und -hirten zu entfernten Waldmastplätzen waren keine Seltenheit. Wo das natürliche Waldvorkommen in näherer und weiterer Umgebung fast ganz fehlte, ist denn auch erstmals eine andere Mastmethode bezeugt: Albertus Magnus (1193—1280) berichtet von den Friesen, daß diese die Ochsen mit ungeschroteter Gerste mästeten, deren halb verdauten Kot die Sauen, die an die Ochsenschwänze gebunden würden, fräßen.[139] Wahrscheinlich handelt es sich hier um eine Abart, die den Doctor universalis aus Köln faszinierte, die ihrerseits aber die unmittelbare Zufütterung von Mastgetreide an die Schweine voraussetzen dürfte.

Historische Prozesse und Ergebnisse

Vorläufig zusammenfassend — noch ohne den kulturgeschichtlichen Gesamtzusammenhang und die Leistungen der verschiedenen Produzentengruppen zu würdigen —, darf man das in Deutschland während des Hochmittelalters erreichte agrartechnische Niveau wie folgt beurteilen: Es erhob sich deutlich über die Verhältnisse des frühen Mittelalters und erreichte einen Standard, der in vieler Hinsicht als historischer Typ normensetzend über seine Zeit hinauswirkte. Das gilt von der Ausdehnung der landwirtschaftlichen Nutzfläche bis hin zu den Geräten. Mag manches der vorstehend nachgewiesenen Details seine historische Einordnung auch der Tatsache verdanken, daß nur die Quellenlage günstiger geworden ist (ein Vorhandensein in der voraufgegangenen Periode kann im einzelnen möglich sein) — das Gesamtbild und das ökonomische Gesamtergebnis, nämlich das enorme landwirtschaftliche Mehrprodukt als Grundvoraussetzung für die gesellschaftliche Arbeitsteilung großen Stils in dieser Periode des Aufblühens der Städte und eines bedeutenden Bevölkerungszuwachses, sprechen für das Erreichen einer neuen Stufe des agrartechnischen Fortschritts während der hochmittelalterlichen Periode.

Wann genau der entscheidende Umschwung erfolgt ist, kann aufgrund der primären Quellen nicht mit Sicherheit gesagt werden. Wenn G. Duby von den französischen Verhältnissen ausgehend bekannt hat: „Der Ausgang der Expansion ist im Dunkel des 10. Jahrhunderts verloren",[140] so wäre für Deutschland — außerhalb der Niederlande — eher das 11. Jahrhundert als zeitliches Vorfeld anzusehen, während im 12./13. Jahrhundert die Durchsetzung der Errungenschaften in voller geographischer, sozialer und ethnischer Breite angenommen werden kann. Diese Hypothese ergibt sich wiederum aus dem Rückschluß vom historischen Ergebnis — der Ausdehnung des kultivierten Landes durch

[138] Nach Ten Cate 1972, S. 101.
[139] Ebda., S. 99.
[140] Duby 1962, S. 272.

Binnensiedlung und Ostexpansion sowie der Entfaltung des Städtewesens — auf die historischen Voraussetzungen.

Es spricht vieles dafür, daß sich die agrartechnischen Fortschritte nicht sprunghaft, sondern langsam, und nicht einzeln, sondern im Komplex durchgesetzt haben. Zu diesem Komplex, der den ausgereiften mittelalterlichen Standard ausmachte, wie er sich zuvor bereits langsam angebahnt hatte, im 12./13. Jahrhundert durchsetzte und während der folgenden Jahrhunderte in Deutschland mehr oder weniger stabil blieb, gehörten insbesondere: die Dreifelderwirtschaft in einfacher, variierter und verbesserter Form, der Beetpflug und die Rahmenegge, die Grasmähsense und die Bogensichel, der Dreschflegel, die Wasser- und die Windmühle, ein ausgewogenes Verhältnis von Brot- und Futtergetreide, die Wiesenkultur, das Arbeitspferd mit Hufeisen und verbesserter Anschirrung, der wandelbare Ackerwagen u. a. m.

Auf dem engeren Gerätesektor ist die Zunahme der eisernen Teile unverkennbar, wodurch die Gerätschaften mehr Haltbarkeit und größere Arbeitseffektivität erlangten. Das trifft beispielsweise auf den Pflug zu, bei dem zusätzlich zur Schar und zum Sech zumindest für das 14. Jahrhundert das Vorhandensein solcher eisernen Teile wie Sohlenbeschlag, Grindelringe zur Sechbefestigung, Weden und Ketten zur Verbindung mit dem Joch bzw. dem Radvorgestell sowie Achsen belegt ist,[141] selbst auf den Dreschflegel, wie oben gezeigt, dagegen offensichtlich noch nicht auf die Egge. Eisenbewehrung vorhanden ist auch beim Spaten, und zwar in verschiedenen Varianten (Abb. 57, 58).

Steigende Eisenproduktion und effektivere Eisenverarbeitung wirkten sich günstig auf den Agrarsektor aus. Wie verschiedene Nachrichten bezeugen, gehörten landwirtschaftliche Arbeitsgeräte zum ständigen Produktionsprogramm der wasserradgetriebenen Hammerwerke in den unterschiedlichsten Landschaften. Die Zemendorfer Pflugschare (Abb. 29) verkörpern einen Typ, wie er in steirischen Werkstätten offenbar massenhaft hergestellt und von dort weit verbreitet wurde.[142] Von einem moselländischen Eisenwerk wurde schon 1030 „vomer unus cum cultro", d. h. eine Schar mit Sech, als ständiger Zins erhoben,[143] und vom 12. bis zum Anfang des 14. Jahrhunderts dehnte sich die Serienproduktion der Hammerschmieden vom Westen (Metz/Lothringen)[143a] bis zum Osten aus, wo man beispielsweise zwanzig mal im Jahr „duo aratra de ferro [d. h. Pflugeisen] et unum unccum, qui dicitur vulgariter redlizca [d. h. Hakeisen]" zu liefern hatte (1326 Rogoźno/Großpolen).[143b] Oberösterreichische und steirische Schmiedewerkstätten stellten wahrscheinlich die „modernen" Sensenblätter her, wenngleich die Mechanisierung des Ausschmiedens in den spezialisierten Sensenhämmern noch nicht gelungen war.[144] Zollbestimmungen von 1320 sprechen bereits von „Schock" Sicheln, „Pantl" Sensen und zwei „Pantl" Strohschneidemessern,[145] die also in solchen Größenordnungen über die Zollgrenzen hinweg gehandelt wurden, was für eine beachtliche Produktionskapazität spricht. Gegenstand des Fernhandels waren schon seit längerem Mühlsteine aus Eifler Basalt. Bei der Mühlenerrichtung selbst wirkten mobile Mühlenbauer mit überregionalem Einsatzbereich mit.

[141] Sudenburg 1876, 8, S. 376; Ziesemer 1921, passim (Register S. 870, 934ff., 957).
[142] Balassa 1971, S. 49.
[143] Lamprecht 1886, 1, S. 555.
[143a] Duby 1962, S. 197.
[143b] Cod. dipl. Mai. Pol. 1878, 2, S. 403.
[144] Ilg 1948, S. 189.
[145] Brachmann 1964, S. 148.

Das lokale städtische Zunfthandwerk war an der Produktion landwirtschaftlicher Geräte beteiligt. Im 13. Jahrhundert wurde die bischöfliche Metzer „socherie“ (Scharschmiede) bereits durch die Kapazität der städtischen Handwerker übertroffen.[146] Vereinzelt kam es auch hier zu Spezialisierungen; so war die St. Andreas-Schmiedezunft der kleinen Stadt Friesoythe im oldenburgischen Münsterland seit dem 14. Jahrhundert bekannt wegen ihrer Sensenherstellung.[147] Im übrigen dürfte eine angemessene Breite des Produktionsprogramms bei den städtischen Grobschmieden typischer gewesen sein, ebenso bei den Stellmachern, Sattlern usw.

Die Rolle des Dorfhandwerks läßt sich für die hochmittelalterliche Zeit schwer einschätzen. Der Schmied war hier unentbehrlich für die Geräteherstellung; aber er scheint bei weitem nicht alle Geräteformen in vollständiger Eigendisposition erzeugt zu haben, sondern er verarbeitete Halbfabrikate naher und entfernter Hüttenwerke weiter, beispielsweise entsprechend vorgeformte Stücke zu Pflugscharen und Sensenblättern, und er war in hohem Maße Reparaturhandwerker. — Stellmacherei handwerklichen Zuschnitts wird es auf dem Dorf seltener gegeben haben; die Berufsbezeichnungen *Stellmacher*, *Rademacher*, *Wagner* gehören überhaupt erst dieser Zeit an und tauchen zunächst in den Städten auf. Ihre Tätigkeit kann man aus den landschaftlich verschiedenen, aber inhaltlich gleichbedeutenden Wörtern ableiten: Sie war im wesentlichen auf die Herstellung von Rädern und Wagengestellen beschränkt, während Pfluggerippe, Eggenrahmen, Sensenbäume, Sichelgriffe, Spatenstiele, Flegel u. a. m. mit Sicherheit in den bäuerlichen Wirtschaften selbst hergestellt wurden. Das Nutzholz für Wagen-, Pflug- und Eggenzubehör (usw.) erwarben die Bauern selbständig in den Mark- bzw. Gemeindewaldungen.[148] Eigenproduktion von Arbeitsgeräten spielte in den Bauernwirtschaften also eine große Rolle, aber völlig autochthon und abgeschnitten von handwerklich-gewerblicher Produktion war sie zweifellos nicht.

Auswirkungen auf die bäuerliche Arbeit erbrachten diese Verhältnisse nicht nur im Tätigkeitsbereich des Mannes (der bei dem hier gewählten Ausschnitt stets etwas „überrepräsentiert“ erscheint), sondern in abgeschwächter Form auch in dem der Frau. Der Pflug und die Sense wurden von Männern gehandhabt, und hier gab es entscheidende technische Fortschritte, während beim Getreideschnitt auch die Frau mitwirkte — und hier ist keine Verbesserung des Schneidewerkzeugs feststellbar. In der häuslichen Viehwirtschaft, einer Domäne der Frauenarbeit, scheint es kaum Verbesserungen oder gar fühlbare Erleichterungen gegeben zu haben. Das Stoßbutterfaß wäre hier als bedeutsame Erfindung zu registrieren,[149] es ist aber in unserem Gebiet möglicherweise viel älter.[150] Dagegen fällt eine für die Hauswirtschaft auch der bäuerlichen Sphäre hochbedeutsame Neuerung in das 13. Jahrhundert: das Spinnrad (erste Erwähnung 1298 Speyer).[151] Hatte man bis dahin wie seit Jahrtausenden die Spindel mit der Hand gedreht — obwohl das Rad und die Antriebsschnur anderweitig schon längst bekannt waren —, so gab es von nun ab eine mechanische Erleichterung, die in der Folgezeit auch der Bauernfrau und den Mägden zugute kam.

146 Duby 1962, S. 197.
147 Göken 1932, S. 42f.
148 Grimm WT 1957, 1, S. 168 u. ö.
149 Lindemans 1952, 2, S. 383.
150 Vgl. Jankuhn 1969, Abb. 56.
151 Feldhaus 1931, S. 305f.

Zurücklenkend zum gestiegenen Gesamtniveau der landwirtschaftlichen Produktion muß bemerkt werden, daß an dieses hochmittelalterliche Niveau ein historischer, kein heutiger Maßstab anzulegen ist. Auf vielen Teilgebieten wurde der frühmittelalterliche Standard überschritten, aber der provinzialrömische schon seltener (etwa bei den Feldsystemen und im Mühlenwesen); manche schon damals vorhandene Errungenschaft wie der randbeschlagene Spaten[152] taucht nach langer Abwesenheit (nur in den Quellen?) erst wieder auf (Abb. 57—58), manche aber auch nicht, wie der „Mähwagen". Auch der sonstige Gerätefundus weist keineswegs all das auf, was unter „vor-maschinellen" Verhältnissen irgend erreichbar war, zum Beispiel nicht die Walze und die Ackerschleife und wahrscheinlich nicht die eisenzinkige Egge. Weiter zu relativieren ist der Befund durch folgenden Gesichtspunkt: Die gewachsene Marktverbundenheit der Landwirtschaft — von der Geräteproduktion bis zum Handel mit landwirtschaftlichen Produkten — als wesentlichen Fortschritt zu erkennen, darf nicht dazu verleiten, etwa spezialisierte Produktionsprogramme der Landwirtschaftsbetriebe nach heutigem Maßstab anzunehmen. Es wurde vielmehr — bei durchaus vorhandener Orientierung auf den Markt — zugleich mit dem traditionellen Ziel der „Selbsternährung" in voller traditioneller Breite produziert; selbst die als Ausnahmeerscheinung oben erwähnten Schwaighöfe verzichteten, wo immer klimatisch angängig, nicht auf den völlig unrentablen Ackerbau.[153] Einschränkungen solcher Art wollen bei der Gesamteinschätzung beachtet sein.

Grenzen des Fortschritts der Agrikultur in jener Zeit zu beachten, ist besonders deshalb notwendig, weil von anderer Seite immer wieder die grenzenlose Überlegenheit der deutschen Landwirtschaft des Mittelalters gegenüber der ihrer östlichen Nachbarn behauptet worden ist. Der entsprechende Traditionsstrang reicht von den Gründungsmythen ostdeutscher Zisterziensermönche[154] über die bürgerliche Mediävistik zumal des 20. Jahrhunderts[155] bis zur imperialistischen „Ostforschung" vor allem der fünfziger und sechziger Jahre in der BRD.[156] Die Gegenbeweise sind im einzelnen — nicht zuletzt durch die Slawen-Archäologie in der DDR — längst erbracht. Es sei daher auf die Ergebnisse von J. Herrmann, E. Schuldt, E. Lange, H.-Hermann Müller, H.-J. Vogt usw.[157] verwiesen, die deutlich gemacht haben, daß eine in allen Zweigen entwickelte slawische Landwirtschaft im Gebiet östlich von Elbe und Saale existiert hat, so daß es im Zuge der feudalen deutschen Ostexpansion keineswegs zu einem Aufeinanderprallen zweier grundlegend verschiedener Landbaustadien gekommen ist, sondern auf der Grundlage ähnlich beschaffener Arbeitsverfahren und -geräte zu einer wechselseitigen Beeinflussung.

Diese slawisch-deutsche „Synthese" im Bereich der bäuerlichen Arbeit, Wirtschaft und Siedlung ist gegenwärtig konkret-archäologisch noch ungenügend untersucht,[158] — aber die Voraussetzungen dafür sind durch die Kenntnis des Entwicklungsstandes der westslawischen Landwirtschaft im später ostdeutschen Gebiet geklärt. Und die Ergeb-

[152] Balassa 1972/73 entgegen Schmidt L. 1957.
[153] Stolz 1930, S. 45.
[154] Wattenbach 1861, S. 15; dazu Epperlein 1967, S. 327ff.
[155] Vgl. etwa Kötzschke 1926, S. 168; Klemm 1961, S. 6f.
[156] Vgl. etwa Kuhn 1963a/b oder Hielscher 1963 als zurückhaltendere Autoren.
[157] Herrmann 1968, 1970 u. ö.; Schuldt 1967 (und zahlreiche weitere Titel, bibliographiert bei Hollnagel 1968); Lange E. 1971; Lange E./Schultze-Motel 1976; Müller H.-Herm. 1976; Bentzien 1972a; Vogt 1975, 1976; vgl. auch Kothe 1973 (bei ihm jedoch zu einseitig aufgrund ethnographischer Parallelen).
[158] Herrmann 1976, S. 149.

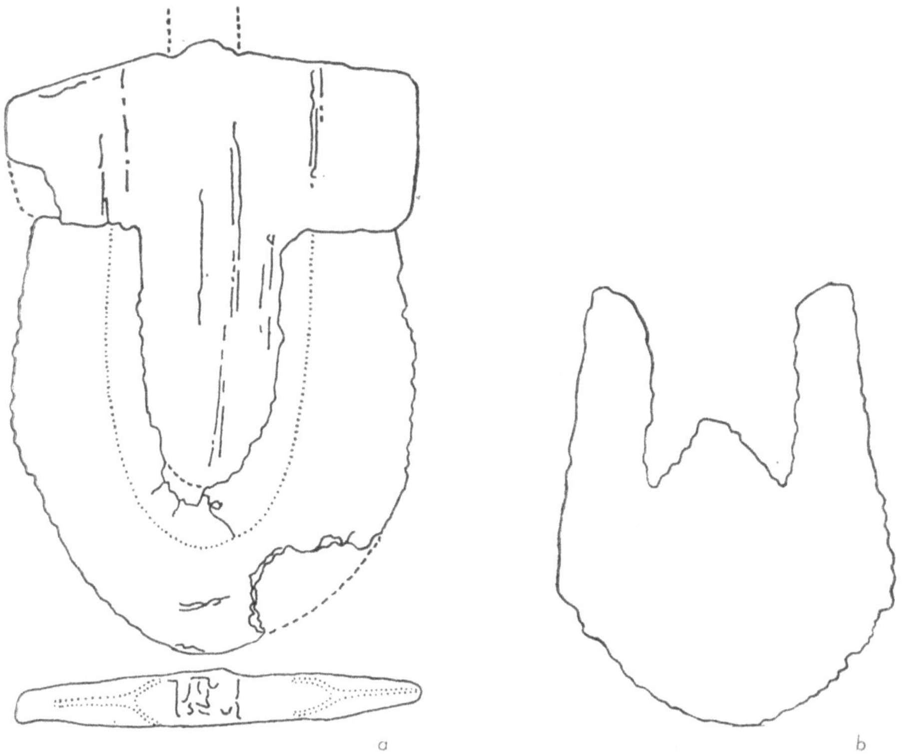

Abb. 57. Runde eiserne Beschläge mittelalterlicher Holzspaten.
a — Leipzig; *b* — Westerblokker/Noord-Holland. M 1:4.

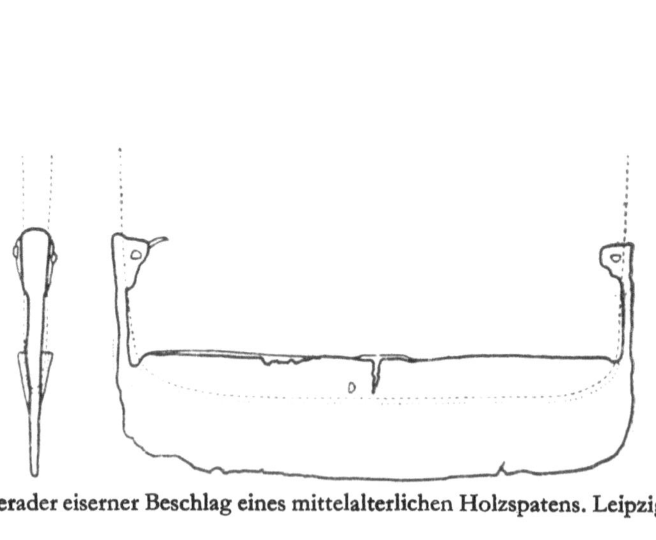

Abb. 58. Gerader eiserner Beschlag eines mittelalterlichen Holzspatens. Leipzig. M 1:4.

nisse der Synthese sind erkennbar. Sie stellen sich aufgrund historischer Quellen, volkskundlichen Materials und ethnographischer Parallelen etwa so dar: Das von der Ostexpansion erfaßte Gebiet weist spezifische Züge hinsichtlich des Vorkommens und der Verbreitung landwirtschaftlicher Arbeitsgeräte und -verfahren auf. Im einzelnen sind an Erscheinungen und Gründen namhaft zu machen

— die unabweisbare Identität mit Erscheinungsformen der altdeutschen Ausgangslandschaften, faßbar z. B. beim Beetpflug mit einer Sterze und Triangelschar oder bei der Mähsense mit abgesetztem Klingenbart: begründet durch die Tatsache, daß die deutschen Siedler ihre Instrumente usw. materiell oder ideell — in Gestalt von Produktionserfahrungen — mitbrachten und sie der einheimischen Bevölkerung vermittelten;

— die auffällige Egalisierung der Formen unter Fortfall vieler regionaler und lokaler Besonderheiten wie z. B. des südwestdeutschen Spelzanbaus oder des rheinischen Hunspfluges, die hier nicht auftauchen: bedingt durch Mischung der Siedlerströme untereinander und mit den angetroffenen nicht-deutschen Ethnica, verstärkt durch das Seßhaftwerden in neuen Großregionen mit weniger stark fixierten Kulturgrenzen;

— das langandauernde Vorkommen slawischer Traditionen im künftig gemeinsamen Bestand, deutlich greifbar beim Mecklenburgischen Haken und beim oberlausitzisch-schlesischen Ruhrhaken,[159] möglicherweise beim Dreschflegel mit unbeweglicher hölzerner Stielkappe[160]: begründet durch Übernahme im Zuge intensiven Kontakts zwischen den Bauern beider Ethnica.

Es versteht sich von selbst, daß auf den vielen Gebieten, die bereits zuvor Übereinstimmung zwischen westslawischer und deutscher Landwirtschaft gezeigt hatten — vor allem beim Pflanzenbau („kaum signifikante Unterschiede"[161]) und bei der Viehwirtschaft („Die Haustiere waren im slawischen Gebiet im allgemeinen von gleicher Größe wie im deutschen Gebiet."[162]) —, die wechselseitige Beeinflussung weniger klar erkennbar ist, aber nichtsdestotrotz umso natürlicher stattgefunden haben wird. Auf dem Gerätesektor, wo teilweise völlige Identität herrschte (man vergleiche etwa die jungslawischen Funde von Sicheln und neuerdings einer Rahmenegge[162a] mit den frühdeutschen Formen), sind Niveauunterschiede als ethnisch desintegrierender Faktor ebenfalls gering zu bewerten. Tatsächlich vorhanden waren Unterschiede im Reifegrad der feudalen Produktionsweise, die letztlich mit Unterschieden im Charakter der Arbeit verbunden waren. Dieser soll für die deutsche Bauernschaft des Mittelalters im folgenden Abschnitt behandelt werden.

Was bis hierher als technische Errungenschaft, als Bestandteil von Produktionserfahrungen, als Ausweis eines zeitlich bestimmbaren Kulturniveaus abgewogen und aufgezählt worden ist, bedarf der sozialökonomisch und kulturhistorisch differenzierenden Wertung.

Im Vordergrund steht die Frage, welche Rolle die bäuerlich-individuelle, die bäuerlich-kollektive und die grundherrschaftliche Komponente für die Durchsetzung des agrartechnischen Fortschritts im Mittelalter spielte. Diese thematisch gebundene Fragestellung hat keine Dimension, die grundsätzliche Klärungen etwa des Alters der Markgenossenschaft oder gar des Vorhandenseins von Gemeineigentum in ur- und frühgeschichtlicher Zeit ermöglichen würde. Aber unterhalb jenes Kardinalproblems, eines Hauptgegenstan-

[159] Bentzien 1972, S. 31f., 36.
[160] Qietzsch 1969, S. 101.
[161] Lange E. 1971, S. 101.
[162] Müller H.-Herm. 1976, S. 195.
[162a] Schuldt 1979, S. 102, Taf. 17.

des der Auseinandersetzung zwischen bürgerlicher und marxistischer Historiographie, verbleibt Raum für historisch-volkskundliche Analysen der dörflichen Verhältnisse im entfalteten Feudalismus. Dazu sollen die folgenden Bemerkungen einen klärenden Beitrag leisten. Hauptquelle sind die sog. Weistümer[163] und die entsprechende, kritisch zu sichtende bürgerliche Literatur.[164] Eine — vereinzelte — marxistische Darstellung wird E. Hühns verdankt.[165]

Nimmt man die kollektiven Formen der Produktion und Lebensweise im hochmittelalterlichen deutschen Dorf als Maßstab und abstrahiert man zunächst von der Frage, was genossenschaftlich-autochthone und was grundherrlich-administrative Kollektivität war, so heben sich folgende Bereiche unterschiedlich stark (in der Reihenfolge zunehmend) ab:

- individualwirtschaftlicher Ackerbau ohne Flurzwang bzw. mit Flurzwang;
- individuelle Viehhaltung — während der Weidesaison in gemeinschaftlichen Herden — unter Nutzung der Allmende;
- gemeinsame Nutzung und Wartung nicht-individueller, gemeindlicher oder grundherrlicher Einrichtungen im Dorf;
- sonstiges Gemeinschaftsleben im Dorf.

Der Ackerbau auf jüngeren Rodungsfluren wurde offensichtlich dergestalt individuell betrieben, daß jede Bauernhufe in sich geschlossen lag und somit Flurzwang zunächst überflüssig war. Anders auf den „gewachsenen" Dorffluren vor allem des Westens und Südwestens, wo das allmähliche Wachstum der Bewohnerzahl und der Flur sowie regional die erbrechtliche Praxis der Realteilung zu einer mehr oder weniger extremen Gemenglage der Besitzparzellen (Gewanne) geführt hatte. Hier vernotwendigte sich ein gut funktionierendes System von Geboten und Verboten zur Regelung der Pflanzenproduktion in Gestalt des Flurzwangs. Der einzelne Bauer hatte seine im *Winterfeld* der Dorfflur gelegenen Ackerstücke mit Wintergetreide zu bestellen, entsprechend die im *Sommer-* oder *Haberfeld* mit Sommergetreide, und die im *Brachfeld* unbesät zu belassen. Die Gesamtheit der Bauernschaft bestimmte die Zeit des Pflügens, des Säens, des Einhegens und der Ernte; sie wachte über das Trift- und das Überfahrtsrecht in den wegelosen Flurteilen und regelte das Wenderecht für die Gespanne an den Schmalseiten der Gewanne. Sie gab auch nach der Ernte das Stoppelfeld für die Dorfherde frei, womit das Ackerland saisonal in den Status der Gemeinnützigkeit überwechselte, um dann jeweils mit Beginn der Bestellungsarbeiten wieder individuell genutzt zu werden. Dieser Flurzwang, eine Art genossenschaftlicher „Feldpolizei", erwies sich auf den vergewannten Dorffluren nicht nur als notwendig, um Willkür und Übereifer vorzubeugen, sondern er hatte zugleich die positive Folge, trägere Dorfgenossen zur disziplinierten Einhaltung der Arbeiten im Landwirtschaftsjahr zu zwingen. Die negative Seite, nämlich die Erschwerung individueller Initiativen z. B. bei der Einführung neuer Fruchtfolgen durch Brachbesömmerung, trat vorläufig nicht hervor bzw. wurde durch entsprechende kollektive Regelungen aufgefangen. — Im Ackerbau — ohne Flurzwang und mit Flurzwang — konzentrieren sich, wie oben im einzelnen nachgewiesen, die entscheidenden agrartechnischen Neuerungen.

Viel stärker als der Ackerbau war die Viehhaltung mit gemeinwirtschaftlichen Faktoren verbunden. Zwar gab es kein eigentlich genossenschaftliches Vieh (allenfalls bei den männ-

[163] Grimm WT 1957, 1—7.

[164] v. Maurer 1862/63; Gierke 1868, 1; Dopsch 1933; Wiessner 1934; Günther 1936; Stahleder 1969; Bader 1962—73, 1—3; Werkmüller 1972 u. a.

[165] Hühns 1962.

lichen Zuchttieren Stier und Eber, die jedoch, wenn nicht individuell gehalten, häufiger der jeweilige grundherrliche Hof unterhielt), aber die Tiere wurden gemeinschaftlich auf gemeinsamem Grund geweidet und selbst während der individualwirtschaftlichen Aufstallungsperiode durch gemeinschaftlich genutzte und optimierte Futterressourcen (Wiesenbewässerung) miternährt. Nicht allein für die Viehwirtschaft, jedoch für diese hauptsächlich, spielten die im Eigentum der Gemeinde sich befindenden bzw. von ihr ständig genutzten Liegenschaften eine bedeutende Rolle, die in den Quellen *Allmende*, *Mark*, *Gemain* u. ä. heißen. Deren Nutzung war, soweit nicht beschränkt durch grundherrliches Obereigentum, Gemeindeangelegenheit und stand allen Dorfbewohnern zu. Dabei war jeder einzelne verpflichtet, sein Vieh nur vom gemeinsam gehaltenen Dorfhirten weiden und treiben zu lassen, es nicht etwa von der Dorfherde zu trennen. Die mit der Ausdehnung des Ackerlandes begrenzter gewordene Weidekapazität erforderte ferner eine Beschränkung des Weideviehs auf das während der Aufstallungsperiode in den Bauernwirtschaften normalerweise gehaltene Vieh, wobei man vielfach Zahl und Gattung des Viehs, das jeder auftreiben durfte, genau fixierte oder zumindest für jedes Stück, das zusätzlich aufgetrieben wurde, Entgelt forderte. Strenge Maßnahmen schützten insbesondere den Markwald, der den Nutzungsberechtigten zugleich Weide, Mast, Futterlaub, Wild, Brenn-, Nutz- und Bauholz gewährte. Weide-, Wald- und auch Wasserwirtschaft waren dabei zunehmend grundherrlichen Nutzungsansprüchen ausgesetzt (s. unten) und somit keineswegs ein ideales Betätigungsfeld kollektiver Produktion. — Die in gemeinschaftlicher Regie stehende Viehhaltung zeigt sich arm an Novationen.

In höherem Maße als die eigentliche landwirtschaftliche Produktionssphäre war das gemeinsame Leben im Dorf durch das kollektive Element geprägt. Die Dorfbewohner unterhielten gemeinschaftlich genutzte Wege, Brücken, Brunnen, Wasserschutz- und Bewässerungsanlagen, Backhäuser, Badestuben usw. Sie waren zur Nutzung derselben Mühle, Kelter und Schmiede verbunden, die freilich — ebenso wie der Dorfkrug — zumeist grundherrlicher Gewalt unterstanden. Sie hafteten solidarisch für Zins- und Fronleistungen und leisteten Nachbarschaftshilfe. Die Modalitäten waren im einzelnen durch die Weistümer oder andere Rechtsdokumente festgelegt. Verletzung von Gemeinschaftspflichten wurde streng geahndet; symbolisch geschah das durch das „Schlagen des Steckens vor die Tür". Eine demokratische Mitsprache in Verwaltungs- und Rechtsangelegenheiten der Gemeinde war bis zu einem gewissen Grade (der hier nicht näher zu bestimmen ist) noch gewährleistet. — Mit der Landwirtschaft verbundene gemeindliche bzw. grundherrschaftliche Einrichtungen (Rodungswerk, Deiche, Siele, Mühlen, Schmieden) verkörpern ein hohes Niveau dörflicher materieller Kultur.

Das kollektive Element in der landwirtschaftlichen Produktion und in der dörflichen Lebensweise hervorzuheben und näher zu untersuchen, darf nicht gleichbedeutend sein mit einer Verwischung der Widersprüche zwischen individueller und kollektiver Produktion, zwischen den bereits differierenden bäuerlichen Produzentengruppen im Dorf und vor allem zwischen Dorfgemeinde und Grundherrschaft. Manchen wichtigen kritischen Hinweis zum letztgenannten Problem hat die jüngere bürgerliche Mediävistik gegeben, auch wo sie in brüsker Abkehr von der Markgenossenschaftstheorie v. Maurers, die angeblich „auf den Müllhaufen der Forschung" gehöre und nur noch in der „östlichen Hemisphäre" ernst genommen werde,[166] billige Polemik treibt (dahinter steht letztlich die Apologie des Privateigentums, die Leugnung urkommunistischer Zustände, die anderer-

[166] Hofmann H. 1966, S. 13.

seits für mittelalterliche Verhältnisse weder Engels noch marxistische Mediävisten je behauptet haben). Dabei hat man einen bezeichnenden Dualismus von Herrschaft und Genossenschaft im mittelalterlichen Dorf erkannt und als Ergebnis seines Wirkens die Landgemeinde, einen „handlungsfähigen, mit gewissen Selbstverwaltungsrechten ausgestatteten, bäuerlich-genossenschaftlichen Verband" (K. Bosl), herausgestellt[167] und quellenbezogen näher erforscht.[168] Die Bedeutung des kollektiven, dorfgenossenschaftlichen Elements für die Gestaltung der landwirtschaftlichen Produktion, des Lebens im Dorf, des Widerstandes gegen grundherrliche Ansprüche usw. wird im allgemeinen nicht bestritten, wohl aber dessen Kontinuität und nicht-feudaler Ursprung. Hier kommen vor allem zwei Argumente ins Spiel, die man als das „demographische" und das „dirigistische" bezeichnen könnte. Das erste bezieht sich auf den Bevölkerungszuwachs in den Dörfern, der zur Allmendeverkleinerung, zur Gemenglage, zum Flurzwang, zu dessen Kontrolle usw. geführt und damit erst sekundär genossenschaftliche Vereinbarungen notwendig gemacht habe, die zuvor überflüssig gewesen seien. Hinsichtlich der Ackerfluren wird man dieses Argument kaum abweisen können (warum hätten sich die weniger zahlreichen Dorfbewohner zuvor mit Flurzwang das Leben erschweren sollen, wo genügend Raum vorhanden war); der kollektive Weidebetrieb auf der Allmende aber ist sicherlich älter, zumal er auch in Rodungsdörfern mit separaten Bauernhufen praktiziert wurde, wo individueller Weidebetrieb möglich gewesen wäre. Hier sind frühgeschichtliche Traditionen vorauszusetzen, die sich vital erhielten, solange der Stand der Tierzucht und Tierernährung im wesentlichen derselbe blieb. — Das andere Argument beruht auf der herrschaftlichen Provenienz der Weistümer,[169] womit der gesamte Befund an genossenschaftlichen Regelungen für die Flur und das Dorf als gerichts- und grundherrschaftlich oktroyiert hingestellt wird. Diese Interpretation geht zunächst richtig davon aus, daß solche Dokumente nur dort in schriftlicher Form entstanden, wo die Feudalgewalten Interesse an ihrer Fixierung hatten, und der Inhalt bestätigt denn auch feudale Privilegien aller Art, u. a. bei der Allmendenutzung. Aber das geschieht in einem ausgewogenen Maße, das die bäuerlichen Ansprüche gleichermaßen hinlänglich absichert, ferner in einer Art, die volksrechtliche „Weisung" durch bäuerliche Schöffen verkörpert, und schließlich in einer Form und einer Sprache, die mündliche Tradierung der Inhalte voraussetzt. Es besteht übrigens guter Grund, an der — jetzt manchmal modernistisch belächelten — Bewertung der Weistümer durch Jacob Grimm als „Rechtsaltertümer" festzuhalten, weil diese Dokumente, die in ihrer Masse erst während des 14. bis 16. Jahrhunderts niedergeschrieben sind, großenteils tatsächlich ältere (nicht archaische) Zustände fixieren. Allmendenutzung, Flurzwang, Wegebreite und all die anderen Bestimmungen darin sind wie gesagt regelmäßig begleitet von gerichts- und grundherrschaftlichen Ansprüchen, aber die Erfindung etwa des Flurzwangs oder des Gemeindehirten auf herrschaftlichen Dirigismus zurückzuführen, wäre absurd. Hier handelt es sich vielmehr um historisch gewachsene Ergebnisformen bäuerlicher Empirie. Reglementierungen gehören erst der spätfeudalen Ära an. Außerdem gab es im Mittelalter ein erhebliches Durcheinander von Herrschaftsrechten in den Dörfern — mehrere Grundherren waren sogar die Regel —, und trotzdem wurden die Arbeitsverfahren einheitlich auf einer Flur praktiziert — wer anders als die Bauernschaft soll sie ersonnen und erprobt haben?

[167] Bosl 1961, S. 135.
[168] Regionale Aufarbeitung durch zahlreiche Autoren bei Mayer 1964, 1—2.
[169] Günther 1936; Stahleder 1969.

Wie tief vor allem das Bewußtsein von Eigentum bzw. Nutzungsrecht an der Allmende im Volk verwurzelt war, zeigen bestimmte rechtlich-brauchtümliche Festlegungen in den Weistümern, die den Zugriff Auswärtiger und anderer Nicht-Berechtigter abwehren, ferner periodische Umgänge um Mark und Flur, schließlich Volkssagen über Allmendestatus und Allmenderaub, wie sie W. Rolevinck im 15. Jahrhundert in Westfalen begegnet sind: Die Heiligenwiese in der Gemarkung des Dorfes Laer sei von zwei Heiligen der Christianisierungszeit durch Herbeiführung von Wasserquellen (heutiger Bach) geschaffen und den Armen als Vermächtnis hinterlassen worden. Private Aneignung, Umpflügen, Diebstahl durch verschiedene Täter — vor allem Adlige — habe stets göttliche Strafe (Buße mit dem Tod) nach sich gezogen ...[170] Der Bezug auf feudale Allmendeokkupation und eigenes Allmenderecht ist unübersehbar.

Was uns in den Weistümern und anderen Rechtsaltertümern so besonders anheimelt: die noch nicht vollzogene Trennung von Sitte und Recht, die Vermischung logischscharfer und dichterischer Rechtsform, das Hineinragen des Humors in alle Lebensäußerungen und vieles andere — all dies darf freilich nicht dazu verleiten, das ländliche Wirtschaftsleben im Mittelalter als undifferenzierte Idylle aufzufassen, und zwar weder im 15. Jahrhundert, in dem die meisten Weistümer aufgezeichnet worden sind und für das K. Lamprecht die oben wiedergegebene Warnung überzeugend ausgesprochen hat,[171] noch im 13. Jahrhundert, dessen Verhältnisse die Weistümer wohl am ehesten widerspiegeln und das derselbe Verfasser als ein für den Bauernstand besonders glückliches gelten lassen möchte.[172] Es darf nicht übersehen werden, daß es bereits zu dieser Zeit in den meisten Dörfern neben den Hufnern als vollberechtigten Gemeindemitgliedern auch kleinere bäuerliche Besitzkategorien gab, die Ackerland aus der Allmende für sich auszusondern trachteten[173] oder doch deren volle Mitnutzung erstrebten, die ihnen vorenthalten oder nur unterproportional gewährt wurde; beispielsweise bestimmt 1339 das Markenrecht von Ostbevern/Westfalen, daß jeder *markenote* Zimmer- und Nutzholz zur Notdurft schlagen, Schweine in den Wald treiben dürfe usw., während es von den Kossaten heißt: „de kotere en hebben nen recht in eken ofte in boken," hinsichtlich der Schweinemast usw.[174] Und schließlich existierte auch eine nicht-bäuerliche Schicht landwirtschaftlicher Produzenten in Form des Gesindes — sowohl auf den Herrenhöfen als auch bei den Bauern —, die niemals gleichberechtigt in Erscheinung tritt, deren Vorhandensein aber beachtet werden muß.[175]

Wies die Kollektivität der Dorfschaft somit in sich Widersprüche auf, so widersprachen sich andererseits der genossenschaftliche und der individuelle Sektor der bäuerlichen Wirtschaft als ganzes noch nicht grundsätzlich. Die neue Synthese zwischen beiden funktionierte. Im Blick auf die agrartechnischen Fortschritte muß festgestellt werden, daß sowohl der individualwirtschaftliche Bereich (im wesentlichen der Ackerbau) als auch bestimmte gemeinwirtschaftliche Vorhaben (Rodung, Wasserbau) eine mobilisierende Rolle für die Ausbreitung von Novationen bei den Bauern spielten, während die kollektive Allmendenutzung offenbar mehr traditionell betrieben wurde.

Das dialektisch zu sehende Wechselverhältnis von kollektiver und individueller Komponente bei der bäuerlichen Produktion war nun aber vollständig überlagert und daher

[170] Bücker 1953, S. 54—59.
[171] Lamprecht 1886, 1, S. 1241f.
[172] Ebda., S. 1511, 1239f.
[173] Dopsch 1930, S. 99f.
[174] Wopfner 1928, S. 262f.
[175] Peters 1967, S. 267.

mitgeprägt durch die feudalen Ausbeutungs- und Abhängigkeitsverhältnisse. Diese sollen hier insoweit mitbetrachtet werden, wie sie Ausfluß ökonomischer Ambitionen der herrschenden Feudalklasse waren bzw. sich unmittelbar mit der grundherrlichen und bäuerlichen Landwirtschaft verbunden zeigen. Der Gesamtkomplex der Feudalabhängigkeit ist nicht Gegenstand dieser Untersuchung.

Von prinzipieller Bedeutung war der Wechsel hinsichtlich der vorherrschenden Rentenform, nämlich von der Arbeits- zur Produktenrente (teilweise auch schon zur Geldrente), sowie der damit verbundene Übergang von der Leibeigenschaft zu lockereren Abhängigkeitsverhältnissen. Diese im antifeudalen Klassenkampf durchgesetzten neuen Produktionsbedingungen waren für die Feudalklasse akzeptabel, nachdem sich erwiesen hatte, daß so die bäuerlichen Rentenleistungen garantiert waren, daß man Rodungswillige in großer Zahl gewann und bäuerliche Siedler in die Ostexpansionsgebiete zogen. Die Bauern selbst hatten unter diesen Bedingungen bessere Möglichkeiten, sich auf die eigene Wirtschaft zu konzentrieren und freiere Dispositionen zu treffen. Ihr Spielraum blieb freilich eingeschränkt: Die an die Grund- und Gerichtsherrschaft zu leistenden Abgaben waren ja für die bäuerliche Wirtschaft nicht nur eine Belastung schlechthin, sondern Zins, Zehnt usw. verlangten ganz bestimmte Produkte, die erzeugt werden mußten, womit die Abgabenstruktur das bäuerliche Produktionsprogramm wesentlich mitbestimmte und weitergehende marktorientierte Aktivitäten der Bauern — beispielsweise Spezialisierungen — in gewissen Grenzen hielt. Der anderen Seite, den feudalen Rentenempfängern, erwuchsen neue Möglichkeiten bei der Marktdisposition, wenngleich sich der größere Teil der Produktenrente nicht in Ware verwandelt haben dürfte.

Der Frondienst war nach Auflösung der großen Villikationen zwar nicht mehr die typische Rentenform, bestand aber in vermindertem Ausmaß vielfach fort und bildete nach wie vor die krasseste Form unfreier Arbeit unter dem Feudalismus. Zu den hauptsächlichen landwirtschaftlichen Fronarbeiten zählten während des 12./13. Jahrhunderts das Pflügen, Säen, Zaunsetzen, Grasmähen, Kornschneiden, Einfahren und Dreschen für den grundherrlichen Hof,[176] also eine breite Skala, die sich später zumindest um das Säen und Dreschen (als Einsatzbereiche von Lohnarbeit) verengte, wobei jedoch die Gesamtbelastung, die während des Hochmittelalters in etwa drei jährlichen Diensttagen pro Bauer bestand, in der Folgezeit nicht ab-, sondern zunahm. Die zeitliche Grenze fällt in den Anfang des 14. Jahrhunderts, als bezeichnenderweise jenes Wort auftaucht, das vom südlichen Ostexpansionsgebiet ausgehend sich in Österreich und Süddeutschland zu verbreiten begann und dort zum Symbol für besonders rücksichtslos abgeforderten Frondienst wurde: *Robot* (slawisch *robota*).[177] Die Feudalbauernschaft des Hochmittelalters leistete demgegenüber nur mäßige Fron. Als Äquivalent war außer sonstigen Verpflichtungen der Herrschaft die „Atzung“ der Fröner umständlich festgelegt, ergänzt durch Maßnahmen zur Schonung schwangerer Frauen bei der Erntefron. Im Gegensatz zu spätfeudalen und kapitalistischen Landarbeitsverhältnissen offenbart sich hier in der Stellung des feudalabhängigen Bauern zum Grundherrn nach den Worten von Marx noch „eine gemütliche Seite“.[178]

176 Grimm WT 6, S. 125, 554 u. v. a.; Lamprecht 1886, 1, S. 421, 430f.; Wopfner 1928, Nr. 54, S. 64; Franz 1967, Nr. 137, S. 358ff.; Ehrler 1900, S. 28; Grüll 1952, S. 25; Schlögl 1970, S. 68 (usw.).

177 Grüll 1952, S. 26, 234; Grimm WT 1957, 3, S. 677.

178 Marx, MEW, Erg.-Bd. 1, S. 507.

Privilegien der grundherrlichen Wirtschaft auf Kosten der bäuerlichen Wirtschaft bestanden ferner in Gestalt verschiedener Bann-Einrichtungen. An erster Stelle ist der Wald zu nennen, um dessen bevorrechtete Mitnutzung es den Feudalherren als „Obermärker“ ging und den sie teilweise überhaupt der allgemeinen Nutzung zu entziehen trachteten. Solche Wälder gehörten nicht mehr zur *Mark*, sondern waren ein *Forst*, d. h. ein gehegter, befriedeter, der bäuerlichen Nutzung nicht freistehender Bannforst. Die „Inforstierung“ zu königlichen, landesherrlichen und sonstigen grundherrlichen Wäldern ging schon im 12. Jahrhundert stark voran und war zugleich von Rodungsverboten, z. B. im Rheingau, begleitet. Dabei richteten sich die feudalherrlichen Intentionen nicht etwa auf eine geregelte Waldwirtschaft, sondern allein auf die Uneingeschränktheit des Verfügungs- und Nutzungsrechts.[179] Betroffen war davon die Bauernschaft auch hinsichtlich der freien Jagd, die freilich unter den Bedingungen der hochmittelalterlichen Nahrungsgüterproduktion keine lebenserhaltende Bedeutung mehr besaß, vor allem aber in bezug auf die Rinderweide, die Schweinemast, die Zeidlerei sowie die Laub- und Holzgewinnung — alles lebenswichtige Nutzungszweige, die in solchen Wäldern fortan nicht mehr oder nur noch gegen Gebühr wahrgenommen werden durften. Es verdient jedoch festgehalten zu werden, daß die Idee einer Gemeinschaft aller Wälder im Volk weiterlebte und mehr noch als beim Ackerland den feudalen und später sogar den kapitalistischen Besitzanspruch ständig in Frage stellte.

Der Mühlenbann, der bereits existierte, wurde von der Feudalklasse folgerichtig auf die neue Errungenschaft Windmühle ausgedehnt. Dabei verfocht man den Grundsatz, daß außer dem Wasser, der Weide usw. auch der Wind der Herrschaft gehöre, das Recht zur Anlage von Windmühlen also den Regalien zuzurechnen sei.[180] Wie zur Benutzung der Mühlen war die feudalabhängige Bauernschaft auch zur Benutzung der grundherrschaftlichen Schmieden, Schänken, Keltern und anderer Einrichtungen gegen bestimmte Abgaben zwangsverbunden.

Ein bedeutsames feudalherrliches Privileg bestand in dem sogenannten Vorschnitt, der auf den Hofwiesen und -feldern praktiziert wurde und erledigt sein mußte, bevor die Bauernschaft mit der Ernte beginnen durfte.[181] Entsprechende Vorteile hinsichtlich der Arbeitskräftebeschaffung und der Schonung des herrschaftlichen Ernteguts gewährte im Weinbau die Vorlese. Auch beim Wiesenbewässern hatte der Hof den Vorrang vor den Bauern. — Andere Behinderungen der bäuerlichen Agrikultur wie das Verbot der Umwandlung von Äckern zu Wiesen oder Weingärten, des Anbaus bestimmter Brachfrüchte usw.[182] (wodurch offenbar die Konstanz der Zins- und Zehntlieferungen garantiert werden sollte) scheinen noch nicht dem 12./13., sondern erst dem 14. Jahrhundert und der späteren Zeit anzugehören.

Die namhaft gemachten Einschränkungen bäuerlicher Dispositionsfreiheit bei der Gestaltung der landwirtschaftlichen Produktion bis hin zu einzelnen Arbeitsabläufen lassen sich zwar nicht mit den spätfeudalen Verhältnissen vergleichen, wollen aber bedacht sein, wenn man die Relationen zwischen bäuerlicher und feudalherrlicher Leistung für den Ausbau der mittelalterlichen Landwirtschaft ins Auge faßt. Was machte nun aber die Grundherrschaft aus ihren unübersehbaren Vorteilen bei der Betriebsführung?

179 Bernhardt 1872, 1, S. 43—109.
180 v. Maurer 1862/63, 3, S. 35f.
181 Grimm WT 1957, 1, S. 321, 728 u. ö.
182 Wopfner 1928, S. 320f., 364; Franz 1967, Nr. 183, S. 474f. u. ö.

H. Pirenne hat festgestellt, „daß der patriarchalischen Grundherrschaft der Sinn für Gewinne völlig abging, daß sie vielmehr lediglich dem Lebensunterhalt des Herrn und seiner Leute diente ... Sie (die Grundherren) lassen den Dingen den Lauf, ohne auch nur einen Versuch zu unternehmen, aus ihren riesigen Ländereien Kapital zu schlagen.“[183] Nimmt man das drittletzte Wort des Zitats genau, so trifft die Behauptung den Sachverhalt im großen und ganzen, übrigens auch in bezug auf eine Ausnahmeerscheinung, die der Autor für die Grundherrschaft der Zisterzienser, die „einen bisher unbekannten Typus landwirtschaftlicher Verwaltungspraxis“ geschaffen hätten, gelten lassen möchte (S. Epperlein hat ein gut Teil davon als „Gründungsmythos“ erkannt[184]). Dabei sind die Leistungen auf landwirtschafts-organisatorischem Gebiet sicherlich noch die größeren, und die marxistische Mediävistik hebt mit Recht hervor, daß die feudale Grundherrschaft die Produktivkräfte über die immanenten Schranken des bäuerlichen Kleinbetriebes hinaus entwickelt habe.[185] Aber sie selbst fungierte nicht als „Großbetrieb“, sondern nur als integrierende Einrichtung mit gewissen ökonomischen Ambitionen. In deren Mittelpunkt stand keinesfalls die grundherrliche Eigenwirtschaft, die dem Volumen nach nur schwach entwickelt war, sondern die Sicherung des Rentenbezugs von den Bauern und der sonstigen Einnahmen aus dem Mühlenbann usw.

Quantifizieren läßt sich das Verhältnis zur durchschnittlichen Bauernwirtschaft kaum. Wo Kurie und bäuerliche Hufen am gleichen Ort nebeneinander bestanden und vergleichbare Größenangaben vorhanden sind wie im Gebiet der unterfränkischen Zisterzienserabtei Ebrach, ist ein annähernder Vergleich beider Betriebsgrößen möglich; im genannten Fall lag das Ausstattungsgut des Herrenhofes durchschnittlich um das Sieben- bis Achtfache höher als das der Hufe.[186] Im Ostexpansionsgebiet rechnet man auf die Größe eines „Rittergutes“ etwa vier Hufen (à 10 ha?). Absolute Zahlen sind schwer zu gewinnen. Berechnungen für Schaumburg-Lippe haben ergeben, daß eine bäuerliche Vollhufe im 11./12. Jahrhundert etwa 5—8 ha Ackerland umfaßt hat, im 13. Jahrhundert mit größerer Wahrscheinlichkeit 7—8 ha, da Vermessungen à 30 Morgen überliefert sind.[187] Rechnet man sonstige Nutzungsflächen individueller und kollektiver Besitzform hinzu, so ist die Ansetzung von 35,5 ha Betriebsfläche für einen mecklenburgischen Bauernhof um 1300 durch W. Abel[188] jedenfalls entschieden zu hoch, der Viehbesatz (4 Pferde, 4 Kühe, 5 Schweine usw.) für solche Größe wiederum zu niedrig, übrigens auch völlig spekulativ. Regelrechte Inventarverzeichnisse gibt es — spärlich genug — aus dieser Zeit nur für grundherrliche Höfe. Beispielsweise befanden sich auf einer Grangie des Stiftes Zwetl/Niederösterreich vor Ausgang des 13. Jahrhunderts 8 Zuchtpferde, 8 Ackerpferde, 40 Zugochsen, 40 Milchkühe und 1000 Schafe — aber hier wird ein früherer, nicht mehr vorhandener Zustand beschrieben.[189] Anfang des 14. Jahrhunderts zählte man auf dem Wirtschaftshof des bayerischen Klosters Stams 35 Pferde (wohl keine Ackerpferde), 52 Ochsen, 82 Milchkühe, 53 Haupt Jungvieh, 31 Kälber, 90 Schafe, 51 Ziegen, 14 Schweine; auf einem anderen Hof desselben Klosters zu Tanne aber nur 8 Pferde, 23 Ochsen, 15 Milch-

[183] Pirenne 1974, S. 70f.
[184] Epperlein 1967.
[185] Grundriß 1974, S. 72.
[186] Weiß 1962, S. 26f.
[187] Engel F. 1970, S. 189f.
[188] Abel 1967, S. 101f.
[189] Frast 1851, S. 544.

kühe, 8 Haupt Jungvieh, 8 Kälber, 42 Schafe, 44 Ziegen, 24 Schweine.[190] Zu verallgemeinern sind diese stattlichen Zahlen geistlicher Herkunft keineswegs, und selbst wenn sie es wären, bliebe die quantitative Dominanz der Bauernwirtschaft während des vollentfalteten Feudalismus ungeschmälert.

Qualitativ ist auf wenigen Gebieten mit einer gewissen Überlegenheit der grundherrlichen Eigenwirtschaften über die bäuerliche Agrikultur zu rechnen. Im Weinbau und bei anderen Spezialkulturen wirkte sich der Vorsprung in den Produktionserfahrungen der Mönche und Konversen sicherlich noch aus. Auch die frühen Hinweise auf so fortschrittliche Methoden wie Brachbesömmerung, Gründüngung und Mergeln vor allem im Rheinland[191] stehen im Zusammenhang mit grundherrschaftlichen, nicht mit bäuerlichen Initiativen. Die Mehrzahl aller landwirtschaftlichen Bereiche aber läßt keine Niveauunterschiede erkennen, schon gar nicht in der Viehzucht, wo durch die Praxis, daß die grundherrlichen Höfe das Faselvieh (d. h. die männlichen Zuchttiere Hengst, Stier, Eber usw.) für sich und die Dorfschaften hielten, bei solcher Identität des Zuchtmaterials Abweichungen kaum denkbar sind.

Das theoretische Wissen auf solchen Gebieten der Landwirtschaft wie dem Pflanzenbau, der Tierzucht und -ernährung usw. wurde durch die feudale Bildungsschicht während des Hochmittelalters nicht oder kaum erweitert. In manchen Klöstern las und exzerpierte man römische Agrarschriftsteller, ohne doch zur Schaffung einer eigenständigen landwirtschaftlichen Fachliteratur voranzuschreiten. Christliches Arbeitsideal beförderte zwar weiterhin das Ansehen der Agrikultur im allgemeinen, war aber nicht zwingend mit ihrer Verwissenschaftlichung verbunden. Theoretisch erhielten die artes mechanicae einen Platz im Wissenschaftsgefüge, worin Ackerbau, Jagd und Heilkunde einbegriffen waren,[192] doch blieben die gelehrten Interessen weitgehend auf Sonder- und Randgebiete wie Garten- und Weinbau, Falknerei und Hippologie beschränkt. Selbst bedeutende Persönlichkeiten wie Albertus Magnus oder Hildegard von Bingen stehen zweifellos zurück hinter dem Bologneser Petrus de Crescentiis (1233—1321), mit dem erstmals in Europa sich das Bürgertum als Träger einer Landwirtschaftswissenschaft zu Wort meldet, — ein Vorgang, der in Deutschland erst später Raum gewinnt und jedenfalls noch nicht in die Blütezeit des Feudalismus fällt.

So war der mittelalterliche Bauer nur sehr bedingt in der Lage, produktive Vorbilder anzuvisieren und nachzuahmen. Im wesentlichen produzierte er aufgrund eigener bewährter und gewachsener Erfahrungen. Dabei war die bäuerliche Empirie weiterhin vermischt mit überlieferten Vorstellungen und Praktiken des Volksglaubens, die hier nicht noch einmal wiederholt werden sollen, sowie mit kirchlich sanktionierten religiösen Grundauffassungen vom göttlichen Walten über Wachstum und Mißwuchs. Beides darf nicht außer acht gelassen werden, wenn man den Fehlschluß vermeiden will, die Entfaltung der agraren Produktivkräfte in dieser Phase des Feudalismus sei mit der Herausbildung eines rundum rationellen, säkularisierten bäuerlichen Produktions- und Kulturniveaus einhergegangen.

Im Vergleich zum städtischen Zunfthandwerk mit seiner hochentwickelten Arbeitsteilung und stärkeren Akkumulation von Produktionserfahrungen stand die feudalabhängige Bauernschaft des Mittelalters zweifellos auf einem niedrigeren technisch-

[190] v. Maurer 1862/63, S. 449f.
[191] Jacobi 1854, S. 29; Lamprecht 1886, 1, S. 561f.; Hilliger 1902, 1, S. 161.
[192] Sudhof 1956; vgl. Fischer H. 1929, S. 6ff.

kulturellen Niveau, wobei dieser Abstand als eine wesentliche Komponente des Stadt-Land-Gegensatzes sich gerade während des Hochmittelalters erstmals in der Geschichte des deutschen Volkes ausprägte. Die Grundlagen für das Entstehen der handwerklich-gewerblichen Produktion, für die Gründung der Städte und die Entfaltung der städtischen Kultur aber waren durch Landesausbau und landwirtschaftlichen Fortschritt, durch bäuerliche Arbeit und bäuerlichen Kampf gegen feudale Unterdrückung geschaffen worden und wurden ständig reproduziert. „Der Feudalismus ist in seine warenwirtschaftliche Phase eingetreten, und zwar als Ergebnis der Fortschritte in der landwirtschaftlichen Produktion, die keineswegs als rein technischer Prozeß verstanden, sondern als bäuerliche Leistung begriffen werden müssen."[193] So gesehen machte der deutsche Bauer vielleicht niemals sonst im Feudalismus und Kapitalismus in so breiter Front „Geschichte" wie während dieser hochmittelalterlichen Jahrhunderte.

[193] Heitz 1977 a, S. 190.

Kapitel 3

Zur Zeit des deutschen Bauernkrieges

Das folgende Kapitel behandelt landwirtschaftliche Arbeitsgeräte und -verfahren, die von den Bauern während der Epoche der frühbürgerlichen Revolution und ihres Gipfelpunktes, des deutschen Bauernkrieges, angewandt wurden, und versucht die Frage zu beantworten, wie das technisch-kulturelle Niveau der bäuerlichen Produzenten jener Zeit beschaffen war.

Zum Stand der Forschung

Der neuere volkskundliche und geschichtswissenschaftliche Forschungsstand in der DDR wird vor allem durch die Publikationen ausgewiesen, die anläßlich der 450-Jahrfeier des deutschen Bauernkrieges 1974 bis 1976 erschienen sind. Sie haben das marxistische Epochenbild überzeugend untermauert und vielseitig ergänzt.[1] Unser Thema im engeren Sinne ist dabei in wenigen Spezialuntersuchungen behandelt worden[2] und in einer repräsentativen Epochendarstellung ebenfalls angeklungen; dort wird zusammenfassend u. a. auf begrenzte Fortschritte bei der Anwendung von Arbeitsgeräten (Getreidesense, Ackerwalze, Kehrpflug) sowie bei der Ausdehnung von Sonderkulturen hingewiesen,[3] das Entwicklungstempo des agrartechnischen Fortschritts insgesamt — bedingt durch die Festigung der feudalen Produktionsverhältnisse auf dem Lande — jedoch geringer als das im handwerklich-gewerblichen Bereich eingeschätzt. Es besteht weiterhin Anlaß, die Konturen dieses Forschungsstandes präziser zu umreißen und quellenmäßig-kritisch abzusichern.

Das Bauernkriegsjubiläum hat in der BRD keine nennenswerten Studien über Arbeit und Arbeitsgerät der Bauern jener Zeit erbracht; auf diesem Feld sind immer noch die einschlägigen Angaben bei W. Abel maßgebend, mit denen sich z. T. faktenreiche Darstellungen aus der Feder westeuropäischer Agrarhistoriker vergleichen lassen.[4] Bei allen erscheint die Zeit der frühbürgerlichen Revolution freilich niemals als besondere Ära, was die konkret-historische Auswertbarkeit erschwert, und neben der sozialökonomischen bleibt auch die geographische Differenzierung ungenügend. An dem letztgenannten Punkt haben die Untersuchungen G. Wiegelmanns eingesetzt, des führenden Vertreters der „kulturgeographischen" Methode in der Volkskunde der BRD, der sich um die Bestim-

[1] Bibliographische Übersicht vgl. vorläufig JVK 20, 1977, S. 189 ff.

[2] Bentzien 1975 (diese Studie wird hier in erweiterter und korrigierter Form nochmals vorgelegt); Quietzsch 1975; vgl. auch Mägdefrau 1973.

[3] Laube/Steinmetz/Vogler 1974, S. 30 f.

[4] Abel 1967, S. 150 ff.; Slicher van Bath 1963; Parain 1966.

mung von „Novationszentren“ und „Reliktgebieten“ im deutschsprachigen Gebiet des 16. bis 18. Jahrhunderts bemüht hat.[5] Mit seinen Ergebnissen wird sich die folgende Untersuchung weiter unten näher auseinandersetzen.

Was die historische Fixierung der in diesem Kapitel vermittelten und bewerteten Fakten anbetrifft, so handelt es sich — mit Ausnahme des Schlußteils — naturgemäß nicht um ein Momentbild für die Jahre 1524 bis 1526. Das ermöglichen weder die Quellen, noch erfordert es die Sache. Erscheinungen der materiellen Kultur können im allgemeinen nicht auf ein bestimmtes Epochenereignis, wohl aber auf eine Epoche — im weiteren Sinne — bezogen werden. Aufgrund dessen sollen die Jahrzehnte vor und um 1525 in einem breiten Querschnitt geschlossen behandelt werden. Befunde, die noch in die Periode der voraufgegangenen Agrarkrise heraufreichen oder bereits in die der partiellen Agrarkonjunktur der zweiten Hälfte des 16. Jahrhunderts gehören, werden als Ergänzung herangezogen; wenn von Fall zu Fall unterstellt wird, daß sie trotz solcher Datierung die Verhältnisse der Bauernkriegszeit zum Ausdruck bringen, so ist dies eine Hypothese des Verfassers. — Im einzelnen verwertet die Untersuchung Quellen unterschiedlichster Art, darunter ikonographische Zeugnisse und archivalische Belege, ferner gedruckte Quellenwerke und regionalgeschichtliche Literatur.

Der agrartechnische Standard in der zweiten Hälfte des 15. und der ersten Hälfte des 16. Jahrhunderts

Feldwirtschaft

Der anbaufähige Grund und Boden als das agrare Hauptproduktionsmittel erfuhr während der Jahrzehnte vor und nach dem Bauernkrieg nochmals eine beachtliche Zunahme. Zwar nicht vergleichbar dem Zuwachs des 11. bis 13. Jahrhunderts, dehnte sich doch die landwirtschaftliche Nutzfläche durch bäuerliche Rodungstätigkeit und andere Kultivierungsmaßnahmen nochmals aus.[6] Das geschah vor allem in zahlreichen Mittelgebirgslandschaften, etwa im Erzgebirge, wo ein direkter Zusammenhang mit gewerblich-frühindustriellen Siedlungsprozessen erkennbar ist, und auch in vielen westdeutschen Regionen, z. B. Hessen (Rhön, Hünefelder Land, Schwalm, Waldeck).[7]

Dieser quantitativen Ausdehnung entsprach tendenziell — nicht in Tempo und Umfang — die qualitative Weiterentwicklung der Agrikultur. Sie führte zwar auf dem Gebiet der Feldsysteme über die große Errungenschaft des Mittelalters, die Dreifelderwirtschaft, nicht prinzipiell hinaus und beließ auch anderen, teils älteren Systemen wie der Feldgraswirtschaft in den Alpen, der Zweifelderwirtschaft am Oberrhein oder der Haubergs- und Schiffelwirtschaft (Formen der Brandwirtschaft) in einigen mittelrheinischen Gebieten ihren großenteils ökologisch bedingten Platz. Der rückständig anmutende Schiffelbau in der Pfalz, der Eifel und andernorts[8] ist wahrscheinlich nicht als archaisches Erbe, sondern als verbliebenes extensives Feldbauverfahren — gekoppelt mit verstärkter Schafhaltung — aus der Zeit der Agrarkrise des 14./15. Jahrhunderts zu bewerten; es bestand darin, daß nach zehn oder mehr Weidejahren die Bodennarbe abgeschält und nebst Gebüsch und

5 Wiegelmann 1969, 1970, 1975.
6 Berthold 1964, S. 13f.
7 Born 1974, S. 112f.
8 Hanssen 1880, 1, S. 221—223; Wiessner 1934, S. 269f. (auf der Grundlage von Weistümern).

Niederwald verbrannt wurde, worauf der so „gedüngte" Acker eine bis drei Saaten erhielt. — Düngermangel, schlechte Bodenbeschaffenheit oder auch mangelnde Arbeitsorganisation verursachten es sicherlich oft, daß systemlos bestellt wurde, wie es ein Amtsregister von 1566 für die Äcker von Coswig/Anhalt rügt: „ist sandiger, geringer acker, liget zum teil lede und wirdt nit ordentlich mit der brache, wie gebreuchlich, gehalten; man wechselt die felder umb und seet den acker, so am lengsten geruhet und brage gelegen."[9]

Im übrigen war und blieb die Dreifelderwirtschaft das herrschende Feldsystem, wofür Zeugnisse aus der Mehrzahl aller deutschen Landschaften vorliegen, besonders in Form der Weistümer des Rheinlandes, Frankens, Schwabens usw. Dabei treten neben die Belege für die einfache Dreifelderwirtschaft zunehmend Nachrichten über das Besäen des Brachfeldes, die sogenannte Brachbesömmerung durch Futter- und Handelsgewächse. Den wenigen Belegen aus hochmittelalterlicher Zeit (s. Kapitel 2) und den zahlreichen Nachweisen für die Mitte des 16. Jahrhunderts[10] sind hinzuzufügen: 1412 Goselitz bei Zschaitz Kr. Döbeln, ca. 1430 Niederich bei Landskron a. d. Ahr, 1480 Pflaumloch bei Nördlingen/Schwaben, 1475/1568 Thierhaupten bei Augsburg.[11] — Auf das Problem der Brachbesömmerung wird unten im Zusammenhang mit der genossenschaftlichen Komponente des Wirtschaftens nochmals kurz und im Schlußkapitel — betreffend das 18. Jahrhundert — ausführlich einzugehen sein.

Zwecks Erhöhung der Bodenfruchtbarkeit wurde die Praxis des Mergelns, seit langem bekannt vor allem im rheinischen Gebiet (s. Kapitel 2), weiterhin geübt und offensichtlich in weiteren Landschaften erstmals praktiziert. Rudolf Quietzsch hat eine Passage in der Chronik des Pfarrers Johann Tauchwitz zu Monstab im Altenburgischen ermittelt, wo es zum Jahre 1550 heißt: „Aldenburgischer Mürgell. So soll auch nach besage der Allten umb diese Zeitt allhier umb Aldenburgk erstlichen der Mürgell vnd desselben Nutz zur Düngung der Felder, so zuvoren ahn andern [Orten?] auch ine brauch mag gewesen, in George Bergmans zur Bosau Güthern oder Wiesen gefunden worden sein, do der allte Anthonius, Burggraff zu Pötzau [Petsa], denselbigen gegraben vnd umb den 4. Nutz mit benanten Bergman gedünget, darauff soll er zu Gribitzsch [Kriebitzsch], ferner zu Lesen [Leesen], Kreitzen [Kreutzen] etc. gefunden und außgefhuret worden sein, durch welches mittel denn viell gar geringe Felder in diesem ampt und Gegendt ahngerichtet und wohl genossen worden." Und ergänzend teilt der Chronist später mit: „Post annum Christi 1600 ist das Mürgel graben so gemein worden, daz vast sellten ain dorff im Ampt Aldenburgk, do mann es nicht furgenommen, mitt unaußsprechlichen, jha vast handtgreifflichen Nutz der Felder ..."[11a]

Die Tendenz, die Zahl der Bodenbearbeitungsgänge innerhalb des Wirtschaftsjahrs zu erhöhen, hielt im 15. und 16. Jahrhundert an. Der hochmittelalterliche Trend, das Winterfeld statt zweimal dreimal — *in drei Art* oder *Ert* — zu pflügen, wurde jetzt offensichtlich zum Standard. Die drei Pfluggänge zur Wintersaat hießen allgemein *Brache, Rore (Rure, Ruhrfalg)* und *Saat*, verbal *brachen, ruren (felgen)* und *zur Saat eren (ackern, fahren)*, im niederdeutschen Sprachgebiet *Brake, Wendfahre* und *Saat* bzw. *braken, wenden* und *tor saat plögen (fahren)*. Sie wurden im Juni, August und September gezogen. Zusätzlich kam in Südwestdeutschland — nach drei mir vorliegenden Belegen aus Württemberg (1402!), dem

[9] Specht 1940, 3, S. 13.
[10] Abel 1967, S. 95.
[11] Schulze 1896, S. 377; Frick/Zimmer 1966, 1, S. 351; Grimm WT 1957, 6, S. 203, 265.
[11a] Hist. Staatsarchiv Altenburg C. I. 72a, fol. 126 (254).

Elsaß (o. J., 15./16. Jh.) und der badischen Pfalz (1551)[12] — ein vierter Bodenbearbeitungsgang zur Wintersaat auf. Es spricht für die geringe Verbreitung der Sache, daß sie offensichtlich noch keine volkssprachliche Bezeichnung besitzt, die übrigens im Niederländischen, wo diese Neuerung schon stärker verbreitet gewesen zu sein scheint, im 15. Jahrhundert vorhanden ist *(schuffelvoor)*.[13] Hier und im eigentlichen norddeutschen Raum wurden auch der Sommersaat statt nur einer zwei Furchen gegeben, davon eine, die *stortvoor* oder nd. *Strekfahre*,[14] schon im Herbst zuvor, ein Vorgang, den die Quellen im mittel- und oberdeutschen Sprachgebiet vorläufig nicht erkennen lassen.

Abb. 59. Südwestdeutscher Beetpflug mit geradem Streichbrett, Radvorgestell und Rinderanspannung.

Das Hauptbodenbearbeitungsgerät der Zeit um 1500 war eindeutig der Pflug (im engeren Sinne), ein hölzernes Gerät mit Eisenschar und -sech, seitlichem Streichbrett und Radvorgestell (Abb. 59, 67, 71, 72), dessen stetiges Vordringen die genetisch älteren, den Boden mehr aufreißenden als wendenden Geräte vom *Haken-(Arl)*-Typ allerdings nicht überall hatte aussterben lassen. Das mittlere Kärnten und einige angrenzende Gebiete scheinen noch im 16. Jahrhundert sogar allein die *Arl* gekannt zu haben.[15] In den Landschaften östlich von Elbe, Saale und Naab sowie im Alpenraum existierten Haken *(Arl)* und Pflug

[12] Boelke 1964, S. 261 f. (Kornwestheim); Grimm WT 1957, 6, S. 411 (Wir/Ill-Rhein); Brinkmann 1917, 1/1, S. 328 (Zuzenhausen).
[13] Lindemans 1952, 1, S. 134 f.
[14] Ebda.; Bentzien 1969, S. 110, 182.
[15] Dinklage 1966, S. 71; Steirischer Bauer 1966, S. 72, 267 f.

zumeist nebeneinander,[16] wobei die Hakengeräte in der Regel zur zweiten Winterfurche und zum Unterackern der Sommersaat eingesetzt wurden. In den meisten Landschaften westlich der oben grob skizzierten Linie kam der Pflug — ungeachtet einiger Haken-Relikte, die noch im 19./20. Jahrhundert greifbar sind, — weitgehend allein vor.

Aus südwestdeutschen Pflugdarstellungen des 16. Jahrhunderts hat man entnehmen wollen, daß die zweifelsfrei symmetrische Form der Schare für das Fortleben des streichbrettlosen, symmetrisch arbeitenden Hakens in diesem Gebiet spreche.[17] Möglicherweise ist die dortige traditionelle Scharsymmetrie (Abb. 38, 60 links) ein „Erbe“ der Haken-Ära, aber sie hat zugleich Bedeutung für eine Weiterentwicklung des Pfluges, indem sie nämlich eine Prädisposition für die Herausbildung des Kehrpfluges darstellt. Der Kehr-

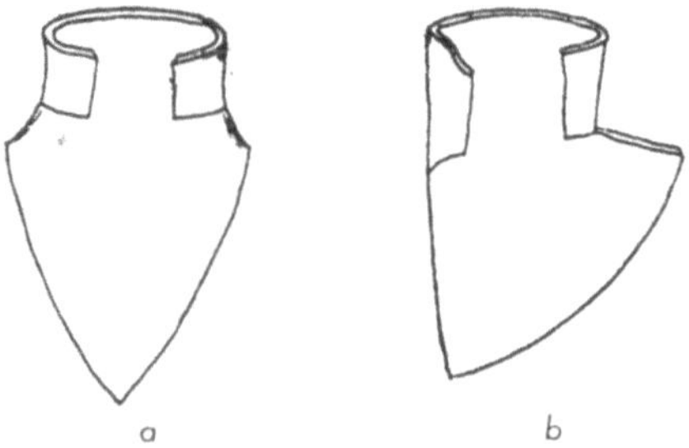

Abb. 60. Symmetrische Haken- oder Kehrpflugschar und asymmetrische Beetpflugschar. *a* — Oberrhein; *b* — Niederösterreich.

pflug vereint bekanntlich die Vorzüge von Pflug und Haken: den bodenwendenden Effekt einerseits und die Möglichkeit, ohne Leerfahrt neben der zuletzt gezogenen Furche zurückackern zu können, andererseits. Er besitzt ein Streichbrett, das die Scholle nach jeweils einer Seite wendet, das aber am Ende der Furche umgesetzt wird und nunmehr — vom Pflüger aus gesehen — nach der anderen Seite wendet, ohne daß die beim Pflug mit starrem Streichbrett jedesmal notwendige Leerfahrt an der Stirnseite des Ackers erfolgen muß. Das Ergebnis ist ein „Ebenpflügen“ statt des „Beetbaus“. Ein Kehrpflug, der diesen Effekt bewirkt, muß — wenn die Lösung nicht in einer Addition zweier (drehbarer) Beetpflugkörper besteht — außer dem umsetzbaren Streichbrett notwendig eine symmetrische Schar besitzen, welche die Scholle wechselseitig links und rechts anschneiden kann. In diesem Sinne prädisponiert die symmetrische Schar südwestdeutscher Pflüge die Entwicklung des Kehrpfluges, dessen früheste schriftliche Bezeugung durch die Erwähnung von *Riesterhaken* ‚Halterungen des umsetzbaren Streichbretts‘ aus Württemberg 1425 datiert.[18] (Abb. 60 verdeutlicht den Unterschied zwischen Haken- oder Kehrpflugschar einerseits und Beetpflugschar andererseits). Das Sech des Kehrpfluges mußte am Furchenende nicht aus dem Grindelloch genommen werden. Man änderte seine Stellung durch Keile, durch Spreizstäbe (wie Taf. I erkennbar) oder auf andere Weise, wie sie das Sech von Mogeren bei Schaffhausen (Abb. 61) nahelegt. Die dort erkennbare Öse kann m. E. nur dem Zweck gedient haben, einen Eisenstab, Haken o. ä. zu umfassen, mit dem das Sech nach der einen oder anderen Seite geringfügig verdreht werden konnte. Dieser Boden-

[16] Bentzien 1972a, S. 21—39.
[17] Klein E. 1966, S. 16.
[18] Jänichen 1962, S. 42f.; für die Rheinpfalz vgl. Klein W. 1926, S. 115 (Otternberg, ursprünglich wohl 16. Jh.).

fund, datiert ins ausgehende 15. Jahrhundert,[18a] ist auch deshalb bemerkenswert, weil zu ihm ein eiserner Streichbrettbeschlag gehört (Abb. 61) — Ausweis einer weiteren Vervollkommnung des Pfluggeräts.

Es steht außer Frage, daß das „Ebenpflügen" besonders in Hanglagen der Gebirge die Bodenbearbeitung wesentlich erleichtert, doch lehrt das Vorkommen eines im Prinzip gleich konstruierten Kehrpfluges in den Ebenen von Flandern und den Niederlanden, daß technischer Fortschritt nicht primär aus dem geographischen Milieu erwächst. Die niederländischen Belege (Abb. 37) reichen außerdem bis ins Hochmittelalter hinauf,[19] so daß die Feststellung „Deutschland — besonders die südliche Hälfte — ist die wirkliche Heimat des Kehrpfluges"[20] problematisch ist. Der südwestdeutsche Kehrpflug mit seinen Aus-

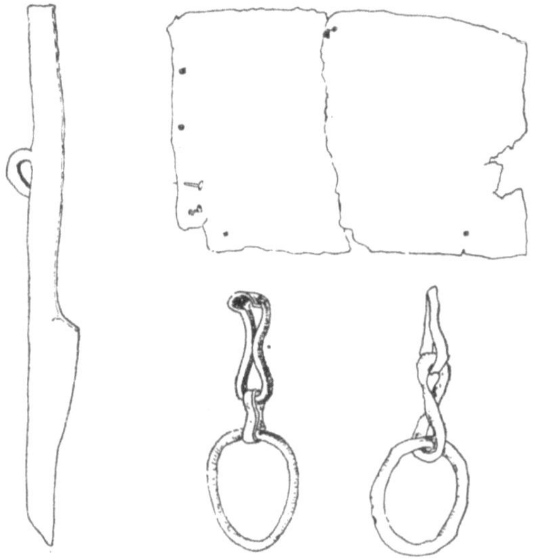

Abb. 61. Bestandteile eines oberrheinischen Kehrpfluges: Sech mit Öse zum Einhängen einer Umstellvorrichtung, Streichbrettbeschlag und zwei Grindelketten. — Mogeren bei Schaffhausen/Schweiz. M 1:8.

läufern, die alsbald auch die fränkisch-thüringische Mittelgebirgszone erreicht zu haben scheinen (vgl. unten Abb. 77), bezeichnet jedenfalls nicht den einzigen und wahrscheinlich nicht den frühesten Ausgangspunkt. Geringere Ausstrahlungskraft besaß der gänzlich anders konstruierte Kehrpflug im alpinen Raum; dieser tritt in der oben erwähnten zweiten Variante als Doppelpflug mit asymmetrischer Schar, Streichbrett und Sech in jeweils zweifacher Ausführung an einem Gerät auf; die erste ausdrückliche Erwähnung datiert von 1513 oder 1593.[21]

Das im 15./16. Jahrhundert zu verzeichnende, höchst bemerkenswerte Aufkommen des Kehrpfluges ändert nichts an der Dominanz des gewöhnlichen Pfluges, des Beet-

[18a] Guyan/Schnyder 1976, S. 59, 62.

[19] v. d. Poel 1971 (entgegen Lindemans 1952, 1, S. 167); vgl. Jirlow-v. d. Poel 1968, S. 19—24.

[20] Balassa 1974, S. 54.

[21] Koren 1950, S. 101 f. (eine von beiden Jahreszahlen muß ein Druckfehler sein, wahrscheinlich die erste); zum vermuteten höheren Alter des alpinen Kehrpfluges vgl. ebda., S. 112 f., 261 f., 269.

pfluges, in den meisten deutschen Landschaften. Der Beetpflug selbst (Abb. 59, 67, 71, 72) existierte in einer Fülle von regionalen Typen, deren Gerippe- und Scharvarianten, die schon im Kapitel 2 erwähnt wurden, hier übergangen werden können. Funktional von Belang sind allenfalls die Bemühungen um die Entwicklung eines anspannungs- und arbeitssparenden Geräts in den Niederlanden, wo man die ohnehin schon leichteren einsterzigen

Abb. 62. Bodenwendender Beetpflug mit gewundenem Streichbrett, vermutlich burgundisch.

Abb. 63. Konkav ausgeschmiedete Schar eines bodenwendenden Beetpfluges (als Beschlag bis auf das Streichbrett aufreichend) sowie Sech und Reuteisen zum Scharreinigen. Ehem. Herzogtum Lippe.

Pflüge statt mit einem Radvorgestell zunehmend mit einer Schleifstelze oder einem Stelzrad ausrüstete.[22] Die deutschen Pflüge besaßen zumeist weiterhin ein zweirädriges Vorgestell, das mit einer Kette, der eisernen Form der vormaligen Wiede, am Grindel befestigt war (vgl. Abb. 61) und dessen Radfelgen jetzt mit Eisenreifen beschlagen wurden, wie erste Belege aus dem 15. Jahrhundert beweisen: ***bande um ein plograt*** (1464/65 Oberlahnstein/

[22] Lindemans 1952, 1, S. 174; Slicher van Bath 1963, S. 186; vgl. v. d. Poel 1967, passim.

Moselgebiet),[23] *zway beschlagene grettreder* (*grett* ‚Radvorgestell', 1484 Mühlbacher Klause/ Tirol).[24]

Ohne schon voll ausgereift zu sein, reichen auch die ersten Überlegungen und Vorschläge hinsichtlich einer verbesserten Bodenwendung durch das Pflugstreichbrett, einer Arbeitsersparung durch Mehrscharigkeit der Pflüge und sogar einer Teilmechanisierung der Pflugarbeit in das 15. und 16. Jahrhundert zurück. Hochinteressant ist zunächst die Pflugdarstellung auf einem „Ceres"-Bild aus einer um 1410 in Paris illustrierten Boccaccio-Handschrift.[25] Der dort minutiös und offensichtlich ganz naturgetreu wiedergegebene Pflug (Abb. 62) besitzt ein perfekt ausgebildetes gewundenes Streichbrett, mit dem der Boden ungleich besser gewendet wird als mit dem geraden, unverbunden über der Schar sitzenden Streichbrett der normalen älteren Pflüge. Neben der sensationellen Datierung ist die Lokalisierung von seiten der Pflugforschung bisher vernachlässigt worden, wie man übrigens auch die Parallelität mit der Pflugdarstellung in den „Très riches heures" des Herzogs von Berry — ebenfalls 15. Jahrhundert —, worauf ein gewundenes Streichbrett von der „Landseite" her zu sehen ist,[26] nicht erkannt hat. Bestimmte Stileigenarten der frankoflämischen Buchmalerei, die Herkunft der Brüder de Limbourg und ihres Auftraggebers de Berry sowie schließlich auch Einzelheiten des Pfluggerippes (besonders auf der Darstellung von 1410: Y-Sterze und weit herabgezogenes Grindelende)[27] weisen nach Burgund, also in die unmittelbare westliche Nachbarschaft der west- und südwestdeutschen Territorien. Dieser erstaunlich frühe burgundische Doppelbeleg für das gewundene Streichbrett, mit dem die gesamte spätere Entwicklung zum gewundenen stählernen Pflugkörper, der heute das konstruktive Grundprinzip bildet, in hölzerner Version antizipiert erscheint, ist einmalig und erhält erst 1555 eine — ebenfalls noch ganz vereinzelte — Parallele in Deutschland.[28] Es handelt sich um die stilisierte Darstellung von Pflugzubehör auf einem lippischen (ob aber in Westfalen-Lippe hergestellten?) Waffeleisen, worunter sich eine Schar befindet, deren oberer, konkav gebogener Teil bis auf das Streichbrett heraufgereicht haben dürfte und somit einen fließenden Übergang der abgetrennten Scholle von der Schar an das Streichbrett ermöglicht hat (Abb. 63). Es muß betont werden, daß diese Lösung erst im 19. Jahrhundert zum Allgemeingut der Pflugproduzenten in Deutschland geworden ist.

Endlich verdient der erste Versuch, das herkömmliche Traktionsprinzip beim Pflügen — Vorspann von Zugtieren — zu verändern, Beachtung. Eine Abbildung im Weimarer „Ingenieurkunst- und Wunderbuch",[29] das zwischen 1430 und 1520 entstanden ist, zeigt einen (im Detail übrigens kläglich verzeichneten) Pflug, der statt durch Zugtiere durch Seile über den Acker hin- und zurückgezogen wird, wobei die Seile über am Feldende aufgestellte Trommeln laufen, die von Menschenhand gedreht werden (Abb. 64). Mag es sich hier auch um ein für die agrare Praxis noch bedeutungsloses Stück spätmittelalterlicher Projektemacherei handeln, so muß doch im Auge behalten werden, daß die ange-

[23] Lamprecht 1885, 2, S. 568.

[24] Zingerle 1909, S. 73.

[25] Fischel 1963, Abb. 11; für die Pflugforschung erstmals ausgewertet von Klein E 1965.

[26] Vgl. Haudricourt-Delamarre 1955, S. 360, Taf. XV (vor S. 440).

[27] Man vergleiche die vogesischen Pflüge bei Klein E. 1967, Abb. 60 u. 263.

[28] Zuerst veröffentlicht von Hansen 1967, S. 122, Abb. 13.

[29] Bibliothek d. Nationalen Gedenkstätten d. dt. Klassik, Bestand ehem. Großherzogl. Bibliothek Codex 328. Hinweis durch Feldhaus 1965, Sp. 793, Abb. 510. Nähere Angaben über die Provenienz des Codex wußte die o. a. Bibliothek nicht zu machen.

Abb. 64. Seilpflugprojekt eines „Ingenieurkünstlers".

deutete technische Lösung der indirekten Traktion später tatsächlich aufgegriffen und im 19. Jahrhundert in Gestalt des Dampfseilpfluges mit stationären Lokomobilen prinzipiell bestätigt wurde.

Nur kurz hingewiesen sei noch auf die Bemühungen um die Konstruktion mehrschariger Pflüge, die ebenfalls erst im 19./20. Jahrhundert in voller Breite von Erfolg gekrönt waren, deren Anfänge aber ins 16. Jahrhundert zurückreichen. Die entsprechenden Nachrichten und Werkzeichnungen (Abb. 65) stammen aus Schlesien bzw. dem Braunschweigischen und fanden 1570 das Interesse Kurfürst Augusts von Sachsen.[30] Phantastisch übersteigert und zugleich technisch mißverstanden — weil nur einscharig konzipiert — zeigt sich die Idee bei dem Künstler Peter Opel, der ein Pflugmonstrum ins Bild setzte (Abb. 66).

Trotz dieser sich abzeichnenden realen Perspektiven und phantastischen Projekte auf dem Gebiet der Pflugtechnik waren der Haken, der einscharige Beetpflug mit geradem Streichbrett und der einfache Kehrpflug die vorherrschenden Bodenbearbeitungsgeräte auf den Ackerfluren Deutschlands. — Einem Fehlschluß in entgegengesetzter Richtung

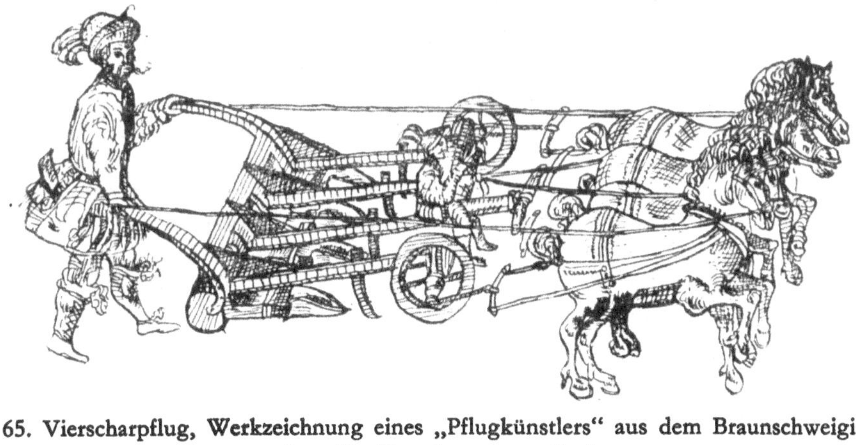

Abb. 65. Vierscharpflug, Werkzeichnung eines „Pflugkünstlers" aus dem Braunschweigischen, gesandt an Kurfürst August von Sachsen.

[30] Staatsarchiv Dresden, Geheimes Archiv, Loc. 4418, Nr. 6, fol. 251—260. Neu ermittelt von Rudolf Quietzsch. Erste, unbefriedigende Auswertung durch Falke 1868, S. 100f.

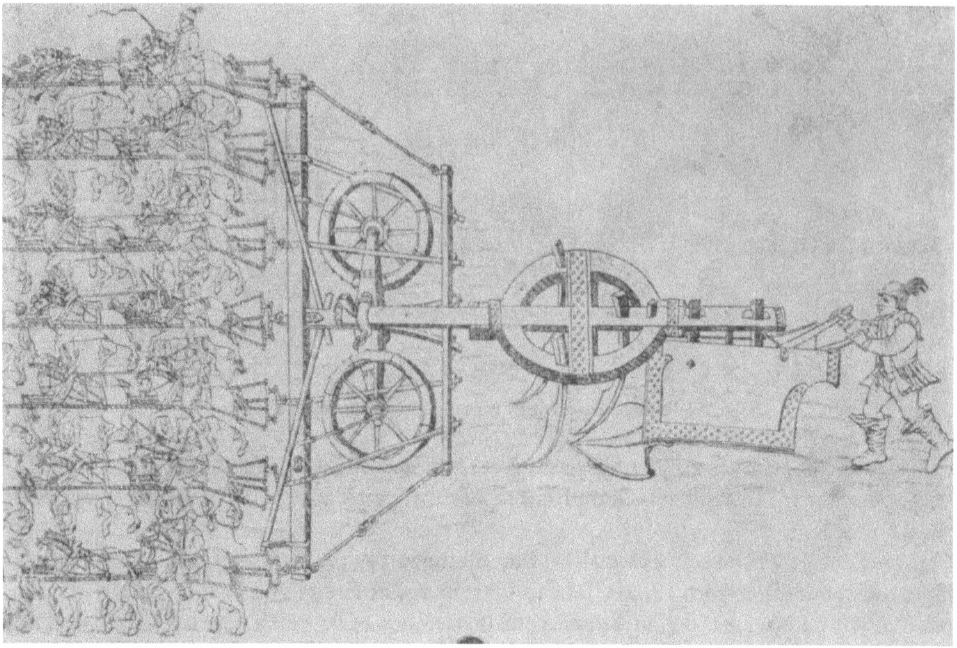

Abb. 66. Pflugmonstrum mit Riesenschar, drei Sechen und gewaltigem Pferdevorspann. Peter Opel (Regensburg), Ende des 16. Jhs.

muß übrigens ebenfalls vorgebeugt werden: Die überaus zahlreichen bildlichen Darstellungen jener Zeit, die den grabenden (nicht pflügenden) Bauern zeigen, sind keine zuverlässige Quelle für das Fortleben einer Spatenkultur neben dem Pflugbau, sondern Ausdruck des Bemühens, bäuerliche Arbeit gemäß der Bibel auf möglichst archaischem Niveau zu zeigen (teilweise auch in direkter Anlehnung an den volkstümlichen Spruch „Als Adam grub und Eva spann ...“). Und auch die bäuerliche Figur „Karsthans“, die nach dem *Karst* (südwestdeutsch für ‚Hacke‘) heißt, hat ihren Namen nicht daher, daß dieses Gerät besonders typisch für den zeitgenössischen bäuerlichen Bodenbau gewesen wäre, sondern verdankt ihn den polemischen Absichten der reformatorischen literarischen Partei, die zum Ruhm des einfachen Bauern ein möglichst einfaches bäuerliches Attribut wählte.

Das zweitwichtigste Ackergerät war die Egge. Sie wurde zunehmend mit eisernen Zinken ausgestattet. Wann und wo diese Entwicklung eingesetzt hat, ist bis heute unbekannt. Daß sie schon im Hochmittelalter sporadisch ihren Anfang genommen hat, ist wahrscheinlich; ebenso daß sie durch das nachfolgende Ansteigen der Eisenpreise stark verzögert worden sein dürfte. Die ersten sicheren schriftlichen Belege, darunter indirekte wie *holczinne eyden* und direkte wie *eysern eyden* oder *eyden mit eiszern zincken* datieren vom Anfang des 15. Jahrhunderts aus dem Ordensland Preußen,[31] 1410/20 vom Wirtschaftshof der Burg Hattem bei Zwolle/Niederlande[32] sowie 1435 Kellerei Rüsselsheim/Nassau.[33] Sie

[31] Ziesemer 1921, S. 56, 196, 620 und weitere massenhafte Belege.
[32] Sloet 1877, S. 55.
[33] Demandt 1952/57, S. 2040 (Egge als Schmiedearbeit).

Kehrpfluggespann: Pflüger, einsterziger Kehrpflug mit umsetzbarem Streichbrett und verstellbarem Sech, Radvorgestell mit Waage und Ortscheiten, Pferde in Kummeten. Flämisch. — Jehan Mièlot.

Getreidemahd mit Sichte und Mathaken, Schafschur. Flämisch.

Roggenmahd mit Bügelsensen. Flandern. — Pieter Brueghel.

Tafel IV

Mäher mit Reffsense (*Hakenseiß*).
Die Halmhöhe spricht für Roggen. Norddeutsch.

Frau mit Dreschflegel. Eine Stielklappe ist nicht zweifelsfrei erkennbar.
Mitteldeutsch. — Lucas Cranach d. Ä.

Eggengespann und Sämann. Die Rahmenegge süddeutscher Art (ohne innere Balken) wird diagonal gezogen, das Pferd im Sielengeschirr aus dem Sattel geritten. Süddeutsch/Schweizerisch.

Viehmagd und Knecht mit Kühen. Niederländisch. — Lucas van Leyden.

Erziehũg/Gebrauch/ Lernung/Artznei in zůfelligen vnd

Natürlichen kranckheyten / aller zahmen / dem menschen gebräuchlichen/ vnd geheymen Thier.

¶ Als nämlich. { Pferd/Esel/Ochsen/Küe/Säuwe/Schaaff.rc.
Tauben/Hüner/Gänß/Wasser vñ lufftvögel rc.
Jmmen. ¶ Jnhalt nachgohnds Registers.

Auß VARRONE, PLINIO, VERGILIO, PALLADIO &c.

Zu Straßburg, Bei Christian Egenolphen.

Haustiere zur Bauernkriegszeit: Titelseite eines Tierarzneibuches. Süddeutsch.

Geräte und Verfahren des Ackerbaus um die Mitte des 18. Jahrhunderts:
Beetpfluggespanne mit vier Pferden bzw. einem Pferd,
Walzen und Eggen. Thüringisch.

Bauer mit Dreschflegel (links) und Hund am Butterfaß (rechts).
Das rechte Bild zeigt eine „verkehrte Welt“,
indem der Hund nicht auf der Drehscheibe läuft,
sondern das Butterfaß direkt bedient. Niederrheinisch.

sind möglicherweise zufällig — da teilweise fern der Eisenverhüttungszentren lokalisiert —, sollen hier aber ebenso wie die folgenden aufgezählt werden, weil bisher noch niemand das Belegmaterial ausgebreitet hat: 1500 Ranner Gerichtsbezirk/Steiermark, 1520ff. Görtitz Kr. Meißen/Kursachsen, 1552/53 Wismar/Mecklenburg, 1573 Herrschaft Künegg/Kärnten, 1593 Oberntief/Fürstentum Ansbach, 1597 Sinnbronn Kr. Dinkelsbühl/Mittelfranken, 1599 Kornwestheim/Württemberg, 1600 Magnitz Kr. Breslau/Schlesien, 1610 Insel Fehmarn/Holstein.[34]

Abb. 67. Beetpflug- und Eggengespann, süddeutsch. Die zweite Egge des zweifeldrig vorgesehenen Anspanns fehlt. — Petrarca-Meister.

Die breite geographische Streuung ausgangs des 16. Jahrhunderts deutet darauf hin, daß die Entwicklung zur eisenzinkigen Egge um 1500 in vollem Gange gewesen sein muß und höchstwahrscheinlich schon viele deutsche Landschaften erreicht hatte. Die verbesserte Arbeitsweise und die größere Widerstandsfähigkeit der eisernen Eggenzinken waren zweifellos evident geworden. Aber die massenhafte Ausbreitung der Novation kam nur zögernd voran, und ihre vollständige Durchsetzung kann in zahlreichen Landschaften erst fürs 19. Jahrhundert festgestellt werden. Ein Großteil der oben genannten Belege weist darüber hinaus nur je eine eisenzinkige Egge pro Wirtschaft aus — die übrigen besaßen wie seit eh und je Holzzinken. Bemerkenswerterweise läßt auch keine zeitgenössische Abbildung von Rahmeneggen aus der Zeit um 1500 (vgl. Abb. 67 u. Taf. VI) zweifels-

[34] Koren 1972, S. 92; Staatsarchiv Dresden, Gerichtsbücher, Amtsgericht Lommatzsch, Nr. 95 u. 97; Stadtarchiv Wismar, Kloster Hl. Geist, Rechnungsbuch 1552/53; Dinklage 1966, S. 11, 21, 25, bes. 146; Kramer 1961, S. 238; Gabler 1963, S. 126; Boelke 1964, S. 262; Glaser 1940, S. 168; Landesarchiv Schleswig-Holstein, Schleswig, Abt. 173, Nr. 151 (Wardierungsprotokolle).

frei eiserne Zinken erkennen, ebensowenig die zweifeldrige Anspannung, die 1590 erstmals in der frühen Agrarliteratur erwähnt wird.[35] Die einfeldrige Egge wurde nach Ausweis mehrerer bildlicher Darstellungen von einem Pferd gezogen.

Eine bedeutsame Neuerung im Fundus der Bodenbearbeitungsgeräte stellt während unserer Untersuchungszeit die Walze dar. Als Handgerät außerhalb Deutschlands vereinzelt schon im Spätmittelalter vorkommend (Abbildung im Luttrell-Psalter) und als Anspanngerät im 16. Jahrhundert in Frankreich und England literarisch bezeugt[36] sowie auf einem deutschen Druck von 1546 zufrühst abgebildet (Abb. 68), tauchen Hinweise

Abb. 68. Schollenbrecher (links) und Walzengespann, süddeutsch. — Hans Sebald Beham.

auf die tatsächliche Verwendung der Ackerwalze seit etwa 1500 auf. Der „Heimknecht" des Mainzer Wirtschaftshofs zu Erfurt wird um 1518 angewiesen, die Äcker zu *weltzen*,[37] wobei das Nebeneinander mit dem *egen* ‚eggen' auf Gespannarbeit deutet. Walzen im Wirtschaftsinventar lassen sich wie folgt nachweisen: bei größeren Bauern 1568/71 Ziegenhain und Wahnitz Kr. Meißen/Kursachsen, 1569 Schlauditz Kr. Altenburg,[38] auf feudalen Eigenwirtschaften: ohne Datum (16. Jahrhundert) Amt Nienburg/Anhalt, 1603 Siegersleben Kr. Wanzleben/Magdeburg, 1628 Herrschaft Wechselburg und Penig Kr. Rochlitz/Kursachsen.[39] Die weitere Verbreitung dieses Gerätes, das nicht zum Standard der Agrikultur des voll entfalteten Feudalismus in Deutschland gehört hatte, erfolgte größtenteils erst in den folgenden Jahrhunderten und war noch um 1800 nicht abgeschlossen. Das ist bemerkenswert, denn es handelte sich um ein rein hölzernes, einfach herzustellendes Gerät (mit oder ohne Längsleisten), das die Zerkleinerung der Erdschollen arbeitsökonomisch wesentlich effektiver besorgte als das Zerschlagen von Hand mit Schollenhämmern.

In den Lößzonen nördlich der Mittelgebirge konzentrieren sich die frühen Nachweise. Der regionale Ausgangspunkt dürfte jedoch im west- bzw. südwestdeutschen Bereich zu suchen sein. Dafür spricht außer den Frühbelegen aus der französischen Nachbarschaft

[35] Schröder-Lembke 1965, S. 57.
[36] Parain 1966, S. 154f.
[37] Michelsen 1853, S. 40.
[38] Staatsarchiv Dresden (wie Anm. 34), Nr. 97; Hist. Staatsarchiv Altenburg, AG Altenburg C. I. 1, Bd. 15 (Hinweise durch Rudolf Quietzsch).
[39] Kraaz 1898, S. 74; Wiswe 1953, S. 87; Ackermann 1911, S. 126f.

(und dem romanisch-mediterranen Raum allgemein) sowie dem oben erwähnten Holzschnitt mit dem Druckort Frankfurt auch die Tatsache, daß sich im Deutschen gemeinsprachlich nicht die mitteldeutsche Lautform *Welze, welzen*, sondern unumgelautetes oberdeutsch *Walze, walzen* durchsetzte — ein Parallelfall übrigens zur Lautgeschichte von *drucken*. Laut- und wortgeographische Untersuchungen werden möglicherweise das in Frage kommende Gebiet noch näher eingrenzen können, wobei das ursprüngliche Vorhandensein der Synonyma *Walbloch, -ploch, -bruch, -holz* sowie des Verbums *walen*[40] zu beachten ist.

Hinsichtlich der Erntegeräte für Getreide ist in Deutschland um 1500 die landschaftliche Konzentrierung auf Sichel, Sichte oder Sense bezeichnend.[41] Das gilt vor allem für Wintergetreide, während beim Sommergetreide eine einheitlichere Entwicklung beobachtet werden kann. Bei der *Sichel*, meist gezähnt (Abb. 69, 70), handelt es sich um das traditionelle Gerät zum Getreideschnitt, das am wenigsten arbeitssparend war, aber ein Minimum an Körnerverlust garantierte. Es herrschte südlich der Mittelgebirge sowie (für die Wintergetreideernte) im mitteldeutschen Raum vor. Die *Sichte*, eine einarmig gehandhabte

Abb. 69. Grasmahd mit der Sense, Getreideschnitt mit der gezähnten Sichel. Süddeutschland. — Hans Vintler.

Hausense mit kurzem, gewinkeltem Baum, leistete im Verein mit dem dazugehörigen Linkhandgerät *Mathaken* (zum Abteilen der Halme für jeweils einen „Hau") etwa doppelt so effektive Arbeit wie die Sichel. Die Getreidesichte (Taf. II u. III unten) verbreitete sich von ihrem spätmittelalterlichen Ausgangsgebiet, Flandern-Niederlande, her in den nordwestdeutschen Landschaften, vor allem Niederrhein, Westfalen, Niedersachsen sowie in Teilen Schleswig-Holsteins. Die *Sense* oder *Seisse* (Abb. 69), ursprünglich und weiterhin

[40] Grimm DW 1922, 13, Sp. 1070, 1215ff., 1404f.; vgl. auch Müller J. 1928, 1, Sp. 790.
[41] Die einleitenden Fakten und Thesen nach Lühning 1951; vgl. auch Schmidt L. 1950a und 1952b.

das Gerät für die Wiesenmahd, wurde um 1500 ebenfalls häufig in der Getreideernte eingesetzt, wo sie eine gegenüber dem Sichelschnitt mindestens verdoppelte Arbeitsproduktivität erzielen half. Die Sensenmahd von Wintergetreide ist in Norddeutschland zu Hause.

Am Ende der Entwicklung der schneidenden Erntegeräte bis zum Vorabend der Teilmechanisierung durch Mähmaschinen ausgangs des 19. Jahrhunderts steht bekanntlich der Sieg der Sense über die Sichel (und teilweise auch über die landschaftlich zäh behauptete Sichte) als des vergleichsweise entwickelteren Geräts über das einfachere. Dieser „gesetzmäßige" Weg war um 1500 bereits vorgezeichnet, ohne daß sich diese Zeit als besondere Zäsur heraushebt. Die oben skizzierten Verbreitungsstrukturen können durchaus älter sein, sie überschnitten sich außerdem teilweise. In den Marschen erntete man den Weizen noch lange mit der Sichel. In Flandern kam im weiteren Verlauf des 16. Jahrhunderts neben dem „Hauen" mit der Sichte auch schon die Sensenmahd von Roggen auf, wie die Bilder „Kornernte" (1565) und „Sommer" (1568, Taf. III oben) von Pieter Brueghel d. Ä. zeigen.[42] Ähnlich war es offenbar in Ostfriesland, wo Ende des 16. Jahrhunderts vereinzelt belegt ist, daß Heidekraut *gehauen*, aber Roggen *gemehet*, also mit der Sense(?) geerntet wurde.[43]

Das Zentrum der Sensenmahd von Wintergetreide ist jedoch nicht im westlichen, sondern im östlichen Norddeutschland zu suchen. Dem sehr frühen neumärkischen Beleg von 1439[44] lassen sich für die Zeit um 1525 weitere — indirekte und direkte — aus Mecklenburg und seinen Randgebieten hinzufügen: Detaillierte Schadensrechnungen ratzeburgischer Bauern von 1530 nennen bezeichnenderweise gar keine Sicheln, sondern ausschließlich *Seitzen* und *Leeseitzen*.[45] Die Bauern von Klockenhagen bei Ribnitz/Mecklenburg setzten ihre Forderungen gegen die Klosterverwaltung während der Roggenernte des Jahres 1526 durch, indem sie *mit eren seyßen* drohten.[46] Nach strelitzischen und uckermärkischen Quellen von 1512 bzw. 1528 geschah das *Meyhen* aller Getreidearten einheitlich,[47] d. h. offensichtlich mit der Sense. Nimmt man — wie im letzten Fall — generell die Wortgeschichte zu Hilfe, was legitim ist, da die zeitgenössischen Quellen sehr genau zwischen *schneiden* ‚mit der Sichel ernten' und *mähen* bzw. *hauen* ‚mit der Sense (Sichte) ernten' unterscheiden, so zeichnen sich Ostholstein, Mecklenburg und Vorpommern, die Altmark, ferner weite Teile der Kur- und Neumark, Pommerns sowie West- und Ostpreußens ziemlich klar als Traditionsgebiete der Sensenmahd ab. Weder *sniden* noch *Sekel* o. ä. (ein Wort, das z. B. im Mecklenburgischen alt überhaupt nicht belegt ist) spielen hier eine Rolle in der volkssprachlichen Ernteterminologie.[48] Damit deutet sich aber auch an, daß dieser Befund möglicherweise älter ist und zeitlich vor das 15./16. Jahrhundert zurückgeht; andernfalls würden nämlich zu dieser Zeit noch Reste einer vorausgegangenen Sichelkultur zumindest im Wortschatz existiert haben. Selbst im Sprichwort gibt es keine Anklänge mehr: Von einem, der sich in eine fremde Sache mischt, sagte man auf der Insel Rügen um 1525/31, daß er *seine seisse in eines andern korn* (d. i. Roggen!) *settet*.[49]

[42] Friedländer 1937, 14, S. 60, Taf. XXVII; „Sommer": vgl. Taf. III.
[43] Wiemann 1959, S. 66f.
[44] Lühning 1951, S. 368.
[45] Lisch 1851, S. 90.
[46] Techen 1909, S. 145f.
[47] Steinmann P. 1960, S. 297 (Möllenbeck Kr. Neustrelitz); Devrient 1914, 1, S. 232 (Boitzenburg Kr. Templin).
[48] Vgl. die einschlägigen Mundartwörterbücher, die hier nicht bibliographiert werden können.
[49] Frommhold 1896, S. 64.

Genauere historische Grenzlinien im Süden der Norddeutschen Tiefebene zu ziehen, erlaubt die gegenwärtige Quellenkenntnis noch nicht. Die wortgeschichtlichen Indizien sind aber durch entsprechende Belege sicherlich vermehrbar. Probehalber wurden anhaltinische Amtsregister mit ihren sporadischen Angaben aus der Zeit 1557—1586 ausgewertet; darin sind bezeichnenderweise für die mittleren Landesteile um Bernburg *schnitter* in der Roggen- und Weizenernte erwähnt,[50] für die nordöstlichen dagegen *meger* bzw. Leute, die alles Getreide *mehen*, also mit der Sense ernten, wobei die Orte auf der Linie Lindau—Zerbst—Steutz—Rosslau—Coswig—Griebo zu dem hypothetischen Sensengebiet gehören.[51] Die Elbe scheint hier die Grenze zu bilden, was übrigens weitere ethnographische und agrarhistorische Probleme aufwirft.

Gegenüber der Sensenmahd von Wintergetreide war die von Sommergetreide im 15./16. Jahrhundert weitaus verbreiteter und keineswegs beschränkt auf Norddeutschland. In westlichen und östlichen mitteldeutschen Gebieten unterschied man zu dieser Zeit ziemlich konsequent das *Schneiden*, also den Sichelschnitt des Roggens und Weizens, vom *Mähen* oder *Hauen*, d. h. von der Sensenmahd des Grases, des Hafers, teilweise auch des Spelzes. Als Belege seien aufgeführt 1437/38 St. Goar/Nassau, 1447/48 Landskron a. d. Ahr, 1513 Pratau b. Wittenberg, 1525/26 Völkershausen und Seibis/Thüringen, 1580 Taubenheim b. Meißen.[52] Gelegentlich wird in Bestandsverzeichnissen auch direkt eine *Habersense* wie 1580 Friedland/Nordböhmen[53] oder eine *Wick(en)sense* wie 1553 Mockern b. Altenburg[54] aufgeführt. — In geringerem Maße hatte sich die Sense das „Sommerfeld" in den süddeutschen Territorien erobert. *Habersegesen* bzw. Sensen mit *Haberreff*, d. h. einer Ablagevorrichtung zum Ausschwaden des gemähten Hafers, kommen zwar im 16. Jahrhundert im neckarschwäbischen Gebiet vor,[55] und der — im Frondienst offenbar mit der Sense abzuleistende — *Habertag* steht in den Quellen dem auf die Sichel bezogenen *Schnidtag* gegenüber, aber es gibt auch ausdrückliche Belege dafür, daß selbst der Hafer (ganz zu schweigen von der Gerste) noch mit der Sichel geschnitten wurde, besonders aus dem Fränkischen.[56]

Der Gebrauch der Sense zum Getreidemähen war folgerichtig verbunden mit einer funktionalen Umgestaltung des Geräts, nämlich der Entwicklung spezieller Getreidesensen. Die Hafersense mit Ablagevorrichtung in Gestalt eines Korb- oder Zahnreffs dürfte die ältere Form sein. Sie wurde dann offenbar auch zur Roggenmahd übernommen, wie uns ein Bild aus der Zeit um 1500 (Taf. IV) zeigt. Wir haben auf dieser — vorläufig ganz isolierten — Darstellung zum ersten Mal eine norddeutsche Getreidesense vor uns, die eindeutig eine Ablagevorrichtung in Form eines Zahnreffs besitzt; dieses Reff, nd. *Haken*, besteht aus mehreren gewinkelten Streben, die parallel zum Baum und zum Sensenblatt verlaufen. Daß es sich bei dem Mähgut um Roggen handelt, läßt sich nicht nur aus der Halmhöhe erschließen, sondern auch aus schriftlichen Nachrichten ablesen: Die *Seytzenhaken* bzw. die *tho Behoff der seissen* dienenden *par haeken*, die 1548/49 bzw. 1575/76 von

[50] Specht 1938, 2, S. 3, 91 u. ö.

[51] Specht 1940, 3, S. 14, 61, 147, 218, 296.

[52] Demandt 1953/57, S. 1764, 1769; Frick/Zimmer 1966, 2, S. 12, 19f.; Schulze 1896, S. 368; Merx 1923/34, 1, S. 657; Fuchs 1942, 2, S. 628f.; Haun 1892, S. 91.

[53] Dittrich/Schier 1968, S. 379.

[54] Hist. Staatsarchiv Altenburg, AG Altenburg C. I. 1, Bd. 11, fol. 140v.

[55] Jänichen 1970, S. 37f. Die Annahme einer Sensenmahd des Roggens kann ich nicht teilen.

[56] Grimm WT 1957, 6, S. 58f.; Dinklage 1954, S. 91, 102.

Wismarer und Rostocker Stadtgütern angeschafft wurden,[57] kamen in der Roggenernte zum Einsatz. Der Gebrauch solcher Geräte mit Ablagevorrichtung, *Hakenseißen*, zeigt nun an, daß der Roggen zu dieser Zeit „ausgeschwadet" und noch nicht an das Stehende „herangemäht" wurde. Später ändert sich die Technologie: Die *Hakenseiß*, das Gerät zum *Utswaden*, blieb im wesentlichen auf die Hafer- und Weizenernte beschränkt, während man zum *Bihaugen* des Roggens die *Boegelseiß* verwendete. Auf Brueghels schon erwähntem „Sommer"-Bild (Taf. III oben) ist deutlich eine Bügelsense zu erkennen, die einen dünnen Rutenbogen zwischen Baum und Blatt besitzt, kein Reff. Diese Bügelsensen repräsentieren somit einen abermaligen Fortschritt, der — unter Vermeidung des „mecklenburgischen" Umwegs über die Reffsense — direkt aus einer entwickelten Form der Grassense erwachsen sein kann.

Abb. 70. Frau und Mann beim Kornschneiden mit der Sichel, Süddeutschland. Die Sicheln besitzen gezähnte Schneiden. — In der Art des Hans Sebald Beham.

Die Entwicklung zur Roggensense spielte sich jedenfalls im norddeutschen Raum ab, nicht etwa in Süddeutschland, wo die Bauern beim Sichelschnitt des Wintergetreides verblieben, wo sich andererseits aber in mehreren Gebirgslandschaften die Sensenschmieden auf den ständig steigenden Bedarf an Sensenblättern einstellten. So existierten in Oberösterreich und Steiermark im 16. Jahrhundert leistungsfähige spezielle Sensenhämmer mit steigender Produktionskapazität, und um 1585 gelang dort erstmals die Technisierung des Ausschmiedens der Sensenblätter.[58]

Unter anderen Aspekten werden die Erntegeräte unten noch mehrfach zur Sprache kommen. An dieser Stelle sei hinzugefügt, daß sich mit der Durchsetzung der Getreidesense auch neue Formen der geschlechtlichen Arbeitsteilung ergaben: Die Sensenmahd war

[57] Stadtarchiv Wismar, Kloster Hl. Geist, Rechnungsbuch 1552/53; Stadtarchiv Rostock, Kämmereigut Stuthof, Rechnungen 1575/76.

[58] Ilg 1948, S. 189; Fischer F. 1966, dazu Rez. H. Wilsdorf in DJV 13 (1967) S. 466.

— im Gegensatz zum Sichelschnitt (Abb. 70) — fast ausschließlich Männerarbeit, wodurch sich die Arbeit der Frau im Rahmen des neuartig gestalteten Ernteverfahrens zunehmend auf Hilfs- und Nebenarbeiten verlagerte. Nur noch für Süddeutschland konnte der „Sensenschmidt" des Hans Sachs 1568 glaubhaft versichern:

Auch mach ich Sichel mancherley,
darmit man einschneid das Getreid
durch alte Weiber vnd Bauwrn Meid.

Bei den Dreschwerkzeugen (Taf. V) und -verfahren ist während der Untersuchungszeit keine Neuerung feststellbar. Dresch-, Getreidereinigungs-, Sämaschinen u. a. sind in Deutschland während dieser Zeit offensichtlich nicht erfunden geschweige denn angewendet worden. Weitere Fortschritte machte die — außerhalb der bäuerlichen Agrikultur stehende — Mühlentechnik. Hier ist zusätzlich zu dem schon vorhandenen Stockgetriebe die Zwischenschaltung einer weiteren (Stirnrad-)übersetzung, des „Vorgeleges", bemerkenswert, wodurch von einem Kraftrad jetzt mehrere Mahlgänge angetrieben werden konnten.[59]

Bei den Kulturpflanzen ist auf einige Neuerungen bzw. Verschiebungen in den Anbauprogrammen hinzuweisen. Zweifellos dominierte weiterhin der Getreidebau, der in sich eine gewisse Tendenz der Zunahme des Weizens erkennen läßt. Diese ist nur selten quantifizierbar, da die urbarialen und anderen Quellen normalerweise Rentenbezüge anhand der verschiedenen Getreidearten fixieren, nicht aber Saat- oder Erntemengen aufführen. Tatsächliche Aussaatverhältnisse, wie sie aus der Zeit nach 1550 vereinzelt rekonstruierbar sind, deuten darauf hin, daß der Weizenanteil in der Norddeutschen Tiefebene vergleichsweise am geringsten war; er betrug z. B. 1558 in 22 Dörfern des mecklenburgischen Amts Bukow 5 Prozent unter den vier Hauptgetreidearten,[60] 1585/86 auf den anhaltischen Vorwerken Freckleben und Mehringen 6 Prozent,[61] dagegen 1554 auf drei landesherrlichen Vorwerken um Weimar 26 Prozent.[62] In der Dresden-Meißner Elbtallandschaft waren Vorwerke und Bauern schon seit Ausgang des 15. Jahrhunderts zu verstärkter Weizenproduktion — teilweise statt Hafer — übergegangen,[63] und mit einem erhöhten Weizenanbau wird man in Entsprechung zu den dortigen Nahrungsgewohnheiten wohl auch in Süddeutschland rechnen müssen. Wichtigstes Brotgetreide, zumal auf dem Lande, blieb aber der Roggen (*Korn*), daneben im Südwesten Deutschlands der *Fesen* oder Spelz, eine anspruchslosere, genetisch alte Weizenform, die auch in Thüringen — dort meist *Dinkel* genannt — vielfach angebaut wurde und wohl gemeint ist, wenn in dortigen Quellen um 1500 neben Roggen von *Korn* oder *frumentum* ‚Brotgetreide' die Rede ist.[64]

Ertragsberechnungen sind aufgrund der Quellenlage kaum anzustellen. Eine Ausnahme bilden wiederum die drei thüringischen Vorwerke Weimar, Bachstedt und Cöttendorf, auf denen um die Mitte des 16. Jahrhunderts folgende Erträge — als Vielfaches von der

[59] Gleisberg 1970, S. 58ff.
[60] Tessin 1938, 2, S. 121–151.
[61] Specht 1938, 2, S. 91f.
[62] Kius 1864, S. 141–143; meine ursprüngliche Vermutung, bei dem „Weizen" handele es sich wohl um Spelzweizen/Dinkel (Bentzien 1975, S. 32, Anm. 44), ist in bezug auf diese Quelle offensichtlich falsch.
[63] Dame 1911, S. 119.
[64] Michelsen 1853, S. 36. Fehlinterpretation (?) in bezug auf eigentlichen Weizen durch Elbracht 1957, S. 87f.

Aussaat — eingebracht wurden: bei Weizen 4,42, bei „Gemangkorn“ 5,27, bei Roggen 4,51, bei Gerste 4,53, bei Hafer 4,15.[65] Auf guten Böden mag es in guten Erntejahren höhere Erträge gegeben haben, wie sie aus der Billwärder Marsch gemeldet werden: „gifft 1 schepel 10 schepel wedder“ (1580).[66]

Beachtung verdient als Grütz„korn“ der Buchweizen. Sporadisch schon im Hochmittelalter vorkommend (s. Kapitel 2), hatte er sich via Mittelasien — Schwarzmeergebiet — Levante — Venedig — Oberdeutschland oder auch auf direktem Weg von Rußland — Polen vor allem seit dem 15. Jahrhundert in Deutschland verbreitet,[67] was mit der Agrarkrise bzw. der Fehdezeit im Zusammenhang stehen kann, da diese Pflanze rasch zur Reife gelangt, andererseits aber ertragsunsicher ist. Sie erreichte bezeichnenderweise nicht im 16., sondern im 17./18. Jahrhundert ihre stärkste Verbreitung in verschiedenen deutschen Territorien.

Außerhalb und in Ergänzung des nach wie vor krisenanfälligen Getreidebaus wuchs die Bedeutung des Anbaus von Obst, Gemüse und Handelsgewächsen aller Art. Der Weinbau erreichte die größte geographische Verbreitung, die er jemals in Mitteleuropa hatte (nämlich bis in Ostseeküstennähe); ähnliches gilt vom Hopfen. Von den sonstigen Gewächsen einschließlich Obst, Gemüse, Textilpflanzen usw. sei auf zwei besonders hingewiesen: zunächst den Rübsamen oder Rübsen, der als Frucht für die Gewinnung fetter Öle größte Wichtigkeit erlangte.

Rübsen (Brassica rapa), eng verwandt dem anspruchsvolleren, offenbar noch kaum bekannten Raps (Brassica napus), war um 1500 auffällig stark verbreitet.[68] Ohne die folgenden Angaben zu belegen, seien als Verbreitungsgebiete genannt: Flandern und Niederlande, Ordensland Preußen, Mittelelbegebiet, Kursachsen, Thüringer Becken, Badische Pfalz, Mittelrhein, Schwaben. Wahrscheinlich hat es sich überwiegend um Winterrübsen gehandelt; ausdrücklich wird nur einmal 1529 Rochlitz/Kursachsen von *Winter Rubsamen* gesprochen,[69] was immerhin die Existenz von Sommerrübsen voraussetzt.

Als zweites, regional noch ausgeprägteres Beispiel ist auf den Waid (Isatis tinctoria) hinzuweisen, eine Pflanze, aus deren Blättern blauer Farbstoff hergestellt wurde. Großabnehmer waren die Textilzentren Flandern und Oberlausitz, Anbauzentren — außer Flandern und den Niederlanden selbst — das Niederrheingebiet um Jülich und vor allem die Gegend um die thüringischen „Waidstädte“ Erfurt, Gotha, Arnstadt, Langensalza.[70] Hier bestimmte der Waidanbau, der schon im Spätmittelalter stark verbreitet gewesen war, örtlich die Struktur des Pflanzenbaus überhaupt, wenn er auch nicht Züge einer Monokultur angenommen haben dürfte.

In den weiteren Bereich des Kulturpflanzenbaus gehört spätestens seit dem 15. Jahrhundert auch die Wiesenwirtschaft. Mittelrheinische Quellen belegen seitdem, daß Lohnarbeitskräfte einer feudalen Eigenwirtschaft „grais zeeden up Schouyffs [Personenname] weissen“ (1465 Landskron an der Ahr),[71] also die planmäßige Grasansaat auf Wiesenareal. Wiesenbewässerung war im Gebirge und Gebirgsvorland weiterhin üblich; Weistümer regelten den Bewässerungsturnus, ferner die Hegung der Wiesen vor weidendem Vieh.

[65] Kius 1864, S. 144.
[66] Finder 1935, S. 162.
[67] Bertsch/Bertsch 1947, S. 232f.; Rainer 1961.
[68] Vgl. Schröder-Lembke 1976.
[69] Staatsarchiv Dresden, Finanzarchiv, Loc. 32. 466, Inv.
[70] Mägdefrau 1973; dort weitere Literatur.
[71] Frick/Zimmer 1966, 2, S. 39.

Viehwirtschaft

Auf dem Gebiet der Viehwirtschaft (vgl. Taf. VII) beansprucht die Lösung der Spanntierfrage nach wie vor besonderes Interesse. Hier setzte sich generell und offenbar beschleunigt eine Entwicklungslinie fort, die schon seit dem Hochmittelalter eindeutig in Richtung auf den stärkeren Einsatz des Arbeitspferdes gegenüber dem Ochsen verlief. Vor Ackerwagen und Egge hatte sich die Pferdeanspannung bereits fast überall durchgesetzt, während die Pfluggeräte teilweise noch mit Ochsen bespannt wurden. Das geschah namentlich bei den Pflügen und *Arlen* in Süddeutschland sowie den *Haken* der ostelbischen Gebiete, während eigentliche (Beet- oder Kehr-) Pflüge sonst überwiegend von Pferden gezogen wurden. So zeigen es auch die zeitgenössischen Abbildungen um 1500, auf denen freilich das Ochsengespann noch keineswegs völlig fehlt (Abb. 67, 71). Aber von einer Dominanz der Ochsen — oder gar von Zugkühen — beim Pfluganspann in den südlichen Terri-

Abb. 71. Oberpfälzer Pfluggespann: „Altdeutscher" Beetpflug, Radvorgestell, Rinderpaar im Stirndoppeljoch.

torien kann nicht die Rede sein. Mir scheint, als habe sich die im 19. und frühen 20. Jahrhundert so auffällig quer durch Deutschland verlaufende „Spanntiergrenze"[72] überhaupt erst in jüngerer Zeit ausgebildet. Als vorweggenommenes Einzelbeispiel sei angeführt, daß die Bauern von Gruorn Kr. Urach/Schwäbische Alb im Jahre 1530 zusammen 110 Pferde hielten, 1829 aber nur noch 58 und 1907 44 (wobei die Einwohnerzahl von ca. 160 über 194 bis 706 gestiegen war).[73] Dahinter dürfte eine Reaktivierung des Ochsen- und das Aufkommen des Kuhanspanns stehen, was wiederum durch die Entwicklung der Betriebsgrößenverhältnisse mit verursacht sein kann.

Das Kerngebiet der Haltung von Arbeitspferden war um 1500 sicherlich unbestritten Norddeutschland, von wo teilweise ganz erstaunliche Zahlen vorliegen; beispielsweise büßten 1530 19 Bauern in Dörfern des Stifts Ratzeburg durchschnittlich (!) 13 Pferde ein.[74] Aber auch in Mittel- und Süddeutschland galt das Pferd zu dieser Zeit als normales Spanntier vor allen Ackergeräten. Davon zeugen die Bilder vieler südwestdeutscher Frühdrucke ebenso wie das regelmäßige Vorhandensein von je zwei bis vier Pferden auf den Vollbauernwirtschaften mitteldeutscher Landschaften im 16. Jahrhundert[75] oder auch die

[72] Jacobeit 1957.
[73] Schlegel 1967, S. 30 (26).
[74] Lisch 1851, S. 86f.
[75] Zu dieser Frage ließen sich die „Erbbücher" kursächsischer Ämter und die oft auf der Grundlage der Viehstände zusammengestellten „Türkensteuerregister" (1542ff.) weiter auswerten. Von mir überprüft: Staatsarchiv Magdeburg (Wernigerode), Rep. A 37a, Tit. XXVIII, Nr. 1, vol. II (Eichsfeld) und Rep. D, Amt Eckartsberga, Tit. A I, Nr. 2.

Tatsache, daß das Pferd allenthalben die geforderte Fronleistung beim Pflügen verkörperte und in differenzierender Weise den Standard der Bauernwirtschaft ausmachte. 1495 rechnete das Kloster Söflingen bei Ulm generell auf „ainen aigen Pflug" vier Pferde, 1520 das Kloster Marchtal auf einen jeden „arman" (*arm man* ‚Bauer') vier Rösser oder weniger, 1530 die Erolzheimer Ordnung auf eine *mäni* (Pfluggespanneinheit) vier Pferde.[76] Bei

Abb. 72. Oberfränkisches/Österreichisches Pfluggespann: „Altdeutscher" Beetpflug, Radvorgestell mit Waage und Ortscheiten, Pferde in Kummetgeschirren.

Plünderungen von Bauernwirtschaften in den Bauernkriegszentren Südwestdeutschlands fielen den Landsknechtshaufen überall auch Pferde zu. Die Orientierung auf das effektivere, vielseitiger einsetzbare, aber auch kostspieliger zu unterhaltende Arbeitspferd war also recht allgemein vorhanden, blieb aber — wie schon angedeutet — in den folgenden Jahrhunderten nicht überall von Bestand. — Züchterischer Fortschritt als Begleiterscheinung zur Quantität der Pferdehaltung ist nirgendwo — auch nicht im Norden — erkennbar.

Etwas anders lagen die Verhältnisse auf dem Gebiet der Rinderhaltung. Hier beeindruckt nicht die Quantität in den einzelnen Wirtschaften — als Faustregel kann angenommen werden, daß höchstens ein Rind auf ein Pferd entfiel —, sondern die Zahl des importierten Viehs. Deutschland war nicht „fleischautark", so daß während des gesamten 16. Jahrhunderts und darüber hinaus massenhaft dänische, podolische und ungarische Rinder — vor allem Ochsen — eingeführt wurden. In Gottorf an der dänischen Grenze wurden um 1500 jährlich etwa 20000 Ochsen verzollt, um 1520 knapp 30000 und zwischen 1545/78 ca. 40000 pro Jahr.[77]

Innerhalb der deutschen Grenzen wurde die Rindviehhaltung größtenteils traditionell betrieben. Normalerweise gab es noch keinerlei Zuchtauswahl, der Stier ging mit der Herde. Aber die allerersten Anfänge überregionaler Einkreuzungen zeigen sich doch: Der „freische" (d. h. friesische) Bulle war schon während des 15. Jahrhunderts in den Zuchtbestand auf dem Hellweg — in der Soester Gegend — eingegangen[78] und gelangte spätestens um 1580 auch nach Schleswig;[79] 1525 wurde erstmals Walser Rindvieh in den tirolischen Vintschgau gebracht.[80] Um noch ausgedehntere Fernbeziehungen handelte es sich, wenn auf kursächsischen Vorwerken friesisches und schweizerisches Zuchtvieh eingestellt

[76] Gehring 1941, 3, S. 229, 677 u. ö.
[77] Wiese-Bölts 1966, S. 61 f.
[78] Kuske 1943, S. 50.
[79] Wiemann 1969, S. 477.
[80] Stolz 1930a, S. 92.

Abb. 73. Frauen beim Melken und Buttermachen mit dem Stoßbutterfaß. Süddeutschland. – In der Art des Hans Sebald Beham.

wurde[81] – ein noch ganz vereinzelter und überdies erst später, nämlich 1569/75, greifbarer Vorgang, der jedoch eine bedeutende Perspektive besaß. Das Rindvieh aus den bioklimatisch bevorzugten Weideregionen im Alpen- und Nordseegebiet war den anderen landschaftlichen und lokalen Rassen offensichtlich überlegen und teilweise als Zuchtmaterial schon begehrt, ohne seinerseits nach heutigen Maßstäben besonders leistungs-

Abb. 74. Mann mit Häcksellade auf der Schulter. Süddeutsch.

[81] Falke 1868, S. 102f.; vgl. Ackermann 1911, S. 90.

fähig zu sein; nach Berechnungen aufgrund ostfriesischer Quellen um 1521 soll eine Kuh täglich immerhin bis zu 10 Liter Milch geliefert haben.[82]

Bei der Schweinehaltung sind keine wesentlichen Fortschritte erkennbar. Die Schweine, den Abbildungen nach zu schließen, immer noch wildschweinähnliche Tiere mit schmalen Köpfen, spitzen Rüsseln und scharfen Rücken, wurden wie seit eh und je auf die Weide und zur Mast in die Buchen- und Eichenwälder getrieben. Eber und Sauen weideten zusammen, doch sah man teilweise wenigstens darauf, daß dies zwischen Jacobi (25. 7.) und Ägidi (1.9.) unterblieb, „damit keine Martensverken zukohmen", wie es eine mecklenburgische Amtsordnung von 1568 bestimmte.[83]

Zunehmende Tendenz zeigt die Schafhaltung in dieser und teilweise schon in der vorangegangenen Zeit des 14./15. Jahrhunderts. Dieser Komplex ist jüngst, historisch konkret bezogen vor allem auf die Bauernkriegszeit, gesondert abgehandelt worden[84] und wird unten bei der Behandlung der feudalherrlich-bäuerlichen Beziehungen nochmals zur Sprache kommen. Hier möge der Hinweis genügen, daß mit der Expansion dieses Zweiges der Viehwirtschaft offenbar keine Aufbesserung der heimischen Rassen verbunden war.

Der vorstehende Versuch, neue oder modifizierte landwirtschaftliche Geräte und Verfahren, Kulturpflanzen und Haustiere während der Jahrzehnte um 1500 nach dem Stand und der Tendenz ihrer Entwicklung zu charakterisieren, ist — darauf soll nochmals ausdrücklich hingewiesen werden — mit einem Unsicherheitsfaktor belastet: Es besteht die Möglichkeit, daß manche hier herausgestellte und zeitlich vage fixierte Neuerung vielleicht nur scheinbar eine solche war — scheinbar deshalb, weil uns das einsetzende „Aktenzeitalter" im 15. und 16. Jahrhundert „Erstbelege" von Dingen vermittelt, die möglicherweise schon vorher vorhanden waren, aber von den noch spröderen älteren Quellen verschwiegen werden. Diesen Unsicherheitsfaktor vorausgesetzt, halte ich für unbedingt dem 15./16. Jahrhundert zugehörig die folgenden Novationen: das gewundene Pflugstreichbrett, die Mehrscharigkeit sowie die Ackerwalze, die Anfänge der Rinderzucht und die Expansion der Schafhaltung, ferner bedingt die vierte Furche zur Wintersaat, den Kehrpflug und die eisenzinkige Egge sowie den Rübsen- und den massenhaften Waidanbau. Weitere progressive Tendenzen wie das fernere Vordringen von Getreidesichte und -sense, des Beetpfluges und der Pferdeanspannung waren offenbar schon seit langem im Gange und setzten sich kontinuierlich fort. Insgesamt gab es demnach in Deutschland während der Ära der frühbürgerlichen Revolution — im zeitlich weitesten Sinne — tatsächlich ein gegenüber dem hochmittelalterlichen Standard fortgeschrittenes Niveau der Agrikultur, ja es läßt sich sagen, daß viele Verbesserungen, die erst im 19. Jahrhundert endgültig zum Sieg gelangten, um 1500 besonders bei den Produktionsinstrumenten schon antizipiert erscheinen. Dabei ist es keineswegs so, daß etwa vom späteren 16. bis 19. Jahrhundert der Fortschritt dann kontinuierlich verlaufen wäre. Abgesehen von dem Rückschlag, den die Verwüstungen des Dreißigjährigen Krieges brachten, kam es im weitgehend refeudalisierten Deutschland durchaus auch zu sonstigen regressiven Tendenzen in der Agrikultur. Hingewiesen sei nur auf die Reaktivierung des genetisch älteren Hakens gegenüber dem Beetpflug in Mecklenburg und einigen seiner Randgebiete[85] oder auf den oben schon

[82] Wiemann 1969, S. 455—457.
[83] Wossidlo-Teuchert 1976, 6, Sp. 1209.
[84] Quietzsch 1975; vgl. allg. auch Jacobeit 1961.
[85] Bentzien 1969, S. 153—176.

erwähnten Rückgang des Pferdeanspanns, der seine zusätzliche Motivation darin besaß, daß die Bauern das vergleichsweise wertvollere Zugvieh nicht im (gesteigerten) Frondienst ruinieren wollten und sich daher auf Rinderanspannung verlegten. So war es beispielsweise im reußischen Vogtland, wo die Bauern zunächst ausschließlich mit Pferden die Pflugfron verrichteten, sich um 1700 aber auf Ochsenanspannung umstellten.[86] Gegenüber solchen zwar nicht bestimmenden, aber doch vorhandenen späteren Entwicklungstendenzen erscheint die Bauernkriegszeit — wiederum unter Einschluß der voraufgehenden und der folgenden Jahrzehnte — als eine Periode, in der sich das Zusammenlaufen gewisser progressiver Entwicklungslinien in der Agrikultur auffällig abzeichnet.

Sozialökonomische und kulturelle Zusammenhänge

Als erstes soll eine räumliche Präzisierung des oben geschilderten Befundes versucht werden, da sich auf diesem Wege die Gesamtproblematik verhältnismäßig günstig angehen läßt. Eine Vorfrage gilt dabei dem Niveau der deutschen Landwirtschaft insgesamt im Vergleich zu dem in den Nachbarländern bzw. in Europa überhaupt. Die Antwort kann nur sehr pauschal ausfallen, da das europäische Vergleichsmaterial für mich nicht vollständig überschaubar ist. Sie hängt außerdem davon ab, ob man die Niederlande den deutschen Territorien zurechnet oder nicht: Wenn nicht (wofür die eben zu dieser Zeit einsetzende staatliche Ausgliederung spricht), so gilt weiterhin Engels' schon 1850 getroffene Feststellung, daß nämlich Deutschland am Vorabend des Bauernkrieges hinsichtlich des landwirtschaftlichen Niveaus hinter den Niederlanden zurückgestanden habe.[87] Als nordwesteuropäisches Zentrum des landwirtschaftlichen Fortschritts hat der französische Mediävist Ch. Parain Ost-England, Nord-Frankreich, Flandern und das Rheinland herausgestellt,[88] also auch im engeren Sinne deutsche Territorien in Grenzlage. England hatte übrigens auch Engels schon neben den Niederlanden als progressives Beispiel hervorgehoben. Frankreich, von wo die deutsche Landwirtschaft u. a. die Ackerwalze bezog, kann dem an die Seite gestellt werden, wenn das dortige Niveau auch erst im weiteren Verlauf des 16. Jahrhunderts beispielgebend geworden sein dürfte.[89] Auf eine französisch-burgundische Novation, das gewundene Pflugstreichbrett (Abb. 62), wurde oben schon verwiesen. Ebensowenig darf Oberitalien beiseite gelassen werden, wenn es um fortschrittliche Agrikultur dieser Zeit geht; erwähnt sei die Konstruktion einer Sämaschine durch Giovanni Cavalina in Bologna 1500/1525, also über hundert Jahre vor der bekannter gewordenen Kärntner Erfindung.[90] Auch die „ingenieurtechnischen" Zeichnungen in der Art des Seilpflug-Projekts (Abb. 64) verraten italienischen Einfluß. Hinsichtlich der Erntetechnologie ist Ungarn erwähnenswert; in der Großen Tiefebene wurde schon im 15. Jahrhundert das Getreide mit der Sense gemäht.[90a] Solche Beispiele muß man sich vergegenwärtigen, um nicht zu der Meinung zu gelangen, die im Verlauf der vorausgegangenen Sachdarstellung gebrachten, zum Teil unbekannten Fakten würden nunmehr klar eine führende Position Deutschlands auf dem landwirtschaftlichen Sektor beweisen. Andererseits muß regional unbedingt unterschieden werden. Nimmt man „die" deutsche

[86] Hüllemann 1939, S. 1107–1116.
[87] MEW 1960, 7, S. 331.
[88] Parain 1966, S. 179.
[89] Vgl. Haushofer 1968.
[90] Feldhaus 1965, Sp. 888f.
[90a] Barabás 1971/72, S. 288.

Landwirtschaft als gegeben an, so kann ihr in der Tat keine absolut führende Rolle zuerkannt werden. Aber einen eklatanten Rückstand hat es um 1525 keinesfalls und nirgends in den damaligen Reichsgrenzen gegeben. Der stellte sich teilweise erst im Verlauf der folgenden Jahrhunderte ein, als das nach dem Scheitern der frühbürgerlichen Revolution und des Bauernkrieges weitgehend refeudalisierte Deutschland auch in dieser Hinsicht an die Peripherie des Fortschritts geriet.

„Innovationszentren" — Zu G. Wiegelmanns Hypothesen

Innerhalb Deutschlands landwirtschaftliche „Innovationszentren" und „Reliktgebiete" nachzuweisen, hat G. Wiegelmann in mehreren Arbeiten unternommen.[91] Dabei stützt er sich vor allem auf Umfragen für den „Atlas der deutschen Volkskunde", woraus „Raumbilder" erwachsen, die natürlich Zustände des ausgehenden 19. Jahrhunderts fixieren, aufgrund der Literatur und anderer Quellen aber von Wiegelmann bis mindestens ins 16. Jahrhundert und weiter zurückverfolgt werden. Solche eigenwillige Kombination „kulturgeographischer" und agrarhistorischer Quellenbefragung will an ihren Ergebnissen gemessen werden. Was deren zeitliche, konkrethistorische Präzisierung angeht, so ergeben sich freilich schon vorab Schwierigkeiten dadurch, daß die Zeit um 1500 nur unscharf ins Blickfeld kommt. Bei Wiegelmann werden nur global „Frühmittelalter", „Hochmittelalter" und „Neuzeit" gegeneinander abgesetzt, wobei die letztere chronologisch undifferenziert das 16. bis 19. Jahrhundert umfaßt. Frühmittelalterliche Innovationszentren waren nach Wiegelmann der Donauraum und Südwestdeutschland (in Verbindung mit römischem Einfluß), im Hochmittelalter dann die städtereichen Landschaften Flandern und — weiterhin — Südwestdeutschland sowie „anscheinend" der westslawische Bereich zwischen Ostseeküste und Böhmen; schließlich „seit dem 16. Jahrhundert" außer dem flandrisch-niederländischen Gebiet „die deutschen Ostseeprovinzen, insbesondere Mecklenburg und Ostholstein" sowie als Nebenzentren das Allgäu, der Wiener Raum, Kursachsen und das Gebiet um Köln.[92]

Wir konzentrieren uns im folgenden allein auf Gebiete, die für das 16. (bis 18.) Jahrhundert als Innovationszentren angesprochen werden. Unter ihnen nimmt sich Mecklenburg mit seinen Nachbarlandschaften, von Wiegelmann an anderer Stelle sogar als „das mitteleuropäische Innovationszentrum der bäuerlichen Arbeit" bezeichnet,[93] zweifellos am merkwürdigsten aus. Sollten hier in der Tat ganz wesentliche Neuerungen in der Agrikultur des 16. Jahrhunderts beheimatet sein? Wiegelmann führt eine Reihe von Indizien an, die jedoch einer näheren Überprüfung größtenteils nicht standhalten.

Einige Erscheinungen müssen sogleich als erst dem 19./20. Jahrhundert zugehörig ausgeschieden werden: Dampfpflüge, Sä-, Mäh- und Dreschmaschinen (ganz abgesehen davon, daß Mecklenburg auch in bezug auf diese Maschinen niemals ein Exportzentrum gewesen ist). Allein durch Materialien des „Atlas der deutschen Volkskunde" belegt und daher zunächst nur für das 19. Jahrhundert in Anspruch zu nehmen ist ferner die rationelle, arbeitssparende Garbenreihe aus 20 oder 16 Garben. Ins 18. Jahrhundert — aber nicht weiter — zurückdatiert werden mag die Vergrößerung der normalen Dreschflegel (s. Kapitel 4); dem gleichen Jahrhundert gehört in Mecklenburg die Verbesserung der

[91] Wiegelmann 1969, 1970, 1975.
[92] Wiegelmann 1970, S. 123—128.
[93] Wiegelmann 1969, S. 247.

Milchwirtschaft an, deren Bezeichnung als *Holländerei* überdies auf außermecklenburgische Herkunft verweist.

Was wirklich bis ins 16. Jahrhundert zurückreicht und irgendwie für den Sonderrang dieser Landschaften um 1500 geltend gemacht werden könnte, sind allein die Sensenmahd von Wintergetreide und der „Wechselanspann" beim Pflügen und bei Erntefuhren. Hinsichtlich der Sensenmahd von Wintergetreide habe ich oben evident zu machen versucht, daß sie in Mecklenburg und im übrigen östlichen Norddeutschland älter sein dürfte als 1500, zu dieser Zeit also keine „Novation" mehr war. Bleibt zunächst der Anspannungsmodus beim Pflügen (zwei Gespanne Ochsen arbeiten — alle vier Stunden abwechselnd — bei nicht wechselndem Personal vor demselben Haken; entsprechend zwei Pferdegespanne vor dem Beetpflug), wofür nun in der Tat das 16. Jahrhundert die frühesten Belege liefert.[94] Sie stammen aus der Uckermark und aus Nordwestmecklenburg und mehren sich in der Folgezeit besonders im Verbreitungsgebiet des Mecklenburgischen Hakens kontinuierlich; doch gibt es auch mittelelbische Zeugnisse für das Vorkommen von *Wechselpflügen* nebst *Wechselreitern* (die das ausgewechselte Zugvieh heran- und fortritten) aus dem frühen 17. Jahrhundert.[95] Schließlich die *Wechselwagen*, eine arbeitssparende Einrichtung, bei der zwei Wagen auf ein Gespann entfallen (einer wird be- oder entladen, der andere zum Ziel gefahren) oder — noch rationeller — drei bis vier Wagen auf zwei Gespanne, wofür Wiegelmann einen Fehmaraner Beleg von 1796 beibringt.[96] Viel älter als dieser Nachweis aus dem „Innovationszentrum" ist jedoch einer aus dem mittelelbischen Gebiet (1537 Hof Warmsdorf Kr. Staßfurt: *Wechselwagen*),[97] was eindeutig gegen die mecklenburg-ostholsteinische Alleingeltung dieser Technologie spricht.

Gegen die These von dem Innovationszentrum sprechen nun aber vor allem die Ergebnisse unserer eigenen obigen Sachdarstellung. Der größere Teil der dort namhaft gemachten Novationen und sonstigen fortschrittlichen Entwicklungstendenzen ging an Mecklenburg, Ostholstein, Nordbrandenburg, Vorpommern usw. im 16. Jahrhundert (und darüber hinaus) vorbei: die Brachbesömmerung, die vierte Furche zur Wintersaat, der Kehrpflug, das gewundene Streichbrett und andere Verbesserungen des Hauptbodenbearbeitungsgeräts, die Ackerwalze, der Anbau von Handelsgewächsen sowie die selektive Rinderzucht.

Läßt sich angesichts dieses Tatbestandes die These von dem „Innovationszentrum" Mecklenburg bzw. Nordostdeutschland nicht halten, so verdient Wiegelmanns „sozialgeschichtliche" Erklärung des — wiewohl inzwischen verflüchtigten — Befundes besondere Aufmerksamkeit. Er meint, daß die „großen Gutsbetriebe" dieser Gegenden den betriebstechnischen Fortschritt gefördert hätten.[98] Das aber trifft ganz und gar nicht zu. Abgesehen davon, daß die ostelbischen gutsherrlichen Eigenwirtschaften im 16. Jahrhundert quantitativ noch keineswegs gegenüber den Bauernwirtschaften dominierten, gingen von ihnen auch keine Impulse für die Verbesserung der Agrikultur aus, sieht man von

[94] Bentzien 1969, S. 94—96; Maybaum 1926, S. 178.

[95] Staatsarchiv Magdeburg (Wernigerode), Rep. H. Harbke, Nr. 1012; Rep. H. Erxleben, II, Nr. 1412/1413. Nach freundlicher Mitteilung von Dr. sc. Hartmut Harnisch.

[96] Wiegelmann 1970, S. 129f. (nach Otte 1796).

[97] Specht 1938, 2, S. 24; ferner Staatsarchiv Magdeburg (Wernigerode), Rep. H. Harbke, Nr. 1004 (Wechselgespann 1610/11); Rep. H. Calbe/Milde, Nr. 1724 (1643—1654 *Wechselspanner*). Wie Anm. 95 Ende.

[98] Wiegelmann 1969, S. 247; 1970, S. 129.

„Rationalisierungsmaßnahmen“ wie dem o. a. „Wechselanspann“ ab, die ganz extensiver, auf verstärkter Ausbeutung von Lohn- und Fronarbeit beruhender Natur waren (worauf auch Wiegelmann selbst hinweist). Ich habe an anderer Stelle nachgewiesen, daß z. B. auf dem Sektor der Bodenbearbeitung die gutsherrlichen Eigenwirtschaften den älteren Haken gegenüber dem Beetpflug reaktivierten und ihren eigenen Zugviehstand auf Ochsen statt — wie die Bauern — auf Pferde gründeten.[99] Von den „Gutsbetrieben“ dieser und der folgenden Zeit ging der Fortschritt nicht ursächlich aus, und es kommt objektiv einer Apologie des ostelbischen Junkertums gleich, solche Behauptungen aufzustellen. Wenn dennoch eine Relation zwischen dem Stand der Agrikultur und der Existenz von feudalen „Gutsbetrieben“ besteht, dann diese: Die ostelbischen gutsherrlichen Eigenwirtschaften, gegründet auf ständig gesteigerte bäuerliche Frondienste und die zweite Leibeigenschaft der unmittelbaren Produzenten, lähmten den Fortschritt der spätfeudalen Landwirtschaft.

Es muß betont werden, daß sich diese negative Tendenz deutlich erst nach dem 16. Jahrhundert abzeichnet. Unsere Untersuchungszeit mit ihren für die bäuerliche Ökonomie in Norddeutschland noch relativ günstigen Entwicklungsbedingungen sieht Mecklenburg und seine Nachbarlandschaften zwar nicht an der Spitze, aber auch nicht völlig im Nachtrab des Fortschritts der deutschen Landwirtschaft. Die progressive Rolle, welche hier gegenüber anderen Territorien die bessere Erntetechnologie (Sensenmahd) spielte, soll in diesem Zusammenhang noch einmal ausdrücklich betont werden, sowenig sie als isoliertes Beispiel mit noch dazu problematischer zeitlicher Einordnung überbewertet werden darf. Ein „Reliktgebiet“ war Mecklenburg im 15./16. Jahrhundert also andererseits nicht — ebensowenig übrigens, wie es nach Wiegelmann dann im 16. bis 18. Jahrhundert der fränkisch-bajuwarische Raum gewesen sein soll.

Wiegelmann hat inzwischen weitere Teile Nordmitteleuropas einschließlich des Südens von Skandinavien für seine Novationszentrentheorie auf dem Gebiet der bäuerlichen Arbeit reklamiert und den süddeutschen Raum abermals als „ein großes, kompaktes Reliktgebiet“ herausgestellt. Sein Hauptargument bildet neben der angeblichen nördlichen Novationswelle bei den Geräten und Verfahren die geschlechtliche Arbeitsteilung in der Landwirtschaft, bei der im Norden der Mann dominiert. Die konkret-historische Fixierung ist wiederum vage: Der Befund gründe sich nicht auf frühgeschichtliche Kontinuität, sondern auf „Modernisierungen der letzten [welcher?] Jahrhunderte“. Als Fortschrittsträger werden die (feudalen) „Gutsbetriebe“ angesichts des sozial- und wirtschaftsgeschichtlich anders strukturierten, größeren Untersuchungsgebiets jetzt weniger direkt angesprochen; dafür benennt Wiegelmann in unkonkreter Weise „modernen rationellen Wirtschaftsgeist und durchorganisierte Betriebsstruktur“ als Faktoren.[100] Daß diese in den spätfeudalen Eigenwirtschaften oder in den bäuerlichen Betrieben zumal des ostelbischen Norddeutschlands gewirkt haben sollen, bleibt weiterhin eine unbewiesene Behauptung, auch für unsere Untersuchungszeit.

Wenn das gegenwärtig vorliegende historisch-geographische Vergleichsmaterial, wie es oben kurz dargeboten wurde, eine Hypothese zuläßt, dann diese: Führend war das flandrisch-niederländische Gebiet. Darüber hinaus besteht eine gewisse räumliche Kongruenz zwischen den Zentren des landwirtschaftlichen Fortschritts um 1500 und den

[99] Bentzien 1969, S. 198—228. Ähnlich in Anhalt: vgl. Specht 1940, 3, S. 208, 211, 224, 243f., 295f.

[100] Wiegelmann 1975, S. 9f.

Zentren des Bauernkrieges von 1525/26. Das betrifft vor allem Südwestdeutschland und mehr noch Mitteldeutschland. Es soll damit keinem vorschnellen, automatischen Schluß vom Stand der Produktivkräfte auf die Qualität der Klassenauseinandersetzungen das Wort geredet werden. Aber das Problem sollte man im Auge behalten, bis weitere Quellen erschlossen sind.

Bäuerliches Produktions- und Kulturniveau

Das Hauptanliegen des folgenden Abschnitts soll es sein, die Beziehungen der unmittelbaren Produzenten — also vornehmlich der Bauern — zu den agrartechnischen Fortschritten jener Epoche zu untersuchen. Wir fassen im Anschluß an die sachliche, zeitliche und geographische Zuordnung der entsprechenden Fakten zunächst die äußere sozialökonomische Dimension ins Auge: Welche der Fortschritte gingen auf bäuerliche Initiative zurück, welche wurden überhaupt von den Bauern praktiziert, wie verhielt sich die Masse zum technischen Fortschritt?

Der direkte Beweis für das Vorkommen der neuen (und alten) Arbeitsgeräte, Kulturpflanzen, Haustiere usw. in bäuerlichem Besitz läßt sich oft nur mühevoll führen. Die ältere regionalgeschichtliche Literatur hat die Eigentumsverhältnisse im allgemeinen übergangen. Von den sonstigen entsprechend auswertbaren Quellen sind die wichtigen Inventar- und Nachlaßverzeichnisse äußerst spröde und wenig detailliert; vor allem aber reichen sie — im Gegensatz zu denen von grund- und gutsherrlichen Eigenwirtschaften — nur in Ausnahmefällen bis in die Zeit um 1525 zurück.[101] Rudolf Quietzsch hat Nachlaßverzeichnisse in Gerichtsbüchern der Lommatzscher Pflege/Kursachsen ermittelt und ausgezogen, die 1520 einsetzen.[102] In diesem Jahr hinterließ der verstorbene Bauer Thomas Teychmann zu Görtitz u. a. 7 Pferde, 1 Fohlen, 4 Milchkühe, 6 Kälber, 10 Schweine, 5 Ferkel, 11 Schafe, 25 Gänse, 16 Hühner, 2 Wagen mit allem Zubehör, 2 Pflüge mit Eisen und Radvorgestellen, 1 Haken mit Eisen, 3 Eggen, 1 Egge mit eisernen Zinken, 3 Sensen. Ähnlich beschaffen sind der Gerätefundus und der Viehbestand anderer Bauern in Görtitz, Wahnitz und Ziegenhain 1526, 1568, 1571, nur daß an Nutzvieh teilweise wesentlich weniger vorhanden ist. Auffallend sind die beachtlichen Pferdezahlen, das fast völlige Fehlen von Ochsen, das Vorhandensein von Sielengeschirren statt Kummeten, das Nebeneinander von Pflügen und Haken, das Fehlen (?) von Sicheln, das Vorkommen je einer eisenzinkigen Egge neben mehreren hölzernen und schließlich 1568 das erstmalige Auftauchen der Ackerwalze (*Eine Walzen*) anläßlich einer Gehöftübergabe in Ziegenhain.[103] Man sieht auf diesen gutausgestatteten Bauernwirtschaften das erreichte landwirtschaftliche Niveau der Region eindrucksvoll repräsentiert. Besonders aus dem Vorhandensein neuartiger Geräte darf auf eine positive Haltung der Bauern zum Fortschritt geschlossen werden.

Bäuerliche Marktverbundenheit wird durch einige Nachlaßverzeichnisse bezeugt, die — im Gegensatz zu jüngeren Perioden des Spätfeudalismus — einen recht hohen Nutzviehanteil ausweisen. Zwei Bauern aus Eppendorf (Abtei Werden an der Ruhr) hinterließen 1518/1538: 7/5 Pferde, 14/7 Kühe, 5/9 Stück Jungvieh, 16/20 Schweine einschl.

[101] Vgl. die bibliographische Zusammenstellung bei Bentzien 1973, S. 168, Anm. 1 und die allgemeine Charakterisierung dieser Quellengruppe, ebda.

[102] Staatsarchiv Dresden, Amtsgericht Lommatzsch, Nr. 95 u. 97: Gerichtsbücher Schleinitz, Nr. 95, fol. 13, 15, 25—26; Nr. 97, fol. 313, 317—318, 345—346, 393—395.

[103] Ebda., Nr. 97, fol. 318^{v}. Nächster Beleg innerhalb dieser Quelle 1571 Wahnitz: ebda., fol. 345^{v}.

Jungtiere, 40/8 Schafe, 40/40 Hühner, 2/0 Enten, 6/6 Gänse.[104] Zum Vergleich ein bäuerlicher Nachlaß aus der Grafschaft Lingen im Emsland (1532 Beesten): 5 Pferde, 7 Kühe, 9 Stück Jungvieh, 5 Kälber, 12 Schweine, 27 Schafe, 5 Bienenstöcke.[105] Als 1524 im mecklenburgischen Amt Bukow auf Befehl des Herzogs 150 Schweine angekauft wurden, traten in 18 Dörfern 57 Bauern als Verkäufer in Erscheinung, wobei einzelne bäuerliche Wirtschaften bis zu 9 Stück abgaben.[106]

Ganze Quellengruppen, die gewisse Quantifizierungen erlauben würden, sind nach wie vor gesucht. Sie wären besonders aus den geographischen Zentren des Bauernkrieges willkommen. Immerhin bezeugen Nachrichten anderer Art, daß es auch hier die Bauern waren, die das Niveau der landwirtschaftlichen Produktion bestimmten. Eine Dorfordnung von Alberweiler bei Biberach bestimmte um 1490, daß jeder bis zum Juni „jährlich an seinem brachveld den dritten tail one umbgebrochen ligen lassen" solle,[107] woraus folgt, daß die Bauern die Brache zu zwei Dritteln (erlaubterweise) oder auch gänzlich (gegen die Vorschrift) besömmerten. Im oberrheinischen Gemüse- und Obstbau spielten um 1500 die Bauern die führende Rolle.[108] Der marktintensive Waidanbau lag überwiegend in bäuerlicher Hand, und zwar sowohl im Niederrheingebiet, wo die bäuerlichen Untertanen 1540 zu einer Waidsteuer veranschlagt wurden, als auch besonders im Thüringer Becken.[109] Im Thüringischen wurde es übrigens (wie zuvor im Rheinischen) teilweise üblich, landesherrliche Vorwerke in „Halbbau" zu vergeben; unter den Pächtern befanden sich schon während der ersten Hälfte des 16. Jahrhunderts einige Bauern.[110]

Die zuvor erbrachten Nachweise berühren keine Ausnahmeerscheinungen, die es gleichwohl auch gegeben hat. Dazu muß man den ausgedehnten Seehandel bäuerlicher Nordseeküstenbewohner, die teilweise Schiffseigner waren, rechnen.[111] Der legendäre westfriesische Bauer Rienck Hemmema,[112] dessen „rekenboeck off Memoriael" (1569—1573) den Ankauf eines Schiffes ausweist und erstaunliche Wirtschaftsdispositionen verrät wie z. B. den Ankauf von Roggen als Brotgetreide und den totalen Verkauf des preisgünstigeren Weizens, ist zumindest im Vergleich zu den deutschen Verhältnissen des Halbjahrhunderts zuvor eine solche Ausnahmeerscheinung. Während der Jahrzehnte um 1500 verblieben sicherlich auch die meisten Teilhaber der norddeutschen Bauernschiffahrt und — im Binnenland — des ausgedehnten bäuerlichen Frachtfuhrwesens unterhalb des „Unternehmer"-Status. Die Akkumulation von Handelskapital wird nur den wenigsten gelungen sein. Aber mit entsprechenden Aktivitäten muß man rechnen und sich von der Vorstellung lösen, die Bauerngespanne jener Zeit seien nur zum eigenen Acker und zurück oder als Fronfuhren unterwegs gewesen.

Solche direkten Zeugnisse für bäuerliche Aktivitäten gilt es in Zukunft zu mehren, um nicht allein auf die „indirekte" Beweisführung angewiesen zu bleiben, die den bäuerlichen Anteil am Fortschritt aus der erdrückenden Dominanz der Bauernwirtschaften überhaupt (gegenüber den feudalen Wirtschaftshöfen) ableitet. Dieser Schluß ist gleich-

[104] Kötzschke 1917, 3, S. 582f.
[105] Deermann 1912, S. 125f.
[106] Tessin 1938, 2, S. 15f.
[107] Gehring 1941, 3, S. 631.
[108] Strobel 1972, S. 139f.; Hagelstange 1898, S. 146f.; vgl. auch Abel 1967, S. 126, 142.
[109] v. Below 1895, 1, S. 336; Kius 1864, S. 144f.; Rach o. J., p. 18; vgl. Mägdefrau 1973.
[110] Kius 1864, S. 132—134.
[111] Vgl. Kellenbenz 1962, S. 16—36.
[112] Slicher van Bath 1958.

wohl logisch, und meines Erachtens erheischt nicht er, sondern die gegenteilige Ansicht, daß nämlich der agrare Fortschritt jener Zeit in der feudalherrlichen Agrarökonomie verkörpert sei, eine Beweisführung. Wie steht es damit?

Der normale Betrieb der feudalherrlichen Eigenwirtschaften basierte auf den Frondienstleistungen der feudalabhängigen Bauern, während die eigenen Betriebsmittel nur ein Minimum ausmachten. Kursächsische Rittergüter hielten zwischen 1474 und 1513 nur je zwei oder gar keine eigenen Gespanne.[113] Ganz ähnlich sah es auf den Wirtschaftshöfen tiroler Schlösser am Ende des 15. Jahrhunderts aus.[114] Beim Nutzvieh war es etwas anders bestellt; hier gibt es beachtlichere Zahlen — nicht nur hinsichtlich der Schafherden, sondern auch der Rinderhaltung. Auf zwei landesherrlichen Bauhöfen des mecklenburgischen Amtes Neustadt wurden 1503 gehalten: 18/24 Kühe, 13/12 (Mast?)ochsen, 2/6 Bullen, 3/22 Stück Jungvieh;[115] ein „Häuptling" auf der ostfriesischen Burg Hinte besaß 1527 11 (Mast?)ochsen, 29 Kühe, 2 Bullen, 19 Stück Jungvieh.[116] Zu beachten ist, daß die Grundherren auf ihren Höfen vielfach das *Faselvieh*, d. h. die männlichen Zuchttiere wie Stier und Eber, für die Dorfschaften hielten. Das bedeutet aber Identität zwischen grundherrlichen und bäuerlichen Viehrassen, keine qualitativ höhere Stufe der ersteren. Ebenso im Feldbau: Hier war es bekanntlich Regel, daß die Bauern mit ihren Gespannen und Geräten den herrschaftlichen Acker bestellen mußten, was wiederum auf die Identität des Niveaus feudaler Eigenwirtschaft und Bauernwirtschaft hinausläuft. Wurden nun keine Frondienste, sondern gutseigene Betriebsmittel eingesezt, so war deren Beschaffenheit und Effekt nicht notwendig besser: Ochsengespanne arbeiten sogar langsamer als Pferdegespanne, und bessere Geräte dürften dabei ebenfalls nicht verwendet worden sein. Dafür spricht die (örtliche) Verpflichtung der Bauern, im Rahmen des Naturalzinses die gutsherrlichen Gerätschaften mit wichtigem Zubehör wie Pflugscharen und Sechen auszustatten (z. B. 1483/1505 Elbingerode/Harz).[117] Alles das zeigt zur Genüge, daß von einer Überlegenheit der feudalen Eigenwirtschaften über die Bauernwirtschaften nicht die Rede sein kann, abgesehen vielleicht von einigen Spezialkulturen in klösterlicher Regie (Garten- und Weinbau).

Wenn dennoch aus der nicht-bäuerlichen Sphäre in jener Zeit gewisse langfristig wirkende Impulse für die Fortentwicklung der Agrikultur hervorgingen, so war es weniger die Feudalklasse, sondern vielmehr das Bürgertum des humanistischen Zeitalters, das hierfür verantwortlich zeichnet. Es entwickelte noch keine bürgerliche Landwirtschaftswissenschaft, aber es stellte Gelehrte, Drucker und Illustratoren, die zur Herausbildung einer botanischen, zoologischen, veterinärmedizinischen und schließlich auch landwirtschaftlichen Fachliteratur beitrugen. Die Agrarliteratur blieb dem italienischen Vorbild (Crescentius) und dessen Quelle — den römischen Agrarschriftstellern — besonders eng verhaftet,[118] und erst in der zweiten Hälfte des 16. Jahrhunderts treten originäre deutsche Autoren in Erscheinung. Zuvor, d. h. in unserer Untersuchungszeit, ist die lateinische bzw. aus dem Latein übersetzte Agrarliteratur für Deutschland insofern irrelevant, als sie auf völlig anderen bioklimatischen, betriebswirtschaftlichen und sozialen Voraussetzungen beruhte. Aber sie bereitete anteilig den geistigen Boden für das Aufkommen eines eigenständigen

[113] Schulze 1896, S. 368f., 378—381.
[114] Zingerle 1909, S. 5, 19, 31, 52, 63f. usw.
[115] Cordshagen 1969, S. 111.
[116] Wiemann 1969, S. 447.
[117] Grimm R. A. 1899, S. 258; weitere, z. T. ältere Nachweise bei v. Maurer 1862, 3, S. 311.
[118] Vgl. Schröder-Lembke 1971 mit weiterführender Literatur.

agrarwissenschaftlichen und -ökonomischen Interesses, das sich bei einzelnen Vertretern der Intelligenz, des Pächterstandes und des frühabsolutistischen Staatsapparats in der nächsten und übernächsten Generation (Heresbach, Grosser, v. Thumbshirn)[119] auszuprägen begann.

Selbstverständlich sind auch solche ingenieurtechnisch-künstlichen Projekte des 15./16. Jahrhunderts wie der Seilpflug (Abb. 64) und die Mehrscharpflüge (Abb. 65) nichtbäuerlichen Ursprungs, doch ebenso wenig gehen sie auf feudalherrliche Initiative zurück. Es handelt sich wiederum um bürgerliche Aktivitäten, was auch durch den Status der „Pflugkünstler" unterstrichen wird, die teils als (Zunft?)handwerker, teils als Kapitalgesellschafter für ihre Erzeugnisse warben.[120]

Den größten Anteil an der landwirtschaftlichen Produktion und damit auch am agraren Fortschritt hatten außerhalb der bäuerlichen Klasse nach wie vor städtische und ländliche Handwerker sowie andere gewerbliche Produzenten — zumal des Eisenverarbeitungsgewerbes —, die bei guter Kenntnis der Bauernarbeit den bäuerlichen Gerätebedarf kontinuierlich deckten (siehe dazu auch den Schluß dieses Abschnitts). Dabei darf allerdings der eigene, im Hauswerk erbrachte Anteil der Bauern an der Gerätefertigung — besonders hinsichtlich der meisten hölzernen Geräte und Geräteteile — nicht außer acht gelassen werden. Und die Anwendung schließlich, um die es uns hier ja vornehmlich geht, war ausschließlich Sache der Bauern, des Gesindes und der landwirtschaftlichen Arbeitsleute, ob sie nun auf dem bäuerlichen Acker oder auf den grundherrlichen Feldern erfolgte.

Es war — um mit einem Wort von Engels zu sprechen — die „stille Arbeit" der unterdrückten Klassen,[121] die den ökonomischen Standard in der Krise des Feudalsystems zunehmend veränderte, und es war die bäuerliche „stille Arbeit", die den Stand der Landwirtschaft quantitativ und auf einigen Gebieten auch qualitativ deutlich anhob — eine ökonomisch-technische und zugleich eine kulturelle Leistung, die in ständiger Kollision mit den feudalen Produktionsverhältnissen erbracht wurde.

Unter den negativ einwirkenden, niveaumindernden Faktoren sei zuerst der Frondienst erwähnt. Er wurde am Ende des 15. und Anfang des 16. Jahrhunderts gegenüber dem hochmittelalterlichen Standard teilweise beträchtlich gesteigert. In der unterfränkischen Zisterzienserabtei Ebrach hatten 1487 die Bauern 8 bis 16 Tage, die Halbbauern 6 bis 12 Tage im Jahr zu fronen.[122] Die Waltershäuser Bauern in derselben Region leisteten 1492 jeder 6 Ackerfrontage mit vier Pferden, ferner 8 Holzfuhren und eine Weinfuhre.[123] In anderen Territorien waren es oft nur zwei bis drei Tage *Dienst*, *Schar*, *Scharwerk*, *Acht*, *Tagwan*, *Robot* im Jahr, örtlich jedoch immerhin bis zu 17 Tagen, die geleistet werden mußten.[124] Aber selbst wenige Tage Frondienst, noch dazu während der Arbeitsspitzen des Wirtschaftsjahrs abgefordert, belasteten die bäuerliche Ökonomie außerordentlich, behinderten die freie Disposition der Bauern und drückten damit auf das Niveau der Produktion. In Österreich ob der Enns formulierten die Bauern 1525 diesen Tatbestand so: Sie müßten „Robot tun, welche der Obrigkeit gefällig, wodurch sie ihre Arbeit versäumen, Grund und Acker nicht bauen und gewarten mögen und also öd lassen müssen."[125] Die „Bauern-

[119] Schröder-Lembke 1965 usw.; vgl. Bentzien 1973a.
[120] Vgl. Anm. 30.
[121] MEW 1962, 19, S. 326.
[122] Weiss 1962, S. 68–83, 123.
[123] Memminger 1900, S. 99f.
[124] Vgl. aufgrund der Weistümer Wiessner 1934, S. 227f.
[125] Grüll 1952, S. 57f.

schinderei" in Gestalt des Frondienstes zu vermindern, war daher eines der am häufigsten formulierten Klassenziele der revolutionären Bauernschaft — von den ersten Bekundungen des Bundschuhs im Hegau 1460 bis hin zu den „Zwölf Artikeln" des Jahres 1525.

Auf unterer Ebene der Auseinandersetzung griffen die Bauern zu dem Mittel, den Frondienst schleppend, unvollkommen und mit minderwertigen Betriebsmitteln abzuleisten. Ein Spiegelbild dessen sind ständige Ermahnungen, die Bauern sollten in der Fron so arbeiten, „als ob sie an iren aigen eckern arbeiten", sie sollten so „werben vnndt schaffen, gleich vndt in aller maessen sie ihnen in ihren eigenen veldten vndt eckeren gerne thun wollten", sie sollten haltbares Arbeitsgerät mitbringen, das nicht zerbreche, und so fort.[126] Dies fruchtete offenbar nichts. Berechnungen haben ergeben, daß kursächsische Bauern des 16. Jahrhunderts bei Fronarbeit durchschnittlich 55,54 Ar, auf ihren eigenen Feldern aber 83,06 Ar pro Tag pflügten.[127] Dabei wurden, wie 1544 ein Gerichtsprotokoll aus Beidendorf (dem Lübecker St. Johanniskloster gehörig) berichtet, die fronwilligen Bauern noch „von oren Veltnabers, de under dersulven Herschop beseten sint, bespottet vnde beschimpet, Frantzosen vnde ander bose Wrake gefloket, Waterpoggen geheten vnde vor den, de in der Arbeide stan, in de Knee fallen vnde Honsprake doen, de Hende vor en gefoldet, thom lesten in de Hindersten gewiset ..."[128] — ein Vorfall aus jenem Gebiet, in dem wenig später das System der Gutsherrschaft sich entfaltete, wozu als ökonomisches Kernstück die anachronistische Arbeitsrente gehörte.

In Teilbereichen der feudalherrlichen Eigenwirtschaften gab man traditionell — und möglicherweise verstärkt — der Lohnarbeit den Vorzug. Die Viehwirtschaft wurde im allgemeinen vom hofeigenen Gesinde besorgt, und das Mähen von Gras und Getreide sowie das Dreschen wurden nicht selten an Zehntschnitter und Dreschgärtner, die um die zehnte Garbe mähten bzw. um den 13. bis 16. Scheffel draschen, „verdingt". Die Zusatzarbeiten wie Aufsetzen, Kehren, Einfahren usw. hatten ebenso wie die eigentlichen Bestellarbeiten allenthalben die fronenden Bauern zu leisten.

Im folgenden sollen weitere einschneidende Behinderungen der bäuerlichen Wirtschaft wenigstens kurz genannt werden, um den erreichten Stand der Agrikultur richtig, d. h. in seiner historischen Relation, beurteilen zu können. Dabei kann hier aus Raumgründen nicht die gesamte Klassenlage der ausgebeuteten und unterdrückten Bauernschaft dargelegt werden, die selbstverständlich die Grundlage jedes Gesamturteils sein muß.

Von den direkt die Wirtschaft der Bauern bedrückenden und behindernden Umständen sei zunächst die Inbesitznahme eines Hauptproduktionsmittels, der Allmende, durch die Feudalklasse erwähnt. Es kam massenweise zur Ausscheidung von „Herrenwäldern" aus den Gemeindewaldungen, wodurch den Bauern die traditionelle Waldweide entzogen und die Möglichkeit des Nutz- und Bauholzeinschlags eingeschränkt wurde. Das unerlaubte Fällen auch nur eines Baumes wurde streng geahndet wie z. B. 1513 in Unterwolfertsweiler, wo der Täter von seiner Herrschaft, dem Heiligengeistspital zu Lindau, außerdem noch für verbotenes Zusammenrechen von Laub (das als Streu unentbehrlich war) bestraft wurde.[129] Auch das normale Weideland, darunter das jeweilige Brachland, wurde zuungunsten der Dorfherden von grund- und gutsherrlichem Vieh, besonders den Schafherden, rücksichtslos übertrieben und kahlgefressen, so daß 1525 in ganzen Regionen der Kampf gegen das feudale Trift- und Hutungsrecht im Mittelpunkt der bäuerlichen Aktivi-

126 Fuchs 1942, 2, S. 2f.; Grimm WT 1957, 2, S. 151, 179, 249, 571, 766.
127 v. Durasewicz 1900, S. 47.
128 Dittmer 1843, S. 53.
129 Zeller 1952, S. 199.

täten stand.[130] Nach der Niederlage des Bauernkrieges wurde die Teilhabe der Bauern am Aufschwung der Wollproduktion durch administrative Einschränkungen der bäuerlichen Schafhaltung noch stärker unterdrückt. — Selbst die Gewässer okkupierte die Feudalklasse zunehmend, wodurch der freie Fischfang immer mehr in Fortfall kam und auch die genossenschaftliche Wiesenbewässerung wesentliche Einschränkungen erfuhr.

Als weitere Behinderung ist der *Vorschnitt* zu nennen, ein angemaßtes feudales Recht, das es den Bauern verbot, ihre Wiesen und Felder abzuernten, bevor nicht die Ernte auf den herrschaftlichen Ländereien abgeschlossen war (im Weinbau entsprach dem die *Vorlese*).

In ähnlicher Weise erschwerte der Modus der Zehntentnahme die bäuerlichen Erntearbeiten: Es durfte — selbst bei drohendem Regen — erst eingefahren werden, nachdem der Zehntherr den ihm zuständigen Anteil auf dem Feld ausgesondert hatte. Im übrigen beeinträchtigte die Ausdehnung des Zehnten auf alle möglichen Früchte (also über das Getreide hinaus) und sogar auf das Vieh (Blutzehnt) die bäuerlichen Initiativen hinsichtlich der Einführung neuer Kulturpflanzen und der Aufzucht zusätzlicher Tiere erheblich. — Erwähnt sei schließlich, daß die regional weitverbreitete Forderung des *Sterbfalls* die bäuerliche Wirtschaft bei jeder Gehöftsübergabe des jeweils besten Stück Viehs beraubte.

Dieser — keineswegs vollständige — Katalog von Behinderungen durch die Feudalklasse will im Auge behalten werden, wenn man über das bäuerliche Produktionsniveau urteilt. Für die Bauern war es unter diesen Bedingungen außerordentlich schwer, neue Kulturen einzuführen, die Viehzucht zu erweitern oder bessere Geräte anzuschaffen und zu erproben. Aber die Grenzen des technisch-kulturellen Fortschritts der Bauern waren nicht nur durch den feudalen Klassengegner gesetzt, sondern hatten auch bestimmte „innere" Ursachen. Die während des frühen und entfalteten Feudalismus zustandegekommene Synthese zwischen individualwirtschaftlichen und genossenschaftlichen Zügen in der bäuerlichen Ökonomie begann erste Deformierungen zu erleiden. Die genossenschaftliche Komponente, noch kräftig ausgeprägt besonders hinsichtlich der kollektiven Nutzung der Gemeindeländereien auf dem Gebiet der Viehwirtschaft sowie der gemeinsamen Nutzung sonstiger Gemeindeeinrichtungen und unterschiedlich stark wirksam in einem System gegenseitiger Beschränkung und Rücksichtnahme beim eigentlichen Feldbau („Flurzwang"), wirkte tendenziell bereits fortschritthemmend. Die Brachbesömmerung, d. h. eine sehr wesentliche Initiative zur Erweiterung der jährlichen Anbaufläche, wurde durch sie ebenso gehemmt wie beispielsweise die Anwendung der Getreidesense, da nämlich die Dorfgemeinde Anspruch auf die „lange Stoppel" (von den mit der Sichel abgeernteten Feldern) hatte. Die Allmendenutzung als ganzes durch die Dorfgemeinden scheint überhaupt recht extensiv-okkupatorische Züge besessen zu haben und widersprach bereits objektiv den Möglichkeiten einer intensiven Bewirtschaftung. Das gilt unter anderem von der Waldnutzung. „Die Gemeinde der Nutzungsberechtigten selbst und ihre autonomen Satzungen wären nicht imstande gewesen, eine für die Zukunft höchst bedenkliche Waldvernichtung zu verhindern."[131] Diese Feststellung ist prinzipiell richtig, wenn wir auch die dahinter verborgene Apologie des feudalen Allmenderaubs selbstverständlich nicht unterschreiben, umso weniger, als der einsetzende feudale „Forstschutz" zu einer noch weitergehenden Verwüstung der Wälder führte und fortan auf eine einzige Holzordnung zehn Jagdordnungen entfielen.[132] Die Zukunft lag in einer geregel-

[130] Dazu ausführlich Quietzsch 1975.
[131] Wopfner 1908, S. 151.
[132] Bernhard 1872, 1, S. 174; vgl. Gothein 1885, S. 10f.; Knapp Th. 1902, S. 162f.

ten, planmäßigen Forstwirtschaft, wie sie als Alternative zur bäuerlichen und feudalherrlichen Waldnutzung die Nürnberger Bürgerschaft seit der zweiten Hälfte des 15. Jahrhunderts praktizierte, die zuerst in Deutschland die systematische Nadelholzsaat erprobte.[133] Hier wie auf anderen Gebieten der ländlichen Wirtschaft hatten die genossenschaftlichen Formen vorerst keine Perspektive mehr. Und so sehr sich auch der genossenschaftliche Zusammenhalt der Bauern 1525 noch über alle innerdörflichen Differenzierungen hinweg bewährt haben mag — er hatte im ökonomisch-technischen Bereich seine progressive Bedeutung eingebüßt. Dessen wurden sich auch manche Bauern selbst bewußt. Die Allgäuer Bauern, die 1525 mit am hartnäckigsten gegen die feudale Unterdrückung und — mittelbar — für die genossenschaftlichen Rechte gestritten hatten, strebten schon um die Jahrhundertmitte nachhaltig aus der traditionellen Feldgemeinschaft heraus und betrieben von da ab konsequent die Arrondierung („Vereinödung") ihrer Ländereien.[134] Ausgangs des 16. Jahrhunderts folgten die Bauern im östlichen Schleswig,[135] im 17. und 18. Jahrhundert weitere Landschaften, bevor die bürgerlichen Agrarreformen diese historisch gesetzmäßige Entwicklung im großen Stil — und auf Kosten der Bauern — vollends durchsetzten. Es sei betont, daß dieser langfristige Trend zur Individualwirtschaft den kollektiven Charakter des Lebens im Dorf vorerst nicht einschneidend schmälerte.

Zurücklenkend zum Niveau der bäuerlichen Wirtschaft ausgangs des 15. und eingangs des 16. Jahrhunderts verbleibt die Aufgabe, die Relation zum Niveau der handwerklich-gewerblichen Produktionssphäre herzustellen. Ich habe zu diesem Thema Thesen vorgelegt, die 1975 anläßlich des Bauernkriegsjubiläums diskutiert wurden und die ich an dieser Stelle — zugleich als verknappte Zusammenfassung dieses Abschnitts — nochmals wörtlich folgen lasse.

1. Die innerbetriebliche Arbeitsteilung in den Handwerksstätten und vor allem den Manufakturen sowie im Bergbau war weit entwickelt — im bäuerlichen Betrieb gab es so gut wie keine Arbeitsteilung außer der schon altüberlieferten zwischen Männern (Feldarbeit) und Frauen (Vieh- und Hauswirtschaft).

2. Spezialisierte Produktionsprogramme und überbetriebliche Arbeitsteilung waren im handwerklich-gewerblichen Bereich typisch — die Bauernwirtschaften produzierten im wesentlichen undifferenziert.

3. Die Fertigung von Produktionsinstrumenten lag beim Handwerk und bei der Manufaktur zunehmend außerhalb der entsprechenden Gewerbezweige selbst — in der Land, wirtschaft wurden die Produktionsinstrumente zumeist im bäuerlichen Betrieb selbst in geringerem Maße von dörflichen und kleinstädtischen Handwerkern hergestellt, und nur in wenigen Fällen (z. B. Sensenblätter aus Steiermark und Oberösterreich) waren sie überregionale Handelsware.

4. Die Produktionsinstrumente im gewerblich-frühindustriellen Bereich entwickelten sich in Richtung auf eine arbeitssparende Maschinerie — die landwirtschaftlichen Produktionsinstrumente einschließlich der aufgeführten Neuerungen blieben gänzlich auf manuellen Gebrauch zugeschnitten (Ausnahme im weiteren Bereich der Nahrungsgüterwirtschaft: Getreidemühle) und verlangten härteste körperliche Arbeit.

333 Sporhan/v. Stromer 1969.

134 Knapp Th. 1902, S. 430f.; Schröder K.-H. 1964, S. 13.

135 Fink 1966.

5. Handwerk, Manufaktur und Bergbau nutzten gezielt die natürlichen Ressourcen (Lagerstätten usw.) und machten sich andererseits über den Handel auch unabhängig von deren lokalem Vorkommen (z. B. metallverarbeitendes Handwerk) — die Landwirtschaft war einerseits kraß abhängig von bestimmten bioklimatischen Voraussetzungen, andererseits nutzte sie dieselben nur unvollkommen (z. B. Getreidebau auch in für die reine Viehwirtschaft prädestinierten Klimaten).

6. Das Handwerk baute die zünftige Lehre systematisch aus — die Landwirtschaft entwickelte sich noch in keiner Weise zum Lehrberuf und besaß keine berufsständische Organisationsform.

7. Die schriftliche Übermittlung von Arbeitswissen durch lehrbuchartige Darstellungen nahm in Handwerk und Gewerbe ihren Anfang, in den Städten entstanden erste Elementarschulen — das landwirtschaftliche Wissen wurde unverändert mündlich tradiert, die Bauern blieben die unmittelbaren Produzenten mit dem niedrigsten Bildungsniveau.

8. Bei den freien Handwerkern (usw.) spielten überlokale und überregionale Kontakte und Einflüsse eine gewichtige Rolle (u. a. Gesellenwandern) — die unfreien landwirtschaftlichen Produzenten waren ärmer an Kommunikation, was sich auch in teilweise starren Verbreitungsgrenzen von Geräten, Technologien und Kulturformen widerspiegelt.

Im Anschluß an Diskussionen mit Historikern, Kulturhistorikern und Volkskundlern (u. a. S. Epperlein, A. Laube, P. Schuppan, H. Wilsdorf, R. Quietzsch) erscheinen mir diese Thesen zumindest in zweierlei Hinsicht ergänzungsbedürftig. Einmal ist es der Volksglauben, der in der landwirtschaftlichen Produktionssphäre eine offenbar beherrschendere Rolle gespielt hat als in der handwerklich-gewerblichen (mit gewisser Ausnahme der Sonderbereiche Bergbau und Seefahrt). Hinzuweisen ist hier auf die begrenzte Kenntnis biologischer Prozesse und dementsprechend das Fortleben magischer Anschauungen über Gedeihen und Mißwachs auf den Feldern oder der Furcht vor Viehbehexung samt den entsprechenden Praktiken, aber auch auf die kirchlich sanktionierten oder wenigstens tolerierten Flurumzüge als symbolische Handlungen zur Sicherung reicher Erträge, auf all die Wettersegen und sonstigen Benediktionen, auf die Anrufungen der Haustier-Schutzheiligen St. Stephan, St. Martin, St. Wendelin u. a. m.[136] Zum anderen aber scheint bei der Geräteproduktion der Anteil des Handwerks und vor allem der überregionalen Handelsware an der bäuerlichen Bedarfsdeckung von mir etwas unterbewertet worden zu sein. Hier ergeben sich wahrscheinlich andere Relationen, wenn man bedenkt, daß Pflugeisen im Moselgebiet schon in der Größenordnung von 100 Stück gehandelt wurden (1444 Oberlahnstein),[137] daß von Leoben/Steiermark bereits im 15. Jahrhundert massenhaft landwirtschaftliches Eisengerät auch ins Ausland ging,[138] daß im Lande ob und unter der Enns 1525 *ain meichsnische segenss* ‚Meißnisches Sensenblatt' als Meisterstück der Sensenschmiede galt,[139] daß 1536 das Schwarzwälder Gerätewerk Friedrichstal selbst Hackenblätter ins Ausland lieferte[140] (usw.). Auf diesem interessanten Feld erwarten die ergologische Forschung

[136] Zur Heiligenverehrung vgl. Zender 1973, zum Prozessionsbrauchtum zuletzt u. a. Cox 1976 und eine unübersehbare Literatur aus der BRD.

[137] Lamprecht 1885, 2, S. 567.

[138] Dopsch 1930, S. 123.

[139] Brachmann 1964, S. 149.

[140] Schultz-Klinken 1975 (lag mir nicht vor, Angabe nach R. Wildhabers Rezension in: Schweiz. Archiv f. Volksk. 71, S. 169).

zweifellos noch viele Aufgaben. Man darf dabei freilich nicht den enormen Umfang des bäuerlichen Hauswerks hinsichtlich der Geräteproduktion aus dem Auge verlieren.

Aus den Thesen und ihren Ergänzungen kann m. E. weiterhin geschlossen werden, daß die Landwirtschaft und — als ihre hauptsächliche Betriebsform — die Bauernwirtschaft im Zeitalter der frühbürgerlichen Revolution und des Bauernkrieges noch in den „engen naturwüchsigen Schranken der Produktion" befangen war, die Marx so charakterisiert: Existenz von Kleinbetrieben, Privateigentum an Produktionsmitteln, Zersplitterung des Bodens, fehlende Kooperation, keine Teilung der Arbeit innerhalb derselben Produktionsprozesse, fehlende gesellschaftliche Beherrschung und Regelung der Natur, keine freie Entwicklung der gesellschaftlichen Produktivkräfte.[141]

Es ist also ein objektiver Rückstand der bäuerlichen Produktion und des bäuerlichen Kulturniveaus gegenüber dem handwerklich-gewerblichen Bereich festzustellen. Er war aber keinesfalls so groß, um die Bündnisfähigkeit der Bauern mit dem Städtebürgertum im Verlauf der frühbürgerlichen Revolution in Deutschland auszuschließen. Die Verringerung dieses Rückstandes, die Schaffung günstigerer Bedingungen für die durch das feudale Produktionsverhältnis behinderte bäuerliche Wirtschaft war objektiv das Kampfziel der Bauern, wie es die auf dem Höhepunkt der Klassenauseinandersetzungen 1525/26 formulierten Forderungen ausweisen. Diese reichten z. B. in den „Zwölf Artikeln" von der Abschaffung des „Kleinzehnten" über die Minderung der Frondienste und die Freigabe der Allmenden bis hin zur Aufhebung der Leibeigenschaft. In Michael Gaismairs tirolischer „Landesordnung" wurden regional-spezifische bessere Voraussetzungen für eine intensivierte pflanzliche und tierische Produktion der Bauern und erstmals sogar landeskulturelle Maßnahmen (Kultivierung der Auen und Möser) gefordert.[142] So ist v. Maurer zuzustimmen, wenn er urteilt: „In den erwähnten Bauernartikeln haben die Bauern mehr praktischen Verstand und eine weit tiefere und gründlichere Kenntnis der Bedürfnisse des Landes bewiesen, als alle damaligen Doctores der Rechte zusammen."[143]

Im Bauernkrieg

Im Bauernkrieg selbst war die bäuerliche Arbeit und waren die Früchte der Arbeit in Sieg und Niederlage allgegenwärtig. Die Bauern setzten sich vorübergehend in den Besitz feudaler Produktionsmittel und adliger bzw. klösterlicher Proviantkammern, wobei ihr Vorgehen von den späteren Siegern offenkundig verleumdet wird. Neben derartigen Schilderungen findet sich aber auch das ausdrückliche Eingeständnis, daß die Bauernhaufen auf ihren Zügen die Früchte des Feldes geschont hätten.[144] Solche für die bäuerliche Moral selbstverständliche Achtung vor den Ergebnissen bäuerlicher Arbeit lag den feudalen Siegern und ihren Söldnern durchaus fern: Die Quellen, obwohl aus der Sicht der Feudalklasse verfaßt, gestehen hier ein, daß die Rache der Sieger bäuerliche Produktionsmittel massenhaft und blindwütig vernichtete.[145] Den „Landschaden" stiftete nicht die bäuerliche Aktion, sondern die feudale Reaktion.

[141] MEW 1964, 23, S. 789.
[142] Franz Bk. 1963, S. 288.
[143] v. Maurer 1863, 4, S. 529.
[144] Merx 1923/1934, 1, S. 226.
[145] Beispielsweise Baumann 1876, S. 94, 103, 109, 387.

Eine große Rolle spielten bäuerliche Arbeitsgeräte nach allgemeiner Auffassung in den bewaffneten Kämpfen selbst, indem Dreschflegel, umgerüstete Sensen und andere Gerätschaften das kümmerliche Waffenarsenal der Bauern gebildet hätten. Dieses von bürgerlichen Illustratoren des Zeitgeschehens entworfene Bild, das sich bis in die Museumspädagogik unserer Tage hinein zäh erhalten hat, ist sicherlich zu einseitig und darf nicht die authentischeren Quellenaussagen überdecken, nach denen die Bauern im wesentlichen mit regulären Waffen gekämpft haben. Die Verwendung von Gerätschaften aller Art als Waffenbehelf kam selbstverständlich vor, aber die militärische Zielstellung der Bauern war auf regelrechten Waffenbesitz, dessen sie der feudale Staat systematisch und zunehmend beraubt hatte, gerichtet.[146]

Abb. 75. Pflugschar und Sech im „Wappen" spätgotischer bäuerlicher Bildstöcke. Oberschotterlee und Althöflein, Weinviertel/Niederösterreich.

Wenig bekannt und erforscht ist die Funktion des landwirtschaftlichen Arbeitsgeräts auf einem ganz anderen Feld, nämlich dem des „ständischen" Zeichengebrauchs. Pflugscharen, Sicheln, Rebmessern und anderen Gegenständen begegnen wir auf zeitgenössischen bäuerlichen Gemeindesiegeln, Bildstöcken (Abb. 75) und Grabsteinen (Abb. 76), aber auch — gleichsam am „falschen Platz" — in der feudalen Heraldik.[147] Daß sich die Bauern selbst einmal auf den Symbolgehalt ihrer Arbeitswerkzeuge besinnen und daraus eigene Abzeichen gestalten würden, war den Inhabern des feudalen Wappenrechts einst unglaublich und sogar lachhaft erschienen. Heinrich Wittenwiler hatte um 1400 in seinem „Ring" noch die anmaßenden Bauern verspottet, indem er ihnen satirisch Wappenzerrbilder beigegeben hatte, die Gabeln, Rechen, Pfluggespann und Bauernspeisen wie Rüben,

[146] Bensing-Hoyer 1970, S. 50f.

[147] Vgl. etwa Siebmacher 1657, 1, Taf. 58, 82, 93, 153, 163, 169, 190, 200 (die Adelswappen selbst wahrscheinlich meist spätmittelalterlich).

Käse usw. zeigen.[148] Aber aus dieser komischen Szenerie wurde in unmittelbarer geographischer Nähe schon im selben Jahrhundert Ernst: 1460 zogen die Bauern im Hegau „von den Dörfern, sind von freien Willen gen Schaffhawßen gegangen und haben in der Stat ein Fenlein aufgesteckt, darinnen ist gemolt ein Pflug und ein Puntsuch".[149] Die jüngeren Fahnen dieser Vereinigung zeigen dann meist allein den Bundschuh — das Symbol bäuerlicher Kleidung.[150] Aber 1525 tritt die Pflugschar wieder in Erscheinung: Die Allgäuer Bauern führten sie im Panier, wie aus dem Titelblatt der Memminger Bundesordnung hervorgeht.[151] Und der Werrahaufen besaß ein Siegel mit der Pflugschar im Schilde (Abb. 77), womit u. a. ein Schreiben der Hauptleute und Räte an Graf Wilhelm

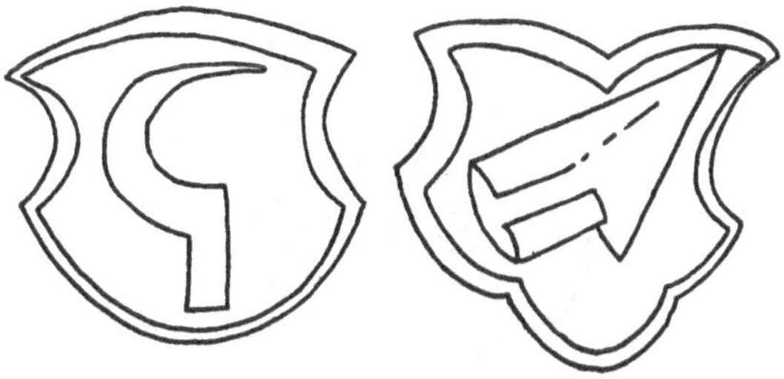

Abb. 76. „Wappen" vom Grabdenkmal des Bauernehepaares Wagner aus Schlanzschwitz, Kirche Altmügeln Kr. Oschatz/Sachsen, 1536.

von Henneberg ausgefertigt ist.[152] Die symbolische Vorzeigung ihres Arbeitsgeräts brachte den Charakter der revolutionären Erhebung werktätiger Menschen sinnfällig zum Ausdruck, wie vor allem auch die „Historie des beurischen infals in Erfurt" lehrt.[153]

Am 28. April 1525 zogen Tausende von Bauern in Erfurt ein. Gelenkt vom Rat der Stadt, aber auch aus wohlbegründeten eigenen Überlegungen wendeten sie sich zum „Mainzer Hof", dem Sitz der feudalen Herrschaft über Erfurt und Umgebung. Hier befand sich zugleich der herrschaftliche Wirtschaftshof, dessen Praktiken bei der Ausbeutung und Kontrolle der Fronarbeit (übrigens auch schon von Lohnarbeit) durch eine für die feudale Ökonomie wohl einmalige Bürokratisierung — in Gestalt schriftlicher Wirtschaftsanweisungen durch den Küchenmeister Engelmann (ca. 1518)[154] — bestimmt waren. Diesen verhaßten Hof, wo sich nicht nur die politische, sondern auch die ökonomische Gewalt der lokalen Feudalherrschaft konzentrierte, besetzten die Bauern und verfügten, „den Ertzbischofflichen Hoff hinfuro nit anderst dan den landhoff zu heyßhen" (andere Lesart: „das man denn ertzbischofflichen hoffe nymer solt Meinczischen hoffe heyssen noch nennen, sunder der gemeynen baurischen landstschafft hoffe"). Mit dieser Inbesitznahme verbanden die Bauern eine symbolische Handlung. An einem Gebäude des Hofes

[148] Wießner 1931, S. 21f., Vers 111—162.

[149] Frank Bk. 1963, S. 61

[150] Steinmann U. 1960.

[151] Laube/Steinmetz/Vogler 1974, S. 234 (nicht der Schwarzwälder Artikelbrief, wie ich Bentzien 1975, S. 46 im Anschluß an Bensing/Hoyer 1970, S. 38 geschrieben hatte).

[152] Kobuch/Müller 1975, S. 56—58.

[153] Das folgende nach: Staatsarchiv Magdeburg (Wernigerode), Rep. A 37 b I, Abt. II, Tit. XV 58, fol. 72—77, teilveröff. bei Fuchs 1942, 2, S. 445, bzw. Eitner 1909, S. 12, 32—35.

[154] Michelsen 1853.

befand sich das Wappen des Erzstifts bzw. der Martinsbruderschaft Mainz, das den Heiligen Martin zu Pferde zeigte. Die Bauern schlugen das Wappenbild heraus und ersetzten es durch ein neues, das rasch mit Kreide und Kohle aufgemalt wurde. Im Wappenschild präsentierten sich jetzt Pflugschar, Sech und Karst (andere Lesart: Schar, Sech und Reute), den Wappenhelm bekrönte ein Hufeisen. Dieser außerordentliche Vorgang hatte seine Parallele in der Änderung des Siegels der Stadt Erfurt, aus dem der Heilige Martin ebenfalls entfernt wurde. Während ihn aber hier der Erlöser auf dem Regenbogen ersetzte, was dem ideologischen Programm der Aufständigen im allgemeinen entsprach, wurde mit der Wappenänderung am Mainzer Hof die volksrechtliche Inbesitznahme, die Überführung ins

Abb. 77. Pflugschar im Siegel des Werrahaufens, 1525 (links). Umschrift: DEI BVRSC[AFT]. Die Scharsymmetrie kann heraldisch bedingt sein, aber auch auf einen Kehrpflug der fränkisch-thüringischen Bauern deuten.

Eigentum der bäuerlichen „Landschaft", versinnbildlicht. Bei jener sorgfältig durchgeführten Siegeländerung, die auch eine neue lateinische Inschrift einschloß, waren bürgerliche Kräfte mit im Spiel — die Zerschlagung des alten und die Aufrichtung des neuen Wappenbildes am Mainzer Hof indessen erfolgte unmittelbar durch die Bauern. Später gestand der Bauer und „Rädelsführer" Hans Becke aus Tonndorf, daß er der Initiator des Vorgangs gewesen sei. Er wurde mit vielen anderen hingerichtet. Nur wenige Tage lang, aber mit aller Deutlichkeit hatten die Symbole bäuerlicher Arbeit öffentlich von bäuerlichem Klassenbewußtsein gekündet.

Kapitel 4

Am Vorabend der bürgerlichen Agrarreformen

Zum Stand der Forschung

Arbeit und Arbeitsgeräte in der Landwirtschaft am Vorabend der bürgerlichen Agrarreformen und damit zusammenhängende Fragen nach dem Produktions- und Kulturniveau der Bauernschaft sind von der Volkskunde der DDR bisher nicht systematisch erforscht worden. Eine Kompilation einschlägiger fachinterner Forschungsergebnisse, wie sie im „Abriß" für diese bzw. die Folgezeit versucht worden ist,[1] offenbart große Lücken und zeigt den Mangel an konkret-historischen Arbeiten, zumal überregionalen Charakters und thematischer Relevanz. Dieses Manko wird freilich weitgehend aufgewogen durch die Tatsache, daß es — aus volkskundlicher Sicht — einen beachtlichen Forschungsstand der marxistischen Agrargeschichte über diese Phase bzw. Phasen des Spätfeudalismus gibt, und zwar gerade auch hinsichtlich der betriebswirtschaftlichen Seite der agrarischen Produktion bis hin zu den Arbeitsgeräten, die sonst nach stillschweigendem Übereinkommen oft volkskundlicher Forschung allein überlassen werden.

Nach allgemeinster Einschätzung, wie sie der „Grundriß" formuliert hat,[2] kam es während der Zeit des Heranreifens der bürgerlichen Umwälzung in Deutschland zu weiteren Fortschritten in der Entwicklung der agrarischen Produktivkräfte, ausgewiesen u. a. durch teilweise Bebauung der Brache mit Futterpflanzen, Hackfrüchten und Handelsgewächsen, das Aufkommen der ganzjährigen Stallfütterung und die gebietsweise Ausbreitung intensiverer Fruchtfolgen. Hemmend wirkten die feudalen Produktionsverhältnisse, besonders zweite Leibeigenschaft, Frondienste und feudale Privilegien. Dieses Gesamturteil beruht offenbar auf ausgedehnter „arbeitsteiliger" Erforschung der spätfeudalen Agrarverhältnisse und der Landwirtschaft in verschiedenen historischen Territorien der DDR durch zahlreiche Autoren (G. Heitz, R. Berthold, H.-H. Müller, H. Harnisch u. a.).[3] Am prononciertesten hat H.-H. Müller in seinen Arbeiten[4] der Überzeugung Ausdruck verliehen, daß vor den bürgerlichen Agrarreformen die Entwicklung der agrarischen Produktivkräfte den ländlichen Produktionsverhältnissen vorausgeeilt sei. In diesem Zusammenhang präsentierte er reichhaltigste Ergebnisse hinsichtlich des Fortschritts der Landwirtschaft, des agrarökonomischen Denkens und der verschiedenen Trägerschichten. Als fortschritttragende gesellschaftliche Kräfte wurden von ihm und anderen vor allem bürgerliche Gutspächter und -besitzer, Beamte und Gelehrte ermittelt, daneben aber auch Vertreter der bäuerlichen Klasse.

[1] Abriß 1972, S. 147ff., 212ff.

[2] Grundriß 1974, S. 194f.

[3] Bibliographische Nachweise: Zeitschr. f. Geschichtswiss. 8 (1960), Sonderheft, S. 116ff.; 18 (1970), Sonderbd., S. 125ff.; demnächst Sonderbd. für 1970 ff. (im Druck).

[4] Müller H.-H. 1967, 1975 u. a. (s. Literaturverzeichnis).

Am Problem der Triebkräfte des Fortschritts, wenngleich nicht hier allein, tritt der Gegensatz zur bürgerlichen Forschung hervor, die in dieser Frage zwar nicht mehr für den Feudaladel und den feudalabsolutistischen Staat votiert, sondern teilweise die materiellen Prozesse an der Basis ausführlich untersucht.[5] Dabei bleiben aber die gesellschaftlichen Triebkräfte oft weitgehend unbeachtet, so in der führenden westeuropäischen (die deutschen Verhältnisse tangierenden) Darstellung,[6] oder man geht bei der Zeit um 1750 von einem „geistesgeschichtlichen Wendepunkt" als verursachendem Faktor aus,[7] was als Prämisse bis in viele der materialreichen Untersuchungen über einzelne historische Territorien der BRD hineinwirkt, indem für den „Aufschwung des Bauernstandes" an erster Stelle „die geistig-philosophische Wandlung des Weltbildes" verantwortlich gemacht wird.[8] Hier trifft sich idealistische Historiographie mit bürgerlicher Volkskunde, deren früher Vertreter Riehl die bäuerliche Arbeit und ihren Wandel im späten 18. Jahrhundert dergestalt motiviert gesehen hat, daß allein die „Geisteskämpfer jener Zeit" den trägen, bedürfnislosen Bauern wachgerüttelt hätten.[9] Volkskundliche Forschungen zur bäuerlichen Arbeit und Wirtschaft in der BRD haben inzwischen unter differenzierten theoretischen Ansätzen zahlreiches Material aufgearbeitet,[10] sind jedoch zu keiner präzisen historischen Einordnung der Phänomene gelangt, die für den Spätfeudalismus zuträfe.

Was die Periodisierung allgemein betrifft, so gilt die Zeit um 1750 für die bürgerliche Forschung als Beginn einer neuen Ära der Entwicklung von Ökonomie und Technik. Aus landwirtschaftsgeschichtlicher Sicht datiert W. Abel von da an einen konjunkturellen „Aufschwung".[11] B. H. Slicher von Bath weist zurückhaltender auf "a gradual development" von diesem Zeitpunkt ab hin.[12] Der führende bürgerliche Technikhistoriker läßt das Zeitalter des "unbound Prometheus" gleichfalls um 1750 beginnen,[13] beschränkt jedoch die Argumentation eng auf „technologischen Wandel" und „industrielle Entwicklung" in Westeuropa. Die universale Periodisierung durch sowjetische Technikhistoriker setzt demgegenüber die Zäsur ans Ende des 18. bzw. an den Beginn des 19. Jahrhunderts, womit die Epoche der Schaffung von Voraussetzungen zur Herausbildung einer Maschinentechnik unter den Verhältnissen der Manufakturperiode ihr Ende findet und die Epoche der Verbreitung von Arbeitsmaschinen auf der Grundlage der Dampfmaschine einsetzt.[14] Der folgende Versuch, den Stand der Agrikultur in ausgewählten Sachbereichen kurz darzustellen, wählt diesen zeitlichen Ansatz als Arbeitsprämisse, behandelt somit die Verhältnisse um 1800 und dehnt die Untersuchungszeit bis auf die zweite Hälfte des 18. Jahrhunderts aus, um auf den verschiedenen Teilgebieten der landwirtschaftlichen Arbeit und Agrartechnik jeweils das alte und das neue Element fassen zu können. Als Ergebnis wird angestrebt

— eine Übersicht über den tatsächlich erreichten Stand der Agrikultur in ausgewählten Sachbereichen;

[5] Standardwerk: Abel 1967.
[6] Slicher van Bath 1963.
[7] v. Frauendorfer 1957, 1, S. 155—198.
[8] Steinle 1971, S. 171.
[9] Riehl 1883, S. 279f.
[10] Lühning 1951; Wiegelmann 1969 u. a.
[11] Abel 1966, S. 182—190.
[12] Slicher van Bath 1963, S. 179.
[13] Landes 1973.
[14] Schuchardin 1963, S. 57f.

— eine Bestimmung des technisch-kulturellen Niveaus der unmittelbaren Produzenten, vor allem der Bauern als Subjekt und Objekt agrartechnischer und -ökonomischer Bestrebungen im Spätfeudalismus.

Die Quellenbasis ist heterogen. Es dominieren regionalgeschichtliche Editionen und solche Untersuchungen, die ihrerseits auf Quellen beruhen. Stärkste Quellengruppen im eigentlichen Sinne sind Inventar- und Nachlaßverzeichnisse (publizierte und unpublizierte) von Bauern- und Gutshöfen, Fronverzeichnisse und anderes Schriftgut feudaladministrativer Herkunft, zeitgenössische Publizistik und Graphik. Landwirtschaftliches Arbeitsgerät in den Museen — und vollends im Terrain — reicht im allgemeinen nicht ins 18. Jahrhundert zurück; Schlüsse aus Befunden des 19. Jahrhunderts werden nur ausnahmsweise gezogen.

Fakten und Daten zur Landwirtschaft in der zweiten Hälfte des 18. Jahrhunderts

Verfahren und Geräte der Feldwirtschaft

Die landwirtschaftliche Nutzfläche wurde während des 18. Jahrhunderts in Deutschland bedeutend ausgedehnt. Als bekanntestes Beispiel gilt das von der preußisch-deutschen Geschichtsschreibung[15] einseitig hervorgehobene brandenburgische Meliorationswerk. Aus den Brüchen und Luchen dieser Provinz wurden zwischen 1750 und 1800 insgesamt 1133970 Morgen Land urbar gemacht.[16] Entwässerungsarbeiten wurden auch in anderen Provinzen und Landstrichen, beispielsweise Hinterpommern, durchgeführt, wo sie der zuvor im Anhalt-Dessauischen tätig gewesene Franz Balthasar Schönberg von Brenkenhoff ab 1763 leitete.[17] Es verdient festgehalten zu werden, daß den preußischen Maßnahmen solche in anderen deutschen Territorien voraufgegangen waren, vor allem in Nordwestdeutschland — beispielsweise Ostfriesland, schon bevor es 1744 an Preußen kam (hier waren westfriesische Einflüsse der Moorkultivierung wirksam) —[18] sowie in Kurhannover unter der Leitung des „Moorkommissars" Jürgen Christian Findorff,[19] aber auch in Bayern.[20]

Als Desiderat volkskundlicher Forschung ist anzumerken, daß die qualitative Seite dieser Meliorationsmaßnahmen bisher nicht erforscht wurde. Offensichtlich unterschied sich z. B. die sog. Fehnkultur in Nordwestdeutschland und anderen westeuropäischen Ländern[21] durchaus von den ostdeutschen Entwässerungs- und Bodenbaupraktiken. Im letzteren Gebiet vor allem muß mit einem Minimum an Technik und größtem physischen Kraftaufwand der Entwässerungsarbeiter gerechnet werden, zu denen auch die Bauern selbst zählten. Inwieweit nach dem Vorbild der niederländischen Polderanlagen Windkraftanlagen zur Entwässerung errichtet wurden, muß noch näher untersucht werden. Die Erd-

[15] Beispielsweise Meitzen 1868, 1, S. 444—449.
[16] Müller H.-H. 1967, S. 13.
[17] v. Malotki 1931, S. 48—50.
[18] Hanssen 1880, 1, S. 236f.; Berthold 1964, S. 21f.
[19] Müller-Scheessel 1975.
[20] Wismüller 1909, 1.
[21] Vgl. Darby 1969 (war mir nicht zugänglich).

arbeiten standen jedenfalls auf technologisch niederer Stufe; ein Gerät wie die einrädrige Schiebkarre zählte damals im Deichbau noch zu den „Errungenschaften."[22]

Neben dem Landgewinn aus Moor und Meer spielte die traditionelle Waldrodung eine geringere Rolle für die Neulandgewinnung. Ausrodung von „Buschland" kam vielfach vor,[23] doch wird es sich dabei überwiegend um Gewinn von nur temporär genutztem Land (Brandkultur) gehandelt haben.

Eine umfassende Orientierung über die Bodennutzungssysteme des 18. Jahrhunderts in Deutschland ist schwer zu erlangen. Die „Legende von der Dreifelderwirtschaft" hat man scharf attackiert,[24] obgleich sie keinesfalls von allen Forschern in der Vergangenheit ernst genommen worden war.[25] Tatsächlich scheint die Dreifelderwirtschaft im Mittelalter und am Übergang zur Neuzeit verbreiteter gewesen zu sein als im 18. Jahrhundert, das — möglicherweise aber nur aufgrund der günstigeren Quellenlage — eine weitaus größere Vielfalt an Bodennutzungssystemen erkennen läßt. Unter diesen war nun die Dreifelderwirtschaft — in „reiner" oder „verbesserter" Form — offenbar immer noch am häufigsten,[26] vor allem in zahlreichen mittel- und süddeutschen Territorien. Entwicklungsgeschichtlich verlief die Tendenz hier weiterhin und nunmehr verstärkt in Richtung auf die besömmerte Brache,[27] worauf in dem für uns entscheidenden Zusammenhang mit den bäuerlichen Initiativen unten noch ausführlich eingegangen wird.

Eine Zweifelderwirtschaft mit zunehmend besömmerter Brache praktizierte man am Ober- und Mittelrhein;[28] sie war hier, gegründet auf den ständigen Wechsel von Getreide und Brachfrüchten (auch Sonderkulturen), ein intensiveres System als ihr formales Pendant im Brandenburgisch-Niederlausitzischen, wo man auf den schlechten Böden eine Art Zweifelderwirtschaft im Wechsel von Winter- und Sommergetreide oder in „freier Körnerfolge" betrieb[29] und dabei geringe Erträge in Kauf nahm, die auch durch ein Brachjahr erfahrungsgemäß nicht zu steigern waren. „Ewiger Roggenbau" bis zur jeweiligen Erschöpfung des — hier jedoch besser gedüngten — Bodens war in einigen nordwestdeutschen Landschaften üblich.[30] In ihrer Nähe entwickelte sich weiterhin die „jüngere Feldgraswirtschaft", deren mehr viehwirtschaftlich betonte Variante — etwa die Hälfte der Schläge im 7- bis 9jährigen Turnus diente als Weide — die „Schleswig-Holsteinische Koppelwirtschaft"[31] darstellt, während die verwandte „Mecklenburgische Schlagwirtschaft"[32] mit ihrem höheren Anteil an Ackerland als Variante mit ausgeprägterer Getreideproduktion gelten kann. An der Ostseeküste folgte dieses mehrschlägige Bodennutzungssystem seinerseits nicht auf die Dreifelderwirtschaft, sondern auf eine modifizierte Mehrfelderwirtschaft, wie sie u. a. in Vorpommern für die Zeit um 1700 geschlossen bezeugt

22 George 1923, S. 242f.
23 Nachweise aus Schleswig-Holstein bei Prange 1971, S. 86f.
24 Krenzlin 1952, S. 51.
25 Insbesondere nicht von Hanssen 1880/1884, 1/2.
26 Abel 1967, S. 216.
27 Berthold 1962, S. 107f.
28 Abel 1967, S. 220; Weidmann 1968, S. 71—73.
29 Krenzlin 1952, S. 53—55.
30 Abel 1967, S. 218; Hirschfelder 1971, S. 175.
31 Hanssen 1880, 1, S. 123ff.; Prange 1971.
32 Dade 1891; Schröder-Lembke 1956.

Pfluggespann (links) und Ernteszene (rechts).
Der einsterzige Beetpflug besitzt ein gewundenes Streichbrett;
die Ochsen ziehen im Widerristdoppeljoch.
Der beladene Heuwagen wird von Pferden in Kummeten gezogen.
Norddeutsch (nach niederländischem Vorbild ?). — Daniel Chodowiecki.

Heuernte (Hintergrund) und Getreidemahd (Vordergrund).
Das Heufuder ist mit einem Wiesbaum festgezurrt, die Pferde ziehen in Sielen.
Die Getreidesense besitzt ein Gerüst, die Grassense nicht.
Norddeutsch. — Daniel Chodowiecki/Johann David Schleuen.

Bauer und Pflugjunge (rechts) mit Pfluggespann.
„Altdeutscher" Beetpflug mit Pferden in Kummetgeschirren. Im Hintergrund Ochsen in Kummeten. Südostdeutsch. — Wilhelm Kobell / Adam v. Bartsch.

Bauer und Pflugjunge mit einem Pflug in Transportstellung.
Durch das Pfluggerippe ist ein V-förmiges Schleifholz gesteckt.
Südostdeutsch. — Wilhelm Kobell / Adam v. Bartsch.

Pflug und Pferd. Beetpflug „altdeutschen“ Typs, Pseudo-Linkswender (seitenverkehrt).
Süddeutsch. — Johann Adam Klein.

Pflug in Transportstellung wie Tafel X unten.
Norddeutsch. — Dietrich Findorff.

Im bäuerlichen Stall: Rinder und Pferd, Viehmagd am Futterkasten.
Mitteldeutsch. — Johann Christian Klengel.

Viehmagd mit Kühen und Kalb. Süddeutsch. — Johann Adam Klein.

Schweinegruppe am Stall.
Europäische Rasse vor den Einkreuzungen des 19. Jahrhunderts.
Süddeutsch. — Johann Adam Klein.

Die meistdiskutierte Kulturpflanze des 18. Jahrhunderts:
Saatklee. Thüringisch.

Vignette auf dem Titelblatt einer ökonomischen Zeitschrift:
landwirtschaftliche Geräte,
unökonomisch gruppiert und künstlerisch verändert. Mitteldeutsch.

Allegorische Gartenplastik mit märkischem Pflug.
Naturgetreues Gerät (bis auf die Grindelverkürzung).
Potsdam-Sanssouci. — François Gaspar Adam.

Gutsherr Labes auf Zernikow/Land Ruppin befehligt Fronbauern
bei der Urbarmachung steinigen Landes.
Die Trophäe mit bäuerlichem Gerät überhöht den bürgerlichen Initiator.
Daniel Chodowiecki.

Kaiser Joseph II. mit dem Pfluggespann eines mährischen Bauern.
Stilisierte Szene, aber naturgetreue Details am Beetpflug

ist.[33] Eine Vierfelderwirtschaft existierte teilweise auch im alpinen Gebiet,[34] für das im übrigen — als Parallele zu dem norddeutschen Befund — ebenfalls eine Form der jüngeren Feldgraswirtschaft („Egart"system) belegt ist.[35] Damit war hier und andernorts häufig die Aufhebung der tradierten dörflichen Feldgemeinschaft verbunden, ein für das wirtschaftliche und kulturelle Leben des Dorfes hochbedeutsamer Vorgang, der im 18. Jahrhundert regional schon Massencharakter annahm (weiteres s. unten).

Die neuere Feldgraswirtschaft führte teilweise an die Prinzipien der modernen Fruchtfolge heran, sofern außer den Weideschlägen auch Klee und Raps in die Rotation einbezogen wurden, doch war dies nicht allenthalben der Fall. Sie bedeutete somit keine Intensivierung schlechthin, zumal die Bodenbearbeitungsmethoden zumeist dieselben blieben, wohl aber eine bessere Anpassung der Agrikultur an die bioklimatischen Bedingungen in bezeichnender Beschränkung auf Landschaften mit Klimaten, die für die Viehwirtschaft prädestiniert sind.

Neben diesen erneuerten Formen der Feldgraswirtschaft und neben der Zwei- bzw. Dreifelderwirtschaft, die in verbesserter Form bei Bebauung der Brache mit Hackfrüchten, Leguminosen usw. ebenfalls Prinzipien der modernen Fruchtfolge vorwegnahm, ist auch das Fortleben oder Wiederaufkommen archaischer Bodennutzungssysteme während des 18. Jahrhunderts charakteristisch. Gemeint sind verschiedene Formen der Brandkultur.[36] In Steiermark war das schon älter bezeugte „Gereutbrennen" üblich, wobei die nachfolgende Bodenbearbeitung mit einem Arsenal urtümlich anmutender Geräte wie der *Brandfurkel*, einer überdimensionalen Astegge (Abb. 86), betrieben wurde.[37] Aus Baden liegen für die Zeit um 1750 Nachrichten über Brennkultur und Aschedüngung vor.[38] Hingewiesen sei auch auf die unverändert (s. Kapitel 3) praktizierte „Schiffelwirtschaft" in der Eifel[39] und die mit ihr verwandte „Haubergswirtschaft" im Siegerland und im nassauischen Dillkreis,[40] wo den Arbeitsgängen des Bodennarbenabschälens, des Abbrennens und der Ascheverteilung noch die Gewinnung von Baumrinde für Gerberlohe vorausging. Jünger scheint die Moorbrandkultur in Teilen Niedersachsens zu sein — das Abbrennen von Moorgelände und die Aussaat von Buchweizen in die erkaltete Asche soll in der Lüneburger Heide um 1700 aufgekommen sein;[41] ihre entwickeltere Form, die Entwässerungsmaßnahmen und folgendes Tiefpflügen („Rajolen") einschloß, war die oben schon erwähnte „Fehnkultur" in Oldenburg und Ostfriesland, die ihrerseits aus den Niederlanden stammt.[42] Archaische Züge, deren Alter in der Region jedoch unklar ist, zeigt wiederum die „Scheffelwirtschaft" in Altpreußen: Abbrennen des Niederwaldes, Ascheausbreitung, Aussaat einige Jahre hindurch, Wiederbewuchs usw. ohne weitere Kultivierungsarbeiten.[43]

[33] Wegner 1968.
[34] Steirischer Bauer 1966, S. 157.
[35] Hanssen 1880, 1, S. 218.
[36] Schneiter 1970.
[37] Steirischer Bauer 1966 S. 164—177.
[38] Ludwig 1896, S. 91.
[39] Hanssen 1880, 1, S. 223.
[40] Löber 1965, S. 247f.
[41] Bomann 1927, S. 134.
[42] Hanssen 1880, 1, S. 236f.
[43] Mager 1960, 1, S. 343f.

Düngermangel stand vor allem hinter diesen Formen der Brandkultur, Düngergewinnung aus vermehrter Viehhaltung bildete zugleich ein Motiv für die anderen Umstellungen und Abänderungen des jeweiligen Bodennutzungssystems. Bei der Behandlung der Kulturpflanzen (unten) wird speziell auf den Futterbau noch einzugehen sein. An dieser Stelle ist auf die Düngung selbst kurz hinzuweisen. Sie wurde noch überwiegend aus dem winterlichen Stallmistaufkommen bestritten, das im allgemeinen nicht ausreichte und beispielsweise ostpreußischen Bauern lediglich gestattete, das Brachfeld jedes dritte Mal zu düngen, wenn nämlich auf Winterroggen im nächstjährigen Sommerfeld Gerste — und nicht allein Hafer — folgen sollte, wodurch im Effekt der in diese Rotation einbezogene Acker nur jedes neunte Jahr gedüngt wurde.[44] Diese Angabe berücksichtigt freilich nicht den Weidegang auf dem Brachfeld, der allerdings — bis auf die Schafpferche — keine konzentrierte Düngerzufuhr erbrachte. Der Dunganfall von den Dauerweiden ging dem Acker ganz verloren. — Als Auswege aus der Düngermisere wurden gefunden

— die ganzjährige Stallfütterung auf der Grundlage eines verbesserten Futterbaus (vor allem im mittleren Deutschland);
— die oben genannte neuere Feldgraswirtschaft mit der Einbeziehung der Weiden in die Rotation (besonders im Küsten- und alpinen Bereich).

Daneben existierten weitere Verfahren, den Boden zu präparieren, die teilweise schon länger bekannt waren, sich aber erst im 18. Jahrhundert nennenswert verbreiteten. Teichschlamm zum Stalldünger zu geben, war auf Fehmarn üblich.[45] Schon von 1737 stammt eine entsprechende Nachricht aus Leipziger Universitätsdörfern.[46] Hier praktizierten die Bauern auch die „Düngung" mit Mergel (Ton-Kalk-Gemenge), die außerdem in vielen Landschaften schon verbreitet war, so auch in anderen Teilen Kursachsens, in der Mark Brandenburg, im Harzvorland, in Holstein, Nassau-Weilburg, an der Mosel, im Fürstentum Hohenlohe.[47] Dabei lassen die Quellen aufgrund der unklaren Terminologie meistens nicht erkennen, inwieweit es sich schon um eigentliche Kalkzufuhr gehandelt hat. In der Rheinpfalz verwendete man Pottasche zu Düngerzwecken.[48] Im Hohenlohischen wurde vom letzten Jahrhundertdrittel ab Gips auf die Wiesen gestreut, wodurch sich deren Kultur in damals vorbildlicher Weise verbesserte und die dortige Viehwirtschaft aufblühte.[49]

Im Vorgriff auf die Behandlung der Kulturpflanzen (s. unten) sei hier bereits angedeutet, daß neben der Stallmist- und mineralischen Düngung die stickstoffsammelnde Gründüngung in einigen west- und mitteldeutschen Gegenden mit verbesserter Dreifelderwirtschaft und anderweitig modifizierten Fruchtfolgen im 18. Jahrhundert bereits eine gewisse Rolle für die Erhöhung der Bodenfruchtbarkeit spielte.

Verbesserte Bodenbearbeitung wurde teilweise dadurch erreicht, daß der Acker häufiger als bisher gepflügt wurde. Die Zahl der Bodenbearbeitungsgänge zu erhöhen war eine schon im 15./16. Jahrhundert zu beobachtende Praxis, die nunmehr auch verstärkt in der landwirtschaftlichen Literatur der Zeit propagiert wurde, wobei man viermaliges

[44] Henning 1969b, S. 24.
[45] Otte 1796, S. 184.
[46] Blaschke 1951/52, S. 89.
[47] Ackermann 1911, S. 132; Herz 1964, S. 46f.; Müller H.-H. 1967, S. 98; Backhaus 1888, S. 176; Krieg 1931, S. 38; Sprenger 1780, S. 17; Etwas 1781; Steinle 1971, S. 181.
[48] Weidmann 1968, S. 89.
[49] Steinle 1971, S. 181; Eßlinger 1930, S. 81.

Pflügen zur Wintersaat und zwei- bis dreimaliges Pflügen zur Sommersaat als Norm aufstellte.[50] Wir beschränken uns auf quellenmäßig belegbare, nicht allein literarische Fälle. Hier steht wenigen Hinweisen auf viermaliges Pflügen zur Wintersaat in Südwestdeutschland einerseits[51] und Norddeutschland andererseits[52] die häufigere Tatsache gegenüber, daß unverändert höchstens dreimal gepflügt wurde, beispielsweise im Oderbruch,[53] in Niederschlesien[54] oder in der Harzgegend, wo lediglich die neue Kulturart Raps sowie das Kohlfeld mit vier Pflugfurchen bedacht wurden.[55] Bei der Sommersaat — außer Gerste — begnügte man sich in den genannten Fällen mit ein-(!?) bis zweimaligem Pflügen. Das künftige Sommerfeld im Herbst zuvor zu *felgen* und zu *ruhren*, bevor es im Frühjahr zur Saat gepflügt wurde, war nach Angaben aus dem Greizer Gebiet von 1729/1733[56] offenbar normal, ebenso wie die Tatsache, daß dort auf jede Pflugfurche ein Bodenbearbeitungsgang mit der Egge folgte.[57]

All dies bewirkte freilich noch keine optimale Bodengare, zumal nicht auf solchen Böden, deren Beschaffenheit nur durch Melioration (Dränung) zu verbessern war, was erst ein Jahrhundert später geschah. Überdies beschränkte sich die vermehrte Bodenbearbeitung einseitig auf Arbeiten vor der Saat, nicht oder kaum auf Pflegearbeiten nach der Saat.

Die Pflugtiefe zu steigern, war mit den überkommenen Geräten und bei dem schwachen Zugvieh praktisch nicht möglich. So bewegte sie sich für gewöhnlich zwischen einem Minimum von 2 Zoll (5 cm) bei der Brachfurche und einem Maximum von 5 Zoll (12 cm) bei der Saatfurche[58] (heute gelten als „Tiefpflügen" mehr als 40 cm!). — Im folgenden werden die wichtigsten Produktionsinstrumente einzeln vorgestellt.

Das ganze 18. Jahrhundert hindurch — und darüber hinaus — verwendeten die Bauern zahlreicher deutscher Landschaften noch ein genetisch altes Pfluggerät, den Haken, in verschiedenen Typen. Der symmetrisch gebaute Haken, der den Boden mehr aufreißt als wendet, diente in Ergänzung des eigentlichen oder Beetpfluges zum Ziehen der zweiten Furche (in Querrichtung zur ersten, mit dem Beetpflug gezogenen), auch zur Erstbearbeitung stark verunkrauteter Felder, ferner zum Unterpflügen der Saat sowie auch als Universalgerät für sämtliche Bodenbearbeitungsgänge. Letzteres war vor allem in Mecklenburg und einigen seiner Randgebiete der Fall. Der *Mecklenburgische Haken* (Abb. 78, 107) besitzt ein symmetrisch angebrachtes, streichbrettähnliches Hakenbrett, das bei Schräghaltung des Geräts zugleich eine gewisse Bodenwendung bewirkte. Den Haken schräg (wechselnd nach links oder rechts geneigt) zu führen war wiederum leichter möglich, wenn statt der bisherigen Jochanschirrung ein Radvorgestell vorgelegt wurde. Belege hierfür[59] datieren seit 1751 und stammen zunächst aus der Prignitz sowie aus Vorpommern, also Gebieten, wo das Radvorgestell aufgrund des dortigen Beetpflugvorkommens be-

[50] Zincke 1744, Sp. 2238f.; Germershausen 1783, 1, S. 744—746.
[51] Knapp Th. 1902, S. 137.
[52] Vgl. Bentzien 1969, S. 110f.; ehem. Gutsarchiv Damshagen (Pfarrarchiv Vol. 33).
[53] v. Podewils 1803, 3, S. 56.
[54] Heisig 1884, S. 104.
[55] Backhaus 1888, S. 170.
[56] Hist. Staatsarchiv Greiz, RG Kaimberg, Nr. 392.
[57] Ebda., Patr.gericht Steinbrücken, Nr. 482/1.
[58] Berthold 1962, S. 116; Müller H.-H. 1967, S. 84; v. Malotki 1931, S. 40.
[59] Bentzien 1969, S. 230f.

kannt war. Typisch blieb jedoch in Mecklenburg, Vorpommern, der Uckermark, dem Land Ruppin, den Prignitzen und im Wendland bis gegen 1800 der mit Ochsen bespannte Jochhaken. Er und sein jüngerer Abkömmling erfuhren überhaupt eine merkliche Reaktivierung.[60]

Abb. 78. Mecklenburgischer Haken mit Häker und Ochsenpaar im Widerristdoppeljoch. Die „arbeitenden" Geräteteile sind Schar und Hakenbrett, das Gerippe besteht aus Sohle, Krümmel, Sterze und Grindel.

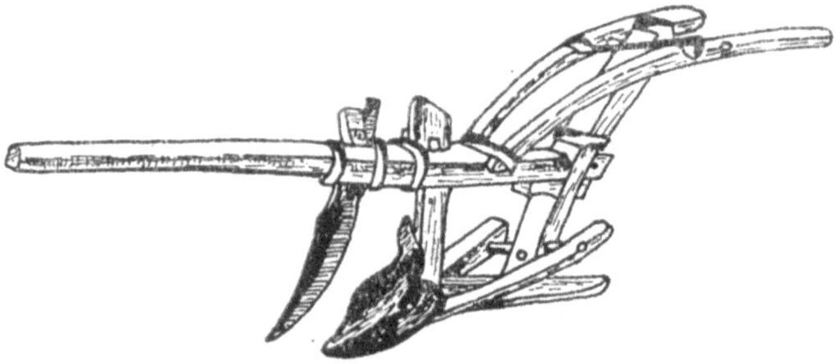

Abb. 79. Oberlausitzischer „Ruhrhaken". Ullersdorf bei Niesky. — Die „arbeitenden" Geräteteile sind Sech, Schar und beidseitige Streichpflöcke, das vierseitige Gerippe besteht aus Sohle, Griessäule, Grindel und Hinterbaum.

Mehrere Funktionen nahm auch der sohlenlose *erzgebirgische Haken* (Abb. 99) wahr. Bäuerliche Nachlaßverzeichnisse des 18. und frühen 19. Jahrhunderts führen als normale Bestückung dieses Geräts *Reißschar*, *Anderschar* und *Drittelschar* auf;[61] sie dienten also jeweils speziell zum Aufreißen der Brache (spitze Form), zum Querhaken oder *Quieren* der zweiten, „andern" Furche (breite Form) sowie zum Ziehen der tieferen „dritten" Furche (breiteste und schwerste Form).[62] Ein ähnliches Gerät, bekannt u. a. als „Trautenauer Haken", war in den damals von Deutschen besiedelten südlich und östlich anschließenden böhmischen Gebirgslandschaften verbreitet.[63] Weniger entwickelte Varianten dieses Typs existier-

[60] Ebda. S. 153ff.; Bentzien 1972b.
[61] Staatsarchiv Dresden, Gerichtsbücher Amt Augustusburg, Nr. 48/49 u. ö.
[62] Rupprecht 1788, S. 57f., 199.
[63] Šach 1963, S. 191.

ten auch in westdeutschen Mittelgebirgslandschaften (Siegerland, Schwarzwald usw.),[64] doch ist ihre historische Bezeugung für das 18. Jahrhundert und davor unsicher.[65]

Auf die Wahrnehmung von Zusatzfunktionen neben dem Beetpflug war die Anwendung von Haken in anderen Landschaften beschränkt. Das betrifft zunächst den weitverbreiteten *Ruhrhaken* (Abb. 79) in Obersachsen, der Oberlausitz und im ehem. Niederschlesien,[66] ein Gerät mit vierseitigem Gerippe, Schar, Sech und Streichpflöcken, an denen der aufgerissene Boden entlangstrich und gekrümelt wurde. Eine weitgehende Identität mit den Hauptmerkmalen des Ruhrhakens — symmetrische Arbeitsweise, Vierseitigkeit, Streichpflöcke (teilweise) — weist die ostalpine *Arl* auf, deren Geschichte gut erforscht ist.[67] Sie behauptete sich im 18. Jahrhundert neben (Steiermark) und vor (Kärnten) anderen Pfluggeräten. Das historische Vorkommen eines entsprechenden Geräts im nördlich anschließenden Niederösterreich, im östlichen Bayern und in der Oberpfalz kann als wahrscheinlich gelten.[68]

Im weitesten Sinne nicht den Pflügen, sondern den Haken zuzurechnen ist schließlich die *Zoche*, ein zweischariger „Gabel"haken, der im damaligen Ostpreußen auch bei der deutschen Bevölkerung oft das einzige, universal eingesetzte Pfluggerät bildete. Das (Wieder-)Aufkommen des Beetpfluges setzte während des 18. Jahrhunderts, unterstützt durch behördliche Administration, zögernd ein.[69] Bauern im Ermland und anderen Landstrichen hatten noch um 1800 teilweise ausschließlich Zochen im Geräteinventar.[70]

Ausgangs des 18. Jahrhunderts wurde die Eignung des Hakens für die Bedürfnisse der neuen Häufelkulturen erkannt (vgl. Abb. 99), aber noch kaum in die Praxis umgesetzt. Die geographische Verbreitung der Hakengeräte im großen — in den ostdeutschen Territorien — entsprach immer noch weitgehend dem durch die ethnisch-kulturellen Bewegungen des Hochmittelalters beeinflußten Raumbild. Bioklimatische Gründe lassen sich nicht anführen. (Man vergleiche auch die Karte Abb. 100.)

In den weitaus meisten deutschen Landschaften herrschte unverändert der Beetpflug vor; unverändert vor allem in seiner Dominanz gegenüber dem räumlich begrenzten Haken-Vorkommen, aber unverändert größtenteils auch in seiner Gestalt. Beschreibungen, Werkzeichnungen und Bilder (Abb. 80—82 u. a., Taf. X, XI u. a.) lassen in ihrer Mehrzahl keine der schon ersonnenen Verbesserungen, wie sie fürs 15./16. Jahrhundert nachgewiesen werden konnten, erkennen. Vorherrschend war also wie seit einem Jahrtausend der Pflug mit hölzernem Gerippe, einschariger Ausrüstung, geradem hölzernen Streichbrett, Radvorgestell und einem Vorspann von durchschnittlich vier Zugtieren.

Die landschaftlichen Varianten, die sich aufgrund eines vermehrten Quellenmaterials nunmehr klar abzeichnen, berühren diese grundlegenden Merkmale nicht. Es sei hier deshalb davon abgesehen, sie einzeln zu charakterisieren. Die für das 19. Jahrhundert belegten Altformen des Beetpfluges, die unten kartiert (Abb. 100) und an anderer Stelle ausführlich interpretiert worden sind,[71] kamen in folgenden Fällen nachweislich auch in der zweiten

[64] Leser 1931, S. 122—126.
[65] Bentzien 1972a, S. 36f.
[66] Hofmann 1752, S. 858—864, bes. 861; v. Riesch 1805, S. 64f.; Heisig 1884, S. 55f., Anm. 2; beschrieben schon 1590 von Grosser ed. Schröder-Lembke 1965, S. 56.
[67] Koren 1950.
[68] Kasparek 1966/67.
[69] Henning 1969b, S. 22f.
[70] Holzky 1905, S. 40; Böhme 1902, S. 107.
[71] Bentzien/Quietzsch 1976.

Abb. 80. Norddeutscher einsterziger Beetpflug mit Radvorgestell. Pferd in Sielenanschirrung. – Johann Friedrich Gottlieb Unger, Berlin.

Abb. 81. Süddeutscher zweisterziger Beetpflug „altdeutschen“ Typs mit Radvorgestell. – Heinrich Adam.

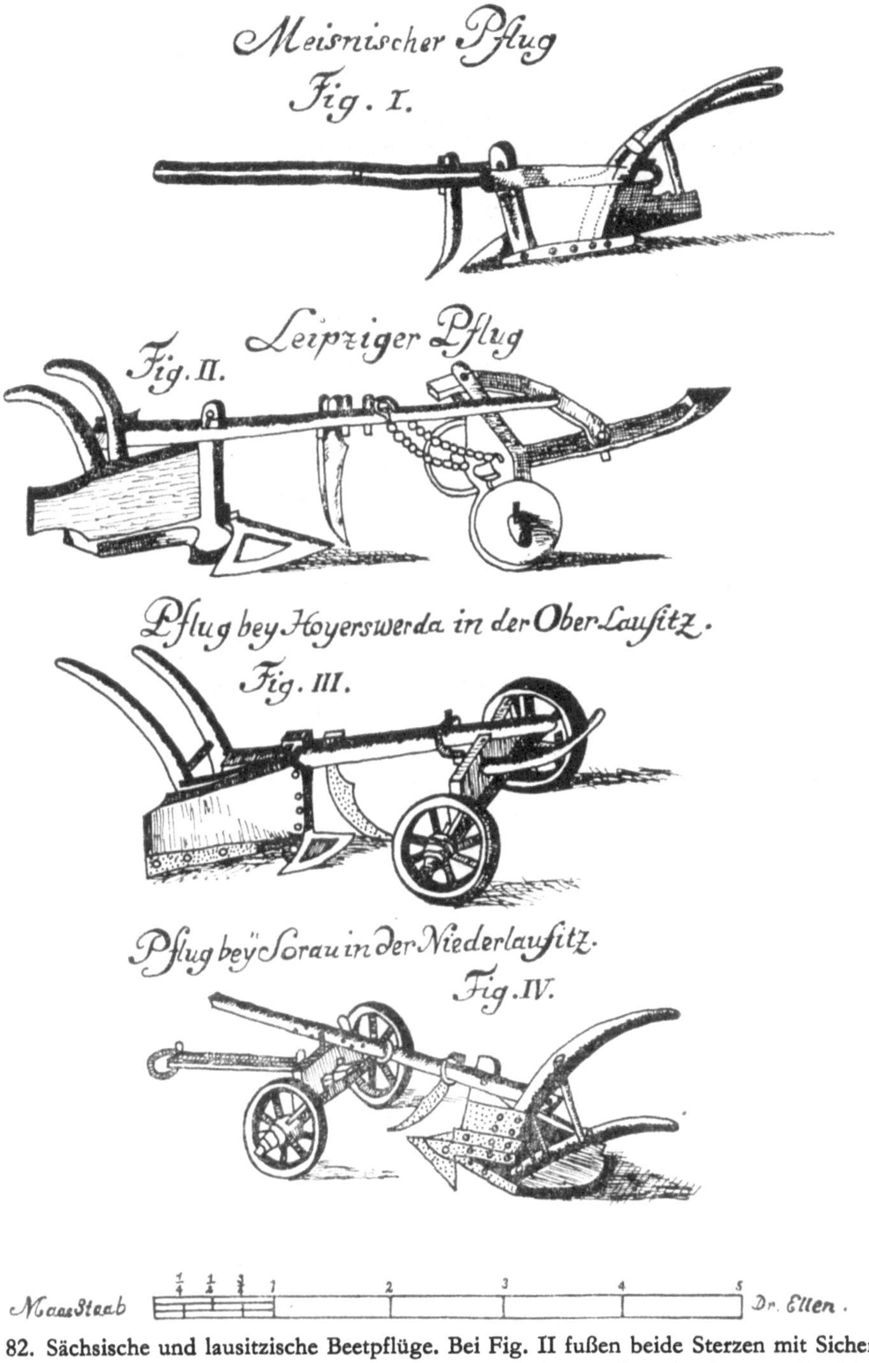

Abb. 82. Sächsische und lausitzische Beetpflüge. Bei Fig. II fußen beide Sterzen mit Sicherheit, bei Fig. I und III mit Wahrscheinlichkeit in der breiten Sohle. Fig. II und III weisen die Triangelschar der Norddeutschen Tiefebene auf, Fig. IV eine eiserne Sohlenverstärkung.

Hälfte des 18. Jahrhunderts vor: der einsterzige Typ (Abb. 80, Taf. XI unten) in der norddeutschen Tiefebene; der zweisterzige Typ, bei dem die linke Sterze in der Sohle und die rechte am Streichbrett befestigt ist (Abb. 81, Taf. XI oben) in Mitteldeutschland westlich der Saale sowie in Süddeutschland; der zweisterzige Typ, bei dem beide Sterzen in der breiten Sohle fußen (Abb. 82) in Mitteldeutschland östlich der Saale; der Typ mit Gabel- oder Y-Sterze (Abb. 59) in Südwestdeutschland. Auf weitere interessante Differenzierungen wie die, daß die norddeutsche Pflugschar weiterhin die materialsparende Triangelform besaß (Abb. 82), die süddeutsche dagegen Tüllenform (Abb. 60), oder daß es in Südwestdeutschland in Abweichung von der gemeineuropäischen Norm linksseitig starr befestigte Streichbretter — neben umsetzbaren — gab (Abb. 84), kann nur durch Abbildungen verwiesen, aber nicht näher eingegangen werden.

Der variantenreiche, im Effekt der Bodenbearbeitung aber einheitliche Beetpflug, „ein ordentlich teutscher Pflug“, welcher der „stärkste und gebräuchlichste in der ganzen Welt ist“,[72] wurde um 1750 noch kaum einer Verbesserung fähig gehalten: „Eher ließe sich eine Taschenuhr als der gewöhnliche Pflug verbessern.“[73] Tatsächlich aber gab es einige mehr oder weniger verbreitete Fortschritte, zunächst in Richtung auf vermehrte Stabilität. War es bis dahin schon üblich gewesen, die hölzerne Pflugsohle mit Eisen zu beschlagen,[74] so kamen jetzt vereinzelt volleiserne Sohlen auf. Unter den vier Pflügen auf dem Schloßvorwerk Muskau/Lausitz befindet sich 1764 „einer mit eisernem Haupte.“[75] Daß Sohle und Griessäule aus einem Stück geschmiedet wurden, läßt eine auch in anderem Zusammenhang interessante Anregung aus der Neumark/Nähe Cüstrin erkennen (Abb. 90). Von 1774 datiert der früheste Hinweis auf das Vorkommen einer eisernen Griessäule (und Sohle?) in der Uckermark.[76] Eine volleiserne Sohle in Schienenform besitzt sodann der thüringische „Statenpflug“, über den die älteren Quellen vorerst schweigen; auch die Wortgeschichte von *State* ‚Pflugsohle‘ ist noch unerforscht, eine Datierung der Sache mindestens ins ausgehende 18. Jahrhundert jedoch wahrscheinlich und als Hypothese formuliert.[77] Die bedeutsame Gerippestabilisierung und Reibungsverminderung durch die State machte dieses Gerät eingangs des 19. Jahrhunderts zu einer der bekanntesten und in der Verbreitung expansiven Pflugformen Mitteldeutschlands.

Hinsichtlich der Arbeitsweise des Beetpfluges — des angestrebten Effekts vollständigerer Bodenwendung bei gleichzeitiger Leichtzügigkeit des Geräts — wurden die Bemühungen um ein verbessertes Streichbrett fortgesetzt bzw. wieder aufgenommen. Früher schon vorhandene Ansätze hierzu (vgl. Kapitel 3) waren offenbar aus dem Blickfeld geraten, denn hauptsächlich spielte die größere Haltbarkeit durch Aufbringen von „Eisen aufs Streichbrett“ (1771 Thränitz Kr. Gera),[78] wozu etwa ein ausgedientes Futterschneidemesser genommen werden konnte,[79] eine Rolle und weniger seine konstruktive Umgestaltung. Diese haben wir in Deutschland vollständig erstmals vor Augen in Gestalt eines Beetpfluges, den der aus Nürnberg gebürtige und ebendort ansässige Künstler Johann

[72] Eckart 1754, S. 21.
[73] Hofmann 1752, S. 832.
[74] Bentzien 1969, S. 69, 267.
[75] Hist. Staatsarchiv Bautzen, Herrsch. Muskau, Nr. 335, fol. 156v.
[76] Bentzien 1969, S. 68.
[77] Bentzien/Quietzsch 1976, S. 186. Vgl. Kresse 1845, S. 254f.; Klein E. 1967, S. 116.
[78] Hist. Staatsarchiv Greiz, RG Kaimberg, Nr. 204; norddeutsche Belege bei Bentzien 1969, S. 264.
[79] Böse 1779, S. 190.

Georg Bemmel um 1700 gezeichnet hat (Abb. 83). Näheres über Herkunft und Anwendungsbereich dieses Pfluges mit gewundenem Streichbrett ist nicht bekannt, doch schließt das gesamte Erscheinungsbild, das eindeutig einen für fränkische Landschaften und Nachbarlandschaften typischen Beetpflug mit allen naturalistisch wiedergegebenen Details zeigt, irgendeine phantasievolle Willkür des Künstlers aus. Die „Windung" des Streichbretts, das an der Unterkante eisenbeschlagen zu sein scheint, ist klar erkennbar und bezeichnet das neue konstruktive Funktionsmerkmal des Pfluges, nämlich eine verbesserte, reibungslosere Bodenwendung bei verringerter Zugkraft zu ermöglichen. Auf demselben Prinzip beruhen offenbar die Beetpflüge mit gewundenem Streichbrett, die es um die Wende des 18. Jahrhunderts in der Pfalz und im Badischen (Abb. 84) gegeben hat.[80] Unmittelbar

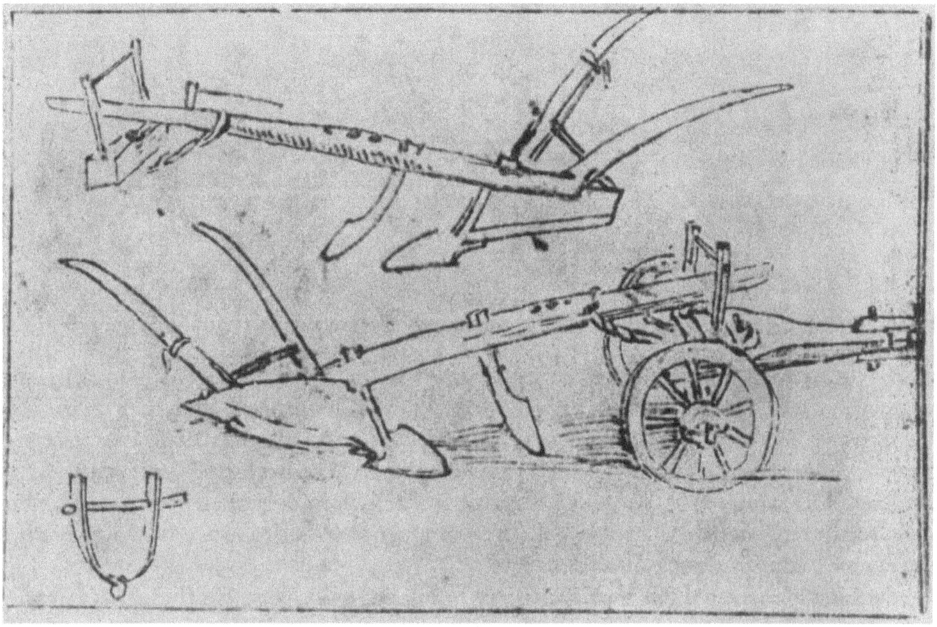

Abb. 83. Beetpflug mit gewundenem hölzernem Streichbrett. — Johann Georg von Bemmel, Nürnberg.

zu vergleichen sind ferner die Beetpflüge, die Daniel Chodowiecki während der 1770er Jahre mehrfach wiedergegeben hat (Taf. IX, XVI), und zwar möglicherweise nach Originalgeräten, wie er sie entweder in seiner polnisch-westpreußischen Heimat vor Augen gehabt hatte oder später in der mittelmärkischen Landwirtschaft gesehen hat. In mehreren der genannten Landschaften ist möglicherweise mit niederländischem Einfluß zu rechnen: in der Pfalz und im Danziger Werder über die Mennoniten, in Brandenburg über Meliorationsfachleute; bei Chodowiecki wären auch niederländische Grafiken als Vorbild denkbar. — Es muß nochmals betont werden, daß es sich dabei um das gewundene hölzerne Streich**brett** gehandelt hat.

Demgegenüber war während der zweiten Hälfte des 18. Jahrhunderts in den Niederlanden nicht nur das gewundene oder gewölbte Streichbrett bereits üblich (Abb. 104),

[80] Klein E. 1965, S. 196; vgl. Klein E. 1967, Abb. 274f.

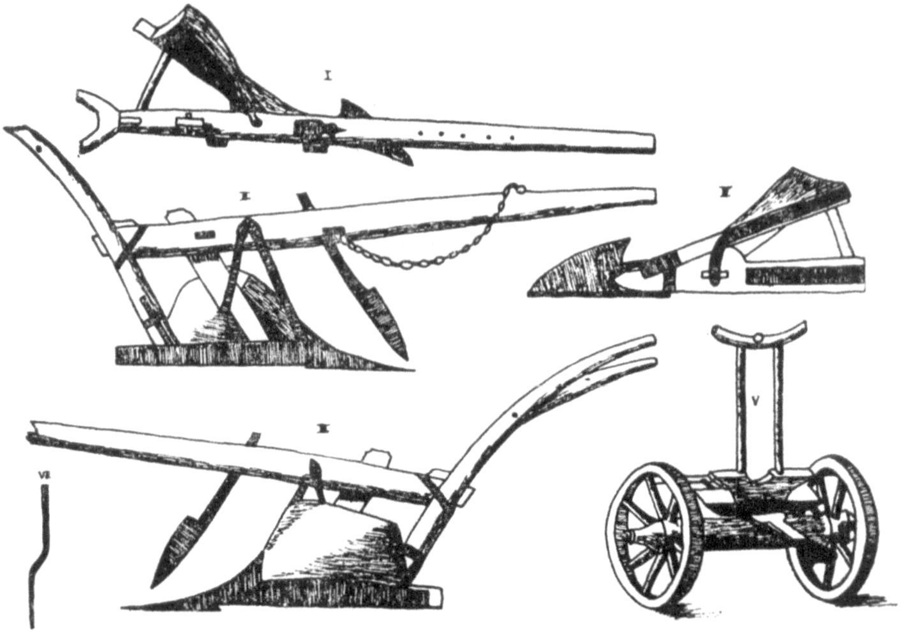

Abb. 84. Beetpflug mit linksseitigem(!) gewundenem Holzstreichbrett, „Heidelberger Pflug“

sondern die Entwicklung war hier schon weiter bis zur Ausbildung des Streichblechs bzw. einer entsprechend geschmiedeten eisernen Verbindungsplatte zwischen Schar und Streichbrett vorangeschritten,[81] einer Errungenschaft, die Anfang des 19. Jahrhunderts — keinesfalls unabhängig davon — auch an der deutschen Nordseeküste[82] erscheint. Es sei betont, daß diese Ausstrahlungen aus dem niederländisch-flandrischen Bereich erfolgten, bevor Johann Nepomuk Schwerz 1825 den Brabanter Pflug zum Hohenheimer Pflug umgestaltete[83] und im Druck publik machte.

Wiederum anders liegen die Verhältnisse in bezug auf englischen Einfluß. Dieser verlief schon während der zweiten Hälfte des 18. Jahrhunderts auf dem Wege des unmittelbaren Imports vollständiger Geräte bzw. sogar englischer Pflugproduzenten. “English farming”, ab 1768 von Christopher Brown auf Gütern des Adels und der Krone in Brandenburg — und episodisch auch in Kursachsen (Rechenberg) — eingeführt, schloß die Verwendung originaler *swing ploughs* ein.[84] Ähnliche Bestrebungen gab es im Anhalt-Dessauischen;[85] erwähnenswert sind auch individuelle Initiativen wie die von Caspar Voght auf Klein-Flottbek bei Hamburg (1793/95)[86] oder die eines angeliter Landwirts, der sich 1796 des Besitzes eines schottischen Schwingpfluges rühmte.[87] Zu den konstitutiven Merkmalen dieser swing ploughs (Abb. 103) gehörte neben der Räderlosigkeit vor allem das gewundene stählerne Streichblech.

[81] Slicher van Bath 1963, S. 305; Jirlow-van der Poel 1968, S. 17 f.; van der Poel 1967, Abb. 20.
[82] Hanssen 1884, 2, S. 431.
[83] Klein E. 1962.
[84] Müller H.-H. 1969, S. 125.
[85] Machlitt 1971, S. 215 f.
[86] Ahrens 1969, S. 79 f.
[87] Otte 1796, S. 210 f.

So zukunftweisend dieser Weg des Imports aus dem Land mit fortschrittlichster Agrikultur auch war, so wenig wurde er indessen beschritten. Die literarische Rezeption ist nicht identisch mit der tatsächlichen. Ein Blick auf die deutschen Pflugbilder jener Zeit (Abb. 80ff., Taf. XI u. ö.) und ein weiterer in die zahlreichen Geräteinventare lehrt, daß ganz überwiegend noch der alte schwerzügige Beetpflug mit geradem, unverbunden über der Schar ansetzendem Holzstreichbrett benutzt wurde. Immerhin war das neue Prinzip der Pflugkörperkonstruktion erkannt, und es wurde praktisch verwirklicht, so daß es nicht mehr — wie seine Vorläufer im 15./16. Jahrhundert — in Vergessenheit geraten konnte.

Von dem Fortschritt in Richtung auf ein gewundenes Streichbrett bzw. -blech wurde der in Gebirgsgegenden vielfach benutzte Kehrpflug offensichtlich noch nicht erfaßt. Das gilt sowohl für den besonderen Typ *Hunspflug*,[88] ein mittelrheinisches Gerät mit Krümmelgerippe und umsetzbarem ruderförmigem Streichbrett (Abb. 108), als auch für die beiden Haupttypen des Kehrpfluges, die am Vierseitgerippe entweder ein einfach umsetzbares Streichbrett besaßen wie beispielsweise im Nassauischen, in Baden und der Pfalz[89] oder eine doppelte Ausrüstung mit Schar und Streichbrett aufwiesen (wie der alpine Typ),[90] wovon jeweils eine in Arbeitsstellung gebracht werden konnte. Alle diese Kehrpflüge, die für sich genommen bereits zusammengesetztere Werkzeuge waren als der einseitig konstruierte Beetpflug, hatten also noch gerade hölzerne Streichbretter. Die künftige, vielversprechende Addition beider Eigenschaften — des Kehrpflugprinzips und des gewundenen Streichblechs —, wie sie später verwirklicht wurde, stand noch in weiter Ferne.

Die Egge besaß während der zweiten Hälfte des 18. Jahrhunderts — und weit darüber hinaus — in Entsprechung zum hölzernen Pfluggerippe einen Rahmen aus Holz. Dessen Größe und Zusammensetzung war nach landwirtschaftlicher Tradition, Anspannungsweise, Bodenstruktur und jeweiliger Funktion verschieden. Wesentliche regionale Unterschiede im „Gefüge", wie sie sich bereits im ersten Jahrtausend und während des Mittelalters (Abb. 17, 18, 40, 41, 55, 67, Taf. VI) gezeigt hatten, bestanden teilweise unabhängig von funktionaler Bedingtheit fort. In Norddeutschland (Abb. 85) dominierte der „geschlossene" „Quer"-typ mit vier zinkentragenden Querbalken und drei zinkenlosen Längsscheiden, wodurch das Gerippe starr und drehsteif war.[91] In Obersachsen scheint der „offene" „Quer"-typ vorgeherrscht zu haben, bei dem vier, fünf und mehr zinkentragende Querscheiden und nur zwei zinkenlose Längsbalken das Gerippe elastisch, nicht-starr beließen.[92] In Süddeutschland (Abb. 40, 41 u. ö.) gab es neben diesem Typ auch den „offenen" „Längs"-typ, bei dem die zinkentragenden Scheiden längs zur Arbeitsrichtung verliefen.[93] Bei Koppelung zweier Eggen (s. unten) erfolgte in Norddeutschland offenbar eine Drehung der Einzelgeräte um 90°, wodurch ebenfalls ein „Längs"-typ entstand. Die Balkenlänge betrug — landschaftlich differierend — zwischen 125 cm (Brandenburg) und 173 cm (Magdeburger Börde) bis zu 188 cm (Thüringer Goldene Aue).[94] Um zu er-

[88] Leser 1927, S. 24—28.
[89] Ebda. S. 35; Klein E. 1966, S. 36, 40, Abb. 46—50; Weidmann 1968, S. 80f.
[90] Koren 1950, S. 101—114.
[91] Etwas 1755, S. 677f.
[92] Ebda. S. 676f.; vgl. auch Erwähnungen 5- bis 7balkiger Eggen: Staatsarchiv Dresden, Gerichtsbücher Amt Augustusburg, Nr. 47—49.
[93] Steirischer Bauer 1966, S. 272; Koren 1972, S. 75f.
[94] Krünitz 1777, 10, S. 113—115.

Abb. 85. Eggengespann: Zwei Eggen — wahrscheinlich unvollkommen wiedergegeben, d. h. eine zweifeldrige Egge —, gezogen von zwei Pferden in Sielengeschirren. Die Mittelscheiden fehlen. Niedersachsen.

reichen, daß die Fläche möglichst lückenlos von den Zinken erfaßt wurde, vermied man bei den „Längs"-typen eine streng parallele Lage der Eggenbalken, sondern bevorzugte einen trapezförmigen Rahmen,[95] möglicherweise auch bereits die Form eines verschobenen Parallelogramms, oder bewirkte den gewünschten Effekt durch Diagonalanspannung des Geräts (Taf. VI, VIII) — differenzierte Erscheinungen, deren volkskundliche Erforschung, als Desiderat erkannt,[96] noch aussteht.

Die auf deutschem Boden seit Jahrhunderten in Gang befindliche Entwicklung, die Holzzinken durch eiserne zu ersetzen, hielt an, erfaßte jetzt alle Landschaften und beschleunigte sich. Dabei verlief dieser Fortschritt regional unterschiedlich. In Mecklenburg, wo aus dem 16. Jahrhundert entsprechende Belege nur von feudalen Eigenbetrieben beigebracht werden konnten (s. Kapitel 3), waren jetzt auch Bauern im Besitz von Eggen mit eisernen Zinken, jedoch vorerst nur im Westteil des Landes; hier datieren aufgrund von archivalischen Stichproben[97] die frühesten Nachweise aus dem Amt Grevesmühlen von 1727, aus dem Amt Boizenburg von 1733 und aus dem Amt Gadebusch von 1763. Stichproben aus anderen Domanialämtern[98] lieferten dagegen folgendes Ergebnis: „Eiserne Eggen" besaßen Bauern spätestens ab 1797 im Amt Bukow, 1797 im Amt Neustadt,

[95] Schwerz 1816, S. 214, 204.

[96] Jacobeit/Quietzsch 1964, S. 178—180.

[97] Staatsarchiv Schwerin, Rep. 92k, Nr. 319, Fasz. 8; a. a. O., Rep. 92a, Nr. 105c, Fasz. 6; a. a. O., Rep. 92, D. A. Gadebusch, Nr. 2073.

[98] Staatsarch. Schwerin, Rep. 92b, Nr. 803; Rep. 92o, Nr. 128c, Fasz. 11; Rep. 92x, Nr. 129c, Fasz. 1; Rep. 92v, Nr. 128c, Fasz. 2; Rep. 92g, Nr. 1454; Rep. 92e, Nr. 3594; Rep. 92p, Nr. 142c, Fasz. 7; Rep. 92l, Nr. 107c, Fasz. 1.

1811 im Amt Wredenhagen, 1812 im Amt Wismar, 1814 im Amt Schwaan, 1824 im Amt Dargun, 1825 im Amt Ribnitz und 1827 im Amt Güstrow. Von den Bauern des Dorfes Elmenhorst (Rostocker Anteil) hatte im Jahre 1806 erst einer eine Egge mit 32 Eisenzinken unter seinen Ackergeräten,[99] während im Nachbardorf Diedrichshagen bereits alle Bauern eine solche — teilweise auch zwei — neben jeweils etwa acht hölzernen besaßen.[100] Der letztgenannte Stand war in den südlich an Mecklenburg angrenzenden Landschaften Prignitz[101] und Ruppin[102] bereits während der ersten Jahrhunderthälfte erreicht und teilweise überschritten worden; in der benachbarten Altmark wurden die Pfälzer „Kolonisten" um die Jahrhundertmitte mit je „4 Eggen, worunter auch eine mit eisernen Haken", ausgestattet.[103] Die nach 1750 dann immer zahlreicher werdenden Belege, die von Oberbayern[104] bis Holstein,[105] von der Rheinpfalz[106] bis nach Nord-Böhmen[107] und von Schwaben[108] bis Ostpreußen[109] reichen, lassen freilich keine genaue Quantifizierung zu. Auf Gütern wie auf Bauernhöfen schwankte die Zahl der vorhandenen Eiseneggen etwa zwischen 1 und 4; der — größere — Rest war hölzern.

Der heute geringfügig anmutende Fortschritt von hölzernen zu eisernen Eggenzinken, wie er in Deutschland seinerzeit allenthalben im Gange war, ist als umso bedeutsamer einzuschätzen, da er sich bei ständig steigenden Eisenpreisen vollzog. Der Wert einer eisenzinkigen Egge stieg nach eingehenden Berechnungen aus den Ämtern am Elm (Braunschweig) zwischen 1700 und 1800 um das Dreifache an.[110] So wird eine Angabe verständlich, nach der in einem kleinbäuerlichen Betrieb in Schenefeld Kr. Rendsburg die dort vorhandenen Eggen je „mit einer Reihe eiserner und zwei Reihen hölzerner Zinken" ausgestattet waren.[111]

In der zeitgenössischen Literatur wird die Länge eiserner Eggenzinken mit 8 Zoll (20 cm)[112] bis 1 Fuß (30 cm), davon 6 Zoll (15 cm) freistehend, angegeben;[113] die letztgenannten (Fehmaraner) Eggenzinken waren 2 Pfund schwer, andernorts wogen „große" Zinken $^3/_4$ Pfund, kleinere $^1/_2$ Pfund.[114] Hatte man bis dahin die Eisenzinken wie ihre hölzernen Vorgänger durch die Rahmenbalken getrieben, ohne sie weiter zu stabilisieren, so wurden sie in Gusow/Platkow (Oderbruch) ab 1795/96 umgenietet und mit einer eisernen Lage überschmiedet.[115] Nach vorn gekrümmte Eisenzinken wurden empfohlen,[116] scheinen aber nicht allgemein angewendet worden zu sein.

[99] Stadtarchiv Rostock, Hospital St. Georg, El 9.
[100] A. a. O., Dd 9.
[101] Staatsarchiv Potsdam, Pr. Br. Rep. 10A, Nr. 669, 684 u. ö.
[102] A. a. O., Rep. 7, Amt Lindow, Nr. 114/1.
[103] Bock 1975, S. 733, Anm. 94.
[104] Cohen 1906, S. 466.
[105] Krieg 1931, S. 47; v. Hedemann-Heespen 1906, 2, S. 113.
[106] Schwerz 1816, S. 214.
[107] Dittrich/Schier 1968, S. 378f.
[108] Scheuenpflug 1964, S. 86; Steinle 1971, S. 146f.
[109] Böhme 1902, S. 107; Henning 1969b, S. 24.
[110] Achilles 1965, S. 40f.
[111] Karnath 1963, S. 143f.
[112] Krünitz 1777, 10, S. 113.
[113] Otte 1796, S. 213.
[114] v. Podewils 1803, 3, S. 79—81.
[115] Ebda. S. 80.
[116] Otte 1796, S. 215f.

Die eisenzinkige Egge kam keineswegs bei allen anfallenden Arbeiten zum Einsatz. Das Zerkleinern der Schollen nach der Brachfurche, aber auch das Abdecken der Saat blieben offensichtlich noch der holzzinkigen Egge vorbehalten. 1777 besaß auf einem oberfränkischen Gutshof (Haueisen Kr. Hof) die für diese Funktionen vorgesehene große *Schlicht- und Reißegge* keine Eisenzinken, die an einer anderen, kleineren Egge vorhanden waren.[117] Auch die großen holsteinischen *Botheggen* hatten zunächst hölzerne Zinken.[118] Die Holzeggen wurden nötigenfalls beschwert, in Steiermark durch *Ädlingsplöch* (-blöcke),[119] in Mecklenburg „mit einem Stücke Bauholz",[120] in Nordfriesland gar durch einen auf der Egge postierten Mann.[121] Demnach wurde die eisenzinkige Egge vor allem auf dem schon besäten Acker zur Unkrautbekämpfung eingesetzt, in schwererer Ausführung sicherlich auch schon zu den übrigen Arbeiten.

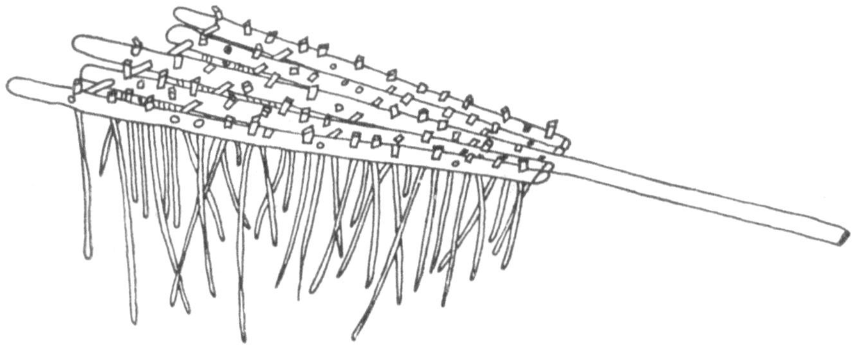

Abb. 86. „Brandfurkel", eggenartiges Bodenbearbeitungsgerät der alpinen Brandwirtschaft. Zintonergraben bei St. Erhard/Steiermark.

Gewicht und Zahl der Eggen bestimmten den Vorspann. Die wenigen Abbildungen von Eggengespannen (Abb. 85, Taf. VIII) zeigen teils ein Pferd, manchmal zwei Pferde. Nachdem es von niederlausitzischen Fronbauern 1724 noch als Zumutung empfunden worden war, „große (Eggen) für zwei Pferde herzustellen" (Wormlage Kr. Calau),[122] kam diese Anspannungsform ein halbes Jahrhundert später angeblich schon „gemeiniglich" vor,[123] besonders wohl dann, wenn man zwei Eggen zusammenkoppelte, wie es im mittleren Obersachsen schon üblich gewesen zu sein scheint.[124] Im altenburgischen Osterland soll es — nach unsicherer Quelle[125] — vor 1775 zweispännige Holzzinkeneggen gegeben haben, während die eisenzinkige Egge einspännig verwendet wurde.

Neben holz- und eisenzinkigen Rahmeneggen verschiedener Dimension kamen im 18. Jahrhundert wahrscheinlich auch wenige Geräte anderen Typs auf deutschem Boden vor. Die urtümliche Astegge, die — wie oben erwähnt (Abb. 86) — in Steiermark nach

[117] Hist. Staatsarchiv Greiz, RG Haueisen, Nr. 26.
[118] Hanssen 1884, 2, S. 316f.
[119] v. Geramb 1929, S. 215.
[120] v. Vegesack 1766, S. 127.
[121] Hanssen 1884, 2, S. 431.
[122] Lehmann 1956, S. 39.
[123] Krünitz 1777, 10, S. 112.
[124] Ebda.
[125] Kresse 1845, S. 172.

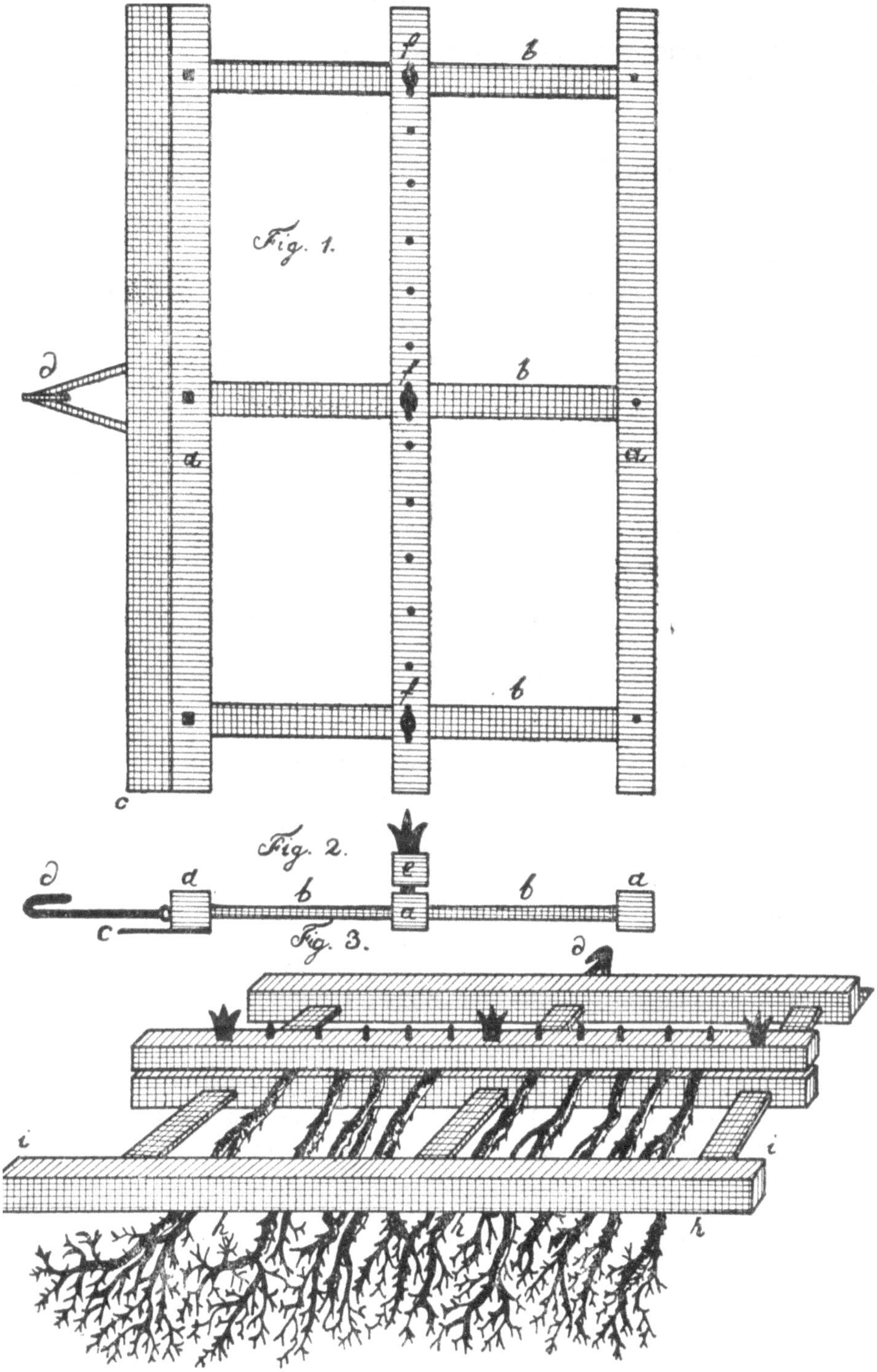

Abb. 87. Strauchegge, „Maulwurfsegge“ zum Wieseneinebnen. Nach englischem Vorbild.

dem Gereutbrennen eingesetzt wurde, stellt genetisch eine „Früh- oder Altform" dar,[126] nur ist ihre historische Bezeugung dort unsicher. Ähnlich steht es mit der Strauchegge, die im Südosten, an der Grenze zu einem geschlossenen alten (?) Verbreitungsgebiet, längere Traditionen besitzen mag, im übrigen Deutschland aber einen Pseudoarchaismus ohne Kontinuität darstellt. In der Literatur empfohlen[127] und abgebildet (Abb. 87), fehlt jeglicher historischer Nachweis aus Geräteinventaren. Die Strauchegge, in deren Gerüst Haselstauden, Schwarzdornzweige o. ä. eingeflochten wurden, wodurch sich z. B. Maulwurfshügel auf den Wiesen einebnen ließen, wurde offensichtlich wenig benutzt. Ihr Gerüst verweist überdies genetisch zurück auf die Rahmenegge. Nichts anderes als eine um die Zinken amputierte Rahmenegge ist letztlich die Balkenegge, auch Wiesenhobel genannt. Der Mangel an neuartigen Spezialgeräten führte zum Experimentieren und zeitigte manche Lösungen, die wie Regressionen anmuten. Die progressive Linie setzte sich vorerst einseitig bei der Rahmen-Zinken-Egge fort.

Offensichtlich wurden mit der Egge auch Arbeitsgänge verrichtet, für die in jüngerer Zeit besondere Geräte vorhanden sind. Die Ackerschleife, ein aus zwei starken Balken bestehendes, höchst einfaches Gerät zum Schollenzertrümmern und Einebnen des Ackers, gab es ausgangs des 18. Jahrhunderts offenbar noch nicht. Möglicherweise drehte man zu diesem Zweck die Egge um und beschwerte sie. Auch solche Aufgaben wie Bodenverdichtung und Oberflächenformung — normalerweise Funktionen der Ackerwalze — wurden überall dort, wo es noch keine Walzen gab, durch die Egge besorgt, ferner auch (wie oben beschrieben) das sicherlich unvollkommene Zerkleinern der Erdschollen.

Für die letztgenannte Arbeit diente nun in mehreren Landschaften außerdem der Schollenhammer (Abb. 88), ein urtümlich wirkender Holzhammer mit ca. 80 cm langem Stiel und meist zylindrischem Schlegel (Länge bei rezenten Geräten ca. 20 cm, Durchmesser 15 cm). „An vielen Oerten läßt man die Erdschollen durch Arbeitsleute mit hölzernen Keulen oder Hämmern zerschlagen",[128] vermeldet die Hausväterliteratur ab etwa 1750 aus dem Hannöverschen und anderen norddeutschen Gegenden.[129] Das *Klutenklopfen* spielte 1810/15 in der Ackerökonomie v. Thünens auf dessen mecklenburgischen Gut Tellow noch eine größere Rolle als das *Klutenwalzen*.[130] *Klutenklöpper*, *Klütkühlen* wurden auf schweren Böden Mecklenburgs, Ostholsteins und Pommerns noch das ganze 19. Jahrhundert hindurch gebraucht,[131] ebenso in anderen europäischen Ländern.[132] Nach Auskunft von Gewährsleuten und auch nach v. Thünens Angaben arbeiteten damit vor allem Frauen und Mägde.

Wie alt diese primitive Bodenbautechnologie in den genannten deutschen Landschaften ist, muß offenbleiben. Colerus erwähnt sie um 1600 beiläufig,[133] aber Inventarverzeichnisse aus der Zeit vor 1800 führen den Schollenhammer niemals auf, was mit der Geringfügig-

[126] Koren 1954, S. 18.
[127] v. Vegesack 1766, S. 138; Thaer 1803, 2, S. 27f., Taf. 7.
[128] Germershausen 1783, 1, S. 772.
[129] Hagedorn 1755, S. 439; Schumacher 1805, S. 477; Krieg 1931, S. 47; Achilles 1965, S. 44.
[130] v. Thünen 1875, 2/2, S. 265.
[131] Staatsarchiv Schwerin, Rep. 92k, Nr. 402; Rep. 92v, Nr. 158c, Fasz. 1 (u. ö.); Schröder G. 1907, S. 106; Holsten 1914, S. 170, Anm.
[132] Takács 1963.
[133] Zitiert durch v. Durasewicz 1900, S. 47.

keit seines Wertes zusammenhängen könnte, aber auch — und das wiegt schwerer — Fronbestimmungen enthalten die entsprechende Arbeit nicht. Andererseits steht das hohe Alter des Schollenzerschlagens mit Holzhämmern in asiatischen und mediterranen Kulturen[134] außer Frage. Aus England ist ein mittelalterliches Bildzeugnis bekannt,[135] und im alpinen Raum existieren Belege aus der Bronzezeit und aus dem 19. Jahrhundert.[136] Mag dort tatsächlich eine gewisse Kontinuität vorliegen, so ist das für Norddeutschland bei dem Fehlen jeglicher Nachrichten ganz unwahrscheinlich. Man wird vielmehr an eine Novation denken müssen, die auf literarischem Wege vermittelt wurde oder auf unabhängiger „Erfindung" beruhte. Die Notwendigkeit vollkommenerer Schollenzerkleinerung war erkannt, das dafür geeignete Gerät — die Walze — häufig noch nicht verfügbar, so daß die arbeitsaufwendige, aber billige Technologie des Schollenzerschlagens von Hand vorübergehend in Gebrauch kam. Die zeitliche Parallelität zum Aufkommen der Walze macht deutlich, daß es sich bei dem Schollenzerschlagen in solchen Landschaften nicht um ein archaisches Erbe, sondern um eine pseudoarchaische Nebenlösung handelt.

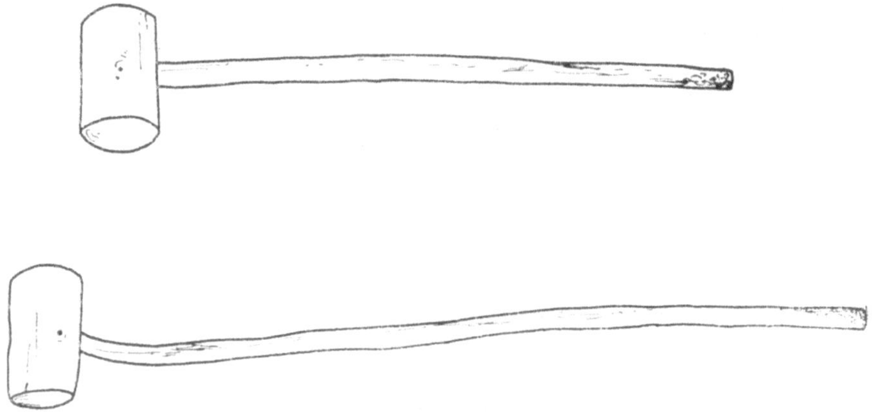

Abb. 88. Schollenhämmer, Röpersdorf Kr. Prenzlau/Uckermark und Wokuhl Kr. Neustrelitz.

Die Walze, seit der Zeit um 1500 in der deutschen Landwirtschaft regional sporadisch verwendet, findet sich während der zweiten Hälfte des 18. Jahrhunderts weiterhin in ihren alten Kerngebieten mehr oder weniger stark verbreitet, ohne diese zunächst raumgreifend zu überschreiten. In Obersachsen wurde das Erzgebirge, aber auch manche Tallandschaft vor 1800/30 von der Walze nicht erreicht.[137] Vom nördlichen Harzvorland aus, wo das alte Vorkommen durch neue Belege bestätigt wird,[138] ist keine Ausdehnung in die angrenzenden Zonen der Norddeutschen Tiefebene feststellbar. Und in den Belegorten selbst hatten keineswegs alle Betriebe eine Walze im Besitz: In 42 erfaßten bäuerlichen Bestandsverzeichnissen aus Schöningen, Königslutter, Jerxheim und Achim tauchen nur 6 Walzen auf, davon je eine 1713 und 1752 sowie vier nach 1788.[139] Als zusätzliche Landschaft mit Walzen-Vorkommen tritt das östliche Thüringen hinzu, wenngleich vorerst nur mit einem

[134] Leser 1931, S. 542f.
[135] Epperlein 1975, Abb. 19.
[136] Rütimeyer 1924, S. 285–288.
[137] v. Durasewicz 1900, S. 46f.
[138] Backhaus 1888, S. 169ff; Achilles 1965, S. 41.
[139] Achilles 1965, S. 41.

Einzelbeleg von 1762 und 1772 von einem Bauernhof in Roben Kr. Gera.[140] Im Altenburgischen war die Walze während des 18. Jahrhundert „längst in Gebrauch".[141] 1826 findet sie sich in Engertsdorf sogar auf einem kleinbäuerlichen „Handgut".[142] Die ebenfalls dem frühen 19. Jahrhundert entstammenden Nachrichten über die allgemeine Verwendung der Walze in Nordthüringen[143] sowie in der Rheinpfalz[144] und ihr Vorhandensein auf Bauernhöfen auch am Niederrhein[145] signalisieren offenbar ein zeitlich früheres Vorkommen in diesen Gebieten, während in ostelbischen Territorien die allein auf Gutswirtschaften bezogenen Nachweise eine entsprechende Beschränkung des Vorkommens der Walze auf solche Betriebe annehmen lassen, z. B. 1795/96 Rittergüter Gusow und Platkow/Oderbruch,[146] 1798 Schloßvorwerk Muskau/Lausitz,[147] 1818 Rittergut Deutsch Niendorf/Ostholstein,[148] 1824 Güter der Schaffgotschen Herrschaft/Niederschlesien.[149] Für Mecklenburg läßt sich das früheste Zeugnis für eine Walze in gutswirtschaftlichem Besitz 1750 aus Damshagen Kr. Grevesmühlen beibringen,[150] in bäuerlichem Besitz erst 1831 aus Kavelstorf Kr. Rostock.[151] Dabei lagen hier schon seit langem Hinweise auf die Unentbehrlichkeit der Walze vor,[152] die auch sonst häufig gegeben wurden,[153] was für den fortgeschrittenen Erkenntnisstand der landwirtschaftlichen Bildungsschicht spricht, aber wenig mit massenhafter Verbreitung zu tun hat.

Dafür noch ein regionales Beispiel: Jahrzehntelang propagierte der Probst Philipp Ernst Lüders (1702—1786), Gründer der Dänischen Ackerakademie, bei den Bauern Schleswig-Holsteins den Gebrauch der Walze,[154] aber weder die Fehmaraner Bauern[155] auf ihrem schweren Lehmboden noch die Marschbauern in Nordfriesland[156] benutzten sie um 1800; dagegen war sie zur gleichen Zeit auf einzelnen Gütern in Schwansen und bei Oldesloe in Gebrauch.[157]

Ungeklärt sind beim gegenwärtigen Stand der Quellenerschließung die süddeutschen Verhältnisse. Es muß damit gerechnet werden, daß zumindest in den Gebirgslandschaften die Walze im 18. Jahrhundert und darüber hinaus noch nicht benutzt wurde, da die Hemm- und Bremsvorrichtungen offenbar noch recht unentwickelt waren. Nach Terrainerhebungen im österreichischen Burgenland ist dort die Walze erst um 1900 (!) üblich geworden, in Steiermark offenbar früher.[158]

[140] Hist. Staatsarchiv Greiz, RG Steinbrücken, Nr. 474, 482/1.
[141] Kresse 1845, S. 172.
[142] Akten im Priv.besitz v. H. Stenkei/Ziegelheim (durch R. Quietzsch).
[143] Leopoldt 1821, S. 126f.
[144] Schwerz 1816, S. 113f.; dagegen Weidmann 1968, S. 84.
[145] Neuse 1964, S. 32; Martens 1973, S. 226.
[146] v. Podewils 1803, 3, S. 81—83.
[147] Hist. Staatsarchiv Bautzen, Herrsch. Muskau, Nr. 335, fol. 174v.
[148] v. Hedemann-Heespen 1906, 3, S. 37.
[149] Heisig 1884, S. 104f.
[150] Ehem. Gutsarchiv Damshagen (Pfarrarchiv, Inventar 1750).
[151] Staatsarchiv Schwerin, Rep. 92q, Nr. 1147.
[152] Schumacher 1763, S. 339; ders. 1805, S. 477.
[153] Rosenow 1759, S. 46; Benekendorf 1776, 2, S. 358; Gartz 1795 (u. a.).
[154] Vollrath 1957, S. 141.
[155] Otte 1796, S. 218.
[156] Hanssen 1884, 2, S. 431.
[157] Krieg 1931, S. 47.
[158] Gaál 1969, S. 94.

Nachricht
Eines newen Instruments/
Mit welchem
Waitz/ Korn/ vnd all anders
Getraidt/ oder Acker Früchte/ in gebührender/
Gnuegsam- auch gleicher Entlegenheit/ vnd Tieffe/ mit son-
derbahrem Nutzen/ Ersparung zweyer Dritl Samens/ auch ersprieß-
licher Mehr: vnnd Verbesserung der Frucht
gesähet werden.

Erfunden vnd geoffenbahret von
Joseph von Locatelli, Landtmann in dem
ErtzHertzogthumb Cärnden.

Gedruckt zu Wienn/ bey Johann Jacob Kürner/ einer
Löbl: N: Oe: Landtschafft Buchdrucker.

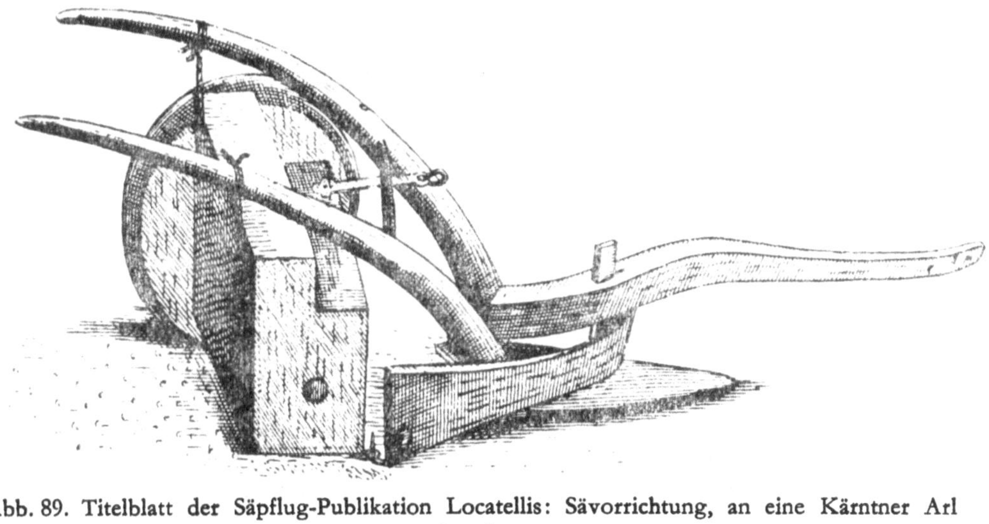

Abb. 89. Titelblatt der Säpflug-Publikation Locatellis: Sävorrichtung, an eine Kärntner Arl gebunden.

Hinsichtlich seiner Konsistenz setzte das neue Gerät die alte Ära fort: Die Walzen jener Zeit bestanden in ihrem Körper, der zwischen sechs und acht Fuß (150—250 cm) lang war, aus Holz, waren allerdings „an beyden Enden mit eisernen Zapfen versehen, die im Waltzengerüste stecken."[159] Glatte Walzen waren teilweise mit eisernen Bändern beschlagen (1763 Winnigstedt am Elm),[160] Stachelwalzen mit Zacken aus Eisen. Die Verwendung von Stachel- und Glattwalzen betraf die unterschiedlichen Funktionen des Schollenbrechens einerseits und des Saateinwalzens andererseits; es gab ferner prismenartige Walzen mit 16 Kanten,[161] die in ähnlicher Form schon im 16. Jahrhundert vorkamen (vgl. Abb. 68), während die jetzt häufig in der Literatur erwähnten und gelegentlich abgebildeten Stachelwalzen (Taf. VIII oben) eine Neuerung darstellen.

Die eigentliche Arbeit des Säens erfuhr während unserer Untersuchungszeit keine wesentliche Änderung. Landschaftliche Unterschiede betrafen die Saatgutbehältnisse[162] oder beispielsweise die Frage, ob man „über die Hand" oder „von der Hand" säen solle,[163] nicht jedoch die Handaussaat selbst. Diese war so gut wie ausschließlich verbreitet, wenngleich erste Nachrichten von Sämaschinen schon seit längerem kursierten und mit Verspätung Deutschland erreichten bzw. wiedererreichten: Joseph von Locatelli, dessen Säpflug „Sembrador" in Spanien (1663) und England (1670) bekannt geworden war, stammte

Abb. 90. Aus der Säpflug-Publikation v. d. Bornes: Sätrommel am Radvorgestell eines neumärkischen Pfluges mit eiserner Sohle und Griessäule.

aus Kärnten.[164] Sein Instrument (Abb. 89), ein normaler Pflug mit angehängtem Säkasten, aus dem eine rotierende Walze das Saatgut auswirft, ist als Vorläufer anderer Sämaschinen interessant. In Deutschland gelangte man dabei technisch kaum darüber hinaus. Die Erfindung des Neumärkers C. F. von dem Borne (Abb. 90) — wiederum ein landesüblicher

159 Zedler 1747, 52, Sp. 1879f.; vgl. ferner Benekendorf 1776, 2, S. 358; v. Podewils 1803, 3, S. 79 bis 81; v. Riesch 1805, S. 66f. (u. a.).
160 Achilles 1965, S. 41.
161 Schumacher 1805, S. 477.
162 Schmidt L. 1957b.
163 v. Riesch 1805, S. 81.
164 Kröber 1939; vgl. Dinklage 1966, Taf. XVI/27.

Pflug, diesmal kombiniert mit einer auf der Achse des Radvorgestells laufenden Trommel — erhielt zwar 1752 das Nützlichkeitsattestat von Akademiepräsident Leonhard Euler,[165] besaß aber keine praktische Perspektive. Ein neues technisches Stadium verkörpert jene Sämaschine, die 1758/59 auf den Feldern des Gutes Rammenau/Westlausitz erprobt wurde; sie besitzt bereits fünf Samenröhren nebst „Scharen" nebeneinander, erweist somit die Loslösung vom Prinzip des einscharig arbeitenden „Säpfluges"; doch war der Mechanismus zur Regulierung des Saatgutstromes unvollkommen, so daß sich diese Sämaschine gegenüber der Handaussaat nicht bewähren konnte.[166] Wirkliche Zukunftsaussichten hatten in Deutschland und anderwärts allein die englischen Sämaschinen, die auf dem System des Löffelapparats — erfunden 1783 von James Cooke[167] — beruhten und ausgangs des 18. Jahrhunderts von den fortgeschrittensten Agrarökonomen wie Voght und (in der Schweiz) Fellenberg eingeführt wurden.[168] Kompliziertheit und hoher Preis verwehrten besonders dieser Drillmaschine im engeren Sinne, d. h. der zur Reihensaat eingerichteten, noch für lange Zeit den Eingang in die bäuerliche Wirtschaft, die um 1800 auch noch von der einfacheren Breitsämaschine ausgeschlossen blieb. Ja, zu dieser Zeit stand auch für normale Gutswirtschaften nicht die Anschaffung einer Sämaschine auf der Tagesordnung, sondern die Gewinnung „zuverlässiger Säeleute fürs Geld",[169] da die Fröner angeblich das Saatgut verschwendeten.

Die Erntegeräte und Ernteverfahren waren während der zweiten Hälfte des 18. Jahrhunderts in Deutschland nichts weniger als einheitlich. Sie unterschieden sich landschaftlich, ferner nach Betriebsformen sowie selbstverständlich nach den einzelnen Kulturarten, die jeweils zu ernten waren, wobei manche vielleicht sehr alte Differenzierung aufgrund des vermehrten Quellenmaterials jetzt erst greifbar wird. — Zur näheren Charakterisierung der im folgenden aufgeführten schneidenden Erntegeräte vergleiche man Kapitel 3.

Das Brotgetreide (Roggen, Weizen) wurde im südlichen Deutschland weiterhin allein mit der Sichel geschnitten. Die zahlreichen süddeutschen Belege für das Vorhandensein von *Kornsicheln* können hier somit übergangen werden; wichtiger werden sie an der nördlichen Grenze des Verbreitungsgebiets, das zwischen 1750 und 1800 etwas größer gewesen zu sein scheint als 1865, dem Jahr der ergebnisreichen Erhebungen von Wilhelm Mannhardt.[170] Sicheln zum Getreideschnitt wurden noch verwendet um 1760 in der Magdeburger Börde (möglicherweise jedoch nur noch zum vorzeitigen „Ausdünnen" zu üppig gewachsenen Weizens),[171] etwa zur gleichen Zeit zwischen Harz und Elm,[172] und zwar stark zurückgehend in der Anwendung;[173] *Kornsicheln* sind ferner mehrfach belegt von Rittergütern bzw. Dörfern in der Lausitz und Ostsachsen, z. B. 1764 Muskau,[174] 1782 Hermsdorf bei

[165] v. d. Borne 1752, S. II.
[166] Hist. Staatsarchiv Bautzen, Herrsch. Rammenau, Nr. 117 (Hinweis durch Šołta 1958, S. 119f.).
[167] Hupfauer 1972, S. 207.
[168] Ahrens 1969, S. 80; Buchinger 1952, S. 359f.
[169] v. Riesch 1805, S. 80.
[170] Weber-Kellermann 1965, Karte 4.
[171] Stegmann 1928, S. 10.
[172] Riechelmann 1926, S. 94.
[173] Achilles 1965, S. 41.
[174] Hist. Staatsarchiv Bautzen, Herrsch. Muskau, Nr. 335.
[175] Staatsarchiv Dresden, Gutsarchiv Hermsdorf, Nr. 17.

Dresden,[175] 1798 Groß Partwitz bei Hoyerswerda[176] sowie um 1800 im neumärkischen Kreis Züllichau.[177] Im eigentlichen Mittelgebirge und seinem nördlich vorgelagerten Hügelland sind Belege für *Kornsicheln, Kornschneiden,* im Frondienst zu leistende *Sicheltage* usw. noch häufiger.[178]

Extrem abweichend von dem 1865 fixierten Stand der Sichelverwendung zeigen sich die Verhältnisse in Schleswig-Holstein. Im Mannhardt-Material nur noch mit einem einzelnen Nachweis für das Vorkommen neben der Sense auf der Insel Föhr vertreten, war die Sichel ausgangs des 18. Jahrhunderts in Dithmarschen, Eiderstedt und Nordfriesland das typische Erntegerät,[179] und zwar höchstwahrscheinlich besonders für Weizen. Parallelen hierzu in den ostfriesischen Marschen sind zu vermuten. Die Sichel, deren Zurückdrängung durch die Sichte bald nach 1800 in Schilderungen aus Schleswig-Holstein betont wird, besaß eine Schneide älterer Art, nämlich die gezähnte; sie sei verstahlt und besitze „an drittehalbhundert sehr feine Zähne“ (1792).[180]

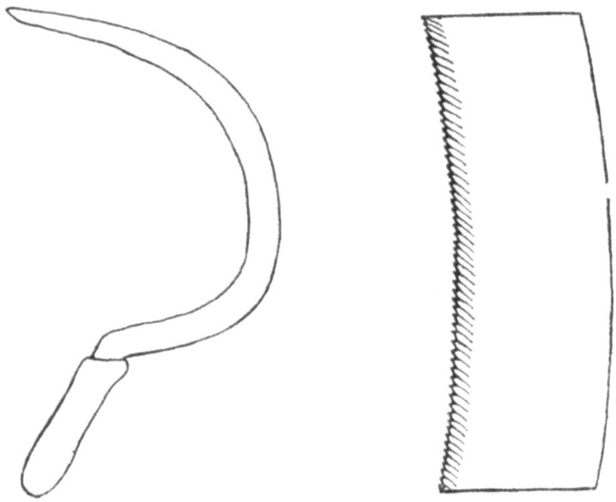

Abb. 91. Bogensichel älteren Typs mit schmaler, gezähnter Schneide. Detail. — Neuwieder Becken/Niederrhein.

Die gezähnte Sichel (Abb. 91) stellte auch in anderen Landschaften die ältere Form dar, und zwar gegenüber der Sichel mit glatter Schneide (Abb. 92). Das war in den mittleren und südlichen Kerngebieten des Sichelschnitts der Fall. Hierher gelangten zunehmend die glattschneidigen Sicheln, die von den steirischen Schmiedewerkstätten massenhaft hergestellt wurden; sie verdrängten die gezähnte Sichel während der zweiten Hälfte des 18. Jahrhunderts schon weitgehend und später völlig. Deren Vorzug, Körnerverlust beim Schneiden so gut wie auszuschließen, wurde jetzt angesichts vermehrter Ernten geringer geschätzt als der Vorzug der neuen glattschneidigen Sichel, einen zügigeren Arbeitsfort-

[176] Nowotny 1976, S. 65.
[177] Müller H.-H. 1967, S. 100.
[178] Kresse 1845, S. 179f., 260f.; Seydel 1908, S. 345; Hist. Staatsarchiv Greiz, RG Steinbrücken, Nr. 206, 482/1 u. ö.
[179] Krieg 1931, S. 48, 55; Rasch 1963, S. 83.
[180] Krieg 1931, S. 48.

gang zu ermöglichen.[181] So gilt für die meisten süddeutschen und Mittelgebirgslandschaften die Feststellung: „Überall dort, wo man sich noch nicht recht an die Getreidesense herantraute, wo aber trotzdem ein leistungsfähigeres Erntegerät gebraucht wurde, trat an die Stelle der gezähnten Sichel zunächst einmal die glatte Sichel."[182]

Dieser Vorgang war während unserer Untersuchungszeit offenbar verbreiteter als sein konsequenteres Pendant, nämlich die Übernahme der Sense zur Mahd von Wintergetreide, die sich in Süddeutschland jedenfalls im allgemeinen noch nicht vollzog. Schmale Ackerstreifen, hochaufgepflügte Beete, nicht gewalzter Boden, auch Arbeitskräfteüberschuß in den dichter besiedelten Gebieten sowie traditionelle Formen der geschlechtlichen

Abb. 92. Bogensichel jüngeren Typs mit stark gekrümmter breiter, nicht gezähnter Schneide. — Sachsen.

Arbeitsteilung mögen hier hindernd gewirkt haben. Die Sensenmahd von Roggen und Weizen beschränkte sich somit weiterhin hauptsächlich auf die — dünner besiedelte — Norddeutsche Tiefebene, wo sie schon um 1500 weit verbreitet war (s. Kapitel 3). Im folgenden seien nur einige Hinweise auf den südlichen Grenzsaum in Ostmitteldeutschland gegeben: *Kornsensen*, d. h. Roggensensen, und Roggenmahd sind belegt 1712/1746 Praschwitz und Rackel bei Bautzen,[183] 1737 Berzdorf bei Friedland/Nordböhmen,[184] 1746 Schlegel bei Zittau,[185] 1746 Borstendorf Kr. Flöha/Erzgebirge.[186] Im südlichen Niedersachsen soll während dieser Zeit das Wintergetreide gleichfalls bereits allein mit Sensen gemäht worden

[181] Lühning 1951, S. 244f., 264f.
[182] Lühning 1961, S. 32.
[183] Hist. Staatsarchiv Bautzen, Gutsarchiv Baruth, Nr. 574; a. a. O., Amtsgericht Bautzen, Nr. 407.
[184] Dittrich/Schier 1968, S. 379.
[185] Schanz 1934, S. 89.
[186] Staatsarchiv Dresden, Gerichtsbücher Amt Augustusburg, Nr. 48.

sein.[187] Noch weiter westlich bis hin zur niederländischen Grenze schließt sich dann das Verbreitungsgebiet der Sichte oder Hausense (Abb. 104) an, wie es aus rezenten und historischen Quellen erschlossen worden ist,[188] ohne daß es für die zweite Hälfte des 18. Jahrhunderts näher bestimmt werden könnte. Ein Vordringen der Sichte gegenüber der Sichel konnte oben für Schleswig-Holstein nachgewiesen werden.

Im Gegensatz zur Ernte von Roggen und Weizen war die Sensenmahd von Gerste und vor allem Hafer geographisch nicht auf das nördliche Deutschland beschränkt, sondern auch im Süden sowie im Mittelgebirge bekannt. Dafür mehren sich die Nachweise schon während der ersten Hälfte des 18. Jahrhunderts. In Frankendorf Kr. Schleiz mußten sich die Scheunendrescher, bisher an Kurzstrohgarben gewöhnt, umstellen, „weil das Sommergetreyde gehauen (d. h. mit der Sense gemäht) und große Büschel gebunden worden.“[189] *Hafersensen* wurden inventarisiert 1712 Gruorn Kr. Urach/Württemberg,[190] 1720 Hauzenbüchl bei Knittelfeld/Obersteier,[191] 1718 Emleben Kr. Gotha[192] und andernorts. Gerste mit der Sense zu mähen, war wohl nicht so allgemein üblich, sondern nur „bisweilen, wenn sich die Arbeiten drängen“, wie noch 1830 aus der Rheinpfalz gemeldet wird.[193] Merkmal der Hafersense war das *Hafergerüst*, ein aus drei bis vier Haken bestehender *Korb*, mit dem das Mähgut ausgeschwadet wurde. Dabei arbeiteten die Mäher ohne nachfolgenden Binder, da „Gerste, Haber und Pahlkorn (Erbsen, Wicken) nicht sofort aufgebunden, aufgehocket und nachgeharket“ wurden, wie 1769 die Bauern von Wackerow Kr. Greifswald ihrem Gutspächter bei Fronstreitigkeiten entgegenhielten.[194] Der Roggen wurde sofort gebunden und aufgehockt; die Roggensense, mit der nicht ausgeschwadet, sondern an das Stehende herangemäht wurde, besaß — ähnlich der Grassense — einen Bügel am Sensenbaum (vgl. Taf. IX unten). Zeitgenössische Bildquellen hierfür sind äußerst rar, Rückschlüsse von den Geräten des späten 19. Jahrhunderts naheliegend, aber nicht unproblematisch.

Mehr als dürftig ist die Quellenlage bzw. -erschließung hinsichtlich der weiteren Ernteverfahren und -geräte. Sie erlaubt vorläufig noch keine gesicherten Antworten beispielsweise auf folgende wichtige Fragen: Verfahren und Geräte bei der Heuernte; Arbeitsteilung zwischen Mann und Frau bei der Getreideernte; Zusatzarbeiten und -geräte auf dem Erntefeld; Ernteverfahren bei neuen Kulturen (u. a. m.).

Es sind vorerst Einzelbelege, die darauf verweisen, daß manche Erscheinungen, die durch die Mannhardt-Enquête von 1865, die Erhebungen für den Atlas der deutschen Volkskunde um 1930 und jüngere Recherchen ermittelt werden konnten, auch bereits im Zeitraum zwischen 1750 und 1800, aber teilweise modifiziert, vorkamen. Erwähnt sei etwa die Arbeitsteilung beim „Heranmähen“ und sofortigen Aufbinden von Wintergetreide; dabei wirkten in Nordwestdeutschland ein Mäher, ein Ausnehmer (Utrieter) und ein Binder[195] — alles Männer, während das Binden des ausgeschwadeten Getreides offensichtlich von Frauen besorgt wurde. Beim süddeutschen Ernteverfahren mit der

[187] Saalfeld 1960, S. 92; Achilles 1965, S. 41f.
[188] Lühning 1951, S. 296f.
[189] Hist. Staatsarchiv Greiz, RG Frankendorf, Nr. 2, fol. 69.
[190] Bischoff-Luithlen 1967, S. 237.
[191] v. Geramb 1929, S. 215.
[192] Hist. Staatsarchiv Gotha, Hohenlohisches Archiv, Kanzlei Ohrdruff, Nr. 1497.
[193] Rau 1830, S. 67.
[194] Rodigast 1976, S. 92.
[195] Meiborg 1896, S. 17; Saalfeld 1969, S. 92.

Sichel schnitten häufiger die Frauen das Getreide, wenn man eine Kontinuität von den spätmittelalterlichen Bildbelegen bis zu den Verhältnissen um die Mitte des 19. Jahrhunderts — also über den hier interessierenden Untersuchungszeitraum, der belegarm bleibt, hinweg — annimmt. Das Binden war dann vielfach Männerarbeit. Bei den Kurzstroharten dienten in Südwestdeutschland Ruten aus *Wid* (Weide) zum Binden,[196] sonst wohl Strohseile, die bei den Kurzstroharten wiederum vorbereitet mit aufs Feld gebracht werden mußten,[197] bei Roggen dagegen aus dem Mähgut selbst genommen wurden. Das Binden geschah teilweise mittels eines Bindestocks, was jedoch in vielen Landschaften — zumindest in den Küstengebieten — nicht üblich war.[198] Die weiteren Zusatzgeräte wie Gabeln und Rechen sind hinsichtlich ihrer Geschichte ebensowenig erforscht. Unbekannt ist auch, seit wann die Nachharke als Anspanngerät existiert; 1796 findet sie sich als Pferdeharke mit 30 Holzzinken und Gabeldeichsel auf der Insel Fehmarn erwähnt.[199]

Besser untersucht sind die Formen der „Garbenstände" von Brotgetreide.[200] Dabei hat die Konfrontation des jüngeren Erscheinungsbildes mit historischen Belegen beachtliche Divergenzen erkennen lassen. Einfache Schwadtrocknung — ungebunden, in einzelnen abgelegten Garben — und kreuzförmig hingelegte Garben waren um 1800 demnach weitaus häufiger als um ca. 1900. Von den beiden anderen bekannteren Formen, der Rundhaufenaufstellung und der Reihenaufstellung der Garben, scheint die erste die ehedem verbreitetere gewesen zu sein. Die arbeitstechnisch effektive Garbenreihung, vor allem typisch für Norddeutschland, mag ausgangs des 18. Jahrhunderts bereits praktiziert worden sein, doch ist der erwogene Zusammenhang mit dem Zehntschnitterwesen[201] unwahrscheinlich; dieses war auch und gerade in Kursachsen, der Oberlausitz, Schlesien usw. weitverbreitet, in Gebieten, für welche die Karte das Vorhandensein der Reihenaufstellung überhaupt nicht ausweist. Tatsächlich wird nicht eine Form feudaler Landarbeitsverfassung, sondern eine in Ansätzen kapitalistisch organisierte Arbeitsweise auf den Erntefeldern diese Maßnahme verursacht haben. Auf alle Fälle reflektiert in diesem Fall das jüngere Verbreitungsbild nur sehr bedingt die historische Schichtenfolge.

Ein Beispiel anderer Art bietet der oben in seiner Haupttendenz verfolgte Wandel des Haupterntegeräts, d. h. von der Sichel zur Sense. Es gab nämlich auch eine gegenläufige Tendenz, d. h. von der Sense zur Sichel: Auf den v. Podewils'schen Gütern im Oderbruch bzw. an dessen Rand „auf der Höhe" war bis 1765 wie landesüblich alles Getreide mit der Sense gemäht worden. Im Sommer jenes Jahres wurden dann erstmals Schnitter aus dem Warthebruch zur Ernte herangeholt, und diese benutzten Sicheln. Seitens der Gutsökonomie wurde der arbeitsaufwendige Sichelschnitt um 1800 gegen die nachlässigere Sensenmahd verteidigt.[202] Das konnte geschehen, da die Arbeitskräftelage eine Praktizierung des genetisch älteren Ernteverfahrens möglich machte, ja, nahelegte. Es ist wahrscheinlich, daß solche Saisonschnitter auch in anderen Landschaften die Arbeit mit der Sichel wieder einführten oder zumindest konservierten. Bis in den Anfang des 19. Jahrhunderts wird die Sachgeschichte der Wortgeschichte folgen dürfen, nach der ein *Schnitter*

[196] Knapp Th. 1902, S. 137f.; Bischoff-Luithlen 1967, S. 99—105.
[197] Klingner 1749, 1, S. 456.
[198] Jacobeit/Quietzsch 1964, S. 84f.
[199] Otte 1796, S. 221.
[200] Wiegelmann 1963, S. 174—180.
[201] Ebda. S. 178f.
[202] v. Podewils 1801, 1, S. 46—52.

tatsächlich ein mit der Sichel Schneidender ist. Die zahlreichen auswärtigen *Schnitter* auf den Erntefeldern Nord- und Nordostdeutschlands dürften zu dieser Zeit tatsächlich mit der Sichel gearbeitet haben — die Übertragung auf den mit der Sense Mähenden oder gar den auf den Rübenfeldern Arbeitenden ist jünger.

Bezog sich der hier geschilderte besondere Fall auf die Getreideernte — wahrscheinlich Wintergetreide —, so ist die Reaktivierung des Sichelschnitts auf einem anderen Feld ungleich häufiger zu beobachten: Der jetzt massenhaft — vor allem in Norddeutschland — angebaute Raps wurde überwiegend mit der Sichel geschnitten,[203] und zwar nicht nur dort, wo dieses Gerät auch zum Weizenschneiden noch gebräuchlich war, sondern auch in andern Landschaften wie Mecklenburg oder Ostholstein. Es gab spezielle Rapssaatsicheln[204] (mit gezähnter Schneide?), die das Ausfallen der Früchte, das bei Sensenmahd befürchtet wurde, offenbar in engeren Grenzen hielten. Im weiteren Verlauf des 19. Jahrhunderts setzte sich dann übrigens doch die Sense zur Rapsmahd durch. Die Anfangslösung aber wird wiederum dadurch markiert, daß die neue Kultur (Raps) ein altes Verfahren aufleben ließ.

Es muß wiederholt werden: Die Haupttendenz während des gesamten 18. Jahrhunderts verlief in der Richtung auf mehr arbeitssparende Ernteverfahren und -geräte. Als die Salzburger Exulanten nach Pommern und Ostpreußen kamen, „brachten sie ihre Sicheln mit und waren entschlossen, sich derselben in der Aernte zu bedienen. Sie thaten es aber nur ein Jahr und gewöhnten sich im folgenden schon zu den Sensen, weil diese ihnen viel vortheilhafter vorkamen, wie sie sie kennen lernten.“[204a] Diese typische Entwicklung zeitigte aber natürlich — da nur ein Handarbeitsverfahren mit dem anderen konkurrierte und es ablöste — keinerlei Lösung „großen Stils“. Diese wurde ausgangs unseres Zeitabschnitts — aufs Jahr genau 1799 — gefunden. Aber diese Erfindung von Getreidemähmaschinen, unabhängig hervorgebracht in England und Rußland,[205] bezeichnet lediglich ein globales technikgeschichtliches Datum, das für die deutsche Landwirtschaft vorerst kaum Bedeutung erlangte. (Vgl. Abb. 93.)

Das Dreschen des Getreides wurde überwiegend mit Flegeln besorgt. Einfachere Verfahren wie das Ausschlagen ohne Schlaggerät[206] oder mit nichtzusammengesetzten Schlaginstrumenten wie Dreschstöcken, -sparren usw.[207] sowie Dreschgabeln[208] existierten mit hoher Wahrscheinlichkeit in peripheren Landschaften, doch ist ihr dortiges Vorkommen im 19. Jahrhundert nur ein Indiz, kein Beweis für ein entsprechendes Vorhandensein in der zweiten Hälfte des 18. Jahrhunderts. Es dominierte jedenfalls der zweiteilige Flegel, der aus Stiel und Schlegel, die beweglich miteinander verbunden waren, bestand — ein anderes Instrument taucht in keiner zeitgenössischen Abbildung (Abb. 94, Taf. VIII unten links) auf. Dieses für die bäuerliche Gerätekultur Mittel- und Osteuropas seit alters typische Instrument[209] war — abgesehen von der Grundkonstruktion — äußerst

[203] Krieg 1931, S. 53 u. ö.; Neue Strelitzische Anzeigen 1771, Sp. 172.
[204] v. Hedemann-Heespen 1906, 3, S. 37.
[204a] Krünitz 1801, 82, S. 489.
[205] Lühning 1961, S. 34. — Krünitz, a. a. O., S. 490 verweist auf die Boyce'sche Mähmaschine, publiziert: Gothaische gelehrte Zeitung 1799, Stück 88, S. 752.
[206] Wiegelmann 1969, S. 243f.; Gaál 1969, S. 102f.
[207] Burgstaller 1956, S. 108; Wiegelmann 1969, S. 245.
[208] Wossidlo-Archiv Rostock, Abt. ch: für den Haferdrusch.
[209] Trotzig 1943; Wiegelmann 1969, S. 238—248.

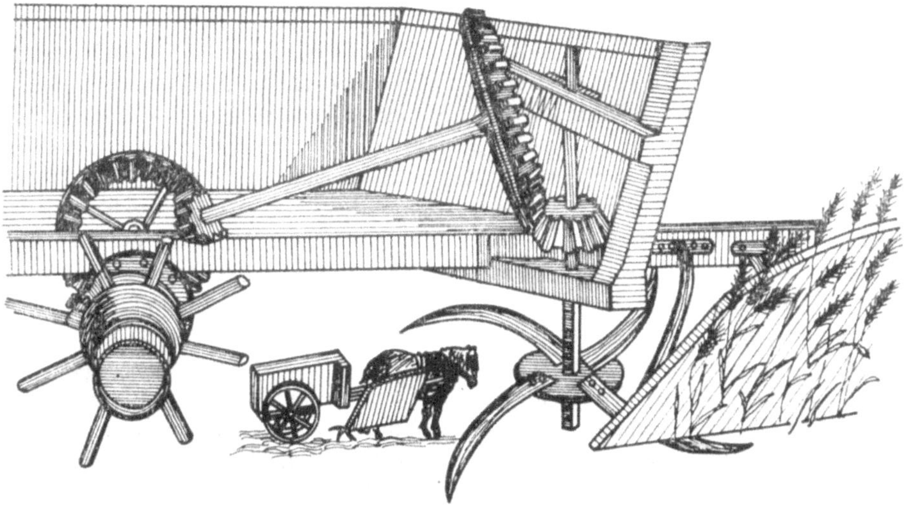

Abb. 93. Projekt einer „Erndte-Maschine" mit rotierenden Sensenblättern. Nach englischem Vorbild.

Abb. 94. Drescher mit Flegel. Das Gerät ist ein Doppelkappenflegel, Material der Handhabenkappe aus Holz, wie in Ostelbien üblich.

vielgestaltig, wovon das reichhaltige ethnographische Material des späten 19. Jahrhunderts eine Vorstellung vermittelt. Einzelne Typen und Varianten sind namentlich für die historischen Landschaften der DDR zusammenfassend untersucht worden.[210] Dabei hat die vielseitige typologische Analyse des jüngeren Befundes zu begründeten Hypothesen hinsichtlich älterer Entwicklungen geführt; der — nicht näher bestimmbaren — Zeit vor 1800 würde etwa die Ausstrahlung der Lederkappe am Stiel aus dem mitteldeutschen Bereich ins Brandenburgische hinein angehören. Mit größerer Sicherheit in den Ausgang des 18. Jahrhunderts ist die Entstehung des mecklenburgischen „schweren" Flegels mit langem Schlegel zu setzen,[211] wobei die neue, mit der angewachsenen Getreideproduktion zusammenhängende Entwicklung zugleich zur Bevorzugung des bis dahin hier unbekannten Kappenschlegels gegenüber dem Lochschlegel führte. Unterschiedliche Dreschflegelformen standen auch in anderen Landschaften nebeneinander in Gebrauch. In der Steiermark beispielsweise unterschied man *Trischl* und *Schwünkel*, den normalen Dreschflegel mit geradem Schlegel und den anderen mit einem verdickten, oft naturgewachsenen Schlegelende.[212] Wesentliche Unterschiede in der Arbeitsproduktivität werden durch solche Formvarianten schwerlich verursacht worden sein. Der Flegeldrusch war und blieb die mühseligste und eintönigste Arbeit auf den Bauern- und Gutshöfen innerhalb des Landwirtschaftsjahrs. Sie wurde — regelmäßiger noch als die eigentliche Erntearbeit — von den feudalen Eigenwirtschaften und größeren Bauern an spezielle Arbeitskräfte, die Drescher, vergeben. Diese brachten die Dreschflegel mit, wie sich aus dem Fehlen solchen Geräts in den meisten gutsherrlichen und vollbäuerlichen Inventarverzeichnissen ergibt.[213] Größtenteils also im Eigenbesitz der Landarmut befindlich, war das Hauptproduktionsinstrument der Drescharbeit wohl mit am wenigsten prädestiniert, wesentliche Weiterentwicklungen zu erfahren. Bezeichnenderweise repräsentiert der Dreschflegel am vollständigsten das reine „Holzzeitalter" in einer Ära, die sonst seit langem durch zunehmenden Einsatz eiserner Bestandteile an Arbeitsgeräten charakterisiert wird.

Aufgrund des Bemühens, das Dreschen zügiger abzuwickeln, kamen im 18. Jahrhundert auf deutschem Boden zusätzliche Dreschverfahren auf. Die folgende Erwähnung bezieht zugleich Alter, Herkunft und Eigenart eines solchen Verfahrens ein: „Die älteste und gemeineste Art (des Dreschens) aber geschahe bloß durch das Austreten der Ochsen, welche darauf herum geführet wurden. Diese Art ist auch noch in Europa, z. E. an einigen Orten in Ungarn, Frankreich, Liefland und Churland gebräuchlich ... In Teutschland aber bedienet man sich in einigen Gegenden des Ausreitens oder Austretens durch die Pferde, aber nur bei dem Haber, da sie dieselben entweder auf einem (sic) ordentlichen, doch etwas langen Scheuntenne hin und wieder über solchen treiben oder auf einem besonderen darzu angelegten Tenne in der Runde herum reiten und den Haber also austreten lassen."[214] Dieses Verfahren, das noch so ungewöhnlich war, daß es näherer Erläuterung bedurfte, soll während der zweiten Jahrhunderthälfte bereits „in einigen deutschen Provinzen" teilweise gebräuchlich gewesen sein,[215] so in (Nieder-)Sachsen,[216] jedoch noch nicht in

[210] Quietzsch 1969.
[211] Jacobeit/Quietzsch 1964, S. 90f.
[212] v. Geramb 1929, S. 215; Steirischer Bauer 1966, S. 280.
[213] Achilles 1965, S. 42.
[214] Zincke 1744, Sp. 576.
[215] Germershausen 1784, 2, S. 448; vgl. a. Krünitz 1785, 9, S. 508ff.
[216] Strelitzische Anzeigen 1766, Nr. 7.

Mecklenburg,[217] wo man es jedoch im 19. Jahrhundert dann allgemein kennt,[218] auf jeden Fall aber in Schleswig-Holstein, wo ein Bericht vom Kronprinzenkoog 1791 vermeldet: „Ein Paar Knaben reiten mit Pferden ohne Hufeisen die mit Garben belegte Dreschdiele auf und nieder. Der Zügel macht, daß ihnen das Maul nicht verbunden werden darf. Durch einen vorgebundenen Beutel verhütet man, daß kein Mist unter das Korn falle."[219] Das *Treten* war auch auf der entgegengesetzten Seite des deutschsprachigen Gebiets, nämlich in den meisten österreichischen Territorien, üblich,[220] doch gibt es vorerst keine Nachweise für unsere Untersuchungszeit, was für das junge Alter der Sache in diesem Raum zu sprechen scheint.[221] Eine Alt- oder Frühform kann das Ausreiten jedoch im benachbarten ungarischen Sprachgebiet darstellen, dessen Verhältnisse gut untersucht sind[222] und wo der Ausgangspunkt für die Übernahme ins südostdeutsche Gebiet liegen dürfte.

In Nordwestdeutschland ist das Ausreiten möglicherweise als einfachere Nebenform eines entwickelteren Verfahrens zu werten. Zu diesem gehörte die Dreschwalze als Zuggerät, die vom niederländischen Gebiet her — dort belegt seit dem 18. Jahrhundert[223] — nach Ostfriesland vordrang[224] und von da auch die schleswig-holsteinische Westküste erreichte;[225] der ebendort erwähnte *Dröschwagen* wird die gleiche Sache bezeichnet haben. Häufiger aber als dieses Anspanngerät zum Auswalzen wurde das bloße Ausreiten übernommen und dieses wiederum seltener als ein weiterer, wesentlicher Teil der kompletten neuen Technologie, das Dreschen auf Rapslaken. Es ist nämlich festzustellen, daß das gesamte neueingeführte Dreschverfahren in Nordwestdeutschland hauptsächlich bei der neuen Kulturart Raps Verwendung fand. 1788/91 wird aus Dithmarschen vom Rapsdreschen berichtet, das auf dem Feld auf einem riesigen Laken oder Segel verrichtet wurde, damit von der Rapssaat nichts verloren ginge; wurde das Laken auf dem Hof ausgebreitet, erfolgte der Antransport in „bekleideten Wagen", wodurch wiederum jeglicher Verlust ausgeschlossen werden sollte. Das Dreschen besorgten — nach einem weiteren Bericht — drei Schichten von Leuten, wovon die eine drasch, die zweite worfelte und die dritte sich erholte. Vierzig Teilnehmer an der Drescharbeit waren keine Seltenheit. Ein Bauer soll sogar vier „Segel" besessen haben, und zu jedem gehörten hundert (!) Mann.[226] Bei solchem Personalbesatz ist technisch ein Ausreiten mit Tieren kaum denkbar, Flegel werden aber nicht ausdrücklich erwähnt. — Von dem „Rapssaatdreschen", das sich als komplette Technologie am nachhaltigsten in Ostfriesland durchsetzte, hier durch regelrechte Ordnungen geregelt wurde und von einem vielfältigen Arbeitsbrauchtum bis hin zum abschließenden „Saatdreschbier" begleitet war,[227] gelangten kräftige Ausläufer in die anderen rapsanbauenden norddeutschen Landschaften, vor allem nach Schleswig-Holstein[228] und

217 Ebda., Nr. 9.
218 Wossidlo-Archiv Rostock, Abt. ch.
219 Krieg 1931, S. 58.
220 Wolfram 1974.
221 Schmidt L. 1966, 1, S. 204.
222 Hoffmann. 1963.
223 Slicher van Bath 1963, S. 305.
224 Wiegelmann 1969, S. 246.
225 Kiesewetter 1807, S. 200f.; Krieg 1931, S. 51, 54.
226 Krieg 1931, S. 54, 50.
227 Lüpkes 1925, S. 197f.
228 Schütze 1802, 3, S. 274f.; Mensing 1933, 4, Sp. 43f.

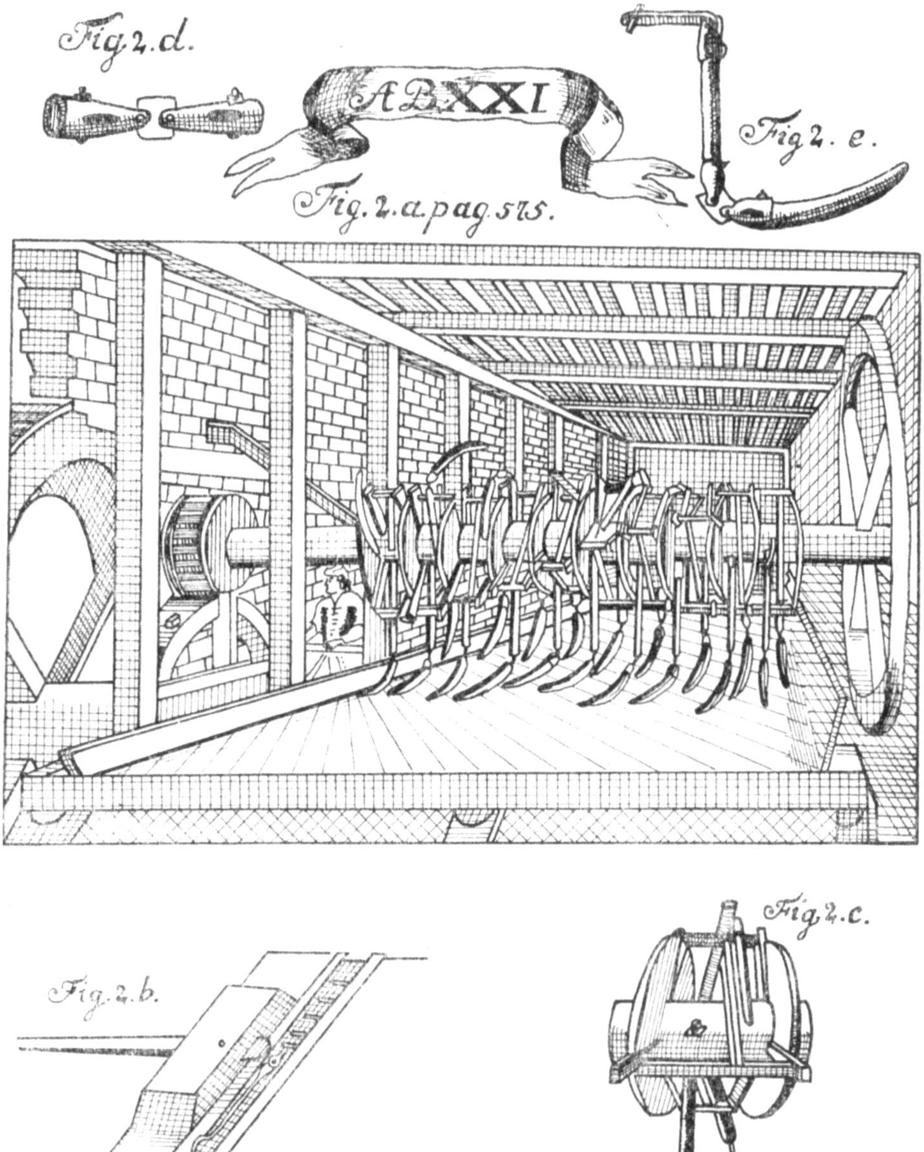

Abb. 95. „Machina trituratoria“ – Dreschmühle mit rotierenden Flegeln, betrieben durch Wasserkraft. Angeblich erprobt in Aerzen bei Braunschweig.

ab etwa 1800 nach Mecklenburg. Der führende Agrarökonom J. H. von Thünen auf Tellow schaffte zwischen 1810 und 1815 ein *Rapslaken* für 25 Reichstaler an.[229] Ob man bereits das Ausreiten praktizierte, wie es Mannhardts und Wossidlos Gewährsleute für die Zeit um 1850/65 bezeugen,[230] oder mit Flegeln arbeitete wie noch um 1825 in der holsteinischen Probstei,[231] ist unbekannt. Durchgesetzt und erhalten hat sich das Ausreiten (und in Ostfriesland das Auswalzen) jedenfalls bis zum Vorabend des Einsatzes von Dreschmaschinen. — Ungeklärt ist das Alter des Ausreitens und der — jedenfalls jüngeren — Dreschwalzenverwendung in Südwestdeutschland.[231a]

Abb. 96. Dreschmaschine mit rotierenden Kolben, betrieben durch Drehung von Hand. Niederösterreich.

Konstruktionsversuche und experimentelle Erprobung von Dreschmaschinen hatten in Deutschland bereits eine längere, wenngleich wirkungsschwache Tradition. Mitte des 17. Jahrhunderts findet sich eine Maschine beschrieben, die dann 1710 als „Machina trituratoria“ oder „Dreschmühle“ erstmals abgebildet erscheint (Abb. 95). Diese vom Oberamtmann Vogt zu Aerzen im Braunschweigischen publik gemachte Maschine hat eine durch Wasserkraft angetriebene Welle, an der in Doppelgelenken 10 × 3 Flegel sitzen, die rotieren und auf den Boden schlagen, der samt dem Dreschgut hin und her bewegt werden muß. Drei Personen konnten hier angeblich die Arbeit von 18 Flegeldreschern erledigen.[232] Der schlichte technische Grundgedanke — die „mechanisierte“ Version des Flegelschlages — taucht auch noch 1769 in Gestalt einer Dreschmaschine auf, die von Hand gedreht wird (Abb. 96). Andere Konstruktionen und Antriebsarten wurden laufend ersonnen, publik gemacht und als „artig, compendiös und wohlfeil“ empfohlen.[233] Dauernder praktischer Erfolg stellte sich nirgendwo ein, obgleich — nach Angaben in der öko-

[229] v. Thünen 1875, 2/2, S. 360.
[230] Wossidlo-Archiv, Abt. ch; Deutsche Staatsbibliothek Berlin, Mannhardt-Mappen: Steinhagen, R. A. Bützow (u. ö.).
[231] v. Lengerke 1826, 2, S. 49.
[231a] Vgl. Lohss 1969, S. 273.
[232] Feldhaus 1965, Sp. 223f.; Quantz 1937, S. 24f.
[233] Krünitz 1785, 9, S. 542; erschöpfende Zusammenfassung ebda., S. 521—561.

nomischen Literatur — solche frühen Dreschmaschinen auf einzelnen Gütern tatsächlich verwendet worden sein sollen.[234] Aber dies vermerkte man nicht allemal positiv, sondern tadelte es, weil dadurch den Dreschern das Brot entzogen würde[235] — ein Argument, dessen sich bereits die nächste, spätestens die übernächste Generation von Gutsbesitzern

Abb. 97. Schräggestelltes großes Kornsieb mit Einschüttkasten. Schleswig-Holstein.

und Pächtern rasch entledigte, weil nämlich inzwischen nicht mehr die fragwürdige, leistungsschwache Dreschmühle zur Diskussion stand, sondern eine Maschine ihren Siegeszug auf dem Kontinent angetreten hatte, die leistungsfähig war und nunmehr tatsächlich Handarbeitskräfte ersparte. Die Erfindung der Dreschmaschine mit Schlagleistentrommel durch den Schotten Andrew Meikle datiert von 1785, ihre Anwendung in Deutschland freilich — mit Ausnahmen wie der nach englischem Vorbild betriebenen Voghtschen Wirtschaft zu Klein Flottbek bei Hamburg[236] — zumeist erst ein Halbjahrhundert später.[237] Als Antriebsmittel setzte sich der Pferdegöpel durch.

[234] v. Eckart-Suckow 1782, S. 134f.
[235] v. Riesch 1805, S. 100f.
[236] Kiesewetter 1807, S. 53f.
[237] Bentzien 1965a, S. 60f.; Leiner 1974.

Früher erfolgreich waren die Bemühungen um eine Teilmechanisierung des Getreidereinigens im Anschluß an das Dreschen. Wurfschaufeln, Wannen und Handsiebe waren im 18. Jahrhundert nicht mehr die einzigen Kornreinigungsgeräte. Daneben gab es große schrägstehende Siebe mit Einschüttkasten und Schieber (Abb. 97), in Mitteldeutschland *Kornfege* genannt. Außerdem wurden nun aber in verschiedenen Ländern des Kontinents einfache *Windmacher* und kompliziertere Siebmaschinen konstruiert.[238] In Deutschland (1717ff.) erfundene und benutzte Maschinen waren von ersterer Art, sie besaßen ein Schaufelrad mit vier bis sechs Flügeln im Innern eines Holzkastens, die Welle wurde über eine Kurbel von Hand bewegt, der entstehende Luftzug trennte Korn und Spreu. Um ein solches Gerät handelt es sich bei dem *Windmaker* aus Otze/Lüneburg (Abb. 98) oder der Getreidewinde aus Rainhardsegg bei St. Stefan im Rosental/Steiermark (1792).[239] Erstaunlich ist die verhältnismäßig weite Verbreitung der *Windfege* oder *Windmühl* etwa von der Mitte des 18. Jahrhunderts an auch in bäuerlichen Betrieben, vor allem im Süden, z. B. 1739 Großholzhausen b. Rosenheim/Oberbayern,[240] 1742 Faschingerhof/Mittelkärnten,[241] 1764 Scheppach Kr. Augsburg/Schwaben,[242] 1773 Lam Kr. Kötzting/Bayerischer Wald,[243] o. J. (vor 1800) Gebiet Axams/Tirol,[244] allgemein im 18. Jahrhundert in der Steiermark.[245] Im Bereich der ostdeutschen Gutsherrschaft gibt es keinen Nachweis aus bäuerlichen Betrieben. Die Gutswirtschaften scheinen hier teilweise erst um 1800 den Standard der Windfege erreicht zu haben.[246] In der Folgezeit orientierten sie sich dann auf die entwickeltere Siebmaschine, die zusätzlich ein Schüttelsieb (oder mehrere) besitzt und seit 1776 durch die Übersetzung englischer agrartechnischer Literatur in Deutschland theoretisch bekannt war.[247] Eine solche Maschine wird es gewesen sein, die 1799 in Preetz/Holstein gebaut wurde und bei zwei Bedienungskräften eine Arbeitsleistung von 50 „Tonnen" Korn pro Tag erbracht haben soll.[248] Sicher ist das Vorkommen der Kornreinigungsmaschine des kombinierten Typs freilich erst um 1830 für Nordfriesland bezeugt, wo eine solche Maschine mit sieben unterschiedlichen Sieben, je nach Getreideart, ausgerüstet werden konnte.[249] Diese Art wurde übrigens in bäuerlichen Betrieben bis weit ins 20. Jahrhundert hinein noch massenhaft verwendet. Während des 18. Jahrhunderts erlangte nur die einfachere Windfege Bedeutung. Deren Aufkommen ist indessen höchst bemerkenswert, weil dies nämlich die einzige — bescheidene — landwirtschaftliche Arbeitsmaschine war, die sich in Deutschland bereits vor den Agrarreformen des 19. Jahrhunderts wirklich nennenswert, d. h. auch bei den Bauern einiger Landschaften, verbreitete.[249a]

Der bisherige Überblick über landwirtschaftliche Arbeitsgeräte in der zweiten Hälfte des 18. Jahrhunderts bedarf zukünftig einer Ausweitung auf andere Bereiche, um die

[238] Feldhaus 1965, Sp. 1029—1031; Kasparek 1960.
[239] Steirischer Bauer 1966, S. 285.
[240] Cohen 1906, S. 466.
[241] Dinklage 1966, S. 132.
[242] Scheuenpflug 1964, S. 84.
[243] v. Zaborsky 1956, S. 13.
[244] Tschernikl 1932, S. 404.
[245] Steirischer Bauer 1966, S. 285; Koren 1950, S. 17.
[246] v. Podewils 1804, 4, S. 10f.; v. Riesch 1805, S. 99f.
[247] Feldhaus 1965, Sp. 1031.
[248] Krieg 1931, S. 51.
[249] Hanssen 1884, 2, S. 432.
[249a] Vgl. neuerdings auch Berg 1976 und Wiegelmann 1978.

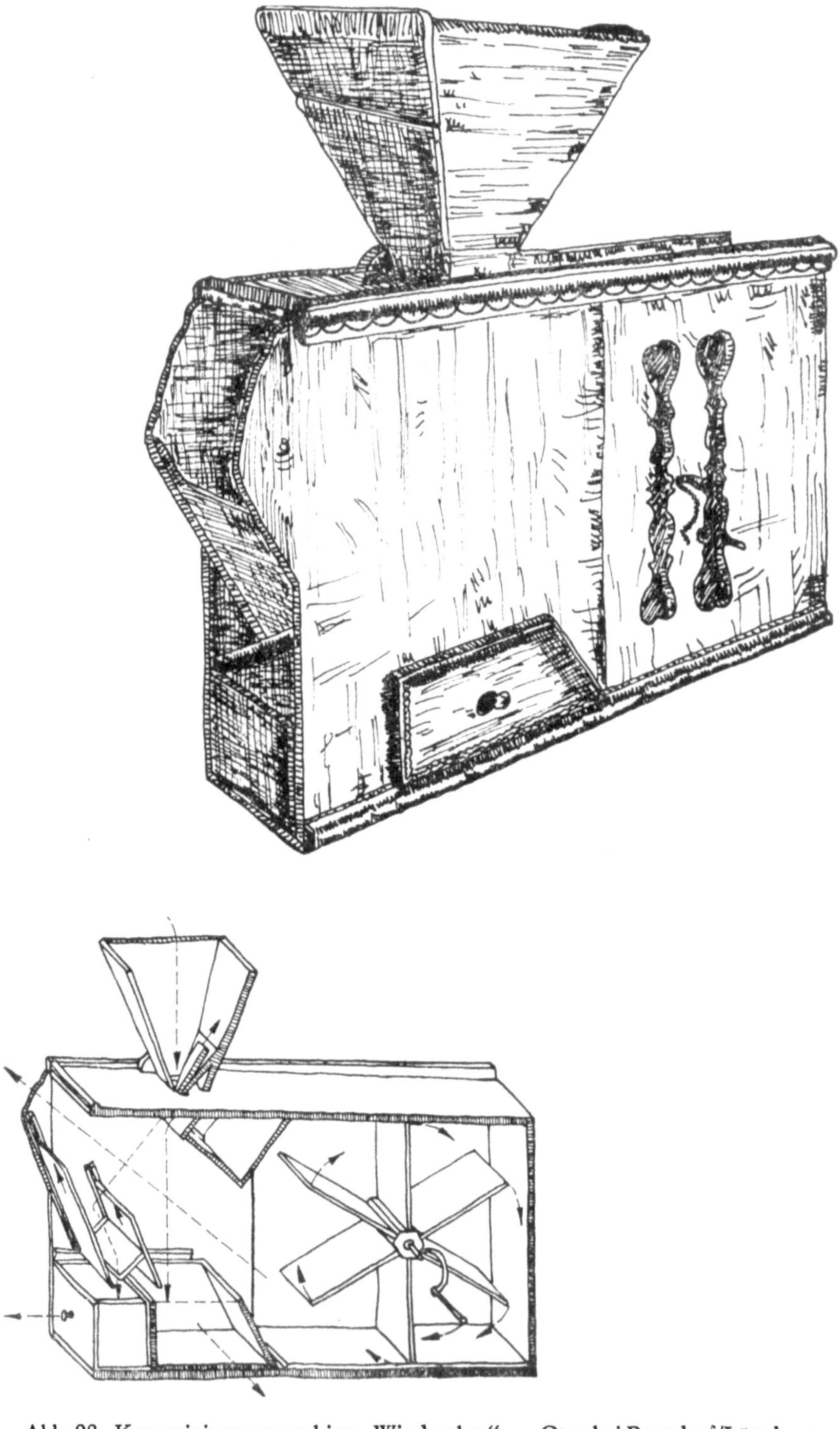

Abb. 98. Kornreinigungsmaschine „Windmaker“. – Otze bei Burgdorf/Lüneburg.

Ergebnisse abzusichern und gegebenenfalls zu berichtigen. Die Quellenlage wird freilich z. B. Untersuchungen zur Entwicklung verschiedener Handgeräte wie Hacken, Spaten, Gabeln, Harken usw. recht schwierig gestalten, weil diese in Nachlaß- und Inventarverzeichnissen noch seltener auftauchen oder gar beschrieben werden als Pflüge, Eggen usw.; zuverlässige Abbildungen und vor allem historische Originalgeräte existieren hier so selten wie bei den anderen Geräten, so daß man zwar globale zeitliche Ansetzungen — wie im Falle der Handhacken[250] —, aber offenbar keine befriedigende geschichtliche Stratigraphie gewinnen kann. Ähnlich steht es mit verschiedenen Geräten zur Viehwirtschaft, für die immerhin in günstigen Fällen ikonographische Belege in größerer Zahl erschlossen werden können, was auf Teilgebieten auch schon geschehen ist.[251] Das gilt aber längst nicht für alle Bereiche, allenfalls noch für die Anschirrungsgeräte, bei denen auch die wortgeschichtlichen Quellen stratigraphische Fragestellungen zulassen (s. unten), während bei wichtigen Gerätschaften der Futterwirtschaft (z. B. Häcksellade) oder der Milchwirtschaft (z. B. Butterfaß, frühe Buttermaschinen) die Quellenlage einer vor Einsetzen der „rezenten“ Zeugnisse angesiedelten Untersuchung erhebliche Schwierigkeiten entgegenzustellen scheint. Ein weiteres, vielleicht weniger von der Quellenlage hervorgerufenes Desiderat ethnographisch-historischer Forschung sind die landwirtschaftlichen Transportmittel und -verfahren im deutschen Sprachgebiet, ein zwar schon behandeltes Thema,[252] das bei vermehrter Materialerschließung aber noch reichhaltigere Ergebnisse verspricht. — Das Hauptproduktionsinstrument der Nahrungsgüterwirtschaft, die Getreidemühle, erfreut sich in stärkerem Maße der Gunst der Forschung,[253] doch gehört die Sache nur eben in den Umkreis der Landwirtschaft, nicht zur Agrikultur selbst.

Innerhalb der deutschen Landwirtschaft insgesamt dominierte ausgangs des 18. Jahrhunderts zweifellos der Ackerbau, dessen wichtigste Geräte und Verfahren vorstehend untersucht worden sind. Unter den Kulturpflanzen war das Getreide strukturbestimmend. Das Aufbauflächenverhältnis hinsichtlich der verschiedenen Getreidearten variierte landschaftlich; doch gibt es einige allgemein typische Züge.

Auffällig ist zunächst der geringe bzw. gegenüber dem 15./16. Jahrhundert nur schwach gestiegene Anteil des Weizens, der kaum irgendwo eine zweistellige Prozentzahl erreicht hat, auch nicht in Gegenden, die überwiegend weizenfähige Böden besitzen, mit Ausnahme der Magdeburger Börde.[254] Den überregional höchsten Prozentsatz wies noch der Süden auf. Das erklärt sich offenbar nicht aus bioklimatischen Gründen, sondern aus nahrungskulturellen Gegebenheiten, d. h. der dortigen Bevorzugung des Weizens als Brotgetreide. Der Weizenanteil unter den Hauptgetreidearten betrug 1788 in Kärnten 8,8 Prozent,[255] 1803 in der Rheinpfalz weniger als 9,3 Prozent (in die Rechnung war Hafer nicht einbezogen).[256] Die Nachricht, daß sich in einzelnen niederbayerischen Gebieten ausgangs des 18. Jahrhunderts der Anbau von Weizen zu dem von Roggen bereits wie 2:3 verhalten haben soll,[256a] klingt jedoch unwahrscheinlich. Im Meißnischen, Leipziger, Erzgebirgischen

[250] Stockey 1964; Schultz-Klinken 1975.
[251] Jacobeit 1961, S. 472—493.
[252] Lauer 1961; Putsche 1973. Vgl. auch Atlas d. dt. Volkskunde N. F. Lfg. 6, 1978, Karte 61 f.
[253] Gleisberg 1956; Notebaart 1972.
[254] Rach/Weißel 1978, 1/1, S. 90 ff. (H. Harnisch).
[255] Dinklage 1966, S. 174.
[256] Weidmann 1968, S. 96.
[256a] v. Wallwitz 1968, S. 71.

und Vogtländischen Kreis Kursachsens — die Zusammenrechnung[257] erfaßt Gebiete mit sehr unterschiedlicher Bodenqualität — wurden nach Erhebungen der Kommerziendeputation 1755 88371 Scheffel Weizen geerntet, 1799 dagegen 320240 Scheffel, was einer Steigerung auf 262 Prozent entspricht; 1755 hatte der Weizenanteil an der Ernte der vier Hauptgetreidearten etwa 3,5 Prozent betragen, 1799 betrug er 6 Prozent, war also immer noch relativ gering. In Norddeutschland blieb die Marktproduktion von Weizen selbst in den „Großbetrieben" recht bescheiden, wenngleich es einen gewissen Aufschwung — so auf den anhalt-dessauischen Domänen[258] und den Rittergütern des Grafen Podewils (1788/89: Ernte von 94 Wispel 4 Scheffel, 1793/94: 142 Wispel 20 Scheffel)[259] — gegeben hat. In Thüringen und vor allem Südwestdeutschland konkurrierte der Weizen teilweise immer noch erfolglos mit der genetisch älteren Weizenart Dinkel oder Spelz (triticum spelta). Teilweise wurde auf besseren Böden bevorzugt Gerste angebaut; ihr ungewöhnlich hoher Anteil z. B. in westmecklenburgischen Dörfern (1758 Selmsdorf: 34,1% der Aussaat auf Hufe X; 1794 Damshagen: 49,1% der Aussaat auf Hufe I)[260] dürfte sich aus der Nähe Lübecks, eines aufnahmefähigen Marktes für Braugerste, erklären. Auch in der Magdeburger Börde wurde im 18. Jahrhundert guter Boden landläufig nicht danach beurteilt, ob er weizenfähig war, sondern ob er Gerste tragen konnte oder nicht.[261] Im übrigen dominierten allenthalben mit Anteilen von 40 Prozent und darüber Roggen als das Hauptbrotgetreide und Hafer als das wichtigste Futtergetreide, wobei dessen große Mengen sich aus der übermäßigen Pferdehaltung erklären. Buchweizen und Hirse, die Kulturpflanzen des „Breistandards", spielten regional noch eine bedeutende Rolle.[262] Die Bauern von Barckelsby in Schwansen/Schleswig säten 1744 so viel Buchweizen wie Roggen an (19,3%),[263] in fünf ostpreußischen Ämtern betrug der Buchweizenanteil während der zweiten Hälfte des 18. Jahrhunderts noch bis zu 7,6 Prozent.[264] Stärker zurück ging unter dem Einfluß des Kartoffelanbaus offensichtlich die Hirse; auf zwei lausitzischen Rittergütern machte ihr Anteil 1757 bzw. 1765—68 nur mehr 0,5 bzw. 0,2 Prozent aus.[265]

Gewisse Verschiebungen in den Relationen waren nicht notwendig verbunden mit höherer Qualität der Halmfrüchte. Ansätze zu einer Saatzucht sind kaum spürbar. Saatgut aus Gegenden mit anerkannt gutem Getreidebau aufzukaufen, war vereinzelt üblich; so wird 1788 berichtet, daß das holsteinische Gut Hasselburg und viele Dorfschaften derselben Gegend „jährlich einen starken Absatz an Saat-Rocken nach Mecklenburg" hätten.[266]

Hinsichtlich der Erträge hat man Berechnungen im gesamteuropäischen Maßstab angestellt;[267] danach soll in Mittel- und Nordeuropa die Durchschnittsernte bei Getreide in der ersten Hälfte des 18. Jahrhunderts das 3,8fache der Aussaat betragen haben, in der zweiten Jahrhunderthälfte das 4,8fache. Andere Autoren sind zu höheren Ergebnissen

257 Durch Groß 1968, S. 54.
258 Machlitt 1971, S. 129.
259 v. Podewils 1801, 1, S. 58.
260 Horn 1925, S. 30f.; ehem. Gutsarchiv Damshagen (Pfarrarchiv, Vol. 33).
261 Stegmann 1928, S. 40 u. ö.
262 Vgl. Wiegelmann 1967, S. 28, 116; Rainer 1961, S. 708f.
263 v. Hedemann 1900, S. 204.
264 Henning 1969b, S. 16.
265 Hist. Staatsarchiv Bautzen, Herrsch. Muskau, Nr. 449 (Schleiffe) u. GA Baruth, Nr. 573.
266 Janeke 1788, S. 14.
267 Slicher van Bath 1969, S. 176.

gelangt.[268] Große Bauern im Altenburgischen ernteten 1796 bei Weizen das 8fache, bei Roggen und Gerste das 6fache, bei Hafer das 5fache der Aussaat.[269] Aber diese auf „führenden" Landschaften und Betriebsformen beruhenden Umrechnungen werden durch andere Beispiele teilweise erheblich korrigiert. Auf den oberlausitzischen Gütern Gießmannsdorf und Friedersdorf[270] betrug die Ernte 1765/66 das „Vielfache" der Aussaat: bei Weizen 4,8; Roggen 2,3; Gerste 6,2; Hafer 4,0 — durchschnittlich also 4,3. Ertragsschwankungen wird man zusätzlich in Rechnung stellen müssen, ohne hier genau quantifizieren zu können; zwei aufeinanderfolgende Erntejahre (1789/1790) erbrachten auf einer Fronbauernwirtschaft in Thränitz Kr. Gera[271] an Vielfachem der Aussaat: bei Weizen 6,0/3,8, bei Roggen 3,7/3,2, bei Gerste 3,9/3,0, bei Hafer 5,4/3,5, im Durchschnitt beider Jahre also das 4,1fache.

Die wenigen Beispiele bestätigen, daß die Annahme des „dritten" oder „vierten Korns" als Durchschnittsertrag[272] realer als die zuerst genannten Schätzungen und Berechnungen ist. Legt man übrigens den damaligen Berechnungsmaßstab an die heutigen Erträge an, so ergibt sich etwa das 20- bis 30fache der Aussaat als durchschnittlicher Ernteertrag in unseren Tagen. Umgekehrt entsprachen nach heutiger Berechnung die damaligen Erträge etwa 5 bis 10 dt/ha. (Durchschnitt in der DDR 1978: 38,5 dt/ha).

War während der zweiten Hälfte des 18. Jahrhunderts der Getreidebau innerhalb der Feldwirtschaft strukturbestimmend, so spielten doch andere teils traditionelle, teils neue Kulturen eine wichtige Rolle.[273] Zu den schon seit langem feldmäßig angebauten Pflanzen zählten etwa Erbsen als wichtiges Nahrungsmittel, Wicken als Viehfutter und Lein zur Textilherstellung. Andere Kulturen wurden, nachdem sie bis dahin überwiegend in den Gärten gezogen worden waren, jetzt verstärkt auf dem Acker — besonders in der Brache — angebaut, beispielsweise Bohnen, Kohl, Speiserüben und anderes Gemüse; in den Gärten stadtnaher Dorfschaften nahm der Obstbau zu. Von den neuen Pflanzen sei nur auf die beiden wichtigsten hingewiesen: Raps und Kartoffeln.

Raps wurde schon bei den Ernte- und Drescharbeiten erwähnt. Es handelt sich bei dieser Kultur um Raps i. e. S. (Brassica napus), nicht um den schon im 15./16. Jahrhundert vielfach angebauten Rübsen (Brassica rapa).[274] Die oben gebrachten Nachweise machen zugleich deutlich, daß der regionale Schwerpunkt jetzt nicht mehr in den mitteldeutschen Territorien, sondern im nordwestdeutschen Bereich lag, wohin der Rapsanbau aus dem Niederländischen gelangt war. Nach Schleswig-Holstein schon im 17. Jahrhundert eingeführt,[275] kam es zu einer expansiven Ausbreitung erst im späten 18. Jahrhundert und danach. Jetzt bestimmte der Raps regional die modernisierte Fruchtfolge mit — und das Farbbild der Kulturlandschaft.

Die Kartoffel war, sieht man von ihren frühen Anbauzentren Rheinpfalz und Vogtland ab,[276] vor 1750 in den meisten deutschen Landschaften wenig bekannt. Teilweise

[268] Böhme 1902, S. 34; Saalfeld 1960, S. 93; Achilles 1965, S. 14.
[269] Berthold 1962, S. 120f.
[270] Hist. Staatsarchiv Bautzen, Gutsarchiv Hainewalde, Nr. 551; vgl. auch Šołta 1958, S. 105ff.
[271] Hist. Staatsarchiv Greiz, RG Steinbrücken, Nr. 206.
[272] Groß 1968, S. 54; Henning 1969a, S. 123f.
[273] Abel 1967, S. 313f.; Müller H.-H. 1967, S. 71—77 u. a.
[274] Schröder-Lembke 1976.
[275] Hanssen 1884, S. 362—371; Leister 1952, S. 91.
[276] Wiegelmann 1967, S. 84; Weidmann 1968, S. 116—119; Müller I. 1976.

bereits im Garten angebaut, spielte sie für die Marktproduktion und damit für die Ernährung der Volksmassen noch keine entscheidende Rolle. 1741 sollen auf dem Kölner Markt erstmals Kartoffeln angeboten worden sein.[277] Nachrichten über feldmäßigen Anbau und den Charakter als Handelsware setzen auch andernorts um diese Zeit ein: beispielsweise 1740 Mittelbaden, 1741 Harzgebiet, 1746 Kurtrier usw.[278] Die Einbürgerung des Kartoffelanbaus ging — in ständiger Kollision mit den herkömmlichen Aubaustrukturen — teilweise langsam, aber doch stetig vor sich. Um 1750 im südlichen Holstein schon bekannt, konnte erst 1788 eine allgemeine Verbreitung konstatiert werden, die sich jedoch noch nicht bis ins nördliche Holstein und ins Schleswigsche erstreckte.[279] In Kursachsen (Meißnischer, Leipziger, Erzgebirgischer und Vogtländischer Kreis) berechnete man behördlicherseits 1755 die Kartoffelernte auf 144570 Scheffel (= 150000 dt), 1800 auf mehr als das Zehnfache, nämlich 1616423 Scheffel (= 1680000 dt).[280] Die größten Zuwachsraten in der Kartoffelproduktion waren jedoch in den weiten Sanderzonen der Norddeutschen Tiefebene zu verzeichnen. In der Niederlausitz stieg die Kartoffelproduktion während des gleichen Zeitraumes auf das 220fache,[281] und in der Kurmark Brandenburg zwischen 1765 und 1800 — bei höherem Ausgangswert — noch auf das Dreizehnfache.[282] Einen Kartoffelanbau von solchen Dimensionen wiesen während dieser Zeit keineswegs alle Landschaften auf, auch nicht jene, die später zu Zentren des Kartoffelbaus wurden wie Mecklenburg, Pommern und andere.

Aber der Wert der Kartoffel war prinzipiell erkannt und vielfach erprobt, so daß der um die Hohenlohische Landwirtschaft verdiente Pfarrer Johann Friedrich Mayer 1793 schreiben konnte: „Hat Amerika manches Europa zu verdanken, so ist gewiß dies jenem der Kartoffel wegen vieles schuldig. In der teuren Zeit anfangs der 70er Jahre erprobte dies amerikanische Geschenk in Teutschland seine volle Güte ...“[283] 1777 bei der verheerenden Hungersnot mag die Kartoffelnahrung ebenfalls schon mildernd gewirkt haben, wenn sie auch zum Hauptnahrungsmittel in weiten Teilen Deutschlands erst während des frühen 19. Jahrhunderts wurde.

Diese Bedeutung konnte die Kartoffel aber nur erlangen aufgrund eines massenhaften Anbaus, der seinerseits enorm arbeitsaufwendig war und die unmittelbaren Produzenten physisch aufs härteste beanspruchte. Kartoffelpflanzen, -hacken und -roden waren Handarbeiten, die vor allem Frauen und Kinder leisten mußten. Sie arbeiteten — wie Lohntabellen von großen Gütern seit den 1790er Jahren zeigen[284] — auf den Kartoffelfeldern. Dabei fehlte jegliche entwickelte Technik; Marköre, Häufelpflüge (Abb. 99) und Rodepflüge gab es erst ganz vereinzelt. Der Kartoffelanbau reaktivierte — gemeinsam mit den anderen, größtenteils noch jüngeren Hackkulturen — Arbeitsgeräte und -verfahren, die zunächst nicht den technischen Standard des traditionellen Getreidebaus erreichten.

Die in der Literatur am meisten diskutierte Kulturpflanze war während der zweiten Hälfte des 18. Jahrhunderts der altbekannte, aber bis dahin kaum in die ackerwirtschaftliche

[277] Wrede 1935, S. 178.
[278] Wiegelmann 1967, S. 84; Backhaus 1888, S. 190; Wrede 1935, S. 178.
[279] Krieg 1931, S. 42; Achelis 1954, S. 241f.
[280] Groß 1968, S. 54.
[281] Nach Lehmann 1963, S. 461.
[282] Nach Müller H.-H. 1967, S. 71.
[283] Zitat nach Steinle 1971, S. 199.
[284] v. Podewils 1801, 1, S. 90–92.

Rotation einbezogene Klee (Taf. XIV oben). Saatklee (Trifolium pratense) anzubauen wurde von namhaften Ökonomen — auch schon vor Schubart — wegen seiner feld- und viehwirtschaftlichen Nützlichkeit empfohlen[285] und war in der landwirtschaftlichen Praxis verschiedener Regionen — beispielsweise Kärnten, Rheinpfalz, Hohenlohe, Insel Fehmarn — um und vor 1750 bereits durchaus üblich.[286] Hier und später in anderen Landschaften, wo sich diese wesentliche Neuerung dann ebenfalls durchsetzte, bewirkte der planmäßige

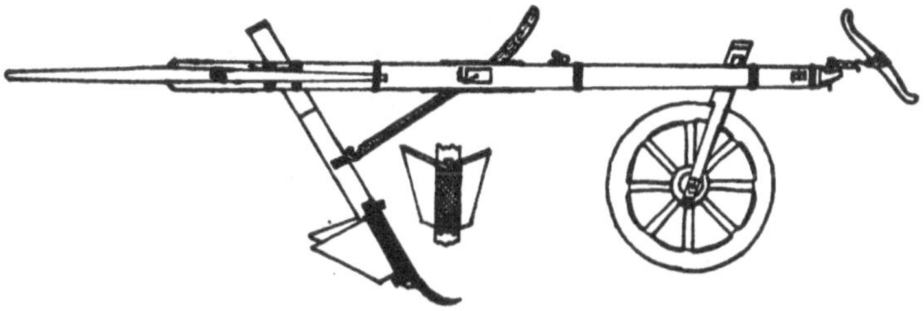

Abb. 99. Häufelpflug, durch Hinzufügung zweier Streichbretter und einer Radstelze umgerüsteter erzgebirgischer Haken.

Anbau von Klee, Luzerne, Esparsette usw. auf die Dauer eine Stabilisierung der Futterbasis, die dringend notwendig war. — Der Runkelrübenanbau machte mit einer gewissen Phasenverschiebung gleichfalls Fortschritte; er hatte sich von Frankreich über die Schweiz, Schwaben und Franken um die Mitte der 1780er Jahre bis nach Thüringen und Sachsen ausgedehnt,[287] soll jedoch um 1800 in der Rheinpfalz noch „in den ersten Ansätzen" gesteckt haben.[288]

Viehwirtschaft

Im Vergleich zum Pflanzenbau sind in der deutschen Viehwirtschaft der zweiten Hälfte des 18. Jahrhunderts zweifellos geringere Fortschritte zu verzeichnen,[289] wenngleich die verbesserte Feldwirtschaft und besonders der Futterbau sich zwangsläufig positiv auswirkten, so daß das manchmal sehr negativ gezeichnete Bild von der Viehzucht vor 1800 aufgrund neu erschlossener Quellen zu Recht in einigen Punkten korrigiert wurde.[290] (Zum folgenden vergleiche man auch Taf. X bis XIII.)

Der unverminderte Vorrang des Ackerbaus in fast allen deutschen Landschaften läßt die Frage nach dem Spannvieh als vorrangig erscheinen. Wie in den vorangegangenen Kapiteln gezeigt wurde, konkurrierten auf deutschem Boden seit alters Ochse und Pferd als Hauptzugtier, wobei Unterschiede hinsichtlich der einzelnen Arbeitsaufgaben (Fahren, Pflügen, Eggen usw.) zwar innerbetrieblich zu beobachten waren, aber nicht den Ausschlag für die Gesamtstruktur und Gesamttendenz der Zugviehhaltung gaben. Die nachweisbare

[285] Schröder-Lembke 1954.
[286] Dinklage 1966, S. 139f., 171; Müller H.-H. 1975, S. 152, 164; Saenger 1957, S. 92; Hanssen 1884, 2, S. 317.
[287] Groß 1968, S. 41f.
[288] Weidmann 1968, S. 123.
[289] Kulischer 1954, 2, S. 57; Abel 1967, S. 233—244.
[290] Müller H.-H. 1966.

Haupttendenz, nämlich das Vordringen des Arbeitspferdes gegenüber dem Zugochsen, kam nun auffälligerweise seit im 17./18. Jahrhundert vielfach zum Stillstand und verkehrte sich teilweise in ihr Gegenteil. Die Phasen, Motivationen und Begleitumstände dieses Vorgangs sind freilich recht verwickelt und bedürfen künftig weiterer Untersuchungen, für die Quellen nunmehr (theoretisch) massenhaft — in Gestalt von Bestandsverzeichnissen aller Art — zur Verfügung stehen, wovon die folgende Analyse aber nur einen kleinen Teil erschließen kann. Aufgrund dessen zeigt sich das Spannviehverhältnis geographisch, sozialökonomisch und zeitlich differenziert.

In Norddeutschland überwog absolut noch immer die Pferdehaltung; dabei reichte die Skala von ausschließlichem Vorkommen — beispielsweise in Teilen Westfalens[291] und Schleswig-Holsteins[292] oder im ehem. Fürstentum Ratzeburg[293] und auf der Insel Rügen[294] — über stark dominierendes Vorhandensein — so im Hannoverschen,[295] in Mecklenburg,[296] Ostpreußen[297] — bis hin zu Fällen, in denen das Übergewicht der Pferde- gegenüber der Ochsenhaltung nur mehr knapp ausfiel wie 1798 im Land Ruppin, in dem eine Addition von 13 Dörfern 1328 Pferde und 1136 Ochsen ausweist.[298]

Mit ausschlaggebend für die differierenden Verhältnisse dürften die Frondienstverpflichtungen der Bauern gewesen sein, je nachdem, ob diese gänzlich fehlten, mäßig oder stark, auf Pferde- oder Ochsenvorspann festgelegt waren. Mit gewisser Ausnahme Mecklenburgs wurde wohl normalerweise Spanndienst mit Pferden gefordert, so daß die Ochsen ein Reservoire für den bäuerlichen Eigenbedarf an tierischer Zugkraft bildeten. In den meisten Fällen korrespondiert das Vorhandensein von zwei bis sechs Ochsen neben vier bis acht (zwölf) Pferden pro Vollbauernwirtschaft in Norddeutschland mit sehr starker, oft sechstägiger Frondienstbelastung pro Woche, während bei alleiniger Pferdehaltung die Lage weniger eindeutig ist. Die Reaktivierung der Ochsenanspannung bei norddeutschen Bauern hängt jedenfalls mit verschlechterter ökonomischer Lage zusammen, wie zwei Beispiele zeigen mögen: Die durch Spanndienst gering belasteten Bauern im Klosteramt Ribnitz hielten 1620 ausschließlich Pferde als Zugvieh,[299] die frondienstleistenden Bauern in denselben Dörfern hatten während der zweiten Hälfte des 18. Jahrhunderts neben 4 bis 5 Pferden je 2 bis 4 Ochsen im Inventar.[300] Bei den freien ratzeburgischen Bauern entfielen nach einer Addition von Angaben aus dem Kirchspiel Selmsdorf 1700ff. auf 100 Pferde 1 Ochse,[301] in den benachbarten lauenburgischen Dörfern, die Frondienste leisten mußten, im Jahr 1708 umgerechnet auf 100 Pferde 50 Ochsen.[302]

Das Spannviehverhältnis in Norddeutschland würde sich zweifellos noch weiter zugunsten der Ochsenanspannung verschieben, nähme man nicht die bäuerliche Wirtschaft, sondern die Kossatenhöfe einerseits und die gutsherrlichen Eigenwirtschaften andererseits

[291] Kuske 1943, S. 64.
[292] Schmidt G. H. 1887, S. 132f.; Kock 1901, S. 77ff.; Kock 1912, S. 160; Leister 1952, S. 118.
[293] Horn 1925, 2, S. 27—42.
[294] Bentzien 1963, S. 213f.
[295] Saalfeld 1960, S. 115ff.
[296] Bentzien 1969, S. 153ff., 167ff.
[297] Henning 1969b, S. 48—72.
[298] Bratring 1799, S. 415—446.
[299] Baumgarten/Bentzien 1963, S. 210—212.
[300] Staatsarchiv Schwerin, Rep. 92p, Nr. 105c, Fasz. 9; Nr. 113c, Fasz. 6; Nr. 127c, Fasz. 4 (usw.).
[301] Horn 1925, 2, S. 27—42.
[302] Prange 1960, S. 244.

zum Maßstab. Die letzteren waren ganz stark und teilweise ausschließlich auf Zugochsen orientiert,[303] solange die bäuerliche Wirtschaft die Arbeitspferde im Frondienst zu stellen hatte (regional auch über diese Ära hinaus, freilich aus anderen Gründen). Die Kossaten hingegen[304] beschränkten sich zumeist wohl aus eigenen ökonomischen Überlegungen auf Ochsen als das billigere Spannvieh bzw. erhielten in den Gebieten der ostdeutschen Gutsherrschaft diesen Zugviehstandard oktroyiert. Insgesamt aber sicherte das Überwiegen der bäuerlichen Wirtschaften gegenüber den beiden anderen genannten Betriebsformen der Pferdehaltung ein deutliches Übergewicht über die Zugochsenhaltung.

Überraschenderweise zeigen die mitteldeutschen Verhältnisse manche Übereinstimmung mit diesem Verbreitungsbild (vgl. Taf. VIII). Stichproben im Archivgut mitteldeutscher Territorien[305] machen es wahrscheinlich, daß es im 18. Jahrhundert auch hier faktisch keine spannfähige Bauernwirtschaft gegeben hat, auf der nicht Pferde gehalten werden. In der Dresden-Meißner Elbtalgegend[306] und in Dörfern der Leipziger Tieflandsbucht (1782)[307] fehlten Ochsen sogar fast gänzlich im Zugviehstapel der Bauern. Daß Pferde und Ochsen nebeneinander gehalten wurden, kam häufig vor, wobei die bäuerliche Betriebsgröße den Ausschlag nach der einen oder anderen Richtung gab. Die Spannfähigkeit setzte im allgemeinen den Besitz von zwei bis vier Pferden voraus — solche Bauern waren *Pferdefröner*.[308] Als „dienstbar" galten aber auch Ochsen, so in der Herrschaft Solms-Braunfels/Hessen, wo die Bauern um 1700 zusammen 903 Ochsen hielten (davon 343 „dienstfrei") neben 319 Pferden (davon 94 „dienstfrei").[309] Um eine bestimmte Tendenz in der dortigen Entwicklung des Zugviehverhältnisses feststellen zu können, sind vorläufig zu wenig Quellen erschlossen. Einiges deutet darauf hin, daß die Haltung von Zugochsen gegenüber der Pferdehaltung zunahm. Von Bauern in der Grafschaft Wittgenstein/Nassau hat man festgestellt, daß „gegen Ende des 18. Jahrhunderts ... vielfach an die Stelle der Pferde Ochsen getreten" waren,[310] und zwar — abweichend von der norddeutschen Regel — im Zusammenhang nicht mit einer Vermehrung, sondern mit dem Fortfall der Frondienste. Auf den gutsherrlichen Eigenwirtschaften selbst zeigt sich abgeschwächt die gleiche Tendenz wie in Norddeutschland, nämlich Abbau der Pferdehaltung und Zunahme der Zahl der Zugochsen, z. B. 1740 auf dem Schaffgotschen Gut Kynast/Niederschlesien von 2 auf 12 bis 14.[311]

Lückenhaft, aber insgesamt doch schärfer konturiert zeigt sich das Bild hinsichtlich der süddeutschen Spannviehverhältnisse. Neben verbreiteter Pferdeanspannung (vgl. Taf. X, XI oben) scheint hier noch am ehesten alleinige Ochsenhaltung vorgekommen zu sein. Die Bauern im später württembergischen Fürstentum Hohenlohe hielten im 18. Jahrhundert so gut wie ausschließlich Ochsen, und zwar nicht nur zur Mast — wodurch sie berühmt waren —, sondern auch zum Zug. Voraufgegangen aber war hier ein umgekehrtes Verhältnis: 1609 hatten die Bauern in sechs hohenlohischen Dörfern 175 Pferde und nur

[303] Bentzien 1969, S. 202f.
[304] Ebda. S. 205f.
[305] Staatsarchive Dresden und Magdeburg: div. Schriftgut betr. bäuerliche Verhältnisse in obersächsischen und thüringischen Landesteilen.
[306] Dame 1911, S. 193f.
[307] Blaschke 1951/52, S. 84.
[308] Beispielsweise Hist. Staatsarchiv Greiz, RG Steinbrücken, Nr. 206: 1788. Thränitz Kr. Gera.
[309] Gaul 1904, S. 155.
[310] Wied 1965, S. 20.
[311] Heisig 1884, S. 92f.

2 Ochsen zum *Mehndienst* gehalten, ab 1683 jedoch kein Pferd und 152 *Dienstochsen.*[312] Im letzten Drittel des 18. Jahrhunderts wurde die Tendenz dann leicht rückläufig, und Pferdeanspannung kam wieder vor.[313] In Oberbayern verlief die Entwicklung teilweise ähnlich, wenngleich weniger extrem. Bäuerliche Pferdeanspannung war zunächst landesüblich, wie verschiedene Quellen erkennen lassen,[314] Ochsenanspannung — namentlich in den besseren Ackerbaugegenden — nicht [315] oder doch zunächst nicht: Hatten die Bauern von Kiefersfelden Kr. Rosenheim 1612 noch 81 Pferde und keinen Ochsen versteuert, so waren es 1721 59 Pferde und 25 Ochsen.[316] Ochsen und Pferde nebeneinander zu halten, war um die Jahrhundertmitte auch in südwestdeutschen Landschaften üblich, wie vereinzelte Beispiele von der Schwäbischen Alb[317] und aus dem Markgräflerland[318] zeigen. In der Vorderpfalz schätzte man ausgangs des 18. Jahrhunderts, daß etwa zwei Drittel der Pflüge von Ochsen, ein Drittel von Pferden gezogen würden.[319] Aus dem Südosten schließlich sind Zahlen für ein Gesamtterritorium überliefert: In Kärnten bildeten 1770 den Zugviehstand 50237 Ochsen und 23877 Pferde.[320] Zuweisung zu den verschiedenen Betriebsformen ist hier nicht möglich.

Die vorstehend gegebenen ausführlichen, aber immer noch unzureichenden Nachweise machen deutlich, daß im 18. Jahrhundert die Spannviehfrage noch nicht definitiv nach der einen oder anderen Richtung beantwortet war. Auch „die Gelehrten" stritten bekanntlich noch immer und jetzt erst recht darum, und zwar mit Worten.[321] Auf die Argumente braucht hier nicht eingegangen zu werden — die landwirtschaftliche Praxis bestätigte beide Zugviehraten. Diese Bestätigung zeigt erstaunlicherweise nicht jene regionale Gegensätzlichkeit, wie sie im frühen 20. Jahrhundert aufscheint, als der Norden fast keine, der Süden fast ausschließlich Rinderanspannung aufweist. Mit anderen Worten: Die Spanntiergrenze, wie sie 1930 fixiert worden ist,[322] war im 18. Jahrhundert noch nicht ausgeprägt; im Norden gab es durchaus vielfach Ochsenanspannung (Taf. IX oben) und im Süden Pferdeanspannung (Taf. X, XI oben). Die Tendenz zur Zunahme des Ochsenanspanns im 18. Jahrhundert ist auffällig. Ihre Fortsetzung im 19. und frühen 20. Jahrhundert scheint sich dann tatsächlich auf Süddeutschland und den Mittelgebirgsraum konzentriert zu haben. Und jetzt — mit der extremen Differenzierung der bäuerlichen Betriebsgrößen und dem immer stärker werdenden Überwiegen des kleinbäuerlichen Betriebes in diesen Territorien — läßt sich zu Recht mit der sozialökonomischen Motivation[323] argumentieren: Das Pferd konnte nicht das Hauptspanntier einer kleinbäuerlichen Agrikultur sein.

Die im 19./20. Jahrhundert sich klar abhebende Spanntiergrenze quer durch Deutschland ist nun freilich nicht allein auf die Ochsenanspannung, sondern stärker auf die Kuhanspannung der süddeutschen Kleinbauern gegründet: die Kuh als Zugtier des „kleinen

[312] Saenger 1957, S. 109.
[313] Steinle 1971, S. 200.
[314] Cohen 1906, S. 285—296.
[315] v. Wallwitz 1968, S. 69.
[316] Errechnet nach Moser H. 1959, S. 499—504.
[317] Bischoff-Luithlen 1967, S. 72ff.
[318] Heimberger 1972/73, S. 255.
[319] Weidmann 1968, S. 81; vgl. S. 85.
[320] Dinklage 1966, S. 174.
[321] Abel 1967, S. 224.
[322] Jacobeit 1957, S. 131—135.
[323] Ebda. S. 142f.

Mannes".[324] Aber auch von diesem Tatbestand gilt, daß er offensichtlich jung ist. Süd- und mitteldeutsche Quellen bezeugen ihn für das 18. Jahrhundert nur ganz ausnahmsweise. Ins spätere Zentrum der Kuhanspannung führt ein Beleg aus Bahlingen im badischen Breisgau; hier forderten 1789 die Dorfrichter Angehörige der Landarmut auf, wieder wie üblich mit Kühen zu ackern, denn sie hatten sich Pferde beschafft, worin die Bauernschaft einen Verstoß gegen die soziale Rangordnung sah.[325] Solange jedoch weitere Nachweise für das Vorkommen von Kuhanspannung vor 1800 fehlen, wird man die Erscheinung für nicht alt ansehen müssen. Als Gründe wären anzuführen die im 18. Jahrhundert noch nicht so weit wie später fortgeschrittene Zerstückelung des Landbesitzes sowie die unterschiedliche Qualität der Rinderrasse, die im 19./20. Jahrhundert gleichzeitige Arbeits- und Milchleistung ermöglichte, vorher jedoch ausschloß.

Konnte vorstehend nachgewiesen werden, daß die Existenz der ethnographisch wichtigen „Spanntiergrenze", ihr Verlauf und ihre Begründung im 19./20. Jahrhundert nicht mit den Verhältnissen im 18. Jahrhundert übereinstimmt, so liefern die Quellen hinsichtlich der Arten der Anschirrung nur partiell Material, das für die Bestimmung der historischen Schichtenfolge auswertbar wäre. Die selten präzisierte Bezeichnung *Joch* als Rinderzuggeschirr in den Inventaren läßt kaum eine Entscheidung darüber zu, um welchen Typ, das Widerrist- oder das Genick- bzw. Stirnjoch, es sich jeweils handelt. Der spätere Grenzverlauf zwischen beiden funktionalen Typen im 19./20. Jahrhundert — Mitte, Süden, Südwesten und Westen sind Verbreitungsgebiete verschiedener Kopfzuggeschirre, nordöstlich davon herrschen die Widerristjoche, bei zusätzlichem Vorkommen im äußersten Südosten[326] — wird durch zeitgenössische Abbildungen (Taf. IX oben, X oben) zumindest nicht widerlegt. Charakteristisch für die Rinderanschirrung dieser Zeit war noch das Doppeljoch, zumindest im Verbreitungsgebiet der Widerristjoche, während sich Ansätze zur Entwicklung des Einzeljochs im Verbreitungsgebiet der Stirn- und Genickjoche zeigen. In Innerösterreich konnte die Forschung[327] das Aufkommen des *Halbjochs* während des 16. bis 18. Jahrhunderts verfolgen, das eine variablere Anspannung ermöglichte, und außerdem mit 1741 die früheste Erwähnung eines Kummets als Anspanngerät für Rinderzug festhalten. (Vgl. auch Taf. X oben: Hintergrund.) *Ochsenkummete* sind sodann 1746 aus dem Vorerzgebirge früh belegt.[328] Beide Fortentwicklungen, das variantenreiche Einzeljoch und das aus dem Pferdekummet entwickelte Rinderkummet, finden sich dann im 19./20. Jahrhundert — gerade auch bei Verwendung der Kuh als Zugtier — weitverbreitet.

Räumlich klarer abgrenzbar sind die Anschirrungsgeräte für Pferde. Die Quellen unterscheiden hier konsequent zwischen *Sielen* und *Kummet*. Das Brustblatt als Hauptbestandteil des Sielengeschirrs nimmt die Zugkraft von der Brust des Pferdes ab (vgl. Abb. 80, 85, Taf. IX unten), das Kummet dagegen von der Schulterpartie (vgl. Abb. 68, 72, 108, Taf. VIII oben, Taf. X). Die im 20. Jahrhundert fixierte Grenze zwischen beiden Anschirrungsformen verläuft etwa längs der Linie Aachen—Köln—Marburg—Kassel—Magdeburg—Cottbus.[329] So etwa scheint sie — aufgrund der Wortbelege in zahlreichen Inventaren — auch schon im 18. Jahrhundert verlaufen zu sein. Ein Mischgebiet deutet sich im nörd-

[324] Ebda. S. 142.
[325] Strobel 1972, S. 150.
[326] Jacobeit 1957, S. 128—131.
[327] Koren 1957, S. 166f.
[328] Staatsarchiv Dresden, Gerichtsbücher Amt Augustusburg, Nr. 48 (Borstendorf).
[329] Drawer 1959, S. 15, Abb. 5.

lichen Harzvorland an: In den braunschweigischen Ämtern am Elm entfielen nach Belegen aus Bauerninventaren des 17./18. Jahrhunderts auf 42 Sielen 7 Kummete;[330] im südöstlich davon gelegenen Dorf Veltheim Kr. Halberstadt befanden sich 1764 auf einem Bauernhof 3 Blattsielen und 4 Kummetgeschirre.[331] Hier mag für den schweren Zug das Kummet, für den leichteren das Sielengeschirr benutzt worden sein, wenn man die Maßstäbe der Bespannungslehre des 19./20. Jahrhunderts zugrunde legt.[332] Aber das war sicherlich eine Ausnahme. Im allgemeinen verwendeten die Bauern eine Anschirrungsform, und diese ausschließlich. „Wir finden keinerlei Zusammenhang, weder mit den Pferdeschlägen noch mit den Bodenarten, noch mit der Geländegestaltung oder sonst einer erkennbaren Arbeitsbedingung."[333] Nördliche Sielen- und südliche Kummetverwendung können somit nicht auf eindeutige ökologische oder ökonomische Faktoren zurückgeführt werden, sondern bezeichnen im 18. Jahrhundert (und danach) eine landschaftliche Verschiedenheit, die auf älteren ethnisch-kulturellen Grenzbildungen beruht. Auf dieses Problem, das beispielsweise bei der Haken-Verbreitung schon aufgetaucht war und das sich beispielsweise auch bei der Frage ergeben würde, warum in einer Landschaft „viere lang" und in einer anderen „dreie breit" angespannt wurde, wird unten noch zurückzukommen sein.

Die teilweise erstaunlich große Zahl von Zugtieren, die während des 18. Jahrhunderts auf den einzelnen Bauernhöfen gehalten wurden, erklärt sich etwa zu gleichen Teilen aus den belastenden Fronverpflichtungen der Bauern und aus der Tatsache, daß die Tiere klein und leistungsschwach waren. Sicherlich hat es dabei landschaftliche Unterschiede gegeben. Ein Zeitgenosse beobachtete 1756 im Salzburgischen „eine starke Sorte, wohl Pinzgauer", während tiroler Bauern „kleine, fast den Korsikanern gleichende Pferde" hielten.[334] Mecklenburgische Bauernpferde jener Zeit werden als „klein, von schlechtem Wuchse, rauchhaarig und schwach" beschrieben.[335] Sechs und mehr solcher Pferde vor dem Pflug waren in Schleswig-Holstein, Mecklenburg und anderen norddeutschen Landschaften während des 18. Jahrhunderts keine Seltenheit.[336] Zufällig überlieferte Zahlenangaben illustrieren das Maßverhältnis: Um 1700 betrug die Widerristhöhe der adulten Pferde eines Bauernhofes in Puddemin auf der Insel Rügen (aus Stralsunder Ellen umgerechnet) zwischen 123 und 145 cm bei einem Mittelwert von 134,6 cm;[337] nach ostpreußischen Quellen aus den Jahren 1712/13 und 1740/41 lag sie bei den dortigen Arbeitspferden zwischen 144 und 152 cm,[338] d. h. noch beträchtlich unter dem Normalmaß des 19. Jahrhunderts, während die rügischen Tiere gar das latènezeitliche (!) Maß nur knapp überschritten und nach DDR-Standard den Kleinpferden (121—138 cm Stockmaß) zugerechnet werden müßten. Zahlenangaben vom Ende des 18. Jahrhunderts liegen mir nicht vor; es muß bei den landwirtschaftlichen Arbeitspferden auch in dieser Zeit überwiegend mit einer kleinen, leistungsschwachen Rasse gerechnet werden.

330 Achilles 1965, S. 46.
331 Riechelmann 1926, S. 93.
332 Zürn 1897, S. 3—5.
333 Ries/Preuschen 1956, S. 134.
334 Stolz 1930b, S. 113.
335 Monatsschrift von u. für Mecklenburg 1789, Sp. 120f.
336 Hanssen 1884, 2, S. 317; Jessen 1922, S. 166; Bentzien 1969, S. 96.
337 Stadtarchiv Stralsund, Rep. 24, Nr. 2160 (1693).
338 Henning 1969b, S. 53.

Die Rindviehhaltung wurde durch die erzwungene übermäßige Ausdehnung des Zugtierbestandes in der Quantität beeinträchtigt. Ohne hier den Gesamtbefund quantifizieren zu können, darf behauptet werden, daß während der zweiten Hälfte des 18. Jahrhunderts auf ein Zugtier (Pferd oder Ochse) durchschnittlich weniger als eine Milchkuh entfiel, auf ostelbischen Bauernhöfen mit starker Frondienstbelastung sogar auf drei bis vier Zugtiere nur eine Milchkuh. Selbst diese zahlenmäßig wenigen Nutztiere waren nach zeitgenössischen Schilderungen[339] bei weitgehendem Fehlen winterzeitlichen Leistungsfutters schlecht ernährt und erbrachten schwache Milcherträge. Die landschaftlich differierenden Rassen waren in den Ackerbaugebieten, d. h. den weitaus meisten Regionen, offenbar unverändert kleinwüchsig. Eine kursächsische Gutsherrin gab 1755 die Wideristhöhe ihrer vier „Landkühe“ mit 108 bis 122 cm an,[339a] der Durchschnitt betrug 117,5 cm und lag damit um nur 6,5 cm über dem Durchschnittswert im frühmittelalterlichen Haithabu (!). Es darf in diesem Zusammenhang daran erinnert werden, daß seitens der Archäozoologie bzw. der Geschichte der Haustiere der Zeitabschnitt vom Frühmittelalter bis zum 18. Jahrhundert als eine Periode gerechnet wird.[340]

Mit verbessertem Futterbau verstärkten sich jedoch regional die — in Ansätzen schon aus dem 16. Jahrhundert bekannten — Bemühungen um die Züchtung leistungsstärkeren Viehs. Dauerhafte Erfolge stellten sich dabei interessanterweise nicht so sehr dort ein, wo die ganzjährige Stallfütterung als Ausweg aus der Futtermisere gefunden wurde (also in den mittleren Gebieten Deutschlands), sondern vielmehr in den klimatisch begünstigten, durch Saat- und Pflegemaßnahmen optimal gestalteten Weidelandschaften, wo man die Sommerstallhaltungskampagne[341] unbeachtet ließ und durch natürlichere Ernährungsweise zum Erfolg kam. Die Landschaften, die im 19./20. Jahrhundert zu Zentren der Zucht von Hochleistungsvieh wurden, zeichnen sich schon im 18. Jahrhundert entsprechend ab. Als Exportgebiet von Zuchttieren wird mehrfach Ostfriesland genannt, von wo Stiere und Kühe bis auf hinterpommersche und anhalt-dessauische Domänen gelangten.[342] Von Süden aus wurde schweizerisches Zuchtvieh bis zum Niederrhein[343] und nach einzelnen Rittergütern im Thüringischen (1736 Grobengereuth Kr. Pößneck)[344] gebracht. Beide Bewegungen stehen im Zusammenhang mit neuen Betriebsformen der Milchwirtschaft, der *Holländerei* einerseits und dem *Schweizerwesen* andererseits. In den feudalen Eigenbetrieben wurde es immer mehr üblich, die Milchwirtschaft aus der traditionellen Gutsökonomie auszugliedern und sie einem „Spezialisten“ mit einer Art Pächterstatus zu unterstellen.[345] Dies waren die Holländer in weiten Teilen Norddeutschlands[346] und — ebenfalls bis nach Norddeutschland (Hannover) hinein[347] — die hochgeschätzten Schweizer, die, als Mennoniten exuliert, vor allem im Elsaß, in Baden und der Pfalz auf selbständigen oder Pachtwirtschaften Viehzucht betrieben, dadurch zum Vorbild für manche Dorfschaften wurden

[339] Abel 1967, S. 233—244.
[339a] Nutzungsberechnung 1755, S. 205f.
[340] Vgl. Teichert 1975.
[341] Vgl. Müller H.-H. 1975, S. 187—223.
[342] v. Malotki 1931, S. 51; Machlitt 1971, S. 134.
[343] Jacobi 1854, S. 39 (schon 17. Jh.?).
[344] Hist. Staatsarchiv Rudolstadt, RG Großkochberg, F 536.
[345] Abel 1967, S. 242.
[346] Middelhauve 1939.
[347] Wartung des Rindviehs 1789.

und so vor allem seit Mitte des 18. Jahrhunderts der Viehwirtschaft dieser und anderer Gebiete wichtige Impulse vermittelten.[348] Die Viehzucht im bayerisch-österreichischen Alpenraum war quantitativ stark entwickelt, aber das traditionelle Almwesen, das ausgangs des 18. Jahrhunderts seinen Höhepunkt überschritt,[349] nicht allenthalben identisch mit zuchttechnisch gelenkter Viehwirtschaft. Die Rasse war meist einfarbig lichtgrau bis falb oder semmelgelb, das rotweißgefleckte Vieh noch nicht typisch. Immerhin gewann während dieser Jahrzehnte das Rind den klaren Vorrang als der Ertragsbringer der alpenländischen Landwirtschaft.[350] Tirolisches Zuchtvieh war außer Landes zunehmend gefragt.

Im „Exportgebiet" Oldenburg—Ostfriesland erfolgte auf der Grundlage der einheimischen Natur- bzw. unveredelten Landrassen — unter denen die gescheckten noch die selteneren waren — eine gewisse züchterische Aussonderung auf einen „Milchtyp" hin. Nach einer ostfriesischen Erhebung von 1789 erbrachte eine Marschenkuh pro Tag ca. 6 Krus (8,3 Liter) Milch, eine Geestkuh 4 bis 5 Krus (5,5—6,9 Liter),[351] was einer Jahresleistung von etwa 2260 bzw. 1480 bis 1860 Litern entspricht. Von einer Kuh erwartete man vor der Einkreuzung ostfriesischen Viehs in Hinterpommern 600 bis 900 Liter im Jahr.[352] Heute gelten als Spitzenleistung 5000 Liter. In Ostfriesland betrug — nach einer Addition aus zeitlich heterogenen Quellen — das Lebendgewicht von Marschenvieh bei Kühen ca. 250 Kilogramm (heute 600 und mehr), bei ausgemästeten Ochsen ca. 375 Kilogramm.[353]

Ochsenmast war eine Nutzungsrichtung der Viehwirtschaft, die seit Jahrhunderten regional massenhaft betrieben wurde. Eine neue Qualität auf der Grundlage verbesserter Futterwirtschaft gewann sie während des 18. Jahrhunderts im Hohenlohischen.[354] Schweres Mastvieh zu züchten, wurde auch sonst erstrebt und teilweise — wie in Kärnten ab etwa 1750[355] — erreicht. Im übrigen gab es aber auch noch das seit dem ausgehenden Mittelalter geübte Verfahren, ohne jede zuchttechnische Investition ausländisches Magervieh herdenweise zu importieren, im Lande selbst nachzumästen und zu verhandeln. Mastgebiete waren vor allem die deutschen Nordsee- und Flußmarschen, wohin besonders dänische Ochsen gebracht wurden,[356] aber auch Landschaften an der östlichen Peripherie; von der Gutsherrschaft Gusow/Platkow wurden zwischen 1784 und 1800 auf den Viehmärkten Breslau und Brieg 1497 podolische Ochsen angekauft, davon 1460 gemästet und wieder verkauft.[357] Aber dieser extensive Weg besaß um 1800 nicht mehr die Perspektive.

Ein anderer Hauptzweig der Viehwirtschaft, durch den eine vermehrte Fleischproduktion denkbar gewesen wäre, gehörte während unserer Untersuchungszeit zu den am meisten vernachlässigten: die Haltung der Schweine (vgl. Taf. XIII unten). Der Mangel an Kraftfutter bestand hier nicht nur fort, sondern er verschlimmerte sich noch durch die

[348] Strobel 1972, S. 154; Weidmann 1968, S. 238f.
[349] Fehn 1968, S. 54.
[350] Steirischer Bauer 1966, S. 182f.
[351] Wiese/Bölts 1966, S. 165f., 156.
[352] v. Malotki 1931, S. 41.
[353] Wiese/Bölts 1966, S. 153f.
[354] Steinle 1971, S. 200 u. ö.
[355] Dinklage 1966, S. 176.
[356] Wiese/Bölts 1966, S. 10—12.
[357] v. Podewils 1802, 2, S. 58f.

laufende Einschränkung der Waldmast im Zuge der Absperrung feudalherrlicher Forsten und des feudalabsolutistischen Forstschutzes. In Gemeindewäldern bestand allerdings die Eichel- und Bucheckernmast noch fort,[358] doch war dieses uralte Verfahren aufgrund der krassen Ertragsunsicherheit bei Waldbäumen eigentlich schon anachronistisch. Was die bäuerliche Wirtschaft an Futterressourcen besaß, wurde zum größten Teil an das Zugvieh, zum kleinsten Teil an die Schweine gewendet. Schon ihr zahlenmäßiger Anteil ist — mit gewissen Ausnahmen[359] — kläglich zu nennen: Zwei bis drei Schweine pro Bauernhof war der normale Besatz, die Marktproduktion somit gänzlich unerheblich. Um 1800 bestanden aufgrund des verstärkten Kartoffelanbaus, durch den schließlich eine völlig veränderte und perspektivreiche Futterbasis geschaffen wurde, objektiv bereits günstigere Voraussetzungen für eine vermehrte Schweinehaltung. Genutzt wurden sie offenbar noch kaum.[360] Das geschah massenhaft erst in der Folgezeit, als die Schweinehaltung nicht nur quantitativ eine größere Bedeutung erlangte, sondern auch eine Schweinerasse gezüchtet wurde, die nicht wie das europäische Schwein für die Feld- und Waldweide prädestiniert, sondern — durch Einkreuzung indisch-chinesischer Zuchttiere — für die Stallhaltung und das Fettansetzen besonders geeignet war.[361]

Im auffälligsten Gegensatz zur Schweinehaltung war die Haltung von Schafen während der zweiten Hälfte des 18. Jahrhunderts ein Hauptzweig der Viehwirtschaft. Auf die verschiedenen quantitativen und qualitativen Aspekte braucht an dieser Stelle nicht näher eingegangen zu werden, da ein ethnographisches Standardwerk existiert,[362] das zwar unsere Untersuchungszeit nicht als abgegrenzte Periode speziell behandelt, aber alle wesentlichen Fragen — darunter vor allem die nach dem unmittelbaren Produzenten, dem Schäfer — beantwortet. Die wichtigsten Betriebsformen waren in Deutschland

— die (genetisch alte) Transhumanz in Süd- und Westdeutschland;
— die Gemeindeschäferei in zahlreichen grundherrschaftlich strukturierten Agrarlandschaften;
— die Gutsschäferei als Teilbereich feudalherrlicher Eigenwirtschaften in Mitteldeutschland und Ostelbien;
— die (Bauern-)Hofschäferei als integraler Bestandteil der bäuerlichen Wirtschaft in bestimmten Regionen, vor allem Nordwestdeutschlands;
— die Einzelschafhaltung in den meisten bäuerlichen Betrieben aller Größenordnungen.

Die in feudalabsolutistischer oder gutsherrlicher Regie stehende Schafhaltung bestimmte zunehmend das Profil dieses Wirtschaftszweiges, und zwar unter rücksichtslosester Schädigung der bäuerlichen Fluren (s. unten). Züchterisch stand die Veredlung des Wollschafes im Mittelpunkt. Eingefügt seien hier einige Daten betreffend die Einführung und Einkreuzung von spanischen Merinoböcken und -mutterschafen: 1763 (1765?) und 1778 kursächsische Domänenvorwerke,[363] vor 1781 anhalt-dessauische Domänen,[364] 1785

[358] Kehr 1964, S. 246—249.
[359] Weidmann 1968, S. 257.
[360] Kresse 1845, S. 188 (Altenburg seit ca. 1772).
[361] Ten Cate 1972, S. 248f.
[362] Jacobeit 1961.
[363] Groß 1968, S. 43f.; Saalfeld 1960, S. 124.
[364] Machlitt 1971, S. 216ff.

Alte und neue Formen agrarer Produktion 1750–1800
(Auswahl, vereinfachtes Schema)

Sachbereich	Alt	Neu	Verbreitung d. Neuen	Perspektive	Regression
Landgewinnung	Waldrodung Entwässerung	Moorentwässerung[1]	NW, NO, SO	(Drainage)	—
Bodennutzungs-system	Dreifelderwirtschaft m. Brache	Verbesserte Dreifelder-wirtschaft Jüngere Feldgras-wirtschaft[1]	M, SW S, NW	Fruchtwechselwirt-schaft —	Brandkultur —
Düngung	winterlicher Stallmist Weidegang	Ganzjahrsstallmist Mergeln[1]	M, SW M, W	— Mineraldüngung	— Aschedüngung
Pflugtiefe	5–8 cm	12 cm	M	20–40 cm	Spatenbau
Pfluggeräte	Jochhaken Beetpflug m. Streichbrett	Räderhaken[2] B. mit Streichbrett-beschlag	NO lokal	Grubber Beetpflug mit eis. Pflugkörper	— Haken (Reaktivierung)
Egge	Holzzinken	Eisenzinken[1]	allg., NO weniger	Eisenrahmen	Strauchegge
Walze	—	Holzwalze[1]	M, S, W	Eisenwalze	Schollenhammer
Säen	Handsaat	Breitsäkasten	S, NW	Drillmaschine	—
Wintergetreideernte	Zahnsichel	glatte Sichel	S, M	Sense[3]	—
Dreschen	Flegel	Dreschmühle	lokal	Dreschmaschine	Ausreiten
Getreidereinigen	Wurfschaufel, Wanne	Windfege ohne Sieb	SO + lokal	Windfege mit Sieb[4]	—
Getreidewindmühle	Bocktyp	Holländertyp	NW	Dampfmühle	—
Aussaat: Ertrag	1:4	1:5–6	NW, S	1:20–30	—
Ölpflanze	Rübsen	Raps[1]	NW (SW)		(Sichelschnitt)
Kartoffel	Gartenbau	Feldbau	SW, N, NO		(Reaktivierung von Handgeräten)
Futterbau	Wiesengras	Saatklee u. a. Futterrübe	S, M, NW SW	Kraftfutterbau Kartoffel	— —

Hauptspannvieh	Pferde, Ochsen	Ochsen, Pferde	wechselnd	Kühe[5] Kraftantrieb	(Ochsen)
Ochsenanschirrung	Doppeljoch	Einzeljoch Kummet	S M	dito	—
Rinderhaltung	lokale Zuchtwahl	überregionale Einkreuzung	NW, S	moderne Zuchtwahl	—
Milchleistung	750 l (?)	1800 l	NW Küste	5000 l	—
Futterbasis	Waldmast	Kartoffelmast	lokal	Kraftfuttermast	—
Schweine	Landschwein		(?)	Veredeltes Landschwein	—
Schafe	Landschafschläge	Merinos	lokal W, M	Merinofleischschaf	—

Anmerkungen zur Tabelle:
M = Franken, Hessen, Thüringen, Sachsen
N = NO + NW
NO = Brandenburg, Mecklenburg, Pommern, Preußen
NW = Niederrhein, Westfalen, Niedersachsen, Schleswig-Holstein
O = NO + SO
S = SO + SW
SO = Bayern, österreichische Territorien
SW = Württemberg, Baden, Pfalz, Oberrhein
W = NW + SW

[1] Teilweise auch vor 18. Jh.
[2] In M und SO schon vor 18. Jh.
[3] In NO seit langem gebräuchlich
[4] Bzw. kombinierte Dreschmaschine
[5] Nur bei Kleinbauern

Württemberg,[365] 1798 Schaffgotsche Standesherrschaft/Niederschlesien.[366] So epochemachend die damit sich einstellenden Fortschritte in der Wollschafhaltung auch gewesen sein mögen — sie wurden erzielt auf einem ziemlich isolierten Teilgebiet der Viehwirtschaft, beim Schaf, dem typischen Nutzvieh des extensiven Betriebes.

Was bei der Schafhaltung in verstärktem Maße gelang, nämlich die zielgerichtete Nutzung der bioklimatischen Gegebenheiten — in diesem Fall die optimale Ausnutzung karger Vegetation, die für Schafe ausreichte, für anderweitige Viehhaltung dagegen weniger —, war im größeren Maßstab, bezogen auf die Viehwirtschaft überhaupt, noch nicht allenthalben vorhanden. Verglichen mit der heutigen Spezialisierung auf die Viehzucht (vor allem Rinder), produzierte die Landwirtschaft in dafür so prädestinierten Klimazonen wie im Alpengebiet einerseits und im Küstenbereich andererseits während der zweiten Hälfte des 18. Jahrhunderts noch immer wenig spezialisiert. Immerhin gingen züchterische Initiativen von diesen Landschaften aus, und sie erreichten in der Folgezeit allmählich auch jene zahlreichen Gebiete, in denen bis dahin qualitativ und quantitativ mindere Landrassen, fehlende oder ungeeignete Zuchtwahl, mangelhafte Futterbasis und schließlich die katastrophalen Viehseuchen eine systematische Viehzucht nicht hatten aufkommen lassen.

Die gegebene Überschau über landwirtschaftliche Arbeiten und Arbeitsgeräte in der zweiten Hälfte des 18. Jahrhunderts — man vergleiche auch die tabellarische Zusammenfassung auf S. 192—193 — ermöglicht trotz ihrer Beschränkung auf bestimmte Sachbereiche ein Zwischenresümee. In vielen Bereichen der landwirtschaftlichen Produktion während dieser letzten Phase des Feudalismus lassen sich technische Neuerungen bei den Arbeitsverfahren und -geräten nachweisen, die über den Standard der Landwirtschaft in den vorhergehenden Perioden hinausgingen und teilweise jenen künftigen Standard verkörperten, der im Verlauf des 19. Jahrhunderts zur Norm werden sollte. Bei den Produktionsinstrumenten handelte es sich freilich nur in Ausnahmefällen um eigentliche Arbeitsmaschinen — die die historische Perspektive besaßen —, im übrigen um mehr oder weniger wesentliche Verbesserungen der Konsistenz, der Dimension, Konstruktion, Handhabung usw. von nicht-maschinellen Gerätschaften. Diese wiederum verdrängten in ihrer neuen, verbesserten Gestalt normalerweise die alten, unveränderten Formen nirgendwo grundsätzlich, sondern traten vorerst neben sie. Entsprechendes gilt von den Kulturpflanzen und der Viehwirtschaft. Gelegentlich konkurrierte auch nicht nur Neues mit Altem, sondern eine Altform mit einer anderen. Außerdem war die im ganzen progressive Tendenz von gewissen Regressionserscheinungen begleitet.

Die hervortretenden Entwicklungstendenzen und Niveauunterschiede sollen im folgenden in ihrer Beziehung zu den verschiedenen mit der Agrikultur verbundenen Klassen und Schichten näher untersucht und volkskundlich-kulturhistorisch dargestellt werden.

Leistungsgrenzen der feudalabhängigen Bauernschaft

Ein Ereignis des Jahres 1769 bewegte Historienschreiber und Physiokraten, Hofmaler und -dichter des Heiligen Römischen Reiches deutscher Nation für geraume Zeit: Joseph II. war auf einer Reise durch Mähren unweit des Dorfes Rautnitz (Roudnice) zu einem pflügenden Bauern getreten, hatte dessen Pflug ergriffen und damit eine Furche gezogen (Taf. XVI).

[365] Jacobeit 1961, S. 101.
[366] Heisig 1884, S. 83.

Die demonstrative Geste des kaiserlichen Mitregenten adelte gleichsam Gerät und Werk des Landmanns.[367] War damit das Zeichen gegeben für Förderung der Agrikultur und des Bauernstandes — oder signalisierte der Vorgang nur Rokokointeresse am Landleben, bedeutete er modischen Nachvollzug einschlägiger ostasiatischer Gebräuche, zu denen das „kaiserliche Pflügen" zählte?

Die tägliche Arbeit feudalabhängiger Bauern während der zweiten Hälfte des 18. Jahrhunderts stand nicht im Zeichen der Gunst feudaler Herrscher (jeden Ranges), sondern wurde abseits von Wohlwollen, Publizität und Gemeininteresse vollbracht. Auf diesen Normalfall muß zunächst der Blick gerichtet werden.

Das Bild, das Arbeit und Wirtschaft feudalabhängiger Bauern in dieser Zeit dem rückschauenden Betrachter bieten, gleicht trotz der namhaft gemachten einzelnen Fortschritte in vielen entscheidenden Zügen noch dem, das für die Zeit der frühbürgerlichen Revolution und des Bauernkrieges gezeichnet werden konnte. Die Ähnlichkeit beruht auf der Fortdauer feudaler Produktionsweise über das seitdem vergangene Vierteljahrtausend hinweg. Im einzelnen ergeben sich freilich manche Differenzen und Differenzierungen. Wir konzentrieren uns im folgenden auf einige wesentliche Punkte, die insbesondere für die Beantwortung der Frage wichtig sind, wie in dieser Phase des Aufschwungs der Manufaktur und der sich ankündigenden bürgerlichen Umwälzung das Niveau der bäuerlichen Wirtschaft und Kultur einzuschätzen ist.

Die Arbeitsteilung war in der bäuerlichen Wirtschaft weiterhin unentwickelt. Innerhalb einzelner Produktionsprozesse, ja, ganzer Produktionszweige, gab es sie faktisch nicht.[368] Außerhalb davon steht die traditionelle geschlechtliche Arbeitsteilung. Indessen mußte jede männliche Arbeitskraft alle Männerarbeiten, jede weibliche Arbeitskraft alle Frauenarbeiten, jedes Kind — teilweise je nach Geschlecht — alle leichteren Hilfsarbeiten auf dem Bauernhof leisten können. Nicht-Spezialisierung war somit kennzeichnend.

Die Beschaffenheit der Produktionsinstrumente verlangte — trotz (aber auch wegen!) einzelner Veränderungen — härteste körperliche Arbeit. Die Verwendung von Arbeitsmaschinen zeichnete sich für die Bauernwirtschaft im Spätfeudalismus, von Ausnahmen abgesehen, nicht einmal perspektivisch ab.

Ein Großteil der Arbeitsgeräte wurde auf dem Bauernhof selbst hergestellt. Man verspann Flachs oder Hanf zu Zugsträngen für Ochsen,[369] fertigte Holzgerippe für „Pflüge und allerlei Wagenwerk" — eine Praxis, die nicht nur von „Hausvätern" gelobt,[370] sondern auch von den feudalabsolutistischen Behörden gefordert wurde[371] — und unterhielt zu diesem Zweck notgedrungen zahlreiches Holzbearbeitungsgerät in der Geschirrkammer.[372] Anderes Gerät und Gerätzubehör wurde von ländlichen und städtischen Handwerkern bezogen: Speichenräder vom Stellmacher, Lederwerk vom Riemer, eiserne Geräteteile vom Schmied usw. Das Verhältnis von Hauswerk und Handwerk im einzelnen wie im ganzen bedarf für diese Zeit noch genauerer Untersuchung. In „gewerbereichen" süddeutschen Landschaften war die bäuerliche Eigenproduktion einfacher Geräte und Geräteteile vielleicht weniger ausgeprägt; dort mag es schon damals z. B. ein spezielles Rechen-

[367] Haushofer 1967, 1975.
[368] Vgl. Marx, Kapital, Bd. 1 (MEW 23, S. 789).
[369] Beckmann 1783, S. 14.
[370] Germershausen 1783, 1, S. 708.
[371] Mylius 1740, 5/3, S. 277f.
[372] Achilles 1965, S. 45.

macherhandwerk oder auch die Praxis gegeben haben, daß man Heurechen und Dreschflegel von Wagnern, Tischlern, Sattlern usw., möglicherweise auch aus hausindustriellen Werkstätten bezog,[373] was im Norden offenbar nicht üblich war. Die auffällige Erscheinung, daß Handwerker lokale und regionale Kulturformen bei der Herstellung sorgfältig gefaster Pfluggrindel und -griessäulen, kunstvoll geschnitzter Ochsenjoche und reich verzierter Kummete schufen, ja daß sie es waren, die der überlieferten bäuerlichen Gerätekultur die entscheidenden technischen Neuerungen zuführten, gehört im größeren Maßstab wahrscheinlich erst der Zeit nach 1800 an. Das Handwerk war sicherlich beteiligt an der Herstellung und Verbreitung solcher neuen Gerätschaften wie Pflugstaten (Eisensohlen), Walzen, Rapslaken, Windfegen oder Ochsenkummeten; aber entsprechende Werkstätten und Meister gab es sicherlich noch nicht in großer Zahl. Bei der Versorgung mit bestimmten „Massenartikeln" spielte nachweislich nicht das städtische Zunfthandwerk, sondern das ländliche Metallgewerbe (verschiedener Betriebsform) die traditionell größere und noch größer werdende Rolle. Als Handelsware gelangten Erzeugnisse der steirisch-oberösterreichischen Eisenhämmer — Sichel- und Sensenblätter, Spatenbeschläge, Pflugscharen und Strohschneidemesser — in weite Teile des Reiches und darüber hinaus.[374] Sie konkurrierten beispielsweise erfolgreich mit württembergischer Ware, die den badischen Markt nicht zu erobern vermochte,[375] aber erfolglos mit den Erzeugnissen des Bergischen Landes und des Ruhrgebietes, die den westfälischen Markt behaupteten[376] und ihrerseits bis ins Braunschweig-Lüneburgische ausgeführt wurden, was wiederum die „Berghandlung" zu Hannover 1768 veranlaßte, den Absatz der eigenen Harzer Produktion zu schützen.[377] Diese Artikel wurden teils an die Dorfschmiede, teils an die Bauern selbst verkauft. In der bäuerlichen Wirtschaft ging damit die „Geräteautarkie" freilich noch nicht völlig zu Ende. Sie existierte vor allem bei der Fertigung hölzerner Geräteteile fort. Und wo sie fortexistierte, war sie kein günstiger Nährboden für Neuentwicklungen von Gerätschaften, Technologien und Kulturformen.

Marx hat den Bauern der vorkapitalistischen Ära u. a. dadurch charakterisiert, daß er „nur in seinem Kopf Buch führt".[378] Tatsächlich wurde auf der normalen Bauernwirtschaft jener Zeit trotz der zweifellos vorhandenen Marktverbundenheit keine schriftliche Buchführung betrieben. Die Gründe dafür liegen nicht allein in mangelhafter oder fehlender Beherrschung der Rechenkunst, also dem niedrigen Bildungsstand, sondern auch in der behördlicherseits verordneten Fernhaltung der Bauern von Finanzgeschäften mancher Art. Beispielsweise durften brandenburgische Bauern keine Kredite aufnehmen, während der Adel in dem 1772 begründeten Kur- und Neumärkischen Ritterschaftlichen Kreditinstitut eine staatlicherseits gestützte Bank erhielt.[379] Solche Zusammenhänge wollen beachtet sein, ehe man der zweifellos richtigen Beobachtung zustimmt, der damalige Bauer habe keine ausgeprägte „Rechenhaftigkeit" besessen,[380] oder zu dem (problematischeren) Urteil gelangt, für ihn sei die Wirtschaft zwar Ertrags-, aber auch Arbeitsquelle — jenseits

[373] Vgl. Wiegelmann 1970, S. 124; Assion 1971, S. 84.
[374] Brachmann 1964; Balassa 1972/73, S. 6.
[375] Reile 1953, S. 79, 150, Anm. 5.
[376] Kuske 1943, S. 18, 125ff.; vgl. Jüsten 1924.
[377] Kuske 1943, S. 129.
[378] Marx, Kapital, Bd. 2 (MEW 23, S. 135).
[379] Harnisch 1970, S. 197.
[380] Schmidt G. C. L. 1932, S. 48.

des Rentabilitätsgedankens — gewesen.[381] Jedenfalls war bäuerliches Wirtschaftsdenken in dieser Zeit — und manchmal noch später — anders geartet als das bürgerliche, wofür Riehl ein lehrreiches, dem 19. Jahrhundert entstammendes Beispiel aus mittelrheinischen Bauerndörfern beigebracht hat: „Sie (die Bauern) hatten ihre Gemeindewälder weidlich ausgehauen und schrieben nun das Holz nach Vorschrift zur Versteigerung aus. Als aber fremde Steigerer kamen, trieben sie dieselben mit Dreschflegeln und Heugabeln aus dem Wald, damit kein hohes Gebot geschehe, und versteigerten dann untereinander ihr eigenes Holz zu Spottpreisen. Jeder freute sich nun königlich des billigen Holzes und ahnte nicht, daß er nur in seinen eigenen Säckel lüge und bei der nächsten Gemeindeumlage wohl das Doppelte zum Gemeindehaushalt draufzahlen müsse, während dies sonst die fremden Käufer beigetragen hätten, die man weggejagt."[382] Tilgt man Riehls bornierten Antidemokratismus, der sich hier gegen die 1848 geforderte Forsthoheit der Gemeinden richtet, verbleibt ein interessanter Beleg für unentwickeltes bäuerliches Wirtschaftsdenken, wie es im 18. Jahrhundert noch vielfach ausgeprägt gewesen sein mag.

Mangelnde „Rechenhaftigkeit" hing zusammen mit mangelnder oder noch gänzlich fehlender ländlicher Schulbildung. Ungezählte Bauern in Deutschland waren Analphabeten. Für landwirtschaftliche Ausbildung der dörflichen Jugend und Weiterbildung der Bauern fehlte somit vielfach die Grundvoraussetzung. Es herrschte nahezu unverändert mündliche Tradierung von Arbeitswissen. Landwirt war weiterhin kein Lehrberuf.

Bäuerliche Empirie und Rationalität waren auch während dieser Phase des Spätfeudalismus noch begleitet von irrationalem Denken, wie es Glaube und Brauch vielfältig widerspiegeln. Es soll nun nicht behauptet werden, jedermann sei beispielsweise davon überzeugt gewesen, daß durch die Feuer zu bestimmten jahreszeitlichen Terminen oder die Lärmumzüge an verschiedenen Festtagen der Segen auf die Felder herabgerufen werde. Tatsächlich lebten aber resthaft oder modifiziert viele der fruchtbarkeits-magischen Praktiken fort, die für die vorangegangenen Zeitabschnitte namhaft gemacht wurden; ja, die Masse der Zeugnisse entstammt eigentlich dem 18./19. Jahrhundert, wo sie philosophisch-theologischer Rationalismus und mythologischer Sammeleifer aufspürte (was natürlich nicht totale Vitalität all der Dinge während dieser Zeit bedeutet). Nur einige Beispiele für analogie-zauberische und apotropäische Praktiken: Im Saalfeldischen wird 1790 bemerkt, daß in der Johannisnacht die Mädchen um den Flachs tanzen, sich nackt ausziehen und sich darin wälzen. Eine Formel lautete: „Flachs, du sollst nicht eher blüh, bis du mir gehst an die Knie; Flachs, du sollst nicht eher knotte, bis du mir gehst an die ...; Flachs, du sollst nicht eher gehle, bis du mir gehst an die Kehle." (Ergänzend erwähnt seien Brautlager auf dem Feld, Nacktheit bei Pflugumzügen, phallische Darstellungen in der Garbenpuppe.) Im Niederschlesischen (Bunzlau) soll geglaubt worden sein, der Flachs geriete lang, wenn man den Leinsamen vor der Aussaat hoch in den Sack laufen lasse. In der „Chemnitzer Rockenphilosophie" wird u. a. festgehalten: „Wer sein Feld volltragend machen will, gehe stillschweigend einen gewissen Tag aus, hole von dreierlei Erbäckern Erde und menge sie unter seinen Samen."[383]

Magische Abwehr von Schaden in der Feldflur (durch Vögel), in der Scheune (durch Mäusefraß) usw. sowie ganz besonders Gegenzauber gegen Viehbehexung gehörten zu den noch häufig geübten Praktiken. Vor allem beim ersten Austreiben des Viehs im Früh-

[381] Brunner 1952, S. 119.
[382] Riehl 1883, S. 243.
[383] Grimm DM 1878, 3, S. 452, 475, 450.

jahr galt es dasselbe vor „bösen Augen" zu beschützen, indem man dreierlei Eisen auf jede Stallschwelle legte (1788 Harzgebiet, 1790 Umgebung Saalfeld), den Kühen ein rotes Fleckchen um den Schwanz band (1791 Niederschlesien) und dergleichen mehr.[384] Auch beim Buttern glaubte man sich vor Hexen schützen zu müssen. Eine Frau, die mittwochs butterte, galt als Hexe.[385] Am Mittwoch, anderswo am Donnerstag sollte kein Vieh ausgetrieben, angebunden und verkauft, ja nicht einmal der Stall ausgemistet werden.[386] Das alte Arbeitsverbot in den Zwölften scheint noch weitgehend befolgt worden zu sein.

Die Beispiele verdeutlichen, wie stark bäuerliche Rationalität bis hin zur Zeitdisposition in der Wirtschaft teilweise von magischen Vorstellungen begleitet und damit behindert war. Die Arbeit gestaltete sich — aus heutiger Sicht — schwierig unter solchen Bedingungen, und herausragender wirtschaftlicher Erfolg war nicht allemal ein positiver Maßstab: Mancher Bauer und manche Bäuerin gerieten unter ihresgleichen in den Ruf, vermehrten Besitz nicht durch Arbeit, sondern durch Einverständnis mit dem fliegenden Drachen, Kobold oder Teufel erworben zu haben.[387] Nur ahnen läßt sich, in welchem Maße die verheerenden Viehseuchen jener Zeit von Hexenwahn, unnützen kultischen Opfern (Vergraben gesunden Viehs), Notfeuern, durch die man das Vieh trieb, usw. begleitet gewesen sein mögen. Votivgaben und Wetterläuten muten demgegenüber harmlos an.

Als weiteren potentiellen Hinderungsfaktor für die Entwicklung eines säkularisierten bäuerlichen Wirtschaftsdenkens wird man in dieser Zeit das christliche Armutsideal und sonstige kirchliche Praktiken wohl nur noch bedingt geltend machen können. Der Protestantismus zumal förderte in Gestalt vieler Pfarrer das rationelle Wirtschaften der Bauern. Gebete, Flurpredigten und „Erntevigilien" bedeuteten mehr eine allgemeine religiöse Arbeitsweihe, die menschliche Initiative nicht ausschloß. Möglicherweise sind die Bannritte, Prozessionen und Heiligenkulte auf katholischer Seite wegen ihrer fallweisen „Konkretheit" anders zu beurteilen. Beispielsweise galt der Hl. Antonius als Beschützer der Schweine und anderer Haustiere; in Staufen wurden entsprechende Benediktionen des Viehs bis etwa 1770 durch die Kapuziner auf Kosten der Gemeinde vorgenommen.[388] Besonders unzeitgemäß waren solche bäuerlichen frommen Wünsche nicht, wenn man bedenkt, daß noch 1732 die Luzerner Regierung (!) den Stab des Heiligen Magnus von Füssen hatte holen lassen, um damit die Engerlinge zu vertreiben.[389]

Nicht als schlechthin retardierendes Moment, aber als Ingrediens der bäuerlichen Wirtschaft und der Arbeit im Bauerndorf ist auf das landwirtschaftliche traditionelle Arbeitsbrauchtum hinzuweisen. Soweit es die Belege, die ohnehin zumeist erst aus dem 19. Jahrhundert stammen, erkennen lassen, hat sich hier gegenüber der vorangegangenen Periode nicht viel verändert. Pflugumzüge, gemeinsames Anmähen, festlicher Weide-(Alm-)auftrieb und -abtrieb des Viehes dürften von den Dorfschaften praktiziert worden sein. Das Arbeitsbrauchtum der großen Gutswirtschaften[390] existierte noch nicht. Brauchgeschichtlich interessant ist die Wandlung eines Erntebrauchs: Hatte von den Schnittern beim Schneiden mit der Sichel niemand die letzten Halme schneiden wollen, so ging es in den Gegenden,

384 Ebda., S. 451, 460, 475.
385 Ebda., S. 461, 453.
386 Mannhardt 1858, S. 15f.
387 Mannhardt 1860, S. 9.
388 Meyer E. H. 1900, S. 409.
389 Schmidt G. C. L. 1932, 2, S. 90.
390 Weber-Kellermann 1965, S. 92ff.

wo die Sensenmahd von Getreide üblich geworden war, jetzt um das Nicht-Binden-Wollen der letzten Garbe, des „Alten".[391] Dieser technologisch bedingte Wandel zeigt zugleich, in welcher Ferne bereits die einstige mythische Bezogenheit dieses Brauchs lag. — Neue Anbaukulturen erfuhren unterschiedliche Integration ins überlieferte Brauchtum. Die Rapsernte gestaltete sich in Ostfriesland (mit „letzter Garbe", „Saatdreschbier" usw.) um 1800[392] so wie andernorts die Geteideernte. Die Kartoffel scheint eine geringere brauchtümliche Relevanz erlangt zu haben; immerhin wurde später das Erntefest in die Zeit nach der Kartoffelernte verlegt, während die Rübenernte ganz unberücksichtigt blieb — die kapitalistische Intensivkultur der Zuckerrübe hatte keine gemütvolle Seite.

Starke emotionale Anteilnahme der Bauern am landwirtschaftlichen Produktionsprozeß, wie sie im Feldbau vor allem während der Saat- und Erntezeit greifbar ist, wird man bei der Tierhaltung — oder doch bei bestimmten Tierarten — vielleicht noch durchgängiger annehmen können. Dafür sprechen jüngere Beobachtungen und auch ältere Berichte, etwa wenn ein geistlicher Visitator in Dörfern der Eifel 1772 feststellte, die Bauern trügen mehr Sorge für ihr Vieh als für die mit dem kostbaren Blut Christi erkauften Seelen.[393] Freilich war dies keine Tierliebe bürgerlich-neuzeitlichen Stils, sondern eine mehr nüchterne, natürliche Fürsorge. Als Indiz für diese Behauptung werten wir die bäuerlichen Tiereigennamen des 18. Jahrhunderts, die ganz auf Unterscheidungsmerkmale nach Farbe, Eigenschaft usw. ausgerichtet sind, auch wohl Koseformen aufweisen, aber bezeichnenderweise erst ganz zögernd jene Neuerung erkennen lassen, die im 19./20. Jahrhundert zur Regel wurde, nämlich den Tieren menschliche Vornamen beizulegen.[394] Ein Kapitel für sich bilden die Pferde. Pferdenarren waren die Bauern des 18. Jahrhunderts so gut wie ihre Nachfahren, und zwar oft jenseits aller betriebswirtschaftlichen Vernunft; Prestigedenken spielte schon eine gewisse Rolle. Ein westfälischer Zeitgenosse notiert, der Besitz schöner Pferde sei des Bauern und des Knechts Ehre. Aus Ehrgeiz halte mancher Bauer mehr Pferde, als er bedürfe, und manchen Bauernhof hätten die Pferde heruntergebracht.[395] Nirgendwo sonst in seiner Betriebsführung dürfte der Bauer schon damals so sehr Individualist und so wenig Dorfgenosse gewesen sein wie bei der Pferdehaltung.

Im übrigen wies ein Großteil des ländlichen Arbeitsbrauchtums weiterhin dorfgenossenschaftliche Züge auf, so im Feldbau mit seinem Flurzwang auf den nicht-separierten Feldmarken und vor allem in der Viehwirtschaft aufgrund der Gemeindeweiden, -herden und -hirten. Auf einzelne Punkte des Verhältnisses von genossenschaftlicher und individualwirtschaftlicher Komponente wird noch hinzuweisen sein.

Als entscheidendes Merkmal der feudalen Produktionsweise hat Marx die „Zersplitterung des Bodens" hervorgehoben,[396] die sich ausgangs des 18. Jahrhunderts noch keineswegs überwunden zeigt. Zersplittert war nicht nur das landschaftliche Hauptproduktionsmittel aufgrund der bäuerlichen Agrikultur schlechthin — wobei die Betriebsgrößen namentlich in den Gebieten mit der Erbsitte der Realteilung laufend schrumpften[397] —, sondern zersplittert war auch die normale einzelbäuerliche Betriebsfläche im Rahmen der dominie-

[391] Mannhardt 1884, S. 18f.
[392] Lüpkes 1925, S. 195—199.
[393] Wrede 1924, S. 272, Anm. 376a.
[394] Bentzien 1968.
[395] Kuske 1943, S. 64, Anm. 4.
[396] Marx, Kapital, Bd. 1 (MEW 23, S. 789).
[397] Knapp Th. 1902, S. 213f.

renden Gewannfluren. Das Ackerland hannoverscher Vollbauern beispielsweise lag oft in 60 und mehr, im Südteil des Landes bis zu 200 Parzellen auf der Gesamtfeldmark verstreut.[398] Ein Chronist aus dem Magdeburgischen notiert um die Jahrhundertmitte ernsthaft: „Wer den Acker im Langen Felde sich nicht genau merkt, der irret, und das wiederfährt ofte in dieser Feldmark den Bauer(n) selbst."[399]

Die Gemenglage begründete die Fortdauer des Flurzwangs mit all seinen Konsequenzen: gemeinsame Bestellungs- und Erntetermine, Wende- und Überfahrtsbestimmungen, Weiderecht und -verbot usw. Unter solchen Bedingungen war es für den einzelnen Bauern außerordentlich schwer, mit der Überlieferung zu brechen, weil er von den Dorfgenossen abhängig war, die seinem „Gestaltungsdrang" Fesseln anzulegen vermochten.[400] Wenn sie in ihrer Mehrheit nicht für eine bestimmte Neuerung zu gewinnen waren, konnten mit Erfolg beispielsweise keine neuen Kulturarten eingeführt werden, die eine abweichende Vegetationsperiode hatten und damit zu anderen Terminen Bestellungs-, Pflege- und Erntearbeiten verlangten. Hier ist besonders auf die Brachbesömmerung der Bauernfelder vorauszuverweisen, wo es zu gegenseitigen Schädigungen der „Brachbesömmerer" und der „Brachehalter" kommen mußte.[401]

Die tradierten Feldsysteme und Kulturarten wurden aber nicht nur durch den genossenschaftlichen Flurzwang gewaltsam am Leben erhalten, sondern die „Beharrung" des bäuerlichen Wirtschaftens war ganz entscheidend durch die feudalen Abhängigkeits- und Ausbeutungsverhältnisse festgeschrieben.

Ein bekanntes Beispiel bietet das Trift- und Hutungsrecht der feudalherrlichen Schafherden auf den bäuerlichen Brachfeldern.[402] Rücksichtslos durchgesetzt, zwang es die Bauern, beim herkömmlichen Standard des Feldsystems mit Brache zu verbleiben und auf Brachbesömmerung mit neuen Kulturpflanzen zu verzichten, wollten sie nicht Schädigung oder Totalverlust der Frucht durch Überweiden riskieren. In Bayern war Brachbesömmerung bis in die 1760er Jahre durch landesherrliche Mandate sogar verboten, sofern große Schäfereien existierten.[403] Der alternative Weg, am Fortschritt teilzuhaben, nämlich unter Beibehaltung der Brache ihrerseits die Schafbestände zu vergrößern, wurde den Bauern — vor allem in Mitteldeutschland — durch Verbote verlegt.[404] Auch der Ausweg, durch Separation der Dorffeldmarken zu einer Lösung derartiger Probleme zu gelangen, stieß zunächst auf den Widerstand lokaler Feudalgewalten, wie Beispiele aus Brandenburg-Preußen zeigen.[405]

Novationsfeindlich waren objektiv ebenso die feudalen Zehntbestimmungen. Festgelegt auf eine bestimmte Skala von Feldfrüchten und Vieharten, konservierten sie zwangsläufig das traditionell unökonomisch breite bäuerliche Produktionsprogramm, ließen also bioklimatisch oder marktgemäß begründete Spezialisierungen juristisch nicht zu.[406] Die entsprechenden Auswirkungen („paradox das Festhalten an einer Polykultur auf einem

[398] Wrase 1969, S. 6f.
[399] Stegmann 1928, S. 43.
[400] Schmidt G. C. L. 1932, S. 41.
[401] Diener 1929, S. 440; Blaschke 1951/52, S. 88.
[402] Jacobeit 1961, S. 134—146.
[403] Diener 1929, S. 438.
[404] Ackermann 1911, S. 102; Dame 1911, S. 193f.; Lehmann 1956, S. 41.
[405] Müller H.-H. 1967, S. 63.
[406] Schmidt G. C. L. 1932, S. 50.

Acker, der nach Spezialisierung ruft"[407]) sollte man nicht den feudalabhängigen Bauern anlasten. Auch einer Erweiterung der Kulturarten standen die Zehntordnungen hindernd im Wege: Kaum bauten die Bauern Klee, Raps, Mais, Mohn, Tabak, Futterrüben und andere Hackfrüchte an, belegte der Zehntherr die Ernteprodukte mit dem „Kleinen Zehnten". Entsprechende Nachrichten[408] liegen vor aus der Herrschaft Stolberg—Wernigerode, Hannover, Solms—Braunfels (Hessen), Rheinhessen, Hohenlohe, Oberamt Heilbronn, Bayern, Steiermark. Selbst die Kartoffel wurde, bevor man ihre Rolle als Helferin in den Hungersnöten (vor allem Anfang der 1770er Jahre) erkannte, mit dem Zehnten oder einem Äquivalent in Geld belegt.[409] Andere Verordnungen mit ähnlicher Konsequenz verboten die Ausdehnung bestimmter Kulturen wie Flachs als Handelsgewächs[410] oder auch die Umwandlung von Acker- in Rebland[411] — kurz, bäuerliche Initiativen wurden durch die feudale Bürokratie in vielfältiger Weise erschwert oder unterbunden. Betroffen waren in dieser Weise, wie die Belege verdeutlichen, vor allem die Bauern im westelbischen Teil Deutschlands.

Sehr anschaulich hat Justus Möser um 1770 die Schwierigkeiten beim Namen genannt, denen sich der feudalabhängige westfälische Bauer gegenübersah, wenn er etwa Sämaschinen, neue Arten von Pflügen, verbesserten Futteranbau usw. hätte einführen wollen: „Sollte der Gutsherr seine Pächte, der Zehntherr seinen Zehnten und der Vogt seine Schatzungen wohl nachgegeben haben, wenn wir ihnen erzählet hätten, daß wir neue Versuche gemacht und damit verunglückt wären?"[412] H. Bausinger, der in einem längeren Zitat drei Sätze Mösers, die dem obigen unmittelbar voraufgehen, abdruckt und positiv bewertet,[413] hat diesen entscheidenden Satz übrigens weggelassen und damit die Aussage der Quelle an einem entscheidenden Punkt amputiert. Auch sonst findet man in der volkskundlichen Literatur der BRD wenig über die Voraussetzungen und Erscheinungen des landwirtschaftlichen Fortschritts bei den Bauern im westelbischen Deutschland. Bei K.-S. Kramer[414] sucht man beispielsweise vergeblich nach Feststellungen, in welchem Maß im süddeutschen Dorf während des 18. Jahrhunderts administrativer Zwang an die Stelle gemeindlich-genossenschaftlicher Regelung getreten war. Man wird wahrscheinlich auf einen zunehmenden Anteil der herrschaftlichen Komponente an der dörflichen Ökonomie schließen dürfen. Aus einzelnen Hinweisen an anderer Stelle läßt sich entnehmen, daß im 18. Jahrhundert weitere genossenschaftliche Funktionen erloschen bzw. jetzt von der Herrschaft besetzt wurden, so die des Viehbeschauers, des Wassermeisters zur Beaufsichtigung der Wiesenbewässerung, des Brunnenmeisters u. a.[415] Die gravierenden Folgen des Hutungsrechts der Dorfherden und vor allem der herrschaftlichen Viehherden oder die der anachronistischen Zehntordnungen sind oben namhaft gemacht worden.

[407] Maniquant-Bendele 1957, S. 143 (bezogen auf „pseudo-archaische" jüngere Zustände).

[408] Backhaus 1888, S. 42; Klingner 1749, 1, S. 179; Gaul 1904, S. 106; Klug 1969, S. 53f.; Steinle 1971, S. 189f.; Knapp Th. 1902, S. 152f.; Memminger 1900, S. 121f.; Steirischer Bauer 1966, S. 90.

[409] Wrede 1935, S. 178; Ackermann 1911, S. 31, 140; Antoni 1931, S. 59f., 63f.; Schmidt G. C. L. 1932, 2, S. 116.

[410] Holzky 1905, S. 105f.

[411] Weinhold 1973, S. 100f.

[412] Möser 1943, S. 184.

[413] Bausinger 1972, S. 166.

[414] Kramer 1957, 1961, 1967.

[415] Knapp Th. 1902, S. 55f. Zur Rolle der Gemeinde vgl. jetzt auch Harnisch 1978.

Insgesamt können jedoch die negativen Auswirkungen solcher Praktiken auf das technisch-kulturelle Niveau der Bauernschaft noch mäßig genannt werden im Vergleich zu den verheerenden Folgen, die durch eine andere Form feudaler Ausbeutung und Unterdrükkung bewirkt wurden, den Frondienst. Höhe und Grad der bäuerlichen Fronpflichten waren in den einzelnen Territorien, je nach Ausdehnung und Charakter der feudalherrlichen Eigenwirtschaften grund- oder gutsherrlichen Typs, verschieden. Die Landschaften mit der höchsten Belastung für die Bauernwirtschaften lagen im Osten und Norden. Nach einer insgesamt akzeptablen Durchschnittsberechnung für das 18. Jahrhundert[416] belastete der Frondienst die Arbeitskräfte, das Zugvieh und die sonstigen Betriebsmittel der Bauern

— zu unter 15% in Nordwest-, West- und Süddeutschland;
— (? differenziert) in Mitteldeutschland von Hessen bis Sachsen;
— zu 15—40% in Ost- und Westpreußen, Brandenburg und Schlesien (hier wären etwa auch südostdeutsche Landschaften zu plazieren, für die ein Robotpatent Maria Theresias 1778 die Frontage auf 156 im Jahr begrenzte, bevor es zur Robot-„Abolition" kam);[417]
— zu über 40% in Pommern, Mecklenburg, Ostholstein und der Lausitz.

Im Extremfall, wie ihn binnenländische schleswig-holsteinische Rittergüter verkörperten, wurden die Forderungen bis zur Gestellung von zwei Gespannen täglich hochgeschraubt,[418] weswegen der Bauer faktisch verdreifachte Betriebsmittel unterhalten mußte. Aber auch die „normale" Belastung durch den Frondienst war unerträglich für den Bauern und seine Familie, nicht nur wegen des Spanndienstes, sondern auch wegen der „Handtage", die vor allem während der Erntezeit verlangt wurden, wenn jede Arbeitskraft auf den bäuerlichen Feldern benötigt worden wäre.

Dafür nur noch ein Beispiel aus dem ritterschaftlichen Bereich Mecklenburgs (Damshagen Kr. Grevesmühlen, 1750): „Die 4 großen Bauern verrichten wöchentlich in den Saatzeiten so wohl des Frühjahrs als des Herbstes, wie auch beim Mistfahren die eine Woche 4, die andere Woche 5 Spanntage nebst einem doppelten Handtag in jeder Woche. Sobald die Heuernte angeht, müßen sie 2 Mäher und 1 Streuer, also täglich 3 Menschen schicken... In der Kornernte aber schicken sie täglich, so lange dieselbe währet, 4 Menschen als 2 Mäher u. 2 Binder. Auch müssen sie alles Kornsäen so wohl des Frühjahrs als im Herbste verrichten ..."[419] Diese Festlegungen galten bis 1794.

In Ostelbien war übrigens seit langem eine bescheidene Vergünstigung für die Fröner fortgefallen, die einst gewährt worden war und ein Minimum an Interesse hätte wachhalten können, nämlich die Verabfolgung von Frönerkost. In mittel- und süddeutschen Landschaften, wo der Frondienst keineswegs völlig fehlte, gab es sie noch.

Wir übergehen hier weitere Modalitäten der Frondienstabforderung in den verschiedenen Territorien und fragen nach den konkreten Auswirkungen auf das Niveau der bäuerlichen Arbeit und Arbeitsmoral.

Daß die Wirtschaft der Bauern unter dem Frondienst kraß zu leiden hatte und deshalb technische Neuerungen jeder Art so gut wie ausgeschlossen waren, liegt auf der Hand; ebenso die Tatsache, daß der Nutzen des Frondienstes für die feudale Eigenwirtschaft auf die Dauer höchst fragwürdig war (ein Punkt, den schon G. F. Knapp in seinem Stan-

[416] Henning 1969a, S. 7—96.
[417] Steirischer Bauer 1966, S. 85; Lütge 1967, S. 153—170.
[418] Prange 1971, S. 594.
[419] Ehem. Gutsarchiv Damshagen (Pfarrarchiv, Dienstspezifikation 1750).

dardwerk zur „Bauernbefreiung" anschaulich hervorgehoben hat[420] und der unten nochmals zur Sprache kommen wird). Zeitgenössische Quellen bewerten jedenfalls die Durchschnittsleistung des Frongespanns mit etwa der Hälfte des Hofgespanns.[421] Bei der endgültigen Ablösung der Frondienste in den habsburgischen Ländern bemaß man den Wert eines Frondiensttages sogar auf höchstens ein Drittel dessen der „freien" Arbeit.[422] Die Bauern suchten jedenfalls auf vielfältige Weise die Fronarbeit nachlässig zu leisten. In ihrer „List" schickten sie „besonders kleine Pflüge, Egen, Wagen ..." zu Hofe, klagt 1760 ein niederlausitzischer Adliger;[423] ein hinterpommerscher Landrat stellt 1763 fest: „... die Pflüge, die Eggen, die Mist-, Heu- und Kornwagen sehen aus wie Kinderspielzeug."[424] Die Regulierung an den Pflügen wurde derart vorgenommen, daß der Pflugbaum möglichst kurz gestellt blieb, die Furche also tunlichst flach ausfiel; die entsprechenden Vorstecklöcher im Pflugbaum nannte man *Fronlöcher*, „weil die Frondienste die Pflüge darin zu stellen pflegen, um ihre Pferde zu schonen", wird in der Hausväterliteratur angemerkt (die entgegengesetzten hießen *Herrenlöcher*, die mittleren *Lohnlöcher*).[425] Während der Arbeit selbst suchte und fand man Gelegenheit, Pausen zu machen. „Hiernächst ist auch eine sehr schädliche Gewohnheit, daß wenn drei, vier oder fünf Pflüger hintereinander gehen und davon der erstere oder der andere — bisweilen aus Not, auch wohl öfters aus Bosheit — an seinem Pfluge eine halbe oder ganze Stunde zu klütern (durch Keile zu verstellen) sucht, die anderen alle miteinander so lange Zeugen abgeben, bis es jenem gefällt, seinem Klütern das Ende zu geben."[426] Mit derartigen Klagen und Feststellungen ließen sich Seiten füllen.

Ein ostpreußischer Apologet des Frondienstes, Tribukeit, sah sich demgegenüber genötigt, die „muntere" Arbeit der Fröner und die verabfolgten Prügel gegenüber Widerspenstigen zu loben: „Der Kantschuh besorgte sofort alles! Da lernte denn ein jeder gut und schnell arbeiten"[427] — ein völlig falsches Urteil, das etwa von einem süddeutschen Landwirt, der den Frondienst auf ostholsteinischen Gütern beobachtet hatte, korrigiert wird: „Des täglichen zu Hofe Gehens gewohnt, wird der Arbeiter (gemeint ist hier der leibeigene Bauer bzw. sein Knecht) durch ein beständiges Studium, wie er seine Kräfte sparen kann, ein Virtuose in der Trägheit."[428]

Die „Virtuosität" des Fronbauern im Langsamarbeiten war verhängnisvoll. Mag sie objektiv eine Form antifeudalen Widerstandes dargestellt haben[429] — eine Auffassung, die übrigens nicht von allen marxistischen Feudalismushistorikern geteilt wird[430] —, so schädigte diese von Generationen praktizierte und vervollkommnete „Fähigkeit", langsam, schlecht und verantwortungslos zu arbeiten, auf die Dauer auch die bäuerliche Arbeitsmoral überhaupt. Das gilt zunächst für den Bauern selbst, mehr noch für das bäuerliche Gesinde, soweit es statt des Bauern „zu Hofe" ging. Man kann die These wagen, daß die

420 Knapp G. F. 1887, 1, S. 68f.; vgl. auch Kramer 1973, S. 48.
421 v. Podeweils 1803, 3, S. 104.
422 Lütge 1968, S. 195.
423 Lehmann 1956, S. 123.
424 Knapp G. F. 1887, 1, S. 329 (*tragen* statt *Wagen* ist Lesefehler Knapps).
425 v. Münchhausen 1771, 1, S. 42; Germershausen 1783, 1, S. 721.
426 Hagedorn 1755, S. 418f. (wohl Brandenburg betreffend).
427 Zitiert von Böhme 1902, S. 31.
428 Kiesewetter 1807, S. 120.
429 Heitz 1958/59, S. 304 u. ö.
430 Petráň 1975, S. 462f.

anachronistische, menschenunwürdige spätfeudale Fronwirtschaft den Grund für eine gewisse Rückständigkeit der Arbeitsmoral landwirtschaftlicher Produzenten zumindest in der Übergangsphase vom Feudalismus zum Kapitalismus legte.

Kulturfeindlich im engeren Sinne wirkte sich der Frondienst insofern aus, als diese ständige Zusatzbelastung die Freizeit der bäuerlichen Familie extrem beschnitt und bestimmte Fähigkeiten zu kulturvoller Betätigung verkümmern ließ. Es ist kein Zufall, daß bäuerliche Volkskunst, wie wir sie aus Befunden des 19. Jahrhunderts vielfältig kennen, gerade in jenen Gebieten wenig hervortritt, wo im 18. Jahrhundert die Fronwirtschaft am schärfsten ausgeprägt war. Die Ausnahmen bestätigen die Regel schlagend: Trifft man hier auf herausragende kleinräumige „Volkskunstregionen", so zeigen sie sich mit abweichenden sozialökonomischen Gegebenheiten verbunden (z. B. schwache Ausbildung gutsherrschaftlicher Verhältnisse auf städtischem oder ehemals geistlichem Grundbesitz). In Mecklenburg stammt bezeichnenderweise das einzige Ackergerät, das der Bauer etwas verzierte oder verzieren ließ, aus dem ehemaligen Bischofsland Ratzeburg.[431] Auf weitere und entscheidendere räumliche Differenzierungen der Gerätekultur in Abhängigkeit von den Ausbeutungsverhältnissen wird unten noch zusammenfassend eingegangen.

Ausdruck der allgemeinen Kulturfeindlichkeit des Fronsystems ist schließlich die Fehlleitung mancher vorhandenen Fähigkeiten der Bauern, ökonomische Dispositionen zu treffen und Initiativen zu zeigen. Statt leistungsfähigeres Gerät und Vieh anzuschaffen, um die eigene Wirtschaftsführung besser zu gestalten, hielt man bewußt minderwertige Geräte und Zugtiere, die dann teilweise auch die Bauernwirtschaft selbst beeinträchtigten. Wenn beispielsweise lausitzische und vogtländische Bauern „planmäßig" die Pferde abschafften,[432] um nicht dieses vergleichsweise wertvollere Zugvieh im Frondienst ruinieren zu müssen, und sich auf Ochsen umstellten, so war das ein Rückschritt, der auch die eigene Wirtschaft traf und damit eine fast tragisch zu nennende Selbstschädigung verursachte.

Gegenmaßnahmen der Feudalklasse, die eine bessere Ableistung des Frondienstes garantieren sollten, fruchteten auf die Dauer wenig. Die schon seit längerem übliche Praxis, die Bauernwirtschaften mit Vieh und Gerät, der sogenannten Hofwehr, auszustatten, löste das Problem immer nur für kurze Zeit nach Gehöftsübernahme eines Bauern und unterdrückte außerdem bei diesem von vornherein das Eigentümerbewußtsein in bezug auf das lebende und tote „Inventar" seines Hofs.[433]

Ob die Aufstellung von Arbeitsnormen für den Frondienst etwas genützt hat, ist sehr fraglich. Die Anforderungen, wie sie vor allem in Brandenburg-Preußen vielfach schriftlich fixiert worden sind,[434] schwankten zwischen etwa 0,2 und 0,6 ha pro bäuerlichem Pfluggespann an einem Tag, eine Leistung, die nach der kapitalistischen Bauernbefreiung bereits undiskutabel war. Bewältigte ein uckermärkischer Mäher in der Erntefron etwa zwei Morgen, so waren es nach den Agrarreformen — bei allerdings verlängerter Arbeitszeit — drei bis vier Morgen.[435]

[431] Bentzien 1969, S. 68.

[432] Šołta 1958, S. 35; Lehmann 1956, S. 39; Hüllemann 1939, S. 1107—1116; Hist. Staatsarchiv Greiz, Patrimon. Gericht Zeulsdorf, Nr. 20; vgl. auch Groß 1968, S. 37.

[433] Zum „Inventar"-Charakter vgl. Bentzien 1973, S. 169f.

[434] v. Benekendorf 1779, 5, S. 124 und 1780, 6, S. 141; Müller H.-H. 1967, S. 95; Sack 1959, S. 104.

[435] Müller H.-H. 1967, S. 100.

Mahnungen und Drohungen, der Fronbauer solle „nicht denken, das Scharwerk nur obenhin zu verrichten“, waren begleitet von Forderungen nach „gutem“ Arbeitsgerät, beispielsweise „Egden, bey welchen die gehörige Zahl von Zinken und selbige gehörig durchgeschlagen und zum Glattegden tauglich sind ...“ (Gutsherrschaft Angerapp 1788).[436] In Schwedisch-Pommern wurde 1751 sogar eine „Verordnung wegen bestimmter Größe der ... Eggen der dienstleistenden Bauern“ mit genauen Maßen der Eggenbalken ($2^1/_4$ Ellen mal $2^3/_4$ Zoll mal $1^3/_4$ Zoll) erlassen,[437] ebenso in Mecklenburg, wo außerdem die Maße des Erntewagens, das Gewicht der Hak- und Pflugeisen sowie die Schwadbreite beim Getreidemähen (6 Fuß) vorgeschrieben waren.[438] Auch hinsichtlich der Pflugtiefe (4 Zoll) und der Furchenbreite (8—9 Zoll) fehlt es nicht an detaillierten Bestimmungen, beispielsweise aus Ostholstein (1771) und der Prignitz (1790).[439] Fast lächerliche Züge nahmen solche administrativen Vorschriften teilweise in westelbischen Territorien an, in denen sich die Fröner weniger brutalem Zwang und mehr feudaler Bürokratie gegenübersahen. Das Fürstentum Lippe erließ eine „Verordnung wegen Befestigung der (Dresch-)Flegelknüppel“,[440] und auf reußischen Rittergütern befanden sich gar „Stäbe“, nach denen die Stoppelhöhe beim Getreideschnitt abgemessen wurde und die man bei Gericht als Beweismittel in Fronprozessen vorlegte.[441]

Will man die regional unterschiedlichen Bedingungen für den Kampf um technischen Fortschritt in den Bauernwirtschaften abwägen, so fällt der Vergleich im ganzen positiv für die westelbischen Gebiete Deutschlands aus. Gewiß gab es auch hier Hemmnisse, die in der Natur des feudalen Abhängigkeits- und Ausbeutungsverhältnisses und seiner Modifikationen im Zeitalter des Feudalabsolutismus lagen. All diese Dinge halten aber keinen Vergleich aus mit den Verhältnissen der ostelbischen Fronherrschaft und ihrer juristischen Folgeerscheinung, der zweiten Leibeigenschaft. Mochte der west- oder süddeutsche Bauer gegen seine Grundherrschaft erfolglos prozessieren, weil ihm die Eichelmast in den Wäldern beschränkt wurde, während umgekehrt das Wild seine Felder verdarb, so waren dort doch Demütigungen unwahrscheinlicher, wie sie die Untertanen des Gutsherrn von Brockdorf zu Depenau (Ostholstein) 1740 erfuhren; sie hatten darum gebeten, daß die Gutsschweine nicht auf ihr Feld getrieben werden möchten, worauf sie zur Antwort erhielten: „Ist das Feld mein oder euer, ich vermeine, daß das Feld mein sei! Nichts gehört euch zu, die Seele gehört Gott, eure Leiber, Güter und alles was ihr habt ist mein; wollt ihr mir das wehren, daß ich meine Schweine auf euer Feld nicht soll hüten lassen, davor sollt ihr das Unglück bekommen; gehet man, daß ihr vor meinen Augen wegkommt.“[442] Ähnlich demütigte der Gutsherr v. Bülow zu Parin (Nordwestmecklenburg) seine Bauern in Kussow; dem Schulzen erklärte er, „daß er ihn mit Haut und Haar bezahlt habe und er kein Haar auf dem Kopf habe, welches nicht sein (v. Bülows) wäre“, als jener wegen krasser Benachteiligung der Bauernschaft bei Neuaufteilung der Feldmark Beschwerde geführt hatte.[443] Der extremste Fall aber trat ein, wenn die Gutsherrschaft zur

[436] Böhme 1902, S. 105.
[437] Dähnert 1786, 2, S. 520.
[438] Raabe 1869, 4, S. 82; Ihde 1913, S. 81 u. andere Quellen.
[439] Schmidt G. H. 1887, S. 75f.; Sack 1959, S. 104.
[440] Hansen 1967, Taf. XVa.
[441] Hist. Staatsarchiv Greiz, Reuß j. L., RG Kaimberg, Nr. 392.
[442] Prange 1971, S. 596.
[443] Ehem. Gutsarchiv Bothmer (Pfarrarchiv Damshagen, Vol. 20).

„Legung" ihrer Bauern schritt — eine nirgendwo so häufig wie in Mecklenburg und Vorpommern geübte Praxis, die im Machtbereich des Adels schließlich zur partiellen Liquidierung der dortigen Bauernschaft am Vorabend der bürgerlichen Agrarreformen führte. Es ist unschwer vorstellbar, daß unter der ständigen Drohung des Gelegtwerdens sich kein Fortschritt bei den Bauern ausbreiten konnte. Aber auch unabhängig von diesem Extremfall gilt die Feststellung Lenins über die fortschrittslähmenden Auswirkungen von Fronwirtschaft und Leibeigenschaft: „Die Organisation der gesellschaftlichen Arbeit in der Zeit der Leibeigenschaft beruhte auf der Disziplin des Stocks, bei äußerster Unwissenheit und Verschüchterung der Werktätigen, die von einer Handvoll Gutsbesitzer ausgeplündert und verhöhnt wurden."[444] Den passiven Widerstand gegen die Frondienste in eine höhere Form des antifeudalen Klassenkampfes zu überführen, gelang den ohnmächtigen leibeigenen Bauern nicht. In Kursachsen dagegen, einem mehr grundherrschaftlich strukturierten Gebiet, spielte der bäuerliche Kampf gegen die auch dort vorhandenen Frondienste eine zentrale Rolle im Volksaufstand von 1790.

Die Gegenüberstellung der unterschiedlichen Voraussetzungen und Hemmnisse für die Teilhabe der feudalabhängigen Bauern am technischen Fortschritt hat sich themabedingt eng am Bereich der bäuerlichen Arbeit und materiellen Kultur orientiert. Der Agrarhistoriker, der umfassender die Produktionsverhältnisse in der Landwirtschaft betrachtet, wird verallgemeinernd feststellen, daß die hier gebrachten Fakten und Tendenzen sich im wesentlichen den beiden Grundtypen der Agrarentwicklung im deutschen Spätfeudalismus zuordnen lassen: der Grundherrschaft und der Gutsherrschaft. Dieser „Agrardualismus" zwischen dem westlichen und östlichen Deutschland erklärt sehr weitgehend die auffällige räumliche Differenzierung des agrartechnischen Fortschritts, wie er im vorigen Abschnitt gerafft dargestellt worden ist. Überprüft man nochmals die geographische Lagerung des Befundes, so ergibt sich: Der weitaus größte Teil aller Novationen auf dem Gebiet der bäuerlichen Arbeit und des Arbeitsgerätes ist in den westlichen Landschaften anzutreffen, der geringere in den östlichen. Die Grenzbildung entspricht, grob skizziert, der zwischen Grund- und Gutsherrschaft. Trotz vieler Beleglücken (und unter der Beachtung des Umstandes, daß jener Befund sich nicht auf die Bauernwirtschaften beschränkt, sondern alle Betriebsformen einschließt) kann somit die These ausgesprochen werden: Die Bauern im Bereich der feudalen Grundherrschaft des Westens waren mit dem damaligen technischen Fortschritt — so geringfügig er im ganzen wie im einzelnen auch gewesen sein mag — normalerweise enger verbunden als die Bauern unter der feudalen Gutsherrschaft vor allem in Ostelbien. Die Ausgangslandschaften von Novationen sind dort zu finden, wo die für die Bauern günstigeren Produktionsverhältnisse herrschten. Diese Kongruenz sollte künftig stets beachtet werden.

Der solcherart erkennbare „Dualismus" versteht sich allerdings nicht ohne Ausnahmen. Den im Niveau führenden bäuerlichen Wirtschaften beispielsweise im südwestdeutschen Hohenlohe, die erfolgreich Gipsdüngung und Ochsenmast praktizierten,[445] oder im nordwestdeutschen Ostfriesland, wo Rapsbau und Milchwirtschaft florierten, standen dürftig ausgestattete und produzierende Bauernhöfe in Niedersachsen[446] oder in manchen Mittelgebirgslandschaften gegenüber. Auf der anderen Seite gab es neben kümmerlich wirtschaftenden ritterschaftlichen bzw. standesherrschaftlichen Bauern Mecklenburgs oder der

[444] Lenin, Werke, Bd. 29, S. 409.
[445] Steinle 1971, S. 9 und passim.
[446] Abel 1967, S. 254, 250f.

Oberlausitz, die noch nie ein Rapsfeld oder auch nur eine Ackerwalze gesehen hatten, wohlhabende Wirte,[447] die — unter geistlicher oder städtischer Feudalherrschaft lebend — wenigstens quantitativ besser produzierten als der Durchschnitt ihrer Landsleute. Der Kampf um Beteiligung am Fortschritt in der Agrikultur spielte sich in allen Landschaften und unter allen bäuerlichen Verhältnissen ab — nur bei grundverschiedenen Voraussetzungen und mit unterschiedlichem Erfolg.

Wenn vorstehend die unterschiedlichen sozialökonomischen Grundlagen für die unterschiedliche Ausprägung des bäuerlichen Produktionsniveaus im spätfeudalen Deutschland als wesentlicher Faktor namhaft gemacht worden sind, so erklären sich daraus freilich keineswegs alle geographischen Lagerungen und Grenzbildungen jeder beliebigen Erscheinung der ländlichen materiellen Kultur. Abgesehen von bioklimatischen Faktoren, die eine gewisse Rolle für die Aufnahme oder Nichtaufnahme agrartechnischer Novationen und anderer Fortschritte spielen konnten, bestimmten politische Territorienbildung, kulturelle Traditionen und ethnische Gegebenheiten die Verbreitungsstruktur mancher Erscheinungen des Gerätewesens, des Pflanzenbaus oder der Viehhaltung wesentlich mit. Eine Probe aufs Exempel ist mit der ethnographischen DDR-Karte „Pfluggeräte“ nebst Kommentar und Interpretation (für den künftigen Ethnologischen Atlas Europas) gemacht worden, eine weitere (frühere) in bezug auf den Dreschflegel.[448] (Vgl. Abb. 100 und 101.) Hier zeigt sich im räumlichen Nebeneinander, das oft ein historisches Nacheinander widerspiegelt, das enge Verflochtensein ökonomischer, politischer, kultureller und ethnischer Faktoren. Von ihnen haben die drei letztgenannten als „raumbildend“ in volkskundlicher Auffassung stets außer Frage gestanden — ein Grund mehr, anhand der landwirtschaftlichen Arbeitsverfahren und -geräte die Relevanz des ökonomischen Faktors für die Verbreitungsstruktur zu unterstreichen.

Fortschrittsträger der Landwirtschaft

Innerhalb der bäuerlichen Klasse

Das „normale“ bäuerliche Produktionsniveau wurde während des Spätfeudalismus in unterschiedlichen sozialökonomischen und kulturellen Sphären überschritten oder zu überschreiten versucht. Wirksame Ansätze gingen aus der bäuerlichen Klasse selbst hervor.

Das bekannteste Beispiel[449] für bäuerliche Initiativen während der zweiten Hälfte des 18. Jahrhunderts — und teilweise schon davor — ist zweifellos die Besömmerung des Brachfeldes, die unter günstigen Bedingungen, die ihrerseits oft erst erkämpft werden mußten, in vielen Landschaften üblich und in manchen Dörfern zur Regel wurde. Es ist hier also nicht die Rede von Brachbesömmerung schlechthin, sondern von der durch die Bauern aus eigenem Antrieb durchgesetzten und praktizierten Bebauung der Brache mit Futter- und Handelsgewächsen aller Art. Reichhaltige Nachweise vor allem aus Kursachsen enthält eine noch kaum ausgeschöpfte Quellensammlung der Zeit um 1750. Sie belegt überwiegend partielle Brachbesömmerung durch die Dorfschaften aufgrund erfolgreicher

[447] Kleiminger 1962, S. 263f.; Bentzien 1973, S. 174.
[448] Quietzsch 1969; Bentzien/Quietzsch 1976.
[449] Berthold 1962, S. 107.

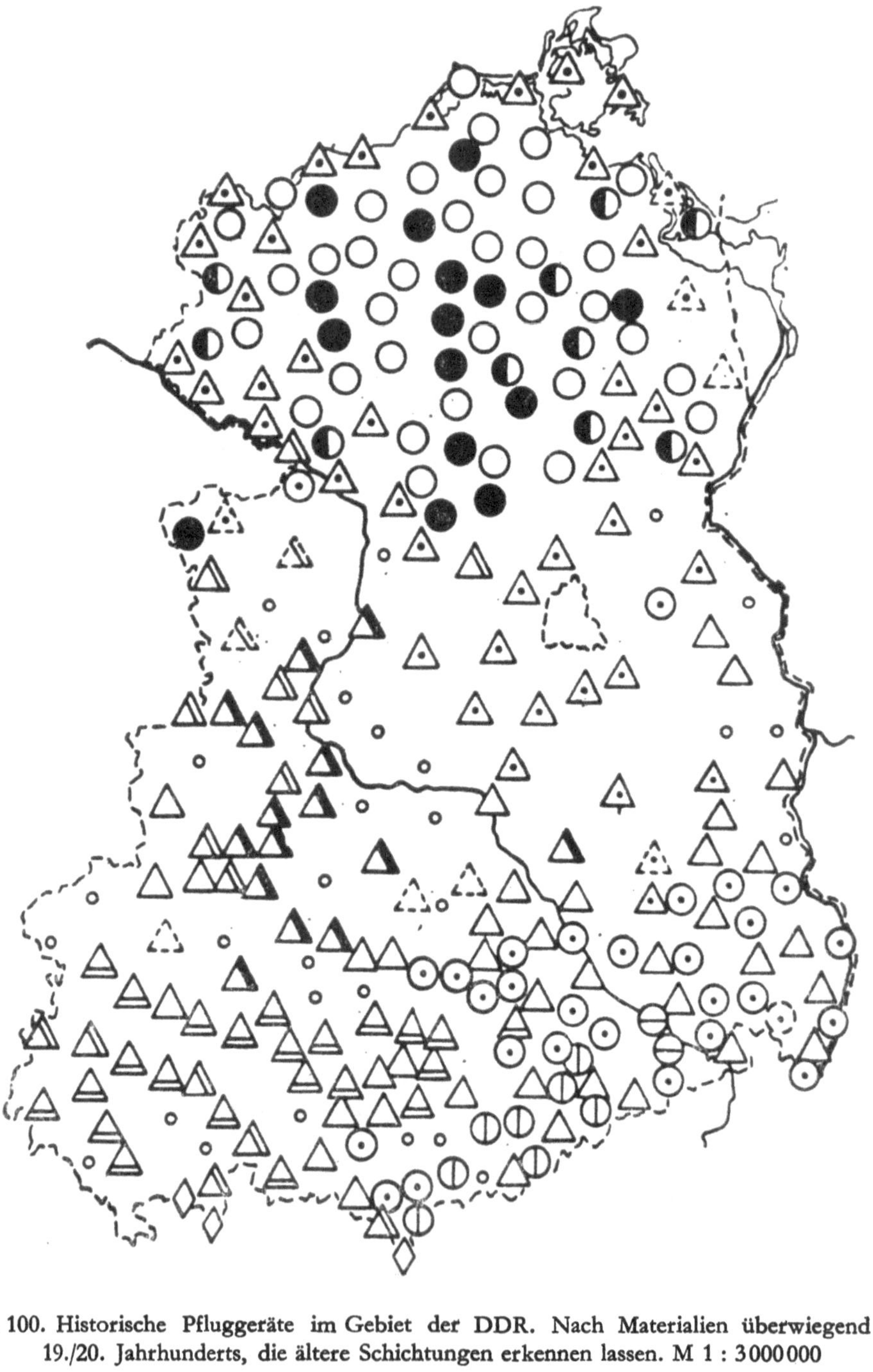

Abb. 100. Historische Pfluggeräte im Gebiet der DDR. Nach Materialien überwiegend des 19./20. Jahrhunderts, die ältere Schichtungen erkennen lassen. M 1 : 3000000

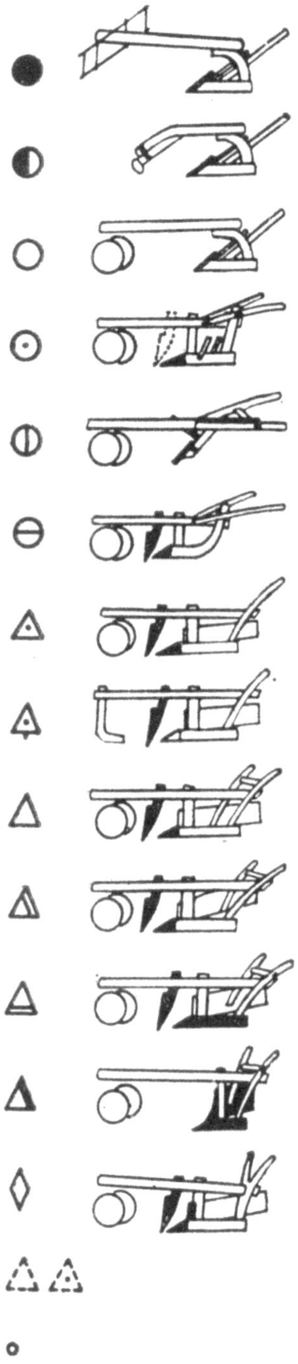

Typ	Typologisch-funktionale Merkmale
A	Krümmelhaken, sog. Mecklenburgischer Haken, Jochanspannung
A	dasselbe, Schwinganspannung
A	dasselbe, Radvorgestell
B	Vierseithaken, Hinterbaumkonstruktion, Radvorgestell
C	Dreiseithaken, sog. Erzgebirgischer Haken, sohlenlos, Radvorgestell
D	Dreiseithaken, sog. Dresdner Haken, Haupt-Sohlen-Konstruktion, Radvorgestell
E	Vierseitiger Beetpflug, 1 Sterze, Radvorgestell
E	dasselbe, Schleifstelze
F	Vierseitiger Beetpflug, 2 Sterzen (beide in der Sohle fußend), Radvorgestell
G	dasselbe, rechte Sterze nicht in der Sohle fußend (nur am Streichbrett befestigt), Radvorgestell
H	dasselbe, sog. Statenpflug, mit volleisern schmaler Sohle („State", vorindustriell), Radvorgestell
I	Bodenwendepflug auf der Tradition vierseitiger Beetpflüge, sog. Wanzleber Pflug, kombinierter eiserner Pflugkörper (frühindustriell), hohes Radvorgestell
K	Kehrpflug, umsetzbares Streichbrett, Y-Sterze, Radvorgestell
—	erschlossene Formen
—	historischer (vorindustrieller) Typ nicht ermittelt (Beleg fehlt)

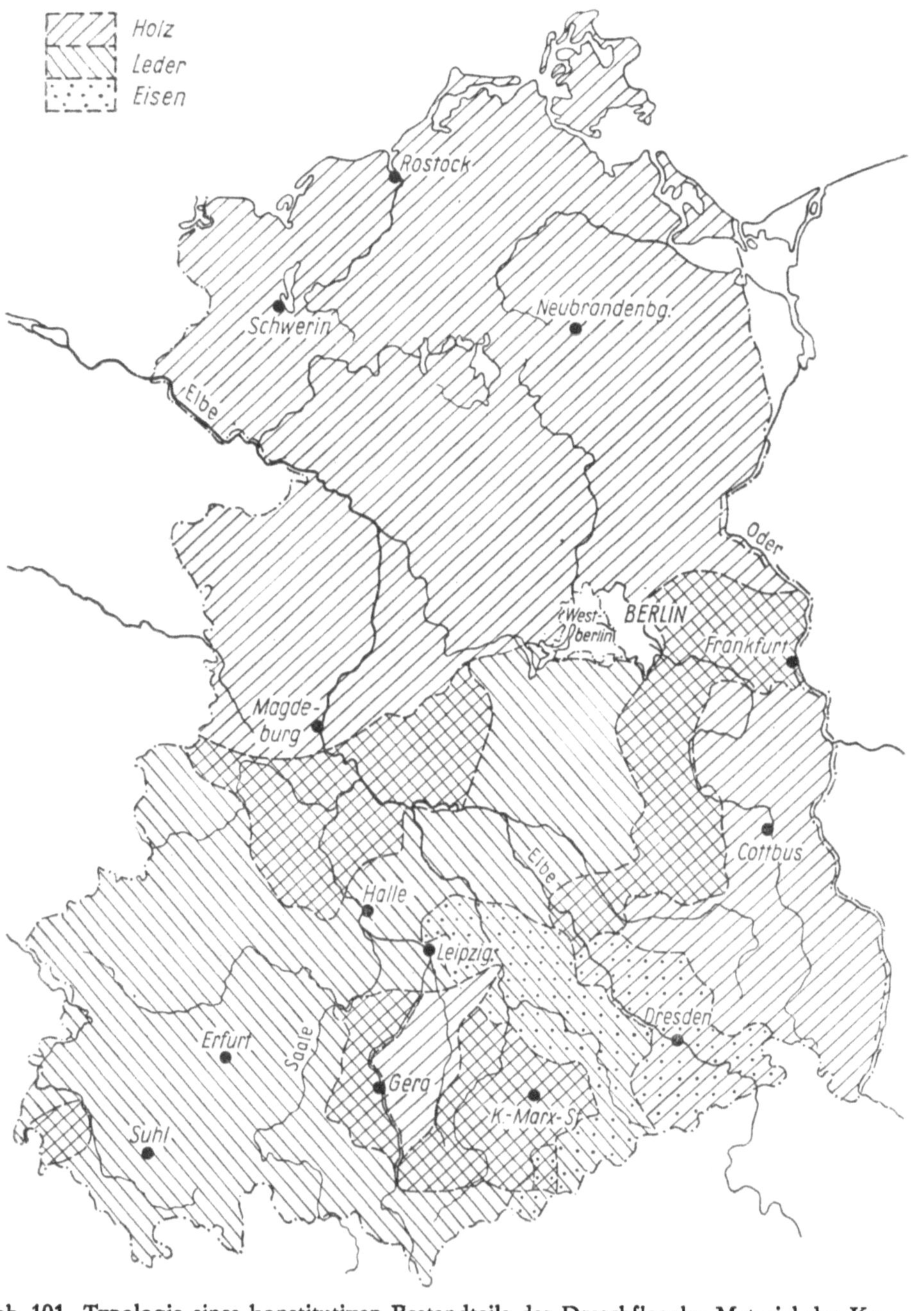

Abb. 101. Typologie eines konstitutiven Bestandteils des Dreschflegels: Material der Kappe an der Handhabe. Nach Materialien des 19./20. Jahrhunderts, die ältere Schichtungen erkennen lassen. M 1:3000000.

bzw. teilweise erfolgreicher Auseinandersetzung mit der zuständigen Feudalherrschaft und ihren Gutsschäfereien.[450] Als Brachfrüchte werden genannt Erbsen, Linsen, Kümmel, Fenchel, Anis, Hanf, Lein, Dotter, Bohnen, Wicken, Rüben, Möhren, Erdbirnen, Kraut, Klee u. a. Aus einer Beschwerde des Gutsschäfers von Schwabhausen Kr. Gotha (1782) geht hervor, daß die dortigen Bauern den Klee nicht erst im Brachjahr selbst auf dem Brachfeld anbauten, sondern ihn unter die Sommergerste säten „in der Absicht, daß, wenn die Gerste reif und abgemähet und eingeerntet sein werde, den Klee theils zum Viehfutter abzugrasen oder auch ihr Viehe auf die Stücken zu treiben und abfressen zu lassen ...",[451] eine betriebstechnisch ebenfalls fortgeschrittene Praxis.

Außer in den schon genannten Territorien, für die noch weitere Nachweise vorliegen,[452] erkämpften und praktizierten die Bauern eine partielle oder vollständige Besömmerung des Brachlandes in Teilen des Fürstentums Halberstadt (1774 im Dorf Veltheim „etwa zur Hälfte"), im südlichen Niedersachsen, in Kurtrier, Südwestdeutschland (Oberamt Heilbronn), Tirol und auch der Schweiz.[453] Demgegenüber weist eine Statistik von 1801/02 für die meisten Dörfer in Bayern noch die unbebaute Brache aus; in einigen Gerichtsbezirken wurde „etwas Klee versucht", auch Rüben, Hopfen u. a., wobei für die Geringfügigkeit „der geringe Bildungsgrad der Bauernschaft" verantwortlich zu machen sei.[454] Weitere „weiße Flecken" können durch die Quellenlage verursacht sein.

Auf dem Wege der Brachbesömmerung im Bereich der verbesserten Dreifelderwirtschaft oder auch im Rahmen anderer Feldsysteme kam es zu einer bedeutsamen Erweiterung des Kulturpflanzenbaus, deren Träger B a u e r n waren. Kärntner Bauern säten schon lange vor Schubart Klee an und betrieben ab 1768 auch Maisanbau.[455] Dieser war nach dem Josefinischen Kataster von 1787 auch in der Steiermark, und zwar besonders im kleinbäuerlich strukturierten Westteil des Landes, verbreitet.[456] Rheinpfälzische Bauern nahmen zuerst (1760 ff.) den Anbau von Runkelrüben als Viehfutter auf und wurden 1773 mit Prämien wegen der Verbreitung des Kleeanbaus ausgezeichnet, nachdem es unter ihnen zuvor heftigen Widerstand gegenüber der Kleesaat gegeben hatte.[457] Die intensiver Pflege bedürfenden Spezialkulturen Hopfen und Tabak galten im Anhaltischen geradezu als „Domäne der bäuerlichen Betriebe",[458] was zumindest beim Tabak auch auf die Uckermark zutrifft.[459] Große Bauern in der Umgebung Hamburgs orientierten sich bereits traditionell auf starken Gemüse- und Obstbau.[460]

Bäuerliche Initiativen auf dem Gebiet der Viehwirtschaft — erinnert sei an die schon erwähnte Ochsenmast in Ostfriesland, den Mastviehhandel hohenlohischer Bauern seit

450 Klingner 1749, 1, S. 179f., 647, 655ff. u. ö.
451 Hist. Staatsarchiv Gotha, Hohenlohisches Archiv, Kanzlei Ohrdruff, Nr. 3044.
452 Ackermann 1911, S. 103; Blaschke 1951/52, S. 88; Hist. Staatsarchiv Greiz, Amt Greiz, Nr. 3004.
453 Riechelmann 1926, S. 33; Saalfeld 1960, S. 95; Antoni 1931, S. 73f.; Knapp Th. 1902, S. 185; Stolz 1930a, S. 99; Schmidt G. C. L. 1932, 2, S. 199.
454 Diener 1929, S. 440, 445.
455 Dinklage 1966, S. 139f., 175.
456 Steirischer Bauer 1966, S. 158.
457 Weidmann 1968, S. 123.
458 Machlitt 1971, S. 131.
459 Müller H.-H. 1967, S. 153; Seidel 1964, S. 103f.
460 Finder 1935, S. 161, 174.

den 1770er/1780er Jahren und die vergleichbaren, aber weniger erfolgreichen Bemühungen von Kärntner Bauern[461] — lassen sich hier anschließen.

Demgegenüber schweigen die Quellen von bäuerlichen Bestrebungen zum Erwerb und Einsatz neuer Gerätschaften fast völlig. Das bloße Vorhandensein solcher Stücke wie Walze oder Windfege in bäuerlichen Bestandsverzeichnissen läßt kaum ahnen, welche Überlegung und Investitionsbereitschaft dahinter gestanden haben mögen. Recht verbreitet war offenbar die durch Mittellosigkeit verursachte gemeinschaftliche Anschaffung teurer Gerätschaften, etwa einer Egge mit Eisenzinken.[462] Die Bauern von Külsheim Kr. Uffenheim/Mittelfranken erwarben 1760 eine (weitere) solche Egge für die Gemeinde;[463] 1799 wird auf einem Bauernhof in Broderstorf bei Rostock notiert: „Noch befinden sich auf diesem Gehöft 2 eiserne Eggen zu 2 Pferden, die für das ganze Dorf commün sind."[464] Andernorts gab es Gemeinschaftsbesitz „mit dem Nachbar zusammen" (1799 Kneese Kr. Gadebusch).[465]

Der wohl entscheidendste Schritt, der von Bauern während der zweiten Hälfte des 18. Jahrhunderts in Richtung auf agrartechnischen Fortschritt vollzogen wurde, bestand in der Abkehr von der bisherigen Feldgemeinschaft als einem wesentlichen Element genossenschaftlicher Struktur, in der es keine geschlossenen Betriebsflächen der einzelnen Bauernwirtschaft gegeben hatte. Auf die Hemmnisse, die durch die Zerstückelung der Flur und den unumgänglichen Flurzwang verursacht wurden, ist oben näher eingegangen worden. Fortgeschrittene Bauern und ganze Dorfschaften empfanden nunmehr verstärkt den rückschrittlichen Charakter der mittelalterlichen Feldgemeinschaft und strebten — nachdem frühe Ansätze schon im 16. Jahrhundert erkennbar geworden waren — in Auseinandersetzung mit den beharrenden Kräften des Dorfes und der feudalen Bürokratie aus diesem Zustand heraus.

Als Parallelerscheinung ist auf die Allmende- oder Gemeinheitsteilungen hinzuweisen, die gleichfalls verstärkt in Gang kamen[466] bzw. mit der angestrebten Flurbereinigung teilweise einhergingen. Sie bezweckten die Aufteilung dieser gemeindlich-genossenschaftlichen Liegenschaften zu individueller Nutzung. Gemeinsame Verteidigung des gemeinsamen Nutzungsanspruchs auf die Allmende gegenüber feudalherrlichem Zugriff stand im Gegensatz zu den vorhergehenden Perioden nicht mehr auf der Tagesordnung. — Im folgenden konzentrieren wir uns auf die besser untersuchte Flurbereinigung.

Am besten bekannt sind die bäuerlichen „Vereinödungen" im Alpenvorland einerseits und die „Verkoppelungen" in Schleswig-Holstein andererseits; in beiden Fällen reichten die landschaftlichen Traditionen der Flurbereinigung weit (teilweise ins 16. Jahrhundert) zurück; zwischen 1750 und 1800 hatten sie bereits Massencharakter angenommen. Am Jahrhundertende waren im Kemptischen Stiftsland alle Orte „vereinödet", viele auch im nördlichen Bodenseegebiet, im Hegau und in Teilen Vorarlbergs.[467] Es handelte sich um frei getroffene Vereinbarungen der Bauern untereinander, „da ein gesetzlicher Zwang gegen eine etwa widerstrebende Minorität nicht existierte".[468] Anders in Teilen Schleswig-

[461] Steinle 1971, S. 203—205; Dinklage 1966, S. 176.
[462] Vgl. Jacobeit-Quietzsch 1964, S. 80.
[463] Kramer 1961, S. 238.
[464] Stadtarchiv Rostock, Stadtgüter, unverz. Bestand, Vol. Broderstorf, fol. 63.
[465] Staatsarchiv Schwerin, Rep. 92, D. A. Gadebusch, Nr. 2833.
[466] Golgowsky 1966; Schmidt G. C. L. 1932, 2, S. 200.
[467] Knapp Th. 1902, S. 439; Schröder K.-H. 1964, S. 13.
[468] Hanssen 1880, 1, S. 218f.

Holsteins, wo administrative Kräfte stärker im Spiel waren, was nicht ausschloß, daß sich einzelne Dorfschaften „auf eigene Hand“ zur Verkoppelung entschlossen. Besonders ausgeprägt war diese Erscheinung in den Marschen, wo es die Bauern abseits aller behördlichen Bemühungen verstanden, ihre Betriebsflächen durch Land-Umsätze und teilweise komplizierte Einzeloperationen zu arrondieren.[469] Im Binnenland ging eine entsprechende Tendenz, die sich oft mit administrativen Vorstellungen traf, aber oft auch gutsherrschaftlichem Interesse entgegenstand, ebenfalls vielfach von den Bauern aus, wie eine neuere Untersuchung zeigt.[470] Die auf diesem Wege allenthalben entstehenden abgeschlossenen „Koppeln“ prägten in Schleswig-Holstein um 1800 nicht nur die neue Wirtschaftsführung, sondern mit den „lebendigen Grenzen“, den Knicks, auch das Bild dieser sonst waldarmen Kulturlandschaft. Betriebswirtschaftlich bestand das erwünschte Ergebnis hier und andernorts darin, „daß jeder seinen Teil Acker, Wiese usw. beieinander hat“, wie es im Magdeburgischen seit 1770 auf bäuerliche Initiative hin Wirklichkeit geworden war,[471] ähnlich im Hannoverschen.[472] Wirklichkeit wurden in diesem Zusammenhang allerdings nicht nur neue Formen des individuellen Wirtschaftens, sondern in der Perspektive auch neue, individualisierte und differenzierte Formen des Lebens im Dorf.

Daß die Bauern bei der Durchsetzung der erwähnten Flurbereinigungsmaßnahmen von sich aus aktiv wurden, kann nicht oft genug betont werden, da in der bürgerlichen Literatur häufig noch immer von der entgegengesetzten Prämisse ausgegangen wird: Da werden die „Initiative des Königs“ (von Hannover) und die der feudalen „Landstände“ vorrangig genannt, um dann anzufügen, daß auch die Bauern in dieser Richtung nicht untätig waren (und zwar, was unausgesprochen bleibt, zeitgleich — wie 1764 im Amt Westen/Hoya — und sogar früher — wie 1725ff. in der Brinkumer Marsch).[473] Genossenschaftlich vorgenommene Flurbereinigung durch die „Gehöferschaft“ im Saarländischen wird, obgleich in einem der verbreitetsten Quellenwerke nachgewiesen,[474] in bezug auf die gleiche Landschaft verschwiegen, während man Beispiele herausstellt, daß Dorfgemeinden gegen die Aufteilung in Einödhöfe „hartnäckigen Widerstand“ geleistet hätten.[475] Das entspricht der Linie, die Meitzen[476] vorgezeichnet hat, der die preußischen Bauern für unfähig hielt, den Sinn landes- und gutsherrlicher Separationsbemühungen zu begreifen, da sie unverändert „den alten Flurzwang und die gemeinschaftliche Hütung untereinander“ fortgesetzt hätten.[477]

Es ist ein Verdienst der marxistischen Agrargeschichtsschreibung, die fortschrittliche Rolle zahlreicher Bauern und Dorfgemeinden im Rahmen der Flurbereinigungen des 18. Jahrhunderts hervorgehoben zu haben. Eindrucksvolle Beispiele konnten gerade aus dem Kernland des zuletzt genannten Staates, nämlich Brandenburg, beigebracht werden.[478] Dabei vermochte dieses Territorium mit seinen vorwiegend gutsherrschaftlichen Agrar-

[469] Ebda., S. 352 bzw. 243.
[470] Prange 1971, S. 62, 291, 355, 613f.
[471] Physikalisch-oekonomische Bibliothek 1781, Bd. 11 (zitiert nach Abel 1967, S. 301).
[472] Wrase 1969, S. 35ff.
[473] Golgowsky 1966, S. 19ff., 34; Wrase 1969, S. 15ff., 35.
[474] Franz Nz 1963, S. 203.
[475] Haard 1964, S. 261.
[476] Über ihn Harnisch 1975.
[477] Meitzen 1868, 1, S. 394.
[478] Müller H.-H. 1967, S. 62f.

verhältnissen sicherlich noch nicht einmal die schlagendsten Beispiele zu liefern. Es verdient Beachtung, daß in der Separationsfrage wie auch in der allgemeinen Frage nach bäuerlicher Partizipation am Fortschritt die positive Antwort bisher überwiegend den weniger „prädestinierten“ Territorien abgewonnen wurde. Das betrifft neben H.-H. Müllers vielseitigen Untersuchungen übrigens auch volkskundliche Geräteforschungen mit dem Zentrum Mecklenburg; hier konnte als bäuerliche Initiative auf dem Feld der Bodenbearbeitung faktisch nur eine einzige Novation während des ausgehenden 18. Jahrhunderts nachgewiesen werden, nämlich die Verbreitung des Radvorgestellhakens anstelle des Jochhakens.[479]

Räumliche Ausdehnung der Forschungen zur Arbeit und zum Arbeitsgerät der Bauern im Spätfeudalismus auf weitere Territorien ist erforderlich und wird zweifellos die richtige These noch besser begründen, „daß der Bauer im ausgehenden Feudalismus keinesfalls bar jeder Initiative gewesen ist“.[480] Dabei wird man nicht nur auf eine anonyme „bäuerliche Führungsschicht“ etwa in Gestalt der rheinländischen „Meist- oder Großbeerbten“ stoßen,[481] sondern entgegen der Skepsis mancher bürgerlichen Forscher auch auf Persönlichkeiten, die namhaft zu machen sind: den schon bekannten Christoph Schneider zu Podebuls im Stift Zeitz, der seinen Nachbarn Schubart belehrte,[482] oder den Mennoniten David Möllinger zu Monsheim in der Pfalz, den Schwerz „Vater der pfälzischen Landwirtschaft“ genannt hat, weil er u. a. anderen Bauern den Kleebau und ab 1769 die Kalkdüngung vorexerzierte,[483] oder Hinrich und Jakob Bartel, Vater und Sohn einer mennonitischen Bauernfamilie an der Weichselmündung, die bis 1775 ein „Hausbuch“ mit Eintragungen über Geschäfte, Schuldforderungen, Aussaat, Gesindelohn usw. führten,[484] also von sich aus eine Art landwirtschaftlicher Buchführung betrieben. Derartige Persönlichkeiten hat es sicherlich schon häufiger gegeben als die von der zeitgenössischen Literatur einseitig herausgestellten wenigen „Bauernphilosophen“, „Bauernastronomen“ und „Bauernkartographen“.

Hinter solchen Beispielen ist zugleich die sozialökonomische Differenzierung der Bauernschaft im Spätfeudalismus zu sehen. Ein Dorfpfarrer aus dem Magdeburgischen sah sie um 1770 vordergründig so: „Der Bauer thut den ganzen Tag nichts, als daß er nach daß Seinige bloß sieht und täglich die Schencke besucht. In der Saatzeit seet er selbst sein Korn, und in der Erndte banset er daßelbe in die Scheune. Alle übrige Arbeit verrichten seine Leute.“[485] Hier scheint keimhaft jener Vorgang greifbar, den Lenin als „die Verwandlung der tüchtigen Bäuerlein in Dorfbourgeois“ bezeichnet hat.[486] Entsprechende zeitlich frühe Belege werden zweifellos am ehesten aus grundherrschaftlich strukturierten Agrarlandschaften bzw. ähnlich gestalteten „Inseln“ im gutsherrschaftlichen Bereich sowie aus neu angelegten „Kolonisten“-Dörfern zu erbringen sein.

Fortschrittswollen und Fortschrittsvollzug auf seiten der Bauern im Spätfeudalismus sind unabweisbar. Aber noch bremsten feudale Abhängigkeits- und Ausbeutungsverhält-

479 Bentzien 1969, S. 288ff.; Bentzien 1972b.
480 Müller H.-H. 1967, S. 162.
481 Henn 1973, S. 188.
482 Vgl. Müller H.-H. 1975, S. 317, 401f.
483 Weidmann 1968, S. 88, 281.
484 Mitzka 1932, S. 216f.
485 Stegmann 1928, S. 90.
486 Lenin, Werke, 2, S. 520.

nisse den wirklich allseitigen Erfolg in dieser Ära des Aufschwungs der Manufaktur und des Vorabends der bürgerlichen Umwälzung. Nur wenige Regionen, Dorfschaften und Bauernpersönlichkeiten wiesen bereits den Weg zu neuen, kapitalistischen Formen bäuerlicher Wirtschaft, Lebensweise und Kultur. Auf der anderen Seite — was hier wörtlich zu verstehen ist — gab es „Wegweiser" außerhalb der bäuerlichen Klasse, deren Bedeutung für die Agrikultur und die landwirtschaftlichen Produzenten im Spätfeudalismus anschließend untersucht werden soll.

Außerhalb der bäuerlichen Klasse

Die „Gutshöfe" des Adels wie überhaupt die Betriebe von „Groß-Grundbesitzern" einschließlich des feudalen Staates sind hinsichtlich ihrer Rolle für die Durchsetzung des agraren Fortschritts im späten 18. Jahrhundert durch die bürgerliche Forschung zumeist sehr positiv eingeschätzt worden. Ihr Beispiel habe „mächtig eingewirkt" etwa bei der Einführung der Schlagwirtschaft in Schleswig-Holstein;[487] „einsichtsvolle Gutsbesitzer" seien in der Lausitz mit dem Futterbau vorangegangen, „... und der Untertan folgte nur zögernd oder gar nicht dem Beispiel der Herren";[488] so wurden die Bauern auch in der Viehwirtschaft des ausgehenden 18. Jahrhunderts angeblich „schon wesentlich von den Gütern übertroffen."[489] Solche Urteile, die von Hanssen bis Saalfeld reichen, haben indessen mehrfach Korrekturen erfahren, so schon in den 1920er Jahren durch Kulischer,[490] aber auch durch jüngere Autoren, die teils ermittelten, daß der „Hofbau" ausgangs des 18. Jahrhunderts keinesfalls fortschrittlicher als der bäuerliche Betrieb gewesen sei (betreffend niederbayerische Verhältnisse),[491] teils auch Belege dafür beibringen konnten, daß feudale Grundherren den Fortschritt behindert haben, indem sie als Zehntberechtigte (in Rheinhessen) die Kartoffel als Teufelsfrucht und den Klee als verantwortlich für Viehseuchen hinstellten.[492] Die zuletzt gebrachten Nachweise berühren allerdings nicht die Verhältnisse im ostelbischen gutsherrschaftlichen Bereich.

Die marxistische Agrargeschichte hat durch J. Kuczynski und G. Heitz die wissenschaftliche These vom „Teilbetriebscharakter" der gutsherrlichen Eigenwirtschaft im Spätfeudalismus entwickelt[493] und überzeugend die objektive Fortschrittsfeindlichkeit dieser Betriebsform betont. Die Relationen zwischen den meist minimalen gutsherrlichen Betriebsmitteln und den quantitativ bestimmenden bäuerlichen Betriebsflächen, Viehständen, Geräten usw. sind exemplarisch berechnet und beweiskräftig interpretiert worden.[494] Im Extremfall sah es um die Jahrhundertmitte so aus wie auf zwei Vorwerken der Herrschaft Penig—Wechselburg/Kursachsen, wo man bei einer Inventur notierte: „An Acker-Geräthe und Wagen aber ist nichts vorhanden, allermaßen dergleichen die Fröhner mitbringen müßten."[495] Wie diese die anachronistische Arbeitsrente ableisteten und mit

[487] Hanssen 1880, 1, S. 350f.; 256ff., 365.
[488] Lehmann 1956, S. 61f.
[489] Saalfeld 1960, S. 115.
[490] Kulischer 1954, 2, S. 56; vgl. auch Antoni 1931, S. 67—70.
[491] v. Wallwitz 1968, S. 27.
[492] Klug 1969, S. 53f.
[493] Heitz 1958/59.
[494] Ebda., Šołta 1958, S. 32ff.; Harnisch 1968, S. 163—166.
[495] Ackermann 1911, S. 126.

welch minderwertigem Gerät sie antraten, ist oben geschildert worden. Es liegt auf der Hand, daß auf diesen gutsherrlichen Eigenwirtschaften mit krassem Teilbetriebscharakter der agrartechnische Fortschritt keine Heimstatt haben konnte. Einen zusätzlichen Beweis dafür liefert wiederum die geographische Lagerung der landwirtschaftlichen Fortschritte: Hätten die „Güter" im 18. Jahrhundert den Fortschritt verkörpert, müßte er dort konzentriert nachweisbar sein, wo dieselben am häufigsten waren, nämlich in Ostelbien, aber das Gegenteil ist der Fall.

Indessen begannen um die Jahrhundertmitte die Vernünftigsten unter den feudalen Ausbeutern den Glauben an den Wert der Arbeitsrente zu verlieren.[496] Es kam in einer Reihe von Fällen zur Ausbildung voller Eigenbetriebe oder wenigstens zur größeren Ausdehnung des eigenen „Teilbetriebs" mit verstärkter Lohnarbeit — ein Vorgang, dessen Ausmaß von der agrarhistorischen Forschung in der DDR bisher nicht näher bestimmt worden ist und von seiten der Volkskunde daher nicht allseitig beurteilt werden kann. Am Anfang, der teilweise bis ins 16./17. Jahrhundert zurückreicht, scheint jeweils die Ausgliederung der Gutsländereien aus der Gesamtfeldmark gestanden zu haben, ohne daß deshalb die Fronwirtschaft zunächst außer Übung gekommen wäre. Im „vollen Eigenbetrieb" wirtschafteten um 1750 allenfalls manche landesherrlichen Domänenvorwerke wie die im Anhalt-Dessauischen,[497] kaum jedoch die Adelsgüter. Selbst die bekannte Rantzauische Gutswirtschaft zu Ascheberg/Holstein,[498] die hinsichtlich der Betriebsmittel überdurchschnittlich entwickelt war, scheint um 1762 auf Fronarbeit noch nicht völlig verzichtet zu haben. Sie spielte auch auf den Höfen der großen v. Podewilsschen Herrschaft zu Gusow-Platkow/Brandenburg ausgangs des Jahrhunderts noch eine gewisse Rolle. Andererseits waren hier[499] wie in Ascheberg oder auch auf den Gütern großer lausitzischer Standesherrschaften[500] gutseigene Betriebsmittel reichlich und teilweise in neuer Qualität vorhanden. Das Bild ist also widerspruchsvoll.

Positive Beispiele für die Aufwärtsentwicklung der agraren Produktivkräfte während der zweiten Hälfte des 18. Jahrhunderts und besonders in seinem letzten Viertel sind unter den damaligen „großen" Betrieben, auch bei weitgehender Fortexistenz feudaler Produktionsverhältnisse, tatsächlich vielfach auffindbar und zu Recht herausgestellt worden. Einzelne adlige Gutsherren, vor allem aber bürgerliche Gutsbesitzer und Domänenpächter praktizierten in ihren Betrieben fortschrittliche Produktionsmethoden wie Kleeanbau, Sommerstallfütterung oder Koppelwirtschaft. Bekanntestes Beispiel ist das Rittergut Würchwitz bei Zeitz mit seinem Besitzer Johann Christian Schubart, der auch als agrarökonomischer Publizist hervortrat.[501] Ihm vergleichen sich einige weitere bedeutende Persönlichkeiten, von denen hier nur die hervorragendste angeführt sei.

Caspar Voght (1752—1835), kapitalkräftiger hamburgischer Großkaufmann, bestätigte auf deutschem Boden den von Adam Smith (in "Wealth of Nations") für England erkannten Tatbestand: „Kaufleute haben in der Regel den Ehrgeiz, Gutsbesitzer zu werden, und wenn sie es geworden sind, so sind sie die vortrefflichsten Landbesitzer."[502] Voght

[496] Šołta 1958, S. 35.
[497] Machlitt 1971, S. 102.
[498] Prange 1971, S. 216f.
[499] v. Podewils 1803, 3, S. 64—102 u. ö.
[500] Leske 1785, S. 191f.; Hist. Staatsarchiv Bautzen, Herrsch. Muskau, Nr. 335.
[501] Müller H.-H. 1975, S. 150—168.
[502] Ahrens 1969, S. 11. Das folgende nach demselben Autor.

erwarb ab 1785 für 153000 Courantmark 260,1 ha Land zwischen Altona und Blankenese, bildete sich landwirtschaftlich durch drei Studienreisen nach England/Schottland (wobei der Antritt der letzten, 1793/94, durch inkriminierte Sympathie für die Französische Revolution mitverursacht war) und baute seine „englische Wirtschaft" zu Klein Flottbek zielstrebig aus. Wichtigste Maßnahmen waren: Separation der Ländereien, Meliorationen durch sog. Underdrains, Fruchtwechselwirtschaft, Einkreuzung englischen Zuchtviehs, „Dungökonomie" unter Verwertung der großstädtischen Fäkalien, Anschaffung englisch-schottischer Geräte und Maschinen wie Smallscher Pflüge, Cookscher Drillmaschine, Meiklescher Dreschmaschine (1798), Einstellung von Lohnarbeitern (Akkordlohn), darunter fünf schottischer Landarbeiterfamilien nebst Verwalter ... Hier wurde ausgangs des 18. Jahrhunderts nach den Prinzipien des „höheren Landbaus" produziert, wie man es Voght nachrühmte. Der Lobspender war kein geringerer als Albrecht Thaer (1792—1828), der seinerseits im neuen Jahrhundert die Grundsätze kapitalistischer Agrarökonomie in Deutschland entwickelte. Selbstverständlich handelt es sich bei der Voghtschen Wirtschaft um eine Ausnahmeerscheinung im spätfeudalen Deutschland.

Normale gutsherrliche Eigenwirtschaften gelangten sicherlich nicht auf diese Höhe, praktizierten aber auf ihren teils erweiterten und in der Regel arrondierten Betriebsflächen immerhin einige Verfahren, wie sie nur die vergleichsweise größere Wirtschaft ausbilden konnte. Erwähnt sei die Ausgliederung des gutsherrlichen Produktionszweiges Milchwirtschaft in Form der „Holländerei" in verschiedenen norddeutschen Territorien,[503] ferner eine neue Technologie des Eggens, das sog. Rundeggen mit vier gestaffelt arbeitenden Einzelgespannen auf größeren mecklenburgischen Gütern[504] und der Einsatz von „Wechselwagen" in der Ernte (auf 3 Wagen entfallen 2 Gespanne; vom Wagen, der entladen werden soll, werden die Pferde abgespannt), eine — wie die „Wechselpflüge" — schon ältere norddeutsche Methode, die jetzt auch auf Fehmarn und im Oderbruch[505] belegt ist und die nur von betriebseigenen, nicht von Frongespannen durchgeführt wurde.[506] In solchen Teilbereichen zeichnen sich somit gewisse Vorzüge, wie sie der zeitgenössische „große" landwirtschaftliche Betrieb zwangsläufig bot, ab. Allgemein verbreitet und bekannt waren sie keinesfalls. Insgesamt wiesen die gutsherrlichen Eigenbetriebe der zweiten Hälfte des 18. Jahrhunderts nicht den Weg zur künftigen Gestaltung der landwirtschaftlichen Arbeit und zur breitesten Anwendung neuer Arbeitsgeräte, solange sie weitgehend oder partiell unfreie Arbeitskräfte in Gestalt der Fronbauern ausbeuteten.

Bezeichnenderweise wurden die eben erwähnten rationellen Verfahren dann angewandt, wenn gutseigenes oder anderweitig „gedungenes" Personal zur Verfügung stand. Lohnarbeitskräfte gab es in der feudalen Eigenwirtschaft grundherrlichen und gutsherrlichen Typs seit langem: Gesinde für alle Bereiche der Haus- und Viehwirtschaft sowie für Teilbereiche der Feldwirtschaft, landarme Deputatisten für bestimmte Spezialaufgaben wie das Dreschen („Erbdrescher"), landlose Tagelöhner für alle anfallenden Arbeiten vor allem während der Arbeitsspitzen. Diese Schicht mit ihren verschiedenen Gruppierungen verbreiterte sich jetzt offensichtlich. Eine fundierte Typologie der Landarmut im Spätfeudalismus liegt vor.[507] Sie zeigt, daß bei den landarmen und landlosen Produzenten neben ökono-

[503] Middelhauve 1939, S. 8—19.

[504] v. Buchwald 1786, S. 25—27; bekannt aber auch auf der bäuerlichen Insel Fehmarn (Meiborg 1896, S. 6).

[505] Otte 1796 (als Quelle von Wiegelmann 1970, S. 129f.); v. Podewils 1801, 1, S. 53.

[506] Nicolai 1799. Nach Knapp G. F. 1887, 1, S. 69.

[507] Peters 1967/1970.

mischem Zwang zum Verkauf der Arbeitskraft auch außerökonomischer Zwang „in Gestalt des Gesamtsystems feudaler Bindungen" noch eine bedeutende Rolle spielte.[508] „Freie landwirtschaftliche Lohnarbeiter", wie sie regional in größerer Zahl existiert haben mögen,[509] bildeten während der zweiten Hälfte des 18. Jahrhunderts sicherlich noch die Ausnahme. Die Masse der landarmen und landlosen Produzenten besaß offenbar einen sozialökonomischen Zwischenstatus, der bereits eine gewisse Entfernung vom bäuerlichen Standard in der Arbeit, der materiellen Kultur und der Lebensweise anzeigt, aber noch nicht die Existenz eines „doppelt freien" Landproletariats bedeutet. Volkskundliche Forschungen, die bisher das Problem schon tangiert haben,[510] sollten künftig fortgesetzt werden. Sie könnten u. a. klären helfen, inwieweit progressive Tendenzen des Agrarwesens im Spätfeudalismus mit der Existenz dieser Schicht zusammenhängen. Fest steht jedenfalls, daß die Ausbreitung des Kartoffelanbaus und der Kartoffelnahrung ohne die Landarmut undenkbar ist.[511] Ähnliches gilt von der Tabakpflanze, einem „Freund des armen Mannes"[512] (aber wohl noch nicht vom Tabakrauchen). Ferner muß angenommen werden, daß faktisch alle neuen Geräte und die frühesten Maschinen, soweit sie in größeren Betrieben eingesetzt wurden, durch die Hand von Lohnarbeitskräften aus der Schicht der Landarmut bedient worden sind. Neues Arbeitsbrauchtum wurde von Tagelöhnern und vom Gutsgesinde entwickelt,[513] aber über die Periode des Spätfeudalismus und speziell die zweite Hälfte des 18. Jahrhunderts ist in dieser Hinsicht fast nichts bekannt. Wahrscheinlich erlitten diese ländlichen Produzenten alle Schattenseiten der Doppelexistenz von beginnenden kapitalistischen Produktionsmethoden und fortdauernden feudalen Produktionsverhältnissen besonders nachhaltig. Abgeschwächt gilt das auch von den außerfamiliären Arbeitskräften auf größeren Bauernstellen.

Aufmerksamkeit verdient eine besondere Gruppe von Lohnarbeitskräften: die der Wanderarbeiter. Sie kamen aus weniger entwickelten Agrargebieten zur Erntearbeit in fortgeschrittenere Regionen, beispielsweise steirische und bayerische „Grasmäder" ins Thüringer Becken,[514] Harzer Mäher in die Magdeburger Börde,[515] neumärkische Schnitter ins Oderbruch.[516] „Arbeitgeber" waren städtische Ackerbürger, große Bauern und Güter. Die Wanderarbeiter selbst dürften der Landarmut ihrer Heimatlandschaften angehört haben, können aber auch Bauern gewesen sein, denen das andere Klima (in Gebirgslandschaften), das abweichende Erntetermine bedingte, die vorübergehende Abwesenheit von Hause erlaubte. Wichtig ist in unserem Zusammenhang nicht nur der neue sozialökonomische Status dieser Produzentengruppe, sondern die durch sie bewirkte Kommunikation im Bereich der landwirtschaftlichen Arbeit. Mit Sicherheit haben die steirischen „Mäder" die steirischen Sensenblätter im mitteldeutschen Gebiet verbreiten helfen. Umgekehrt dürften die zahlreichen „Hollandgänger" aus dem Hochstift Osnabrück[517]

[508] Peters 1967, S. 276.
[509] Machlitt 1971, S. 113.
[510] Jacobeit 1961; Bentzien 1965b; Weinhold 1973, S. 110ff.
[511] Wiegelmann 1967, S. 75ff.; Müller I. 1976.
[512] Machlitt 1971, S. 256.
[513] Weber-Kellermann 1965, S. 92ff., 355ff.
[514] Hist. Staatsarchiv Gotha, Gemeinschaftl. Hohenlohisches Archiv, Nr. 3700 (Ohrdruff 1706 und vorher).
[515] Stegmann 1928, S. 460f. (Atzendorf 1750).
[516] v. Podewils 1801, 1, S, 126–130 u. ö. (Ende 18. Jh.).
[517] Möser 1943, 4, S. 77–97.

Kenntnisse von niederländischen Erntetechnologien mit heimgebracht haben. Auf diese Weise kam — auf unterster Ebene — ein überregionaler Zug in die sonst begrenzte landwirtschaftliche Kommunikation. Typisch für die gutsherrliche Eigenwirtschaft und die für sie tätigen unmittelbaren Produzenten war das aber keinesfalls. Der Horizont der Fronbauern und der Gutsknechte reichte im allgemeinen nicht weiter als bis zum Bestimmungsort der gutsherrlichen Fuhren — und der lag normalerweise innerhalb des Territoriums.

Als mögliche „Wegweiser" zum Fortschritt bäuerlicher Wirtschaft dürfen die städtischen Ackerbürger nicht unbeachtet bleiben, zumal sich unter ihnen oft Angehörige der kleinstädtischen Intelligenz befanden. Erwähnt sei der Bürgermeister Mildenstein zu Burg/Fehmarn, der 1730 zuerst Kleesamen aus Holland bezog und es erleben mußte, daß es die Nachbarn für Verrücktheit ansahen, „Gras zu säen", zumal der erste Versuch fehlschlug; später ahmte man sein Beispiel nach.[518] Andere berichten, Mildenstein habe den Kleebau in Sachsen während seines Leipziger Universitätsstudiums kennengelernt.[519] Beim Kleeanbau gingen auch im Anhalt-Dessauischen die Ackerbürger voran, ebenso in der Tabakkultur.[520] Weitere Nachforschungen wären sicherlich lohnend. Dabei sollte beachtet werden, daß die betriebswirtschaftlichen Voraussetzungen bei den Ackerbürgern nicht besonders günstig waren, da die städtischen Feldmarken sehr lange unsepariert blieben.

Unter den „Landwirten im Nebenberuf", die Betriebe in der Größenordnung von Vollbauernwirtschaften leiteten, verdienen als Beförderer der Agrikultur ganz besonders die protestantischen Kleinstadt- und Landpfarrer hervorgehoben zu werden. Sie haben auf diesem Feld viel geleistet, vielleicht mehr, als Riehl in seinem sehr distanzierten Urteil ausspricht; er nennt sie „jene Feld- und Wiesenpfarrer von Anno (17)80, welche die Kanzel als einen ökonomischen Lehrstuhl, die Kirche als einen Gewerbe- und Ackerbauverein, die Gemeinde als einen Arbeitercongreß faßten, im Salomonischen Sinne den Nutzen des Fleißes verkündend."[521] Sie scheinen es nicht immer leicht gehabt zu haben, ihr Vorbild zur Geltung zu bringen. Der Pfarrer Block zu Nutha in Anhalt-Zerbst besömmerte seine Brache, die von der hohnlachenden Dorfschaft prompt überweidet wurde.[522] Natürlich war nicht jeder Geistliche ein vorbildlicher Landwirt. Der schon mehrfach zitierte Carsted zu Atzendorf/Börde wirkt, wenn man seine betriebswirtschaftlichen Auslassungen liest, als bloßer Stubengelehrter, der freimütig bekennt, „meine Oeconomie aus meiner Stube zu führen und meinen Acker ohne Verdruß und Ärger von meinem Schreibetisch zu dirigiren."[523] Das hinderte ihn und hundert andere nicht, sich schriftlich über Landwirtschaft zu verbreiten. Unter den Autoren landwirtschaftlicher Literatur befinden sich viele Pfarrer: der Probst Lüder im Schleswigischen, der die Dänische Ackerbauakademie mitbegründete, der Akademiepreisträger Graßmann aus dem Hinterpommerschen, der Kupferzeller Pfarrer Mayer („Gips-Mayer"), der die hohenlohischen Bauern belehrte, usw. — doch gehört dies Kapitel bereits zum literarischen Überbau. Die praktischen Leistungen und die Wegbereiterfunktion der Landpfarrer des ausgehenden 18. Jahrhunderts verdienen verstärkte Aufmerksamkeit.

518 Meiborg 1896, S. 7.
519 Hanssen 1884, 2, S. 316f.
520 Machlitt 1971, S. 253f., 256.
521 Riehl 1883, S. 165f.
522 Abel 1967, S. 290.
523 Stegmann 1928, S. 46f.

Zur Rolle des Staates, der ökonomischen Sozietäten und der Literatur

Wenn vorstehend versucht worden ist, die Rezeption und die Rezeptionsmöglichkeiten des technisch-kulturellen Fortschritts ökonomisch und sozial näher zu bestimmen, so war die Darstellung bewußt auf die tatsächlichen Verhältnisse an der „Basis", d. h. in den Bauernwirtschaften, den feudalen Eigenwirtschaften usw. beschränkt, so wenig auch die Quellenlage dazu eingeladen hat. Nunmehr soll der ausgedehnte und rückschauend oft besser erkennbare Überbau ins Blickfeld kommen, der sich in Gestalt feudalabsolutistischen Landwirtschaftsinteresses, agrarökonomischer Lehren, volksaufklärerischer Literatur usw. auf dem Unterbau landwirtschaftlicher Arbeit erhob und in Wechselbeziehung zu ihm gesehen werden muß.

Eine marxistische Untersuchung feudalabsolutistischer Agrarpolitik in den deutschen Staaten während der zweiten Hälfte des 18. Jahrhunderts gehört zu den Desideraten agrarhistorischer Forschung. Da es an gesicherten Ergebnissen mangelt, kann hier nur auf einige Punkte aufmerksam gemacht werden, die in mehr oder weniger enger Relation zu unserem Thema stehen. Es wird also davon abgesehen, den Gesamtkomplex staatlicher Maßnahmen — vom feudalabsolutistischen „Landesausbau" samt „Peuplierung" bis hin zu den vielfach widersprüchlichen Verordnungen betreffend „Gemeinheiten", „Frondienst" usw. — zu beurteilen. Ausdrücklich hingewiesen sei wenigstens auf die josefinischen Reformen, vor allem die damit verbundene Robot-Abolition (1781), die zwar nicht die feudalen Produktionsverhältnisse beseitigte, die Bauern aber von der schlimmsten Form feudaler Ausbeutung befreite, woraufhin z. B. die bäuerliche Nutzviehhaltung sogleich zunahm.[524] Dieses populäre Werk im Zeitalter des aufgeklärten Absolutismus wurde in habsburgischen Ländern vollbracht (und nach 1790 teilweise wieder rückgängig gemacht), nicht etwa in Preußen.

Preußische Förderung der Landwirtschaft scheint den „kurzen Weg" bevorzugt zu haben: nicht Abschaffung des Frondienstes stand am Anfang, um bäuerliches Interesse zu wecken, sondern das Interesse an einer neuen Kulturart wurde den Bauern eingeprügelt — sofern jene Leseart, daß Friedrich II. Husarenkommandos in die Dörfer gesandt habe, um die Bauern zum Kartoffelanbau zu zwingen, auf Wahrheit beruht und nicht borussophiler Anekdotenbildung entspringt. Derselbe König hatte noch 1756 durch eine Instruktion jede Brachbestellung verbieten lassen.[525] Kein Wunder, daß beispielsweise in Pommern, wohin schon vor Jahrhundertmitte Pflanzkartoffeln als königliche „wohltätige Spende" gelangt waren, ein Zeitgenosse „erst volle vierzig Jahre später (1785) bei Stargard, zu meiner angenehmen Verwunderung, die ersten Kartoffeln im freien Feld ausgesetzt gefunden" hat.[526] In anderen Teilen Brandenburg-Preußens stellte sich der gewünschte Erfolg rascher ein, vor allem wohl nach den Hungerjahren 1771 ff. Höchst zweifelhafte Bedeutung erlangte dagegen eine andere Kultur, die Seidenraupenzucht. Gedacht als Paradestück merkantilistischer Wirtschaftspolitik, wurde in völliger Ignoranz der klimatischen Voraussetzungen die Anpflanzung von Maulbeerbäumen bis nach Ostpreußen (!) ausgedehnt, wo sie alsbald jämmerlich erfroren.[527] Kaum anders war es in der Altmark, ähnlich in Westfalen.[528]

[524] Lütge 1967b, S. 163—166.
[525] Meitzen 1869, 2, S. 14.
[526] Franz Nz. 1963, S. 212f.
[527] Böhme 1902, S. 54f.

Beachtung verdient der vom König und der Kammer geförderte Versuch, "English farming" im Brandenburgischen durch einen englischen Landwirt praktizieren zu lassen.[529] Der erste, Joseph Wilson, scheiterte sofort und wurde wieder entlassen. Der zweite, Christopher Brown, war zunächst (1766ff.) nicht auf einer königlichen Domäne, sondern auf adligen Gütern tätig und wechselte nach vielversprechenden Erfolgen 1771 ins königliche Amt Mühlenbeck bei Oranienburg über. Auch er scheiterte, floh 1775 ins Kursächsische, weiter nach Böhmen, wurde verhaftet, überstellt und verbrachte einen Teil seines Lebensabends in preußischen Gefängnissen. Sein Schicksal besiegelten nicht nur die Katastrophenjahre, während derer er in Mühlenbeck wirkte, sondern auch die preußischen Zustände, eingeschlossen die agraren Produktionsverhältnisse; bezeichnend ist, daß Brown zwar 5 Schwingpflüge, 10 Eggen, 3 Wagen und andere Betriebsmittel aus England einführte und damit einen Höchststand an Agrartechnik vorweisen konnte, aber gleichzeitig Fronarbeit der Amtsbauern ausbeutete. Das war eine zwielichtige Perspektive. Wirklichen Vorbildcharakter gewann erst das Beispiel, das ab 1804 Albrecht Thaer auf Möglin setzte.

Erfolgreicher gestalteten sich Bemühungen im Herzogtum Sachsen—Weimar—Eisenach, durch den englischen Wasserbausachverständigen George Batty die künstliche Wiesenbewässerung einzuführen. Über diesen schreibt Goethe am 11. Okt. 1780: „Was er gemacht hat, sind eigentlich Abzugsgräben und Wässerungen. Er hat sie mit solchem Verstand nach der Lage und Gelegenheit einer jeden Wiese, nach so richtigen Grundsätzen und mit so schicklichen und nötigen Abänderungen an jedem Orte ausgeführt, daß man in einem Bezirk von wenigen Meilen sich eine gar schöne Kenntnis dieses ganzen Wesens erwerben kann ... Es widersetzt sich kein Mensch, das auszuführen, was er angibt, weil meistenteils die Leute gleich das Schickliche und Nützliche davon erkennen mögen. Besonders erlebte er einen großen Triumph, daß eine seiner Anlagen so ein großes Aufsehen machte, daß des Nachts Würzburgische Untertanen herüberkamen, die Gräben heimlich zu messen und seine Art abzulernen."[530]

Auch in anderen deutschen Staaten waren staatliche Instanzen mit unterschiedlichem Erfolg um die Förderung der Landwirtschaft bemüht. Eine organisierte „Landeskulturpflege", die Fronablösungen und Milderung der Leibeigenschaft einschloß, setzte in Baden unter Markgraf Carl Friedrich ein, der in den siebziger Jahren sogar Bauernsöhne nach England entsandte, damit sie dort den verbesserten Futteranbau erlernten.[531] Diesen hätten sie freilich auch den Bauern in der benachbarten Pfalz absehen können — ein Beispiel dafür, wie im Zeitalter der Aufklärung das Naheliegende übersehen werden konnte und das ferne Ideal — wahrscheinlich ohne Erfolg — vorschnell anvisiert wurde. In demselben Staat Baden gab es auch andere Umgereimtheiten bei der erstrebten Förderung der bäuerlichen Agrikultur: Obwohl man die Wirtschaftsweise des einzelnen Betriebs in ihrer Arbeitsintensität und Rationalität zu fördern suchte, konservierten landesherrliche Verordnungen die genossenschaftlichen Züge im Ackerbau, ja 1755 und wiederholt 1796 schrieb eine Generalverordnung die Wiedereinführung des Flurzwangs, den die Individualwirtschaft in vielen Dörfern bereits gesprengt hatte, bindend vor.[532]

[528] Zahn 1928, S. 44f.; Kuske 1943, S. 69.
[529] Müller H.-H. 1969, S. 120—129.
[530] Goethe, Werke, Weim. Ausg., IV/4, S. 306f. (freundlicher Hinweis von Egon Freitag/Berlin).
[531] Ludwig 1896, S. 142ff.
[532] Strobel 1972, S. 180f.

In zahlreichen Territorien erließ der Staat Mandate über Verkoppelungen, Allmendeteilungen, Schonung der besömmerten Brachfelder und der zweischürigen Wiesen, Einführung der Stallfütterung usw., wobei zumeist nicht die preußischen Provinzen vorangingen, sondern etwa Schleswig, Holstein, Kurtrier, Bayern, Steiermark.[533] Wie oben gezeigt, markieren solche Gesetze nicht allemal den Anfang des betriebstechnischen Fortschritts, sondern stellen oft eine Anpassung an schon bestehende Tendenzen dar. Gleichwohl sind sie als progressiv einzuschätzen, ebenso wie die einsetzende Befreiung der Futterpflanzen von der Zehntpflicht oder Ausschreibung von Preisen für den Anbau von Kartoffeln, Prämien für das Mergeln der Äcker und andere „Aufmunterungen", schließlich auch die Anlage landesherrlicher „Musterwirtschaften". Solche staatlichen Maßnahmen, so unvollkommen und wenig effektiv sie auch gewesen sein mögen, zeigen jedenfalls Fortschritte an im Vergleich zur frühabsolutistischen Agrarpolitik und -ökonomie.

Die Förderung der Landwirtschaft durch die feudalabsolutistischen Staaten in Deutschland war allerdings zwerghaft entwickelt und uneffektiv zersplittert im Vergleich zu Frankreich, wo ein „Département de l'agriculture" (1763—1780 geleitet von dem hervorragenden „Ministre agronome" H. L. Bertin) zentrale agrarökonomische und -politische Maßnahmen durchsetzte.[534] War die Landwirtschaft und die landwirtschaftliche Administration somit bereits im vorrevolutionären Frankreich in einigen Bereichen den deutschen Verhältnissen weit voraus, so vergrößerte sich der Vorsprung um eine ganze historische Epoche, nachdem die Französische Revolution die feudale Abhängigkeit und Ausbeutung der Bauern beseitigt hatte. Das Beispiel wirkte nach Deutschland hinüber und wurde durch die französische Gesetzgebung in den linksrheinischen Gebieten noch während des ausgehenden 18. Jahrhunderts zur Realität für die Bauern. Die Entfeudalisierungsmaßnahmen bewirkten hier einen Aufschwung der Landwirtschaft[535] und ließen staatliche Einflußnahme auf dem Gebiet der Agrikultur erstmals als für die Bauern angewandt erkennen.

Neben der unmittelbaren staatlichen Administration, aber staatlich privilegiert und mehr oder weniger finanziell gefördert, befaßten sich in fast allen deutschen Territorien gelehrte Gesellschaften mit Agrarökonomie. Entsprechende Gründungen erfolgten — nach ausländischem Vorbild — gehäuft seit den sechziger Jahren.[536]

Die Skala reicht von eng begrenzten „Bienengesellschaften" über „Ackerbaugesellschaften" bis hin zu „Physikalisch-ökonomischen Sozietäten", für die das Agrarwesen nur einen Teilbereich ausmachte. All diese Gesellschaften, zu deren Mitgliedern adlige und bürgerliche Gutsbesitzer, Pächter, Ackerbürger, Beamte und Wissenschaftler zählten, entfalteten eine rege Tätigkeit, indem sie den persönlichen Erfahrungsaustausch organisierten, Preisaufgaben verkündeten und prämierten, periodische und monographische Schriften herausgaben usw. Das vergleichsweise höchste Niveau erreichten dabei die staatlichen Akademien der Wissenschaften, die nach anfänglicher Zurückhaltung sich agrarökonomischen Fragen zuwandten, voran die Hannoversche Akademie zu Göttingen und mit der größten Resonanz die Königlich Preußische Akademie der Wissenschaften und der schönen Künste zu Berlin.

[533] Prange 1971; Henn 1973, S. 185f.; Wismüller 1904, S. 19ff.; Steirischer Bauer 1966, S. 195 u. ö.

[534] Bourde 1967, S. 1077—1487.

[535] Vgl. Weidmann 1968, S. 262f., 283; Henn 1973, S. 188; Curschmann 1967, S. 25.

[536] Müller H.-H. 1975, S. 276ff.

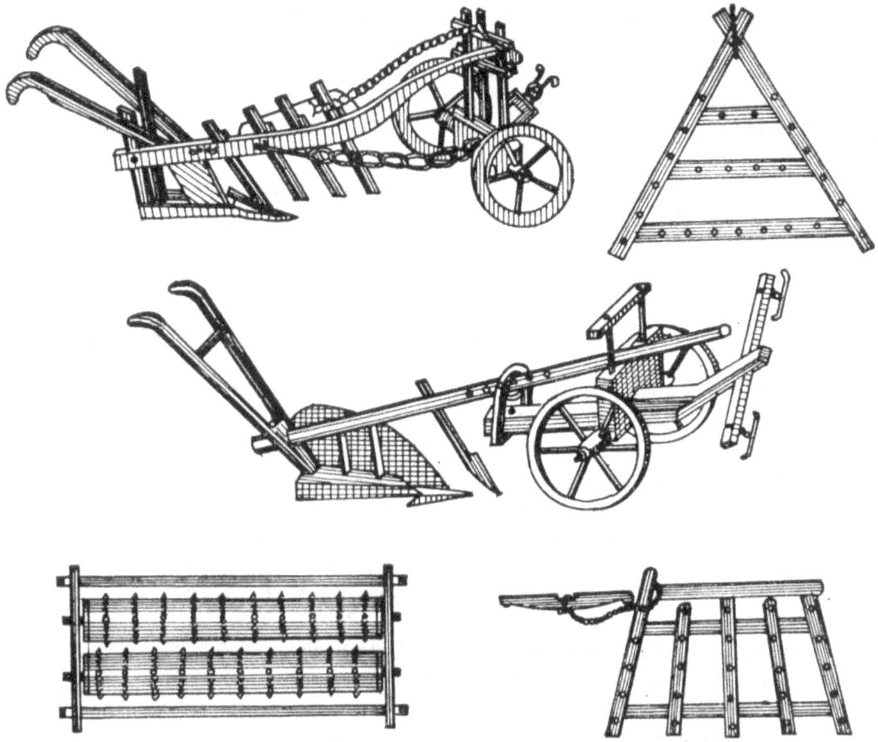

Abb. 102. Englisch-französische Ackergeräte in einer deutschen Publikation. Der Beetpflug mit gewundenem rechtsseitigem Streichbrett wurde vom deutschen Kupferstecher in einen Linkswender verwandelt.

Die Tätigkeit der zuletzt genannten Institution ist Gegenstand einer bedeutsamen wirtschaftsgeschichtlichen Untersuchung, die H.-H. Müller unter dem Titel „Akademie und Wirtschaft im 18. Jahrhundert" vorgelegt hat, auf die im Verlauf der Darstellung schon mehrfach hingewiesen worden ist. Seine Hauptquelle bilden die agrarökonomischen Preisfragen und Preisschriften der Akademie zwischen 1783 und 1800, erweitert um zahlreiche weitere zeitgenössische Materialien. Das Ergebnis ist eine beeindruckende, über den akademiegeschichtlichen Ausgangspunkt weit hinausführende Analyse der Produktivkräfteentwicklung des agrarischen Bereichs für die zweite Hälfte des 18. Jahrhunderts. Müller schließt damit an seine auf denselben Zeitraum bezogene, ebenfalls schon mehrfach zitierte „Märkische Landwirtschaft" an. In der neuen Darstellung ist der Untersuchungsraum bedeutend weiter — nach Maßgabe der Heimatlandschaften der Preisschriftenbewerber, die zwischen Westfalen und Hinterpommern, Mecklenburg und Thüringen, teilweise auch außerhalb Deutschlands zu Hause waren. Prominentester preisgekrönter Verfasser war Johann Christian Schubart. Thematische Schwerpunkte innerhalb der Preisaufgaben bilden Futterbau, Stallfütterung, Koppelwirtschaft und Düngung, die sachlich aufeinander bezogen sind und in der Tat die wesentlichsten Initiativen im landwirtschaftlichen Bereich während der Untersuchungszeit markieren. H.-H. Müller legt überzeugend die Rolle der zumeist bürgerlichen Pächter, Amtleute, Pfarrer und einzelner Bauern dar und kann bedeutende durch sie erzielte Fortschritte in der Agrarökonomie nachweisen, zumindest der Tendenz nach. Die ständige Kollision mit den vorherrschenden feudalen Produktionsverhältnissen wird genau beachtet und nuanciert gewertet, der tatsächlich erreichte Fortschritt — zumal bei der Masse der feudalabhängigen Bauern — nicht über Gebühr vergrößert. Biographische Details aus so widersprüchlichen Lebensläufen wie dem des preußischen Ministers Johann Christoph Wöllner, Schilderungen des Akademiebetriebs, Interpretationen des Einflusses englischer und französischer Wissenschaft, Hinweise auf das Wirken von Persönlichkeiten des europäischen Geisteslebens wie Rousseau, Quesnay, Adam Smith, Young usw. erweitern den wirtschaftsgeschichtlichen Aspekt gezielt um den kulturgeschichtlichen.

Es mag daher verwundern, wenn ausgerechnet von kulturgeschichtlich-volkskundlicher Seite aus kollegial ein Bedenken angemeldet wird. Seine Richtung ist bereits dadurch angedeutet, daß die von H.-H. Müller herausgestellten Initiativen zur Vervollkommnung der Landwirtschaft erst jetzt, als Bestandteil des literarischen Überbaus, Erwähnung finden. Diskussionswürdig erscheint also die Kardinalfrage, ob die agrarökonomischen Preisschriften tatsächlich eine „Widerspiegelung" des Entwicklungsstandes der landwirtschaftlichen Produktion (S. 148) darstellen bzw. wie weit man mit dieser Prämisse gehen darf. Es soll nun nicht behauptet werden, jene Schriften besäßen keinerlei Zusammenhang mit der landwirtschaftlichen Praxis. Die Frage ist nur, aus welcher Praxis sie erwuchsen und wessen praktische Erfahrungen sie widerspiegeln. Müller selbst weist an zwei Beispielen auf den hypothetischen Charakter mancher Preisschriften hin (S. 244–246), und man täte m. E. gut daran, auch bei weiteren Preisschriftbewerbern in Zweifel zu ziehen, ob sie die befürworteten Neuerungen, von denen Müller allgemein annimmt, „daß ihre Verfasser, soweit sie Gutsinhaber waren, sie auf ihren Wirtschaften verwirklicht hatten" (S. 233), tatsächlich in der Praxis ständig anwandten. Es sind ja überwiegend Selbstzeugnisse der Autoren und — außerhalb der Preisschriften — gegenseitige publizistische Bescheinigungen, die das positive Bild vermitteln. Männer wie Schubart waren zweifellos tätige Vorbilder, die ihre zuvor gemachten Wirtschaftserfahrungen anschließend publizierten. Bei manchen anderen halte ich das nicht für sehr wahrscheinich, solange authentische Pachtverträge, Wirtschaftsjournale, Rechnungen, Inventarverzeichnisse, und anderes primäre Quellengut als „Beweisstücke" fehlen. Grundlage der Erkenntnis braucht nicht die eigene Wirtschaft gewesen zu sein, ja nicht einmal die von Vorbildern in der engeren oder weiteren Region, sondern die schon vorliegende „Fachliteratur" — auch außerdeutsche — hat sicherlich oft erkenntnisvermittelnd gewirkt und den Anstoß zu eigener publizistischer Produktion gegeben. Das entspräche durchaus dem Zug der Zeit im schreibfreudigen 18. Jahrhundert, zumal in Deutschland. In England lagen die Dinge anders: „Der Unterschied zur deutschen, kameralistischen Literatur bestand wohl darin, daß die Engländer im allgemeinen zeigten, wie es auf den kapitalistischen Wirtschaften tatsächlich gemacht worden war, während die deutschen Veröffentlichungen hauptsächlich darlegten, wie es sein sollte" (S. 298). Diese Einschätzung H.-H. Müllers, die auf die kameralistische Literatur im eigentlichen Sinne gemünzt ist, kann m. E. auch auf viele akademische Preisschriften übertragen werden, ohne damit ihren Wert für die Entwicklung der Produktivkräfte zu schmälern. Es stand ja in ihnen überwiegend Richtiges, Vorwärtsweisendes — aber verhielt es sich damit nicht wie mit der Revolution der Deutschen: nicht vorhanden in der Praxis, nur in den Köpfen?

Ein kompliziertes Problem stellt auch das Thema „Akademische Preisschriften und Bauern" dar. Es steht fest, daß die Intentionen jener agrarökonomischen Publizisten durchaus auch auf die bäuerliche Wirtschaft gerichtet waren. Schubart versah seine 1783 preisgekrönte Akademieabhandlung über den Futterbau 1784 mit einem Vorwort, betitelt „Gutgemeinter Zuruf an alle Bauern, die Futtermangel leiden", und ließ die Schrift in mehreren tausend Exemplaren verteilen. „Sie wurde zum Volkslesebuch über den Kleeanbau", urteilt Müller in seinem Buch (S. 158), und sie soll tatsächlich auch die Bauern selbst erreicht haben. Der letztgenannte Punkt fordert zunächst zum Widerspruch heraus, der jedoch hinfällig wird, wenn man solche Fälle in den richtigen Relationen sieht. In Kursachsen etwa, wo die ländliche Volksbildung nicht den Tiefstand wie in den meisten ostelbischen Territorien aufwies, mögen sich einzelne Bauern an die Lektüre des „Zurufs" gemacht und seine Ratschläge befolgt haben. Daß die Masse der feudalabhängigen deutschen Bauern ähnlich handelte, ist ausgeschlossen und von H.-H. Müller auch nirgends behauptet worden; er konstatiert Fortschritte dort, wo sie, wenn auch ausnahmsweise, zu finden sind — ihr

Fehlen ist nicht sein Thema. Dadurch kommt allerdings ein gewisser euphorischer Zug ins Bild, der sich auch da ausprägt, wo es um eine noch krassere Ausnahmeerscheinung geht, nämlich Bauern als Preisschriftbewerber. Eine nähere Einschätzung muß hier aus Raumgründen unterbleiben; man vergleiche meine Rezension des Müllerschen Buches, das unser Wissen von der Entwicklung der agraren Produktivkräfte im Spätfeudalismus in ganz einmaliger Weise bereichert hat.[536a]

Die akademischen Preisschriften stellen freilich nur einen kleinen Teil all jener Publikationen dar, die während der zweiten Hälfte des 18. Jahrhunderts zum Zweck ökonomischer und besonders landwirtschaftlicher Belehrung massenhaft veröffentlicht wurden (vgl. Taf. XIV und Abb. 105). Ihr Wert ist sicherlich sehr differenziert einzuschätzen, der durch sie verkörperte Fortschritt, wie er sich im Übergang von der Hausväterliteratur und der Kameralistik zum Physiokratismus und schließlich um die Jahrhundertwende, als Albrecht Daniel Thaer zu publizieren begann, zur bürgerlichen speziellen Agrarökonomie und Landwirtschaftswissenschaft vollzog, indessen unabweisbar. Auch um 1750 schon zeigt sich zweifellos ein fortgeschrittenerer Stand des landwirtschaftlichen Wissens und seiner publizistischen Aufarbeitung als in der Ära Colers und v. Hohbergs oder gar der Autoren des späten 16. Jahrhunderts. Schon ein rascher Blick auf die Abbildungen läßt den Unterschied erkennen: künstlerische Darstellungen einst — Werkbilder jetzt (vgl. Abb. 105). Und liest man nach, so zeigt sich, daß in mancher „Experimental-Oeconomie" oder „Oeconomia forensis", in enzyklopädischen und lexikalischen Zusammenfassungen, Reisejournalen, Briefwechseln usw. durchaus Gutes, Nützliches, wenngleich auch Widersprüchliches über neue Geräte und erste Maschinen, über Fruchtfolgen und Spanntierprobleme zu finden war. Niveaumindernd wirkten manchmal die feudalen Ausbeutungsverhältnisse, indem wesentliche Fragen — etwa der Wahl des Hauptbodenbearbeitungsgeräts — im Kontext von Frondienstregelungen dargelegt werden mußten.[537] Einsicht in progressive Technologien fehlte vor allem einigen ostelbischen Autoren der „unteren Garnitur"; ein Mecklenburger brachte die Auffassung zum Druck, daß auf leichteren Böden die Walze entbehrlich sei,[538] ein anderer ließ sich unbelehrbar gegen die vegetabilische Düngung durch Klee und gegen andere nützliche Maßnahmen, für Brache und Gutsschäfereien aus,[539] noch andere propagierten den Ochsenhaken gegenüber dem Beetpflug usw.[540] Im übrigen wurden alle möglichen Verbesserungsvorschläge an geeigneter und ungeeigneter Stelle publik gemacht, akzeptiert, verworfen, wieder aufgenommen, so daß ein tatsächlich Lernbegieriger alles Richtige, aber auch — bezogen auf die regionale Spezifik — alles Falsche aus der „Fachliteratur" hätte entnehmen können. Justus Möser hat das um 1770 ironisch so formuliert: „Wie würde es uns armen Leuten gegangen sein, wenn wir alle die Vorschläge, die nun seit zehn Jahren zur Verbesserung des Ackers gemacht sind, befolget hätten? Wenn wir alle die Säemaschinen und alle die Arten von Pflügen angeschaffet hätten, welche in dieser Zeit angepriesen und vergessen sind? Wenn wir alle die Futterkräuter gesäet und alle die Ackerbestellungen nachgeahmet hätten, wovon man uns ein so herrliches Bild gemalet hat?"[541]

[536a] JVK 21, 1978, S. 223f.
[537] v. Benekendorf 1780, 6, S. 86f., § 755.
[538] v. Vegesack 1766, S. 135.
[539] v. Engel 1786—89, 1, S. 127—142, 259—278; 2, S. 262ff.; 3. S. 486—494.
[540] Streubel 1753; Schumacher 1774.
[541] Möser 1943, 4, S. 184.

Dabei wurde von der Mehrzahl aller Autoren durchaus im Sinne des betriebstechnischen Fortschritts geschrieben, abgeschrieben, nachgedruckt und übersetzt. Als ganzes bot diese Literatur keine „Ökonomik" alten Stils mehr dar, keine unrationell-metaökonomischen Leitbilder, sondern überwiegend von Rationalität getragene Ansichten, die — bei allen Niveauunterschieden — im historischen Vorfeld der Entwicklung einer bürgerlichen Landwirtschaftswissenschaft eine durchaus positive Rolle spielten.

Namentlich das stark zunehmende Übersetzungswesen bewirkte einen beachtlichen Erkenntniszuwachs. Während unserer Untersuchungszeit wurden allein 49 einschlägige englische Werke ins Deutsche übersetzt.[542] Auch von der französischen Agrarökonomie, die ihrerseits viele Anregungen aus England aufgenommen hatte (Jethro Tulls Werk war durch Duhamel du Monceau übersetzt worden), nahm man, wie schon zuvor, ständig Kenntnis — Textpassagen und Abbildungsserien in der Krünitzschen „Oeconomischen Encyclopädie" (1773ff.) belegen das hinlänglich. Quesnay und Mirabeau d. Ä. (mit seiner „Philosophie rural") fanden Interesse bei fortschrittlichen Landwirten. Einzelne — wie Graf Rantzau oder Caspar Voght — besaßen eine ganze Bibliothek ausländischer Fachliteratur und werteten sie praktisch aus.[543]

Eine literarische „Fernwirkung" vom Ausland auf die landwirtschaftliche Praxis hat es in größerem Stil jedoch kaum gegeben. Selbst die oben namhaft gemachten Persönlichkeiten verdankten ihren Englandaufenthalten sicherlich ungleich mehr als ihrer Literaturarbeit. Und noch eins fällt auf: Die Niederlande, eine der führenden landwirtschaftlichen Regionen in Europa (von wo übrigens England im 17. Jahrhundert die stärksten Anregungen empfangen hatte), standen hinsichtlich der Produktion landwirtschaftlicher Literatur deutlich zurück. Aber ihre Ausstrahlung war dennoch ganz bedeutend: Die Mennoniten brachten ihre Kenntnisse des Futterbaus und anderer Produktionszweige mit, u. a. in die Pfalz und ins Saarland, wo sie als „Wegbereiter des landwirtschaftlichen Fortschritts" galten;[544] niederländische „Partizipanten" führten in Nordfriesland neue Produktionsverfahren und Kulturpflanzen ein;[545] ihre Leistungen als Deichbauer und mobile Mühleningenieure und „Mühlenärzte" sind bekannt. Zu erforschen wäre niederländischer Einfluß im deutschen Niederrheingebiet. Ganz sicher verdankt Ostfrieslands Feld- und Viehwirtschaft dieser Zeit sehr vieles dem Vorbild des unmittelbaren Nachbarn. Hier wirkte das Beispiel über die Grenze, aber nicht durch Literatur.

Geben wir zum Thema theoretischer/praktischer Vorbildwirkung nochmals Justus Möser das Wort, der aus der Sicht des Bauern erklärte: „Man beschuldige uns keines Eigensinns. Die Kartoffeln sind noch nicht viel über dreißig Jahre in Westfalen bekannt; und gleichwohl baut sie schon ein jeder. Die Feldmauern sind erst vor vierzig Jahren aufgekommen; dennoch sind sie nunmehro fast durchgehends, wo Steine zu haben und Feldmauern nützlich sind, anstatt der Zäune und Hecken eingeführt. Der Hanfbau ist fünfzig Jahr in hiesigen Gegenden alt und gleichwohl jetzt schon überall, wo es nur möglich ist, gemein; vor sechzig Jahren säete noch niemand Buchweizen ins Moor; und jetzt wird er überall gesäet. Der Weizenbau vermehrt sich täglich in Gegenden, wo man ihn vorhin gar

542 Müller H.-H. 1969, S. 129—135; vgl. Müller H.-H. 1975, S. 304—311. Vgl. allg. zum englischen Einfluß auch Schröder-Lembke 1964.

543 Prange 1971, S. 231; Ahrens 1969, S. 125f.

544 Haard 1964, S. 261.

545 Hanssen 1884, 2, S. 359ff., 370f.

nicht möglich glaubte. Wir sind also folgsam — aber gegen Erfahrungen und nicht gegen Projekte und unsichere Proben."[546]

Nichtsdestoweniger bestand die Intention vieler Autoren darin, mit ihren Lehren auch auf die Bauern Einfluß zu nehmen. Natürlich erwartete man nicht, daß die gelehrten Ab-

Abb. 103. Englisch-schottischer Schwingpflug, publiziert in Krünitz' Enzyklopädie.

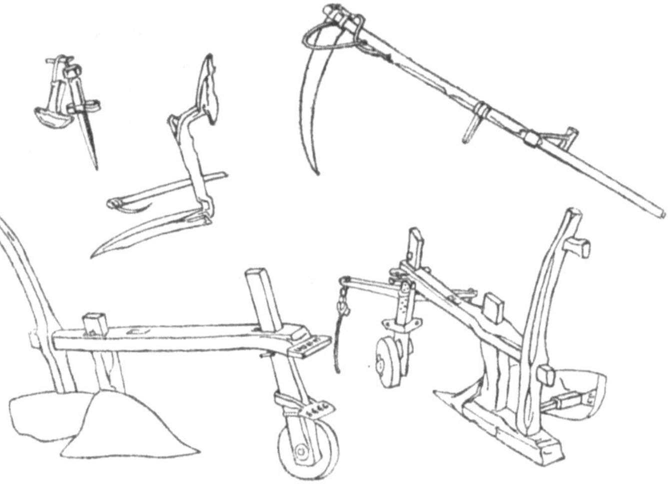

Abb. 104. Niederländische Geräte: Dengelhammer und -amboß, Sichte mit Mathaken, Bügelsense, Beetpflug mit hölzernem Streichbrett, gewundenem Schar-Streichblech-Beschlag und Radstelze.

handlungen, die dickleibigen Lexika und die vielbändigen Enzyklopädien in die Hand von Bauern gelangten. Daher entstand eine Art Traktat-Literatur, mit der dieses Ziel erreicht werden sollte. Den Inhalt bildete landwirtschaftliche Unterweisung, abgeleitet aus den „Standardwerken" oder auch aus eigener praktischer Erfahrung. Konzentrierte Darbietung wechselte ab mit Einbettung in Kalendarien, Handbüchlein usw. So wurden in Nord und Süd Titel auf den Markt gebracht wie „Gespräch über den Anbau ...", „Menschenfreundlicher Catechismus", „Kurzes Gespräch zwischen einem Landmann und einem Prediger ...", „Der Baurenfreund in Niedersachsen" und viele andere. Manches

546 Möser 1943, 4, S. 185. Vgl. Anm. 194.

davon war objektiv von minderem Wert, auch Fortschrittfeindliches mit offen feudal-apologetischer Aussage findet sich gelegentlich. In der fachlichen Gediegenheit, die antifeudale Aussage einschloß, markiert den Höhepunkt dieser Art Literatur Schubarts schon mehrfach erwähnter „Zuruf“ von 1784.

Als positive Beispiele sind auch die Schriften des Kupferzeller Pfarrers Mayer zu nennen: seine Bauernkalender, sein „Catechismus des Feldbaus“ (1770), worin er das „Gipsen“ der Felder propagierte, u. a. Er war sich zugleich bewußt, daß seine Druckerzeugnisse nur dann eine Chance hatten, belehrend zu wirken, wenn die Bauern einigermaßen des Lesens und Schreibens kundig waren, wofür er sich im Fürstentum Hohenlohe tatkräftig einsetzte. Die Wirtschaften der Hohenlohischen Bauern galten damals als vorbildlich in Deutschland — aber durch bäuerliche Lektüre war das offensichtlich nicht bewirkt worden. In 22 Nachlaßverzeichnissen aus dem Dorf Eichenau (vor 1785)[547] fand sich unter den vorhandenen geistlichen Schriften nicht ein einziges ökonomisches Traktat! Ähnlich sah es mit dem Bücherbesitz braunschweigischer Bauern im 18. Jahrhundert aus.[548] Ein oberlausitzischer Bauer, der 1776 einen Bücherschatz von 65 Titeln (!) sein eigen nannte, hatte darunter wiederum kein einziges ökonomisches Buch oder Büchlein.[549] In diesen Fällen kann also nicht Analphabetismus geltend gemacht werden — der die Masse der deutschen Bauern noch vom Lesen ausschloß —, sondern hier liegt offensichtlich mangelndes Leseinteresse vor, was die „ökonomische“ Literatur betrifft. Für den Bauern, selbst den relativ gebildeten, war die Landwirtschaft demnach kein Feld theoretischer Beschäftigung. Pächter, Ackerbürger und Handwerker mit Landbesitz waren möglicherweise dankbarere Konsumenten dieser Literatur.

Ein Gegenbeispiel soll nicht verschwiegen werden. Der Verfasser einer Schrift mit dem Titel „Der gute Feld- und Hauswirth ...“ (1788) verzeichnet unter seinen Subskribenten zahlreiche erzgebirgische Gemeinden und Dorfrichter, d. h. wahrscheinlich Bauern.[550] Die weitgehende Beschränkung des Buches auf Verhältnisse „in dem Kurfürstl. sächs. Erzgebirge“ mag das Interesse erregt haben, wie ja auch Schubarts „Zuruf“ nicht zufällig an die kursächsischen Bauern im besonderen gerichtet war. Im ganzen genommen haben sich die Hoffnungen der in dieser Weise bemühten ökonomischen Literaten sicherlich nicht erfüllt. Der von ihnen verkündete Fortschritt erreichte größtenteils auf anderen Wegen und Umwegen sein Ziel. Manches verhallte völlig ungehört, was jedoch in Anbetracht der mangelnden Qualität vieler derartiger Publikationen des Bauern Schade nicht gewesen ist.

In anderer Weise muß man jene literarische Produktion beurteilen, die den Bauern nicht nur zum Adressaten ihrer Bemühungen, sondern auch als literarische Figur erkoren hatte. Wir beschränken uns dabei auf den progressiven Strang dieser Richtung im Rahmen der bürgerlichen Volksaufklärung. Um sogleich auf den wirkungsgeschichtlichen Aspekt zu kommen: Der pädagogische Optimismus der Volksaufklärer auf dem Gebiet der landwirtschaftlichen Bildung zeigt sich glänzend bestätigt, wenn man das folgende Beispiel ins Auge faßt.

Von Rudolph Zacharias Beckers „Noth- und Hülfs-Büchlein für Bauersleute“ (Gotha/Leipzig 1788, Abb. 106) wurden allein im Ersterscheinungsjahr 10000 Exemplare abge-

547 Steinle 1971, S. 147.
548 Wiswe 1975.
549 Bentzien 1973, S. 175—177, 184f.
550 Rupprecht 1788.

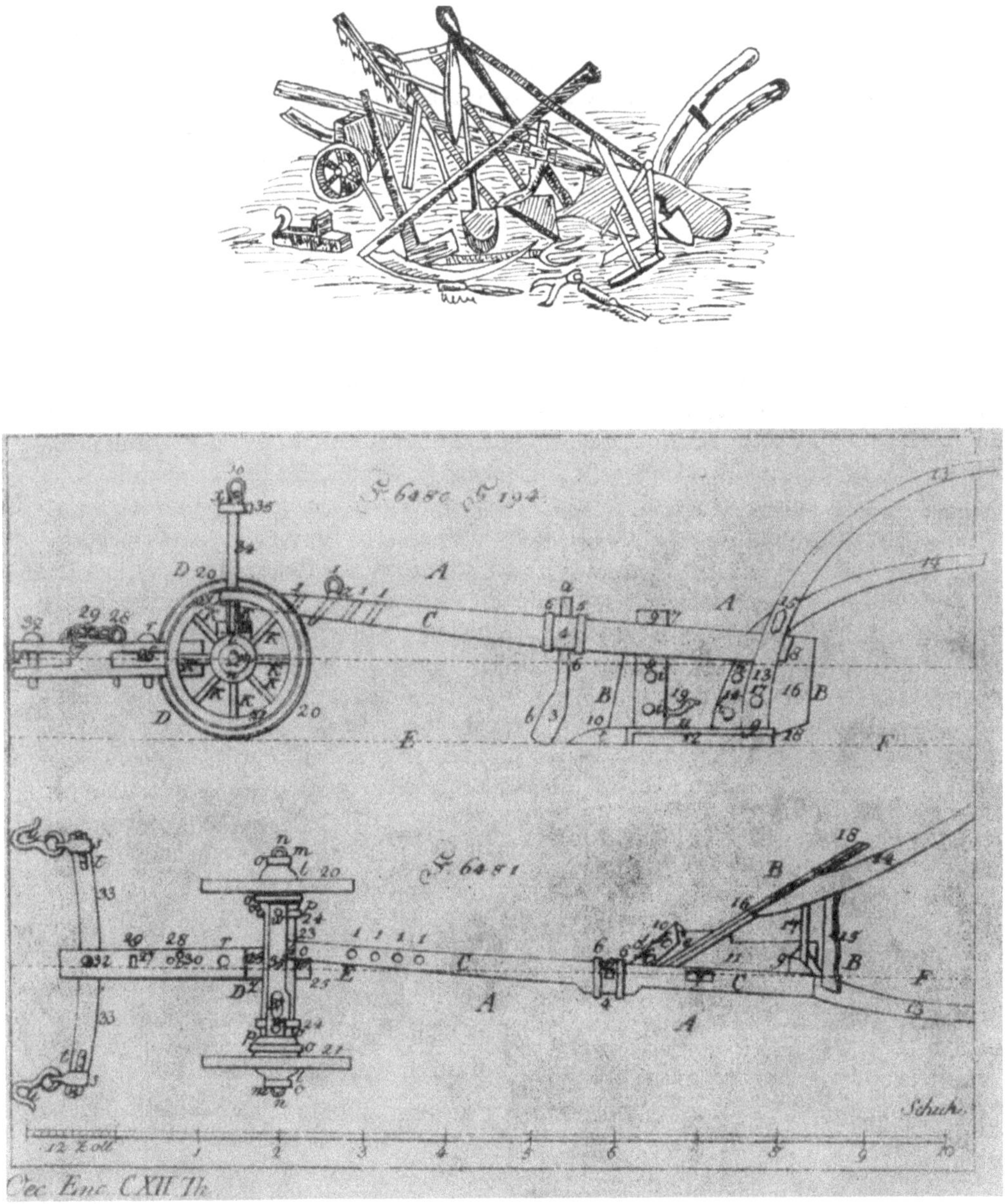

Abb. 105. Titelholzschnitt und Werkzeichnung. Oben: Gerätschaften, „künstlerisch" gruppiert: seitenverkehrt wiedergegebener „moderner" Beetpflug, Sense ohne Bügel oder Korb, unnatürlicher Dreschflegel u. a. Unten: Werkzeichnung eines Beetpfluges „altdeutschen" Typs — Seitenansicht von links, Draufsicht.

setzt, und die Gesamtauflage überstieg in den folgenden Jahrzehnten eine Million, womit es zum „billigsten und populärsten Buch seiner Zeit" wurde.[551] Becker selbst war sich zu Recht bewußt: „Es werden auch in keinem Lande von der Welt so viel und so gute Bücher von der Landwirthschaft gemacht, als in Obersachsen: aber unter hundert Bauern ist kaum einer, der Bücher liest" (S. 250), was selbstverständlich auch und gerade für andere Landschaften mit niedrigerer Volksbildung vorauszusetzen ist. Sein eigenes Buch und dessen Wirkung beurteilt er anders, wie es ja auch das Publikum offenbar getan hat.

Was zunächst die in dem Zitat angesprochene Güte der landwirtschaftlichen Belehrung angeht, so übertraf das neue Druckerzeugnis seine ungelesenen Vorgänger nicht, im Gegenteil. Die Mildheimer Bauersleute, deren freudvolle und traurige Erfahrungen den personellen Rahmen für Beckers Belehrungen abgeben, versuchen sich in allerlei landwirtschaftlichen Praktiken, die sich der Autor sehr eklektisch angelesen hat und durchweg unkritisch empfiehlt. Neben zeitgemäßen Ratschlägen für den Futterbau (S. 284ff.) und dem gewiß positiven Hinweis auf die Führung eines „Ackerbuches" (S. 280f.) stehen fragwürdige Beschreibungen und Abbildungen einer böhmischen „Rolle" zum Leinsamenreinigen (S. 242) und des Mecklenburgischen Hakens (S. 287ff.), den der wandernde Mildheimer Bauer Wilhelm Denker — befahren zwischen der Schweiz und der Ostseeküste — daheim mit dem Erfolg probiert, „daß Denker reineres Korn bauete als seine Nachbarn." Und das (nimmt man den Verlagsort Gotha als Anhaltspunkt) in einem Gebiet, wo der thüringische Statenpflug mit seiner stabilisierten Konstruktion ein anerkanntes Bodenbearbeitungsgerät war, worüber sich aber noch nichts nachlesen ließ wie bei Schumacher oder Krünitz, die Becker für seine absurde Haken-Propaganda benutzt hat (vgl. Abb. 107). Literaturangaben finden sich übrigens in der Erstauflage nicht, mit Ausnahme der „Hausmutter" Germershausens (S. 76), eines ziemlich unbedeutenden Titels, während in späteren Auflagen immerhin Johann Friedrich Mayer auftaucht; Schubarts „Zuruf" scheint Becker nicht zur Kenntnis genommen zu haben, er fehlt also auch in der fiktiven „Mildheimischen Schul- und Gemeinde-Bibliothek". Nein, das „Noth- und Hülfs-Büchlein" stand nicht auf der Höhe des landwirtschaftlichen Wissens der Zeit. Das war aber auch kaum die Absicht des Autors und anderer Volksaufklärer.

Die Volksaufklärung schuf — auch da, wo sie erklärtermaßen Bauernaufklärung bezweckte — keine landwirtschaftliche Fachliteratur. Ihr Ziel war allgemeine bürgerliche Menschenbildung, Zielobjekt war der bildungsfähige Mensch aus dem Volk, Gegenstand der literarischen Gestaltung der gebildete Bauer. Zu dieser Bildung gehörte rationelles Wirtschaften, das man anpries und dessen Naturwüchsigkeit besonders herausgestellt wurde, aber nicht allein. Der „philosophische" Musterbauer, wie ihn Hans Caspar Hirzel in der Person des schweizerischen Bauern Jakob Guyer, genannt Kleinjogg, publik machte, vereinigte solche erstrebenswerten Eigenschaften wie Naturverbundenheit, Pflichterfüllung, Genügsamkeit, Wirtschaftsdenken.[552] Kleinjogg selbst wurde zu einer populären Figur des geistigen Europa: Rousseau sang sein Lob, Goethe, der ihn besuchte, nannte ihn „eines der herrlichsten Geschöpfe, wie sie diese Erde hervorbringt".[553] Zwischen 1761 und 1792 entstand um diesen Mann eine ganze Literatur.[554] Sie drängte ein anderes Bauernbild, das des „gelehrten" Bauern und des „Bauernastronomen" weitgehend in den Hinter-

551 Kühn 1970, S. 143f., Anm. 99.
552 Ebda., S. 129.
553 Franz 1970, S. 238.
554 Hauser 1961, S. 215.

36.

Wie Wilhelm Denker das Heimweh bekommen, seinen Abschied erhalten und eine eigne Haushaltung angefangen.

Hab' ich ein Häuschen und etwas Feld:
So ist es gar herrlich um mich bestellt;
Da nehm' ich ein braves lieb Weibchen dazu,
Arbeite fleißig und lebe in Ruh.

Alles, was nun Wilhelm Denker bey dem braven Kleinjogg gesehen und gehört hatte, nahm sein Gemüth so ein, daß er vor der Begierde, eine eben so schöne und ordentliche Wirthschaft anzufangen, nicht mehr schlafen konnte und in seinen Geschäften ganz verwirrt wurde. Ein liebreicher Herr merkte, was ihm fehlte, und weil sich Denker in seiner ganzen Dienstzeit redlich und treu verhalten hatte: so dachte der Herr, er könne ein gutes Werk thun, wenn er ihm unter die Arme griff, daß er sein Vorhaben durch-

Abb. 106. Illustration aus einem der meistverkauften Bücher der deutschen Popularaufklärung mit landwirtschaftlichem Inhalt: Mecklenburgisches Hakengespann in Beckers „Noth- und Hülfs-Büchlein“.

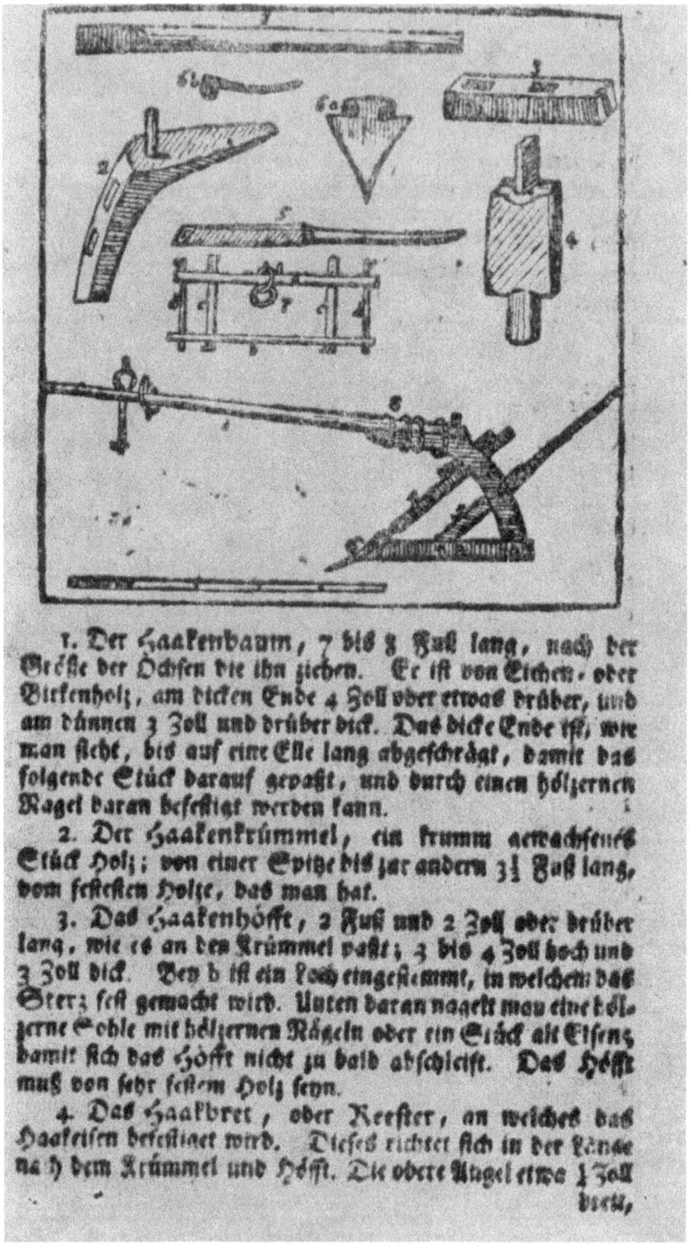

1. Der Haakenbaum, 7 bis 8 Fuß lang, nach der Größe der Ochsen die ihn ziehen. Er ist von Eichen- oder Birkenholz, am dicken Ende 4 Zoll oder etwas drüber, und am dünnen 3 Zoll und drüber dick. Das dicke Ende ist, wie man sieht, bis auf eine Elle lang abgeschrägt, damit das folgende Stück darauf gepaßt, und durch einen hölzernen Nagel daran befestigt werden kann.

2. Der Haakenkrümmel, ein krumm gewachsenes Stück Holz; von einer Spitze bis zur andern 3½ Fuß lang, vom festesten Holze, das man hat.

3. Das Haakenhöfft, 2 Fuß und 2 Zoll oder drüber lang, wie es an den Krümmel paßt; 3 bis 4 Zoll hoch und 3 Zoll dick. Bey b ist ein Loch eingestemmt, in welchem das Sterz fest gemacht wird. Unten daran nagelt man eine hölzerne Sohle mit hölzernen Nägeln oder ein Stück alt Eisen, damit sich das Höfft nicht zu bald abschleift. Das Höfft muß von sehr festem Holz seyn.

4. Das Haakbret, oder Reester, an welches das Haakeisen befestiget wird. Dieses richtet sich in der Länge nach dem Krümmel und Höfft. Die obere Kugel etwa ½ Zoll breit,

Abb. 107. Werkzeichnung in Beckers „Noth- und Hülfs-Büchlein“: Mecklenburgischer Haken mit Details, übernommen aus der Fachliteratur (wahrscheinlich Krünitz’ Encyclopädie).

grund. In der literarischen Nachfolge Hirzel-Kleinjoggs steht die gesamte pädagogische Dorfutopie[555] von Pestalozzi über Salzmann bis zu Becker. Mehr oder weniger sind darin Rousseausche Gesellschaftsauffassungen präsent.[556] Ihre äußerste Konkretisierung erfuhren sie im Falle Pestalozzis, der für die unentgeltliche Aufhebung der Feudallasten eintrat, freilich nicht schon in „Lienhart und Gertrud", sondern nachdem er sich vom „Ökonomischen Patrioten" zum Parteigänger und Ehrenbürger des revolutionären Frankreich fortentwickelt hatte.[557] Und Becker, unter deutschen Verhältnissen tätig, veröffentlichte einen radikalen Vorschlag, nämlich die Zerschlagung der Rittergüter,[558] distanzierte sich an Ort und Stelle vorsichtshalber davon, hatte ihn damit aber immerhin diskutabel gemacht.

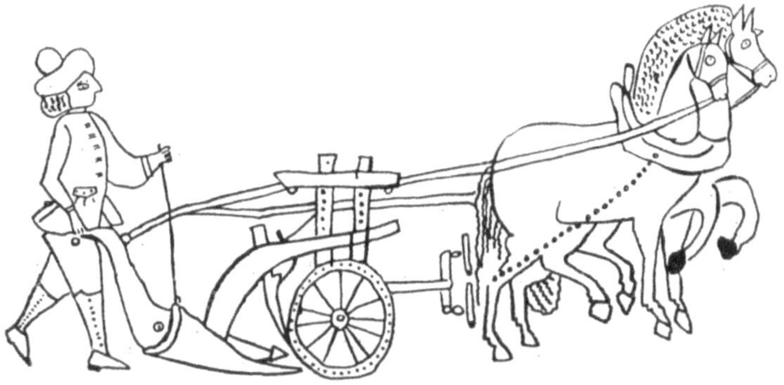

Abb. 108. Dekor eines Stückes niederrheinischer „Bauern"-Töpferei: Bauer mit Hunspflug, der ein umsetzbares gewundenes Streichbrett oder -blech besitzt und von Pferden in Kummeten gezogen wird. Eine Inschrift unter dem Bild besagt, daß ohne Ackermann keine Gerste zu Bier verbraut werden würde. — Töpferort Schaephuysen.

Weitere praktische Schlüsse desselben Autors zielten auf die Aufhebung der herrschaftlichen Triftgerechtigkeit und die Ablösung der Fronen.[559] Dieses bürgerliche Gedankengut war es, das dem „Noth- und Hülfs-Büchlein" eine so große Leserschaft sicherte. Auf diese Stellen wird der Bauer besonders gehört haben, wenn man ihm daraus vorlas; darum wurde es populär — und nicht, weil der Bürger dem Bauern allerlei von der Landwirtschaft erzählte.

Die Rezeption „aufklärerischer Bemühungen durch die bäuerliche Bevölkerung" ist in jüngster Zeit auch von der bürgerlichen Forschung behandelt worden. R. Wittmann ist nach eingehender Prüfung der Lesefähigkeit, der Lesemöglichkeiten, der Lesebereitschaft und des Lesebedürfnisses der werktätigen Landbevölkerung zu dem Schluß gelangt, daß hier in der zweiten Hälfte des 18. Jahrhunderts jede Voraussetzung für eine Lesekultur fehlte und das Klischee vom „lesenden Landmann" eine Wunschvorstellung bestimmter

555 Kühn 1970, S. 122ff.
556 Weißel 1963, S. 208–211.
557 Schmidt G. C. L. 1932, S. 179.
558 Becker 1825, S. 842ff.; auch schon in der mir z. Z. nicht zugänglichen Erstauflage von Teil 2 (Becker 1789), laut Ankündigung am Ende von Teil 1 des Erstausg. (Becker 1788). Die Auswertung des „Noth- und Hülfsbüchleins" wird Rudolf Quietzsch verdankt.
559 Becker 1825, S. 789ff., 832ff.

aufklärerischer Literaten gewesen sei. Er scheint sogar die Vermittlung durch Vorleseabende — etwa im ländlichen Pfarrhaus — in Frage zu stellen. Falsch wird die Aussage an dem Punkt, wo behauptet wird, fehlende Rezeption gründe sich auch auf den Charakter der zu rezipierenden Literatur, indem „aufklärerischer Lesestoff der ländlichen Bevölkerung inadäquat war und deshalb von ihr abgelehnt wurde".[560] Hier fehlt eine differenzierte Analyse jener Schriften zur Volksaufklärung, wie sie von der marxistischen Historiographie und Literaturwissenschaft angebahnt worden ist.[561] Die Charakterisierungen als rückwärtsgewandt, obrigkeitstreu u. ä., ja als „Matthias-Claudius-Verschnitt" zielen weit

Abb. 109. Dekor eines Stückes Thüringischer Fayencemanufakturware: Bauer mit geschultertem Dreschflegel. Im Gegensatz zu Abb. 108 ist keine Arbeitsszene dargestellt.

daneben. Andere Feststellungen sind realer, so die, daß sich eine gewisse Rezeptionsbereitschaft eher bei der mobileren ländlichen „Unterschicht" als bei den eigentlichen Bauern abzeichnet, daß agrarökonomische Belehrung mehr von den kleinstädtischen Ackerbürgern als von den Bauern gesucht wurde, daß das aktuell-politische Informationsbedürfnis besonders ab 1789 dominierend gegenüber ökonomischem Unterweisungs- und belletristischem Unterhaltungsbedürfnis war. Weiterhin auf der Tagesordnung verbleibt die Frage nach der tatsächlichen Rezeption bürgerlicher Literatur und Ideologie durch die ländlichen Volksmassen im deutschen Spätfeudalismus, wobei vor allem die Subjekt-Objekt-Dialektik dieses hochinteressanten Prozesses zu klären wäre. Untersucht hat dieses Problem der sowjetische Agrarhistoriker J. Kahk anhand der baltischen Bauern und des Bauernbildes der progressiven baltischen Publizisten vor und nach 1800. Er stellt fest, „daß dieser literarisch-politische Bauer die Interessen des eigentlichen Bauern vertrat, und zwar ganz gut, obwohl der eigentliche Bauer von dessen Existenz gar nichts wußte", und gelangt abschließend zu der brillanten These: „Der Bauer im tatsächlichen Leben und der Bauer in der Vorstellung der progressiven Publizisten standen auf derselben Seite der Barrikade."[562]

Damit ist als entscheidendes Mittel der bürgerliche und bäuerliche Klassenkampf angesprochen, der gegen die Feudalordnung gerichtet war. Er allein entschied letztlich über

[560] Wittmann 1973, 173.
[561] Weißel 1963; Kühn 1970.
[562] Kahk 1973, S. 358, 363.

die Durchsetzung des Fortschritts in der Landwirtschaft. Solange feudale Produktionsverhältnisse herrschten, blieben alle agrartechnischen Fortschritte eng begrenzt, waren sie in ihrer Gesamtheit eine ideelle Vorwegnahme und nur vereinzelt Realität. Zu einfach wäre demnach der Schluß, die weitentwickelten Produktivkräfte im agrarischen Bereich hätten die Ablösung der feudalen Produktionsverhältnisse in der Landwirtschaft erzwungen. Geschichtsphilosophisch gesprochen ging es „nicht schlechthin [um] das Anheben der Produktionsverhältnisse auf den durch die Produktivkräfte erreichten Entwicklungsstand" — weil dieser nämlich immer noch niedrig war —, sondern um das „Gleichziehen der Produktionsverhältnisse mit Möglichkeiten der Produktivkraftentwicklung, die erst unter den neuen Bedingungen zur Reife gelangt.[563]

Abb. 110. Monatsbild für einen Kalender: wirklichkeitsabgewandte Ernteszene — der Blick des Betrachters ist gerichtet auf Kornblumen, springende Hasen und wogenden Busen.

Diese Reife wurde in Deutschland während des 18. Jahrhunderts nicht erreicht. Sie trat erst ein, nachdem im Gefolge der Französischen Revolution bürgerliche Agrarreformen verwirklicht wurden. Dazwischen liegt der Untergang des alten Reiches. Was dessen damaliger Regent 1769 auf dem Ackerfeld mit großer Geste verheißen hatte, erwies sich 1805 auf dem Schlachtfeld als bedeutungslos. Nicht Rautnitz, sondern das unweit gelegene Austerlitz ging in die Geschichte ein.

563 Stiehler 1974, S. 90f. Der Autor schreibt am Ende *gelangen*, doch ist logischerweise der Bezug zur Produktivkraftentwicklung selbst herzustellen.

Literatur- und Quellenverzeichnis

Das Verzeichnis beschränkt sich auf Literatur und gedruckte Quellen. Ungedruckte Quellen (Archivalien) sind in den Anmerkungen mit Standort nachgewiesen und werden hier nicht wiederholt. Entsprechend wurde mit Nachweisen aus den Werken der Klassiker des Marxismus-Leninismus verfahren.

Abkürzungen von Periodica und Reihen

AE	Acta ethnographica, Budapest
AF	Ausgrabungen und Funde, Berlin
AFSB	Arbeits- und Forschungsberichte zur sächsischen Bodendenkmalpflege, Dresden (usw.)
BJV	Bayerisches Jahrbuch für Volkskunde, Volkach vor Würzburg
BROB	Berichten van de rijksdienst voor het oudheidkundig bodemonderzoek, Amersfoort (Niederl.)
DA	Deutsche Agrargeschichte, Stuttgart
DJV	Deutsches Jahrbuch für Volkskunde, Berlin
EAZ	Ethnographisch-archäologische Zeitschrift, Berlin
FDL	Forschungen zur deutschen Landeskunde, Remagen
HBV	Hessische Blätter für Volkskunde, Gießen
HMSH	Die Heimat. Monatsschrift des Vereins zur Pflege der Natur- und Landeskunde in Schleswig-Holstein ..., Kiel (usw.)
JGGLL	Jahrbuch der Gesellschaft für Geschichte und Literatur der Landwirtschaft, Göttingen
JNS	Jahrbücher für Nationalökonomie und Statistik, Jena (usw.)
JVK	Jahrbuch für Volkskunde und Kulturgeschichte, Berlin
JVMGA	Jahrbücher des Vereins für mecklenburgische Geschichte und Altertumskunde, Schwerin
JW	Jahrbuch für Wirtschaftsgeschichte, Berlin
KHKM	Kwartalnik Historii Kultury materialnej, Warszawa
LC	Lětopis, Jahresschrift des Instituts für sorbische Volksforschung, Reihe C, Bautzen
MGH	Monumenta Germaniae historica, Hannover (usw.)
MMMK	Magyar Mezőgazdasági Múzeum Közleményei, Budapest
ÖZV	Österreichische Zeitschrift für Volkskunde, Wien
QDGN	Quellen und Darstellungen zur Geschichte Niedersachsens, Hildesheim
QFA	Quellen und Forschungen zur Agrargeschichte, Stuttgart
QFGSH	Quellen und Forschungen zur Geschichte Schleswig-Holsteins, Neumünster
RWZV	Rheinisch-westfälische Zeitschrift für Volkskunde, Münster
SAV	Schweizerisches Archiv für Volkskunde, Basel
SNSA	Sammlung nationalökonomischer und statistischer Abhandlungen des Staatswiss. Seminars zu Halle a. S., Jena

SSF	(Schmollers) Staats- und sozialwissenschaftliche Forschungen, Leipzig
VIDV	Veröffentlichungen des Instituts für deutsche Volkskunde (später: ... zur Volkskunde und Kulturgeschichte), Berlin
VIMV	Veröffentlichungen des Instituts für mitteleuropäische Volksforschung, Marburg
VSW	Vierteljahrsschrift für Sozial- und Wirtschaftsgeschichte, Stuttgart
WZG/M	Wissenschaftliche Zeitschrift der ...-Universität, Gesellschafts- und sprachwiss./ Mathematisch-naturwiss. Reihe, DDR-Universitäten
ZA	Zeitschrift für Archäologie, Berlin
ZAA	Zeitschrift für Agrargeschichte und Agrarsoziologie, Frankfurt a. M.
ZAM	Zeitschrift für Archäologie des Mittelalters, Köln
ZG	Zeitschrift für Geschichtswissenschaft, Berlin
ZGSHG	Zeitschrift der Gesellschaft für Schleswig-Holsteinische Geschichte, Neumünster
ZV	Zeitschrift für Volkskunde, Stuttgart

Zu dem folgenden Literatur- und Quellenverzeichnis vergleiche man auch die Nachträge Seite 261.

Abel, Wilhelm: Die Wüstungen des ausgehenden Mittelalters, 2. Aufl., Stuttgart 1955.
—: Die drei Epochen der deutschen Agrargeschichte, Hannover 1962.
—: Agrarkrisen und Agrarkonjunktur, 2. Aufl., Hamburg—Berlin (W) 1966.
—: Geschichte der deutschen Landwirtschaft vom frühen Mittelalter bis zum 19. Jh., 2. Aufl., Stuttgart 1967 (DA 2).
—: Landwirtschaft 500—900. In: Handbuch der deutschen Wirtschafts- und Sozialgeschichte, Stuttgart 1971, 1, S. 83—108.
Aberg, F. A.: The early plough in Europe. Gwerin (Oxford) 1, 1956/57, S. 171—181.
Abriß. Zur Geschichte der Kultur und Lebensweise der werktätigen Klassen und Schichten des deutschen Volkes vom 11. Jh. bis 1945. Ein Abriß. Wiss. Mitteilungen d. Dt. Historiker-Gesellschaft 1972, 1—3.
Achelis, Thomas Otto: Die ersten Kartoffeln in Schleswig-Holstein. HMSH 61, 1954, S. 241 bis 242.
Achilles, Walter: Vermögensverhältnisse braunschweigischer Bauernhöfe im 17. und 18. Jh., Stuttgart 1965 (QFA 13).
Ackermann, Otto: Die Entwicklung der Landwirtschaft auf den Vorwerken der schönburgischen Herrschaften Wechselburg und Penig vom 16. Jh. ..., Diss. Leipzig 1911.
Ahrens, Gerhard: Caspar Voght und sein Mustergut Flottbek. Englische Landwirtschaft in Deutschland am Ende des 18. Jh., Hamburg 1969.
Alberts, Jappe: Beitrag zur Entwicklung der Landgemeinde in Westerlauwers Friesland. In: Mayer (Hg.) 1964, 1, S. 423—438.
Amira, Karl von (Hg.): Die Dresdner Bilderhandschrift des Sachsenspiegels, Leipzig 1902—1926.
Anthes, E.: Römische Pflugscharen? Germania 2, 1918, S. 118—119.
Antoni, Erhard: Studien zur Agrargeschichte von Kurtrier, Bonn 1931.
Appelt, Heinrich (Hg.), Die Funktion der schriftlichen Quelle in der Sachkulturforschung, Wien 1976 (Österr. Akad. d. Wiss., Phil.-hist. Kl., Sitzungsberichte 304/4).
Assion, Peter: Bäuerliches Tagewerk vor der Mechanisierung. In: Ländliche Kulturformen im deutschen Südwesten. Festschrift für Heiner Heimberger, Stuttgart 1971, S. 53—94.
Aubin, Hermann: Vom Altertum zum Mittelalter, München 1949.
August, Oskar: Untersuchungen an Königshufenfluren bei Merseburg. In: Varia Archaeologica. Festschrift für Wilhelm Unverzagt, Berlin 1964, S. 375—394.

Backhaus, Alexander: Die Entwicklung der Landwirtschaft auf den gräflich Stolberg-Wernigerödischen Domänen, Jena 1888 (SNSA 5/6).
Bader, Karl Siegfried: Studien zur Rechtsgeschichte des mittelalterlichen Dorfes, 1—2, Weimar 1957, 1962; 3, Wien—Köln—Graz 1973.
Bäuml, Franz Heinrich: Medieval civilization in Germany 800—1273, London 1969.
Balassa, Iván: The appearence of the one-sided plough in the Carpathian Basin. AE 20, 1971, S. 411—437.
—: Fejezetek az eke és szantás Balaton környéki történéből. (Abschnitte aus der Geschichte des Pfluges und des Pflügens in der Balaton-Gegend). Veszprém megyei múzeumok közleményei 11, 1972, S. 357—399.
—: Randbeschlagene Spaten in Mittel- und Osteuropa. SAV 68/69, 1972/73, S. 1—9.
—: Az eke és szántás története Magyarországon (Die Geschichte des Pfluges und des Pflügens in Ungarn), Budapest 1973.
—: Die Verbreitung der Kehrpflüge in Europa. In: In memoriam António Jorge Dias, Lisboa 1974, 2, S. 39—59.
—: The earliest ploughshares in Central Europe. Tooles and Tillage 2/4, 1975, S. 242.
Barabás, Jenő: Innovationszentren in der ungarischen Agrarkultur. MMMK 1971/72 (1973), S. 287—290.

Bartels, Adolf: Der Bauer in der deutschen Vergangenheit, 2. Aufl., Jena 1924.
Baumann, Franz Ludwig (Hg.): Quellen zur Geschichte des Bauernkrieges in Oberschwaben, Tübingen 1876.
Baumann, Wilfried: Mittelalterlicher Münzfund mit landwirtschaftlichen Arbeitsgeräten von Mutzschen, Kr. Grimma. AF 23, 1978, S. 42—48.
Baumgarten, Karl: Das deutsche Bauernhaus. Ein Überblick über seine Geschichte, Berlin 1980 (VIDV 66).
— und Bentzien, Ulrich: Hof und Wirtschaft der Ribnitzer Bauern, Berlin 1963 (VIDV 31).
Baur, Günter: Der Wortschatz der Landwirtschaft im Bereich der ahd. Glossen, Diss. München 1960.
Bausinger, Hermann: Konservative Aufklärung — Justus von Möser vom Blickpunkt der Gegenwart. ZV 68, 1972, S. 161—178.
Becker, Rudolph Zacharias: Noth- und Hülfs-Büchlein für Bauersleute, Gotha—Leipzig 1788; neue verb. Ausg. Gotha 1825, 1—2.
Becker-Dillingen, J. (Hg.): Quellen und Urkunden zur Geschichte des deutschen Bauern, Berlin 1935.
Beckmann, Johann: Beyträge zur Oekonomie, Technologie, Polizey und Cameralwissenschaft, 7, Göttingen 1783.
Behaghel, Heinz: Die Eisenzeit im Raum des Rechtsrheinischen Schiefergebirges, Diss. Marburg 1942.
Below, Georg von (Hg.): Landtagsakten von Jülich-Berg 1400—1610, 1—2, Düsseldorf 1895, 1907.
—: Geschichte der deutschen Landwirtschaft des Mittelalters, Jena 1937; Neudruck Stuttgart 1966.
Beltz, Robert: Das Urnenfeld von Körchow. JVMGA 85, 1920/21, S. 1—98.
Benekendorf, Carl Friedrich von: Oeconomia forensis, 1—8, Berlin 1775—1784.
Bensing, Manfred/Hoyer, Siegfried: Der deutsche Bauernkrieg 1524—1526, 2. Aufl., Berlin 1970
Bentzien, Ulrich: Landmaschinentechnik in Mecklenburg. JW 1965, 3, S. 54—81. (a)
—: Der Häker. DJV 11, 1965, S. 16—34. (b)
—: Tiereigennamen, untersucht an einem Quellenfund aus Mecklenburg. DJV 14, 1968, S. 39 bis 55.
—: Os. *boka*, dt. *Haken* ‚Hakenpflug'. LC 11/12, 1968/69, S. 19—26.
—: Haken und Pflug, Berlin 1969 (VIDV 50).
—: Slawische Pfluggeräte und ihre jüngeren Traditionen im östlichen Deutschland. LC 15, 1972, S. 21—39. (a)
—: Der Mecklenburgische Haken im 19. Jh. In: Getreidebau in Ost- und Mitteleuropa, hg. von Iván Balassa, Budapest 1972, S. 487—499. (b)
—: Heresbach, Thumbshirn und Grosser in Neuausgaben. JW 1973, 1, S. 231—236. (a)
—: Zwei Nachlaßverzeichnisse aus Radgendorf bei Zittau. JVK 16, 1973, S. 168—194. (b)
—: Arbeit und Arbeitsgerät der Bauern zur Zeit des deutschen Bauernkrieges. In: Der arm man 1525, hg. von Hermann Strobach, Berlin 1975, S. 22—51.
—: Der agrartechnische Standard in Deutschland am Vorabend der bürgerlichen Agrarreformen. In: Probleme der Agrargeschichte des Feudalismus und Kapitalismus, 9, Rostock 1977, S. 49—91.
—: Fortschritte und Fortschrittsträger der deutschen Landwirtschaft im Spätfeudalismus. JVK 21, 1978, S. 125—165.
— und Quietzsch, Rudolf: Pfluggeräte 1850—1870. Erläuterungen zum Kartenausschnitt DDR. (Nebst) Nachbemerkung von U. Bentzien. JVK 19, 1976, S. 179—187.
Beranová, Magdalena: Hromadný nález orebního nářadí ze Smolnice a problematika oradla v Čechách v době hradištní (Der Massenfund von Ackergeräten aus Smolnice und die Problematik des Pfluges in Böhmen in der Burgwallzeit). Památky archeologické 59, 1968, S. 519—542.

Beranová, Středověká kosa z Bradla (Eine mittelalterliche Sense aus Bradlo). Archeologické rozhledy 23, 1971, S. 63—68.
—: Zemědělská výroba v 11./14. století na území Československa (Die landwirtschaftliche Produktion im 11.—14. Jh. auf dem Territorium der Tschechoslowakei), Praha 1975.
—: Osanictwo i gospodarka na terenie Czech w VI—VIII w. (Siedlung und Wirtschaft im tschechischen Gebiet im 6. bis 8. Jh.). KHKM 24, 1976, S. 429—439.
Berger, Walter: Volkskundliche Studien an niederösterreichischen Lichtsäulen und Bildstöcken. Unsere Heimat, Zeitschr. ... Niederösterreich 43, 1972, S. 189—203.
Bernhard, August: Geschichte des Waldeigenthums, der Waldwirthschaft und Forstwissenschaft in Deutschland, 1—3, Berlin 1872—1875.
Berthold, Rudolf: Einige Bemerkungen über den Entwicklungsstand des bäuerlichen Ackerbaus vor den Agrarreformen des 19. Jhs. In: Beiträge zur deutschen Wirtschafts- und Sozialgeschichte des 18. und 19. Jhs., Berlin 1962, S. 81—131.
—: Wachstumsprobleme der landwirtschaftlichen Nutzfläche im Spätfeudalismus. JW 1964, 2/3, S. 5—23.
—: Die statistische Erfassung der Bodennutzung im Spätfeudalismus. JW 1969, 3, S. 31—54.
Bertsch, Karl/Bertsch, Franz: Geschichte unserer Kulturpflanzen, Stuttgart 1947.
Beyer, Heinrich (Hg.): Urkundenbuch zur Geschichte der ... mittelrheinischen Territorien, 1, Coblenz 1860.
Bielfeldt, Hans Holm: Deutsch *Radlitz*, *Redelitz*, *Regelitz* ‚Pflugschar'. Zeitschrift für Slawistik 11, 1966, S. 63—64.
Bischoff-Luithlen, Angelika: Familien in Gruorn. In: Gruorn — ein Dorf und sein Ende, Stuttgart 1967, S. 72—84.
Blaschke, Karlheinz: Die fünf neuen Leipziger Universitätsdörfer. WZG Leipzig 1951/52, 5, S. 76—125.
—: Sachsen im Zeitalter der Reformation. Sächsische Heimatblätter 13, 1967, S. 145—192, 206 bis 224.
Bloch, Marc: Les caractères originaux de l'histoire rurale française, Oslo 1931; 2. Aufl. Paris 1952 bis 1956.
Blum, —: Römische Altertümer bei Schleiden im Kreise Jülich. Bonner Jahrbücher 16, 1851, S. 81—91.
Bock, Elfried (Hg.): Die deutschen Meister. Beschreibendes Verzeichnis sämtlicher Zeichnungen (Kupferstichkabinett Berlin), Berlin 1921.
Bock, Hartmut: Die Besiedlung der wüsten Feldmark Hohengrieben im altmärkischen Domänenamt Diesdorf (1747—1752). WZG Rostock 24, 1975, S. 743—755.
Böhme, K.: Gutsherrlich-bäuerliche Verhältnisse in Ostpreußen während der Reformzeit von 1770—1830, Leipzig 1902 (SSF 20/3).
Böhmer, Joh. Friedrich (Hg.): Acta imperii selecta, Innsbruck 1870.
Bökönyi, S.: History of domestic mammals in Central and Eastern Europe, Budapest 1974.
Boelcke, Willi Alfred: Bäuerlicher Wohlstand in Württemberg Ende des 16. Jhs. JNS 176, 1964, S. 241—280.
Böse, Jobst: Beschreibung eines in der Göttingischen Gegend gebräuchlichen Pfluges. In: Beyträge zur Oekonomie, Technologie, Polizey und Cameralwissenschaft 2, 1779, S. 153—191.
Böttger, Burkhard: Die Landwirtschaft. In: Die Römer an Rhein und Donau, Berlin 1975, S. 138 bis 179.
Bomann, Wilhelm: Bäuerliches Hauswesen und Tagewerk im alten Niedersachsen, Weimar 1927.
Boretius, Alfred (Hg.): Capitularia regum Francorum, 1, Hannover 1883 (MGH, Leg. Sect. I, 1).
Borne, C. F. von dem: Beschreibung einer gantz neuen Erfindung ... [Sämaschine], Berlin 1752.
Bosl, Karl: Eine Geschichte der deutschen Landgemeinde. ZAA 9, 1961, S. 129—142.
Bourde, André J.: Agronomie et agronomes en France au XVIII siècle, 1—3, Paris 1967.

Brachmann, Gustav: Die oberösterreichischen Sensen-Schmieden im Kampfe um ihre Marken und Märkte, Wien 1964.

Brandt, Paul: Schaffende Arbeit und bildende Kunst, 1–2, Leipzig 1927–1928.

Bratring, Friedr. Wilh. Aug.: Die Grafschaft Ruppin in historischer, statistischer und geographischer Hinsicht, Berlin 1799.

Braun, Joseph: Tracht und Attribute der Heiligen in der deutschen Kunst, Stuttgart 1943.

Brentjes, Burchard: Untersuchungen zur Geschichte des Pfluges. WZG Halle–Wittenberg 2, 1952/53, S. 441–489; 3, 1953/54, S. 75–107, 391–408.

Brinkmann, Carl (Hg.): Badische Weistümer und Dorfordnungen, 1/1: Pfälzische Weistümer und Dorfordnungen. Reichartshauser und Meckesheimer Zent, Heidelberg 1917.

Brunner, Otto: Die alteuropäische „Ökonomik". Zeitschrift für Nationalökonomie (Wien) 13, 1952, S. 114–139.

Buchinger, Josef: Der Bauer in der Kultur- und Wirtschaftsgeschichte Österreichs, Wien 1952.

Buchwald, Friedrich von: Oeconomische und Statistische Reise durch Meklenburg ..., Kopenhagen 1786.

Bücker, Hermann (Hg.): Werner Rolevinck, Ein Buch zum Lobe Westfalens ... Text der lat. Ausg. v. J. 1494 m. dt. Übers., Münster 1953.

Burgstaller, Ernst: Die Sichel als Getreideschnittgerät in Oberösterreich. ZAA 11, 1963, S. 63–77.

Clason, A. T.: Die Tierreste aus der Motte bei Haus Meer, Gem. Büderich. Rheinische Ausgrabungen 1, 1968, S. 101–130.

Coblenz, Werner: Frühgeschichtliche Wegeführung unter dem Markt in Meißen. AF 16, 1971, S. 92–99.

Cohen, Arthur: Die Verschuldung des bäuerlichen Grundbesitzes in Bayern ... (1598–1745), Leipzig 1906.

Cordshagen, Christa (Hg.): Quellen zur ländlichen Siedlungs-, Wirtschafts-, Rechts- und Sozialgeschichte Mecklenburgs im 15. und 16. Jh. Amt Neustadt, Rostock 1969.

Cox, H. L.: Prozessionsbrauchtum des späten Mittelalters und der frühen Neuzeit im Spiegel obrigkeitlicher Verordnungen in Kurköln und den vereinigten Herzogtümern. RWZV 22, 1976, S. 51–85.

Čremošnik, Irma: Nova antička istraživanja kod Konjica i Travnika (Nouvelles recherches de monuments de l'antiquité près de Konjic et Travnik). Glasnik zemaljskog muzeja u Sarajevu N. S. 10, 1955 (Arheologija), S. 107–136.

Curschmann, Dieter: Die Gemarkung Undenheim und ihre Flurnamen. In: 1000 Jahre Undenheim [bei Mainz], Undenheim 1967, S. 18–120.

Dade, Heinrich: Die Entstehung der Mecklenburgischen Schlagwirtschaft, Diss. Rostock 1891.

Dähnert, Johann Carl (Hg.): Sammlung gemeiner und besonderer Pommerscher und Rügischer Landes-Urkunden ... 1–3, Suppl. 1–4, Stralsund 1765–1802.

Dame, Cai: Die Entwicklung des ländlichen Wirtschaftslebens in der Dresden-Meißner Elbtalgegend von der Sorbenzeit bis zum Beginn des 19. Jhs., Leipzig 1911.

Darby, Henry Clifford: The draining of the fens, 2. Aufl., London 1969.

Deermann, J. Bernhard: Ländliche Siedelungs-, Rechts- und Wirtschaftsgeschichte des Venkigaus und der späteren Niedergrafschaft Lingen bis zum Ausgang des 16. Jhs., Hannover 1912.

Demandt, Karl E. (Hg.): Regesten der Grafen von Katzenelnbogen 1060–1486, 1–4, Wiesbaden 1953–1957.

Devrient, Ernst: Das Geschlecht Arnim, 1, Leipzig 1914.

Diederichs, Eugen (Hg.): Deutsches Leben der Vergangenheit in Bildern, 1–2, Jena 1908.

Diener, H. O.: Zur Geschichte der Brache in Bayern. Landwirtschaftliches Jahrbuch für Bayern 19, 1929, S. 438–451.

Diener, Walter: Hunsrücker Volkskunde, Bonn 1925.

Dinklage, Karl (Hg.): Fränkische Bauernweistümer, Würzburg 1954.
—: Geschichte der Kärntner Landwirtschaft, Klagenfurt 1966.
Dittmer, G. W.: Das Sassen- und Holsten-Recht ... im 16. Jh., Lübeck 1843.
Dittrich, Hans/Schier, Bruno: Die Friedländer Volkskunde, Neudruck, Hünefeld/Hessen 1968.
Dopsch, Alfons (Hg.): Österreichische Urbare, I/1—2, Wien—Leipzig 1904, 1910.
—: Die deutsche Kulturwelt des Mittelalters, Wien 1924.
—: Die ältere Wirtschafts- und Sozialgeschichte der Bauern in den Alpenländern Österreichs, Oslo 1930.
—: Die freien Marken in Deutschland, Wien 1933.
—: Die Wirtschaftsentwicklung der Karolingerzeit, vornehmlich in Deutschland, 3. Aufl., 1—2, Darmstadt 1962.
Drawer, Klaus: Anspannung und Beschirrung der Haustiere, Frankfurt (Main) 1959.
Duby, Georges: L'économie rurale et la vie des campagnes dans l'occident médiéval (France, Angleterre, Empire, IXe—XVe siècles), 1—2, Paris 1962.
Dünninger, Josef: Hauswesen und Tagewerk. In: Deutsche Philologie im Aufriß, hg. von Wolfgang Stammler, 2. Aufl., 3, Berlin (W)—Bielefeld—München 1962, Sp. 2781—2884.
Durasewicz, Boleslaus von: Beiträge zur Geschichte der Landwirtschaft Kursachsens im 16. Jh., Diss. Heidelberg 1900.
Durrer, Robert/Hilber, Paul (Hg.): Diebold Schilling, Luzerner Bilderchronik (1513), Genf 1932.
Dworschak, Fritz: Der Münzfund von Zemendorf. Burgenländische Heimatblätter (Eisenstadt) 3, 1934, S. 25—34.

Eckart, Johann Gottlieb von: Vollständige Experimental-Oeconomie, Jena 1754; 2. Aufl., hg. von L. J. D. Suckow, Jena 1779.
Eckhardt, Karl August (Hg.): Leges nationum Germanicarum, 4: Pactus legis Salicae (1), Lex Salica (2), Hannover 1962, 1969 (MGH, Leg. Sect. I, 4, 1—2).
Ehrler, Joseph: Agrargeschichte und Agrarwesen der Johanniterherrschaft Heitersheim, Tübingen 1900.
Eichhorn, Wolfgang: Wechselbeziehungen zwischen Produktivkräften und Produktionsverhältnissen, Berlin 1974 (Sitzungsberichte der AdW der DDR 1973, Nr. 21).
Eitner, Theodor (Hg.): Ausgewählte Urkunden und Aktenstücke zur Geschichte des Erfurter Bauernaufruhrs ... 1525, Erfurt 1909.
Elbracht, Karl: Preise und Löhne in Arnstadt von 1426 bis 1525. Thüringer Heimat 2, 1957, S. 86—95.
Engel, Ernst Friedrich von: Briefwechsel, die Landwirthschaft, insbesondere die Mecklenburgische betreffend, 1—3, Schwerin 1786—1788.
Engel, Franz: Beiträge zur Siedlungsgeschichte und historischen Landeskunde, Köln—Wien 1970.
Engelberg, Ernst: Über Gegenstand und Ziel der marxistisch-leninistischen Geschichtswissenschaft. ZG 16, 1968, S. 1117—1145.
Engelmann, Wilhelm: Daniel Chodowiecki's sämmtliche Kupferstiche, Leipzig 1857.
Epperlein, Siegfried: Gründungsmythos deutscher Zisterzienserklöster westlich und östlich der Elbe im hohen Mittelalter. JW 1967, 3, S. 303—335.
—: Der Bauer im Bild des Mittelalters, Leipzig—Jena—Berlin 1975.
—: Bäuerliche Arbeitsdarstellungen auf mittelalterlichen Bildzeugnissen. JW 1976, 1, S. 181 bis 208.
Eßlinger, Karl: Heimatkundliche Geschichte von Stadt und Oberamt Gerabronn, Gerabronn 1930.
Etwas von der verschiedenen Art der Eggen. Oeconomische Nachrichten (Leipzig) 7, 1755, S. 674 bis 685.
Etwas von der Landwirtschaft an der Mosel. Beyträge zur Oekonomie, Technologie, Polizey und Cameralwissenschaft 5, 1781, S. 300—303.

Falke, Johannes: Die Geschichte des Kurfürsten August von Sachsen in volkswirtschaftlicher Beziehung, Leipzig 1868.

Fehn, Klaus: Almen und Almwirtschaft im Berchtesgadener Land vom Mittelalter bis zur Gegenwart. ZAA 16, 1968, S. 36—54.

Fél, Edit/Hofer, Tamás: Bäuerliche Denkweise in Wirtschaft und Haushalt. Eine ethnographische Untersuchung über das ungarische Dorf Átány, Göttingen 1972 (VIMV 7).

—: Geräte der Átányer Bauern, Budapest 1974.

Feldhaus, Franz M: Die Technik der Antike und des Mittelalters, Wildpark-Potsdam 1931.

—: Die Technik der Vorzeit, der geschichtlichen Zeit und der Naturvölker, 2. Aufl., München 1965.

Finder, Ernst: Die Landschaft Billwärder, ihre Geschichte und ihre Kultur, Hamburg 1935.

Fink, Troels: Die beginnende Auflösung der Flurgemeinschaft im östlichen Teil des Herzogtums Schleswig um 1600. In: Die Bauerngesellschaft im Ostseeraum und im Norden um 1600. Visby-symposiet för historiska vetenskaper 1965, Visby 1966, S. 213—219.

Fischel, Lilli: Bilderfolgen im frühen Buchdruck, Konstanz—Stuttgart 1963.

Fischer, Franz: Blaue Sensen. Sozial- und Wirtschaftsgeschichte der Sensenschmiedezunft zu Kirchdorf-Micheldorf bis zur Mitte des 18. Jhs., Graz—Köln 1966.

Fischer, Hermann: Mittelalterliche Pflanzenkunde, München 1929.

Fliedner, Dietrich: Formungstendenzen und Formungsphasen in der Entwicklung der ländlichen Kulturlandschaft seit dem hohen Mittelalter. Erdkunde (Bonn) 23, 1969, S. 102—116.

Forbes, R. J.: Power. In: A History of technology, 2: The mediterranean civilizations and the Middle Ages, Oxford 1957, 589—622.

Franz, Günther (Hg.): Quellen zur Geschichte des Bauernkrieges, München 1963. (Bk)

—: Quellen zur Geschichte des deutschen Bauernstandes in der Neuzeit, München—Wien 1963. (Nz)

—: Quellen zur Geschichte des deutschen Bauernstandes im Mittelalter, Berlin 1967.

—: Geschichte des deutschen Bauernstandes vom frühen Mittelalter bis zum 19. Jh., 2. Aufl., Stuttgart 1976 (DA 4).

Frast, Johann von (Hg.): Das „Stiftungen-Buch" des Cistercienser-Klosters Zwetl, Wien 1851.

Frauendorfer, Siegmund von: Ideengeschichte der Agrarwirtschaft und Agrarpolitik im deutschen Sprachgebiet, 1, Bonn—München—Wien 1957.

Freudenberg, Rudolf: Ortscheit und Waage. Zur Sachgeschichte des Zugholzes an Wagen und Pflug. HBV 51/52, 1960, 1, S. 29—61.

Frick, Hans/Zimmer, Theresia (Hg.): Quellen zur Geschichte der Herrschaft Landskron a. d. Ahr, 1—2, Bonn 1966.

Friedländer, Max J.: Lucas van Leyden, Leipzig 1924.

—: Die altniederländische Malerei, 14: Pieter Brueghel, Leiden 1937.

Frings, Theodor: Deutsch *Karch* ‚Wagen', französisch *charrue* ‚Pflug'. ZV 40, 1930, S. 100—105.

— und Karg-Gasterstädt, Elisabeth: Althochdeutsches Wörterbuch, 1 ff., Berlin 1968 ff.

Frommhold, Georg (Hg.): Das Rügische Landrecht des Matthaeus Normann, Stettin 1896.

Fuchs, Walter Peter (Hg.): Akten zur Geschichte des Bauernkrieges in Mitteldeutschland, 2, Jena 1942.

Gaál, Károly: Zum bäuerlichen Gerätebestand im 19. und 20. Jh., Wien—Köln—Graz 1969 (Österr. Akad. d. Wiss., Phil.-hist. Kl., Sitzungsberichte 261/1).

Gabler, August: Zur Volkskunde des Hesselberggebiets im 16. Jh. BJV 1963, S. 123—132.

Gartz, —: Über eine ... Walze ... Annalen der Märkischen Oekonomischen Gesellschaft (Potsdam) 2/2, 1795, S. 68 ff.

Gaul, Friedrich: Die persönlichen und wirtschaftlichen Verhältnisse des Bauernstandes im Fürstentum Solms-Braunfels ... vom 9. bis 19. Jh., Jena 1904.

Gehring, Paul (Hg.): Württembergische ländliche Rechtsquellen, 3: Nördliches Oberschwaben, Stuttgart 1941.
George, Ernst: Die wirtschaftlichen und kulturellen Beziehungen der Westküste Schleswig-Holsteins zu den Niederlanden. Nordelbingen (Flensburg) 1, 1923, S. 220—289.
Geramb, Viktor: Untertanen-Inventare als Quelle für die Volkskunde der Sachen. Niederdeutsche Zeitschrift für Volkskunde 7, 1929, S. 209—218.
Gericke, Horst: Zur Dialektik von Produktivkraft und Produktionsverhältnis im Feudalismus. ZG 14, 1966, S. 914—932.
Germershausen, Christian Friedrich: Der Hausvater in systematischer Ordnung, 1—5, Leipzig 1783—1786.
Gierke, Otto: Rechtsgeschichte der deutschen Genossenschaft, Berlin 1868.
Gille, Bertrand: Les développements technologiques en Europe de 1100 à 1400. Cahiers d'histoire mondiale 3, 1956, S. 63—108.
Glaeser, Edmund: Aus Bestandsverzeichnissen von drei Gutshöfen und ihren festen Häusern im Fürstentum Breslau von 1591, 1600 und 1601. Zeitschrift des Vereins für Geschichte Schlesiens 74, 1940, S. 159—190.
Glaser, Curt (Hg.): Hans Holbein d. J., Zeichnungen, Basel 1924.
Gleisberg, Hermann: Technikgeschichte der Getreidemühle, München—Düsseldorf 1956.
—: Triebwerke in Getreidemühlen, Düsseldorf 1970.
Göken, J.: Friesoythe im Mittelalter. Oldenburger Jahrbuch 36, 1932, S. 40—44.
Goldschmidt, Adolph: Die deutsche Buchmalerei, 1—2, Firenze—München 1928.
Golgowski, Rudolf: Die Gemeinheitsteilungen im nordwestdeutschen Raum vor dem Erlaß der ersten Gemeinheitsteilungsordnungen, Hildesheim 1966.
Goltz, Theodor Frh. von der: Geschichte der deutschen Landwirtschaft, Stuttgart—Berlin 1903.
Gothein, Eberhard: Die Lage des Bauernstandes am Ende des Mittelalters, vornehmlich in Südwestdeutschland. Westdeutsche Zeitschrift 4, 1885, S. 1—22.
Graebner, F.: Methode der Ethnologie, Heidelberg 1911.
Grimm, Jacob: Deutsche Mythologie, 4. Aufl., 1—3, Berlin 1875—1878. (DM)
—: (Hg.) Weisthümer, 1—7, Neudruck, Berlin 1957. (WT)
—: Deutsche Rechtsalterthümer, 4. Aufl., 1—2, Leipzig 1899. (RA)
— und Grimm, Wilhelm: Deutsches Wörterbuch, 1ff., Leipzig 1854ff.; Neubearb. 1/Lfg. 1ff., 1965ff. (DW)
Grimm, Paul: Hohenrode, eine mittelalterliche Siedlung im Südharz, Halle 1939.
Gringmuth-Dallmer, Eike: Zur Kulturlandschaftsentwicklung in frühgeschichtlicher Zeit im germanischen Gebiet. ZA 6, 1972, S. 64—90.
—: Ein Hortfund landwirtschaftlicher Geräte von Guhrow, Kr. Cottbus. ZA 9, 1975, S. 281 bis 300.
—: Die Entwicklung der frühgeschichtlichen Kulturlandschaft auf dem Territorium der DDR. Autorref. d. Diss. Berlin (1975). EAZ 17, 1976, S. 653—658.
Groller, M. von: Die Grabungen in Carnuntum. In: Der römische Limes in Österreich 10, 1909, Sp. 1—78.
Gross, Reiner: Die bürgerliche Agrarreform in Sachsen in der ersten Hälfte des 19. Jhs., Weimar 1968.
Grote, A. (Hg.): Das Breviarium Grimani. Faks.-Ausg., Berlin (W) 1973.
Grüll, Georg: Die Robot in Oberösterreich, Linz 1952.
Grünert, Heinz (Hg.): Römer und Germanen in Mitteleuropa, Berlin 1975.
Grundriß. Klassenkampf, Tradition, Sozialismus. Von den Anfängen der Geschichte des deutschen Volkes bis zur ... DDR. Grundriß, Berlin 1974.
Günther, Arno: Sind die Weistümer genossenschaftlich entstanden oder von der Herrschaft oktroyiert? Diss. Erlangen 1936.
Gurevič, A. Ja.: Kategorii srednevekovoj kul'tury, Moskva 1972.

Gutmann, Karl: Römische Funde am Sandbach bei Iffezheim, A. Rastatt. Badische Fundberichte 3, 1936, S. 438–440.

Guyan, Walter U./Schnyder, Rudolf: Mogeren, ein wüstgelegter Adelssitz bei Schaffhausen. ZAM 4, 1976, S. 49–67.

Haard, Gerhard: Gewalt gegen alles gehabte Recht. Die Kämpfe der neuen Einödhöfe des 18. Jhs. mit den Dorfgemeinden. Zeitschrift für die Geschichte der Saargegend 13, 1963, S. 249–259. Resümee ZAA 12, 1964, S. 261.

Haberey, Waldemar: Gravierte Glasschale und sog. Mithrassymbole aus einem spätrömischen Grabe von Rodenkirchen bei Köln. Bonner Jahrbücher 149, 1949, S. 94–104.

Hagedorn, J. D.: Landwirthschaftlicher Haushalter, Berlin 1755.

Hagelstange, Alfred: Süddeutsches Bauernleben im Mittelalter, Leipzig 1898.

Hansen, Wilhelm: Aufbau und Zielsetzung einer Kommission für Geräteforschung. In: Arbeit und Volksleben. Deutscher Volkskunde-Kongreß 1965 in Marburg, Göttingen 1967, S. 100 bis 122.

Hanssen, Georg: Agrarhistorische Abhandlungen, 1–2, Leipzig 1880, 1884.

Harmjanz, Heinrich: Volkskunde und Siedlungsgeschichte Altpreußens, Berlin 1936.

Harnisch, Hartmut: Die Herrschaft Boitzenburg ... vom 14. bis zum 19. Jh., Weimar 1968.

—: Bauerneinkommen, feudale Ausbeutung und agrarischer Fortschritt in der Mark Brandenburg gegen Ende des 18. Jhs. JW 1970, 1, S. 191–197.

—: August Meitzen und seine Bedeutung für die Agrar- und Siedlungsgeschichte. JW 1975, 1, S. 97–119.

Haudricourt, André G./Brunhes Delamarre, Mariel Jean: L'homme et la charrue travers le monde, Paris 1955.

Haun, Friedrich Johannes: Bauer und Gutsherr in Kursachsen, Straßburg 1892.

Hauser, Albert: War Kleinjogg ein Musterbauer? ZAA 9, 1961, S. 211–217.

Haushofer, Heinz: Das kaiserliche Pflügen. In: Wege und Forschungen der Agrargeschichte. Festschrift ... Günther Franz, Frankfurt a. M. 1967, S. 171–180.

—: Der geschichtliche Einfluß der französischen auf die deutsche Landwirtschaft. ZAA 16, 1968, S. 1–15.

Hedemann, P. von: Hemmelmark. Eine Gutswirtschaft des vorigen Jahrhunderts. ZGSHG 30, 1900, S. 169–208.

Hedemann-Heespen, Paul von: Geschichte der adeligen Güter Deutsch-Nienhof und Pohlsee in Holstein, 1–3, Schleswig 1906.

Heer, Friedrich: Mittelalter, Zürich 1961 (Kindlers Kulturgeschichte).

Heilfurth, Gerhard: Volkskunde jenseits der Ideologien, Marburg 1961.

—: Die Arbeit als kulturanthropologisch-volkskundliches Problem. In: Arbeit und Volksleben. Deutscher Volkskunde-Kongreß 1965 in Marburg, Göttingen 1967, S. 1–16. Zuerst in: Die Mitarbeit 14, 1965, S. 19–32.

Heimberger, Heiner: Besitzverzeichnis eines Markgräfler Bauernhofes ... 1739. SAV 68/69, 1972/73, S. 254–260.

Heisig, Josef: Historische Entwicklung der landwirtschaftlichen Verhältnisse auf den ... Schaffgotschischen Güterkomplexen in Preußisch-Schlesien, Jena 1884 (SNSA 3/3).

Heitz, Gerhard: Über den Teilbetriebscharakter der gutsherrlichen Eigenwirtschaft in Scharbow (Meckl.) im 17. und 18. Jh. WZG Rostock 8, 1958/59, S. 299–320.

—: Landwirtschaft — Agrarverfassung — Bauernstand. Überlegungen zu fünf Bänden „DA", hg. von Günther Franz. JW 1977, 1, S. 183–207. (a)

—: Rezension über Skazkin 1976. ZG 25, 1977, S. 980–982. (b)

Helbig, Herbert/Lorenz, Weinrich (Hg.): Urkunden und erzählende Quellen zur deutschen Ostsiedlung im Mittelalter, 1–2, Darmstadt 1968, 1970.

Hell, Martin: Vier Neufunde kaltischer Hufeisen aus Salzburg. Archäologia Austriaca 46, 1969, S. 53—56.

Hemmer, Helmut/Jaeger, Rudolf: Über ein Pferdeskelett aus dem fränkischen Gräberfeld bei Eltville (Rheingau). Zeitschrift für Tierzüchtung und Züchtungsbiologie 85, 1968/69, S. 221 bis 244.

Henn, Volker: Zur Lage der rheinischen Landwirtschaft im 16. bis 18. Jh. ZAA 21, 1973, S. 173 bis 188.

Henning, Friedrich-Wilhelm: Dienste und Abgaben der Bauern im 18. Jh., Stuttgart 1969 (QFA 21). (a)

—: Bauernwirtschaft und Bauerneinkommen in Ostpreußen im 18. Jh., Würzburg 1969. (b)

Herre, Wolf/Nobis, Günter/Requate, Horst/Siewing, Gertraud: Die Haustiere von Haithabu, Neumünster 1960.

Herrmann, Joachim: Siedlung, Wirtschaft und gesellschaftliche Verhältnisse der slawischen Stämme zwischen Oder/Neiße und Elbe, Berlin 1968.

—: (Hg.) Die Slawen in Deutschland, Berlin 1970.

—: Die Rolle der Volksmassen für den historischen Fortschritt in den vorkapitalistischen Gesellschaftsformationen. In: Die Rolle der Volksmassen in der Geschichte der vorkapitalistischen Gesellschaftsformationen, Berlin 1975, S. 17—28.

—: Die frühmittelalterliche slawische Siedlungsperiode. In: 25 Jahre archäologische Forschungen in der DDR, Berlin 1976 (AF 21, 1—4), S. 144—150.

— und Donath, P. (Hg.): Corpus archäologischer Quellen zur Frühgeschichte auf dem Gebiet der DDR (7.—12. Jh.), 1 ff., Berlin 1973 ff.

Herz, Karl: Die Ackerflächen Mittelsachsens im 18. und 19. Jh., Dresden 1964.

Heyne, Moriz: Das deutsche Nahrungswesen von den ältesten geschichtlichen Zeiten bis zum 16. Jh., Leipzig 1901.

Hielscher, Karl: Technische Beziehungen der Deutschen zu ihren Nachbarn im Osten während des Mittelalters. In: Ostdeutsche Wissenschaft (München) 10, 1963, S. 241—254.

—: Fragen zu den Arbeitsgeräten der Bauern im Mittelalter. ZAA 17, 1969, S. 6—43.

Hilger, Benno (Hg.): Rheinische Urbare, 1, Bonn 1902.

Hirschfelder, Heinrich: Herrschaftsordnung und Bauerntum im Hochstift Osnabrück im 16. und 17. Jh., Osnabrück 1971.

Hoffmann, Tamás: Gabonanemük nyomtatása a Magyar parasztok gazdálkodásában (Das Getreideaustreten in der Wirtschaft der ungarischen Bauern), Budapest 1963.

—: Vor- und Frühgeschichte der ungarischen Landwirtschaft, Budapest 1969 (Agrártörténeti Szemle 10, Suppl.).

—: A kora középkori agrárforradalom (Die frühmittelalterliche Agrarrevolution). MMMK 1969/70, S. 33—44.

—: Die feudale Gesellschaft und die „Europäische Ethnologie". Jahrbuch des Museums für Völkerkunde zu Leipzig 30, 1975, S. 13—49.

Hofmann, Gottfried August: Öconomisch-mathematische Beschreibung des Pfluges. In: Oeconomisch-physicalische Abhandlungen (Leipzig) 1, 1752, S. 829—864.

Hofmann, Hanns Hubert: Bauer und Herrschaft in Franken. ZAA 14, 1966, S. 1—29.

Hohenthal, Peter von: Fortsetzung der Abhandlung von den Pflügen. In: Oeconomische Nachrichten (Leipzig) 6, 1754, S. 281—297.

Hollnagel, Adolf: Bibliographie zur Ur- und Frühgeschichte Mecklenburgs, Schwerin 1968.

Holtzmann, Robert (Hg.): Die Chronik des Bischofs Thietmar von Merseburg, Berlin 1935 (MGH, Script. rer. germ., N. S. 9).

Holzky, Bruno: Die Entwicklung der Landwirtschaft in dem ermländischen Bauerndorfe Kleinefeld, Diss. Königsberg 1905.

Hoops, Johannes: Waldbäume und Kulturpflanzen im germanischen Altertum, Straßburg 1905.
—: (Hg.) Reallexikon der germanischen Altertumskunde, Neubearb., 1 ff., Berlin (W)-New York 1973 ff.

Horn, Alfred: Zur Geschichte des Kirchspiels Selmsdorf, 1—3, Schönberg 1909—1934.

Houtte, J. A. van: Stadt und Land in der Geschichte des flandrischen Gewerbes im Spätmittelalter und in der Neuzeit. In: Wirtschaft, Geschichte und Wirtschaftsgeschichte. Festschrift Friedrich Lütge, Stuttgart 1966, S. 88—98.

Hühns, Erik: Zum Problem der Markgenossenschaft im Feudalismus. In: Die sozialistische Umgestaltung der Landwirtschaft als Erfüllung ..., Berlin 1962, S. 51—60.

Hüllemann, Herbert: Die Geschichte der Rittergüter in Reuß älterer Linie, Jena 1939.

Hupfauer, Max: Die Sämaschine und ihre Entwicklung. Bayerisches Landwirtschaftliches Jahrbuch 49, 1972, S. 207—217.

Huppertz, Barthel: Räume und Schichten bäuerlicher Kulturformen in Deutschland, Bonn 1939.

Ihde, Rudolf: Amt Schwerin. Geschichte seiner Steuern, Abgaben und Verwaltung bis 1655, Schwerin 1913 (JVMGA, Beiheft).

Ilg, Karl: Die Sense in ihrer Entwicklung und Bedeutung. In: Beiträge zur Volkskunde Tirols. Festschrift ... Hermann Wopfner, Innsbruck 1948, 2, S. 179—190.

Jacobeit, Wolfgang: Jochgeschirr- und Spanntiergrenze. DJV 3, 1957, S. 119—144.
—: Erster Bericht über die Aufnahme des bäuerlichen Arbeitsgeräts in den Museen der DDR. DJV 4, 1958, S. 186—190.
—: Schafhaltung und Schäfer in Zentraleuropa bis zum Beginn des 20. Jhs., Berlin 1961 (VIDV 25).
—: Das bäuerliche Arbeitsgerät in den Museen der DDR. Neue Museumskunde 6, 1963, S. 145 bis 149.
—: Bäuerliche Arbeit und Wirtschaft. Ein Beitrag zur Wissenschaftsgeschichte der deutschen Volkskunde, Berlin 1965 (VIDV 39).
—: Volkskunde und Geschichte der Produktivkräfte. JW 1966, 1, S. 175—188.
— und Müller, Hans-Heinrich: Agrargeschichte und Volkskunde. Betrachtungen zu Bentzien 1969, Fél-Hofer 1972, 1974 ... JW 1977, 2, S. 141—155.
— und Quietzsch, Rudolf: Bäuerliches Arbeitsgerät im Museum für Volkskunde zu Berlin. In: 75 Jahre Museum für Volkskunde (1964). Festschrift, Berlin 1966, S. 65—111.

Jacobi, Gerhard: Werkzeug und Gerät aus dem Oppidum von Manching, Wiesbaden 1974.

Jacobi, L.: Das Römerkastell Saalburg bei Homburg vor der Höhe, Homburg v. d. H. 1897.
—: Die Ausgrabungen. 4. Herzberg. Kollektivfund. Saalburg-Jahrbuch 1910, S. 59—60.

Jacobi, Victor: Landwirtschaftliche und nationalökonomische Studien in der niederrheinischen Heimat, Leipzig 1854.

Jänichen, Hans: Über den mittelalterlichen und neuzeitlichen Ackerbau im westlichen Schwaben. Jahrbücher für Statistik und Landeskunde von Baden-Württemberg 7, 1962, S. 40—71.
—: Mittelalterlicher und neuzeitlicher Ackerbau in Schwaben. In: Beiträge zur Wirtschaftsgeschichte des schwäbischen Dorfes, Stuttgart 1970, S. 21—156.

Jahn, Ulrich: Die deutschen Opfergebräuche bei Ackerbau und Viehzucht, Breslau 1884.

Janeke, Otto Benedict: Anmerckungen über einige in der ... Oeconomischen und Statistischen Reise [v. Buchwald 1786] ... geäußerten Behauptungen, Hamburg 1788.

Jankuhn, Herbert: Haithabu. Eine germanische Stadt der Frühzeit, 2. Aufl., Neumünster 1938.
—: Die Frühgeschichte. Vom Ausgang der Völkerwanderung bis zum Ende der Wikingerzeit, Neumünster 1957 (Geschichte Schleswig-Holsteins 3).
—: Vor- und Frühgeschichte vom Neolithikum bis zur Völkerwanderungszeit, Stuttgart 1969 (DA 1).

Janssen, Walter: Königshagen. Ein archäologisch-historischer Beitrag zur Siedlungsgeschichte des südwestlichen Harzvorlandes, Hildesheim 1965 (QDGN 64).
Jessen, Jens: Entstehung und Entwicklung der Gutswirtschaft in Schleswig-Holstein bis zum Beginn der Agrarreformen. ZGSHG 51, 1922, S. 1–206.
Jirlow, Ragnar: Die Geschichte des schwedischen Pfluges, Stockholm 1970.
— und Poel, J. M. G. van der: De inheemse nederlandse ploegen, Wageningen 1968.
Jonas, Wolfgang: Über Probleme der Geschichte der Produktivkräfte, Berlin 1964 (Sitzungsberichte der DAW, Kl. f. Phil. ... Jg. 1964, 2).
— und Linsbauer, Valentine/Marx, Helga: Die Produktivkräfte in der Geschichte, 1, Berlin 1969.
Jope, E. M.: Agricultural implements. In: A history of technology, 2: The mediterranean civilizations and the Middle Ages, Oxford 1957, S. 81–102.
Jüsten, Walter: Pflugscharindustrie an der Enneperstraße, Diss. Leipzig 1924.

Kahk, Juhan: Der Bauer in der Literatur und im wirklichen Leben. Die progressiven baltischen Publizisten an der Grenzscheide des 18. und 19. Jhs. In: Der Bauer Mittel- und Osteuropas im sozio-ökonomischen Wandel des 18. und 19. Jhs., Köln–Wien 1973, S. 351–365.
Kaminsky, Hans Heinrich: Studien zur Reichsabtei Corvey in der Salierzeit, Köln–Graz 1972.
Karnath, Ernst: Hof- und Hausinventar eines Färbers in Schenefeld vor 140 Jahren. Heimatkundliches Jahrbuch für den Kreis Rendsburg 13, 1963, S. 143–146.
Kasparek, Max Udo: Stand der Forschung über den Hufbeschlag des Pferdes. ZAA 6, 1958, S. 38–43.
—: Arl und Pflug im Kuhländchen. Jahrbuch für Volkskunde der Heimatvertriebenen 5, 1959/60, S. 264–269.
—: Die „Getreidewurfmühle" – eine oberpfälzer Erfindung? Die Oberpfalz 48, 1960, S. 125 bis 127.
—: Zur Geschichte des Pfluges in der Oberpfalz und dem Egerland. Die Oberpfalz 49, 1961, S. 51–55.
—: Arl und Pflug in Niederbayern. BJV 1966/67, S. 138–154.
Kehr, Kurt: Die Fachsprache des Forstwesens im 18. Jh., Gießen 1964.
Kellenbenz, Hermann: Bäuerliche Unternehmerätigkeit im Bereich der Nord- und Ostsee vom Hochmittelalter bis zum Anfang der neueren Zeit. VSW 49, 1962, S. 1–40.
Kiem, Martin (Hg.): Das Kloster Muri im Kanton Aargau. Acta Murensia, Basel 1883 (Quellen zur Schweizer Geschichte 3/3).
Kiesewetter, Heinrich Christian Philipp: Praktisch ökonomische Bemerkungen auf einer Reise durch Holstein, Schleswig ..., Hof 1807.
Kius, O.: Die thüringische Landwirtschaft im 16. Jh. JNS 3, 1864, S. 119–160.
Kleiminger, Rudolf: Das Heiligengeisthospital von Wismar in sieben Jahrhunderten, Weimar 1962.
Klein, Ernst: Die Entwicklung des Hohenheimer Pfluges. ZAA 10, 1962, S. 45–56.
—: Über das Alter des gewundenen Streichbretts. ZAA 13, 1965, S. 195–199.
—: Die Entwicklung des Pflugs im deutschen Südwesten, Stuttgart 1966.
—: Die historischen Pflüge der Hohenheimer Sammlung landwirtschaftlicher Geräte und Maschinen, Stuttgart 1967.
Klein, Joseph: Der Marberg bei Pommern an der Mosel und seine Kultstätte. Bonner Jahrbücher 101, 1897, S. 62–116.
Klein, Walther: Wagen und Pflug im rheinpfälzischen Sprachschatz. Bayerischer Heimatschutz 22, 1926, S. 102–121.
Klemm, Friedrich: Der Beitrag des Mittelalters zur Entwicklung der abendländischen Technik, Wiesbaden 1961.

Klingner, Johann Gottlob (Hg.): Sammlungen zum Dorf- und Bauren-Rechte, 1–4, Leipzig 1749–1755.

Klug, Ernst: Ein Beitrag zur Zweifelderwirtschaft. ZAA 17, 1969, S. 52–56.

Knapp, Georg Friedrich: Die Bauern-Befreiung und der Ursprung der Landarbeiter in den älteren Theilen Preußens, 1–2, Leipzig 1887.

Knapp, Theodor: Gesammelte Beiträge zur Rechts- und Wirtschaftsgeschichte vornehmlich des deutschen Bauernstandes, Tübingen 1902.

Knebel, Jurij: Eine frühgeschichtliche Pflugschar aus Rothenburg in der Oberlausitz. AF 9, 1964, S. 117–118.

Knörzer, Karl-Heinz: Mittelalterliche und jüngere Pflanzenfunde aus Neuss am Rhein. ZAM 3, 1975, S. 129–181.

Kobuch, Manfred/Müller, Ernst (Hg.): Der deutsche Bauernkrieg in Dokumenten, Weimar 1975.

Kock, Christian: Zur Geschichte der Leibeigenschaft. ZGSHG 31, 1901, S. 39–86.

—: Volks- und Landeskunde der Landschaft Schwansen, Heidelberg 1912.

Kötzschke, Rudolf (Hg.): Rheinische Urbare, 2/1–2, Bonn 1906, 1917.

—: Die deutsche Wiederbesiedlung der ostelbischen Lande. In: Der ostdeutsche Volksboden, hg. von Wilhelm Volz, Berlin 1926, S. 152–179.

Kolling, Alfons: Bodenfunde und Ausgrabungen des Saarlandes 1954–1958. Beiträge zur saarländischen Archäologie und Kunstgeschichte 8, 1961, S. 105–154.

—: Eine mittelalterliche Pflugschar von Tholey, Kreis St. Wendel. Ebda. 13, 1966, S. 57–59.

Koren, Hanns: Pflug und Arl, Salzburg 1950.

—: Strauch- und Balkeneggen in Steiermark. Blätter für Heimatkunde (Graz) 28, 1954, S. 18–24.

—: Jochformen und Jochnamen in Innerösterreich. In: Bericht über den 4. Österr. Historikertag in Klagenfurt 1956, Wien 1957, S. 160–168.

—: Die steirischen Eggen. In: Volkskunde – Fakten und Analysen. Festschrift für Leopold Schmidt, Wien 1972, S. 61–98.

Koschorreck, Walter (Hg.): Heidelberger Bilderhandschrift des Sachsenspiegels, 1–2, Frankfurt a. M. 1970.

Kothe, Heinz: Zur Verbreitung und Geschichte landwirtschaftlicher Arbeitsgeräte in Deutschland. Wissenschaftliche Annalen der DAW 2, 1953, S. 739–752.

—: Historische Pfluggrenzen im westslawischen Bereich. In: Berichte über den 2. Internationalen Kongreß für Slawische Archäologie (1970), 2, Berlin 1973, S. 437–466.

Kraaz, Albert: Bauerngut und Frohndienste in Anhalt vom 16. bis zum 19. Jh., Jena 1898 (SNSA 18).

Kramer, Karl-Sigismund: Bauern und Bürger im nachmittelalterlichen Unterfranken, Würzburg 1957.

—: Volksleben im Fürstentum Ansbach und seinen Nachbargebieten (1500–1800), Würzburg 1961.

—: Zum Verhältnis zwischen Mensch und Ding. SAV 58, 1962, S. 91–101.

—: Volksleben im Hochstift Bamberg und im Fürstentum Coburg (1500–1800), Würzburg 1967.

—: „Materielle" und „geistige" Volkskultur. BJV 1969 (1970), S. 80–84.

Kratz, Bernd: *Riester* und die lexikalische Tradition. Zeitschrift für Mundartforschung 32, 1965, S. 296–310.

—: Zur Bezeichnung von Pflugmesser und Messerpflug in Germania und Romania, Gießen 1966. (a)

—: Zum landwirtschaftlichen Wortschatz der „Germania Romana". Muttersprache 76, 1966, S. 65–77. (b)

Krenzlin, Anneliese: Dorf, Feld und Wirtschaft im Gebiet der großen Täler und Platten östlich der Elbe, Remagen 1952 (FDL 70).

Kresse, Zacharias: Geschichte der Landwirtschaft des Altenburgischen Osterlandes, Altenburg 1845.

Krieg, Hans: Schleswig-Holsteinische Volkskunde aus dem Anfange des 19. Jhs. in Auszügen aus den Schleswig-Holsteinischen Provincial-Berichten, 1, Lübeck 1931.
Kröber, H. (Übers.): Der Sembrador. JGGLL 37, 1939, S. 7–13.
Krüger, Bruno: Die Landwirtschaft in der Frühzeit. Bemerkungen zu Jankuhn 1969. JW 1972, 1, S. 317–320.
—: (Hg.) Die Germanen. Geschichte und Kultur der germanischen Stämme in Mitteleuropa, 1, Berlin 1976.
Krüger, Georg/Ploen, Heinrich: Dreißig Dörfer des Fürstentums Ratzeburg, 2. Aufl., Schönberg 1926.
Krünitz, Johann Georg (u. a.): Oeconomische Encyclopädie ..., 1ff., Berlin 1773ff.
Küas, Herbert: Spuren mittelalterlicher Landwirtschaft in Leipzig. AFSB 9, 1961, S. 22–58.
Kühn, Gudrun: Welt und Gestalt des Bauern in der deutschsprachigen Literatur, Diss. Leipzig 1970.
Kuhn, Walter: Der Haken in Altpreußen. In: Studien zur Geschichte des Preußenlandes. Festschrift für Erich Keyser, Marburg 1963, S. 164–194. (a)
—: Der Pflug als Betriebseinheit in Altpreußen. Zeitschrift für Ostforschung 12, 1963, S. 473 bis 500.

Kulischer, Josef: Allgemeine Wirtschaftsgeschichte des Mittelalters und der Neuzeit, 1–2, Berlin 1954.
Kurth, Willy: Sanssouci, Berlin 1970.
Kuske, Bruno: Wirtschaftsentwicklung Westfalens ... bis zum 18. Jh., Münster (Westf.) 1943.
Kutsch, F.: Der Ringwall auf der „Burg" bei Rittershausen. Nassauische Annalen 47, 1926, S. 1 bis 37.

Lamprecht, Karl: Deutsches Wirtschaftsleben im Mittelalter, 1–3, Leipzig 1885, 1886.
—: Ausgewählte Schriften zur Wirtschafts- und Kulturgeschichte und zur Theorie der Geschichtswissenschaft, Aalen 1974.
Landes, David S.: Der entfesselte Prometheus. Technologischer Wandel und industrielle Entwicklung in Westeuropa von 1750 bis zur Gegenwart, Köln 1973.
Lange, Elsbeth: Botanische Beiträge zur mitteleuropäischen Siedlungsgeschichte, Berlin 1971.
—: Botanische Befunde zur germanischen Landwirtschaft in der römischen Kaiserzeit. In: Grünert (Hg.) 1975, S. 169–177.
—: Grundlagen und Entwicklungstendenzen der frühgeschichtlichen Agrarproduktion aus botanischer Sicht. ZA 10, 1976, S. 75–120.
— und Schultze-Motel, Jürgen: Paläoethnobotanik und Pollenanalyse. In: 25 Jahre archäologische Forschungen in der DDR, Berlin 1976 (AF 21, 1–4), S. 190–191.
Langosch, Karl (Hg.): Waltharius, Ruodlieb, Märchenepen. Lateinische Epik des Mittelalters mit deutschen Versen, Berlin 1956.
Laube, Adolf/Steinmetz, Max/Vogler, Günter: Illustrierte Geschichte der deutschen frühbürgerlichen Revolution, Berlin 1974.
Lauer, Heinrich: Die Ackerfahrzeuge Nordwestdeutschlands, Diss. Würzburg 1961.
Lauffer, Otto: Niederdeutsches Bauernleben in Glasbildern der neueren Jahrhunderte, Berlin–Leipzig 1936.
—: Quellen der Sachforschung. Oberdeutsche Zeitschrift für Volkskunde 17, 1943, S. 106–131.
Lefèbvre des Noëttes, R. J. E. de: La „nuit" du moyen âge et son inventaire. Mercure de France 235, 1932, S. 572–599.
Lehmann, Karl (Hg.): Leges nationum Germanicarum, 1/1: Leges Alamannorum, Hannover 1888 (MGH, Leg. sect. I, 5/1).
Lehmann, Rudolf: Die Verhältnisse der niederlausitzischen Herrschafts- und Gutsbauern in der Zeit vom 30j. Kriege bis zu den preußischen Reformen, Köln–Graz 1956.
—: Geschichte der Niederlausitz, 2. Aufl., Berlin (W) 1963.

Leiner, Maria: Historische Angaben über das Dreschen in der Steiermark. ÖZV 77, 1974, S. 25 bis 39.

Leister, Ingeborg: Rittersitz und adliges Gut in Holstein und Schleswig, Remagen 1952 (FDL 64).

Lengerke, Alexander von: Die Schleswig-Holsteinische Landwirthschaft, 1–2, Berlin 1826.

Leopoldt, Justus Ludwig Günther: System der thüringischen Landwirthschaft ..., 1, Sondershausen–Nordhausen 1821.

Lerche, Grith: The ploughs of medieval Denmark. Tools and Tillage 1/3, 1970, S. 131–149.

Leser, Paul: Rheinische Pflüge. Ethnologica 3, 1927, S. 17–37.

—: Entstehung und Verbreitung des Pfluges, Münster 1931.

—: Die Bedeutung der Erforschung der materiellen Kultur für die Ethnologie. Ethnologia Europaea 6, 1972, S. 196–202.

Leske, Nathanael Gottfried: Reise durch Sachsen in Rüksicht der Naturgeschichte und Ökonomie, Leipzig 1785.

Liepe, Hans-Ulrich: Die Pferde des Latène-Oppidums Manching, Diss. München 1958.

Lindemans, Paul jr.: Geschiedenis van de landbouw in België, 1–2, Antwerpen 1952.

Lindenschmit, L.: Die Alterthümer unserer heidnischen Vorzeit, 3/3, Mainz 1881.

Lisch, G. C. F.: Schadenrechnungen der Bauern im Stifte Ratzeburg ... 1530. JVMGA 16, 1851, S. 86–90.

—: (Hg.) Mecklenburgisches Urkundenbuch (MUB), 1ff., Schwerin 1863ff.

Löber, Karl: Beharrung und Bewegung im Volksleben des Dillkreises/Hessen, Marburg 1965 (VIMV 3).

Löffler, Karl (Hg.): Der Landgrafenpsalter. Eine Bilderhandschrift aus dem Anfang des 13. Jhs., Leipzig 1925.

—: Schwäbische Buchmalerei in romanischer Zeit, Augsburg 1928.

Loersch, Hugo/Schröder, Richard (Hg.): Urkunden zur Geschichte des deutschen Privatrechtes, 3. Aufl., Bonn 1912.

Lösche, Dietrich: Vermögensverhältnisse thüringischer Bauern im Jahre 1542. JW 1964, 2/3, S. 122–142.

Lohss, Max: Aus dem bäuerlichen Tagewerk in Württemberg ... Schwäbische Heimat 20, 1969, S. 273–282.

Lozek, Gerhard (Hg.): Unbewältigte Vergangenheit. Kritik der bürgerlichen Geschichtsschreibung, 3. Aufl., Berlin 1977.

Ludwig, Theodor: Der badische Bauer im 18. Jh., Straßburg 1896.

Lühning, Arnold: Die schneidenden Erntegeräte. Technologie, Entwicklung und Verbreitung, Diss. Göttingen 1951.

—: Die Entwicklungsgeschichte der schneidenden Erntegeräte. Jahrbuch für die Schleswigsche Geest 9, 1961, S. 9–39.

—: Handwerk, Haus und Hof. Volkstümliches Arbeitsgerät aus zwei Jahrhunderten. Katalog, Schleswig 1963.

Lüpkes, W.: Ostfriesische Volkskunde, 2. Aufl., Emden 1925.

Lütge, Friedrich: Geschichte der deutschen Agrarverfassung vom frühen Mittelalter bis zum 19. Jh., 2. Aufl., Stuttgart 1967 (DA 3). (a)

—: Die Robot-Abolition unter Kaiser Joseph II. In: Wege und Forschungen der Agrargeschichte, Festschrift Günther Franz, Frankfurt a. M. 1967, S. 153–170. (b)

—: Die Grundentlastung (Bauernbefreiung) in der Steiermark. ZAA 16, 1968, S. 190–209.

Machlitt, Ulla: Die anhalt-dessauischen Domänen in der Periode des Übergangs von der feudalen zur kapitalistischen Produktionsweise (etwa 1700 bis 1800), Diss. Halle–Wittenberg 1971.

Mägdefrau, Werner: Zum Waid- und Tuchhandel thüringischer Städte im späten Mittelalter. JW 1973, 2, S. 131–148.

Mager, Friedrich: Geschichte des Bauerntums und der Bodenkultur im Lande Mecklenburg, Berlin 1955.
—: Der Wald in Altpreußen als Wirtschaftsraum, 1—2, Köln—Graz 1960.
Malotki, Martin von: Die Entwicklung der Landwirtschaft Hinterpommerns bis zum Ende des 18. Jhs., Diss. Jena 1931.
Maniquant-Bendele, Jean et Monique: Le paysannat dans la plaine de Haute-Alsace, Colmar 1957.
Mannhardt, Wilhelm: Germanische Mythen, Berlin 1858.
—: Die Götter der deutschen und nordischen Völker, Berlin 1860.
—: Roggenwolf und Roggenhund, Danzig 1866.
—: Die Korndämonen, Berlin 1868.
Manning, W. H.: The plough in Roman Britain. Journal of Roman Studies 54, 1964, S. 54—65.
Martens, Hannes: Ein bäuerliches Inventar aus dem Jahre 1829. RWZV 20, 1973, S. 221—227.
Maurer, Georg Ludwig von: Geschichte der Fronhöfe, der Bauernhöfe und der Hofverfassung in Deutschland, 1—4, Erlangen 1862—1863.
Maybaum, Heinz: Die Entstehung der Gutsherrschaft im nordwestlichen Mecklenburg, Stuttgart 1926 (VSW, Beiheft 6).
—: Beiträge zur Geschichte der germanisch-deutschen Landwirtschaft. ZV 44, 1934, S. 169 bis 178.
Mayer, Theodor (Hg.): Die Anfänge der Landgemeinde und ihr Wesen, 1—2, Konstanz—Stuttgart 1964.
Meiborg, R.: Das Bauernhaus im Herzogtum Schleswig und das Leben des schleswigischen Bauernstandes im 16., 17. und 18. Jh., Schleswig 1896.
Meitzen, August: Der Boden und die landwirthschaftlichen Verhältnisse des Preußischen Staates, 1—8, Berlin 1868—1908.
—: Siedelung und Agrarwesen der Westgermanen und Ostgermanen ..., 1—3, Berlin 1895—1896.
Memminger, August: Zur Geschichte der Bauernlasten mit besonderer Beziehung auf Bayern, Diss. Würzburg 1900.
Mensing, Otto: Schleswig-Holsteinisches Wörterbuch, 1—5, Neumünster 1927—1935.
Merkel, Johann (Hg.): Leges Baiuwariorum. In: MGH (Folioausg.), Leges, 3, Hannover 1863, S. 183—496.
Merx, Otto/Franz, Günther (Hg.): Akten zur Geschichte des Bauernkrieges in Mitteldeutschland, 1/1—2, Leipzig 1923, 1934.
Meyer, Elard Hugo: Badisches Volksleben im 19. Jh., Straßburg 1900.
Michelsen, A. L. J. (Hg.): Der Mainzer Hof zu Erfurt am Ausgange des Mittelalters, Jena 1853.
Middelhauve, Lutz: Die „Holländerei". JGGLL 38, 1939, S. 4—19.
Mildenberger, Gerhard: Drei frühgeschichtliche Pflugscharen aus Mitteldeutschland. AFSB 1, 1951, S. 61—64.
Mitzka, Walther: Das Niederländische in Deutschland. In: Niederdeutsche Studien, Festschrift Conrad Borchling, Neumünster 1932, S. 207—228.
Modderman, P. J. R.: De Spanjaardsberg, voor- en vroeghistorische boerenbedrijven te Santpoort. BROB 10/11, 1960/61, S. 210—262.
Möser, Justus: Sämtliche Werke. Hist.-krit. Ausg., 4, Oldenburg—Berlin 1943.
Mössinger, Friedrich: Von alten Bauerngeräten im Odenwald. HBV 51/52, 1960, S. 147—169.
Mommsen, Theodor (Hg.): Cassiodori senatoris variae, Berlin 1894 (MGH, Auct. antiqu. 12).
Mone, F. J.: Ueber den Wiesenbau im 15. und 16. Jh. Zur Geschichte der Viehzucht vom 14. bis 16. Jh. Zeitschrift für die Geschichte des Oberrheins 3, 1852, S. 174—186, 398—414.
Moser, Hans: Chronik von Kiefersfelden, Rosenheim 1959.
Moser, Oskar: Der Heurechen. Carinthia 1/142, 1952, S. 463—494.
Mückenhausen, E./Scharpenseel, H. W./Pietig, F.: Zum Alter des Plaggeneschs. Eiszeitalter und Gegenwart 19, 1968, S. 190—196.
Mühlberg, Dietrich: Zur Diskussion des Kulturbegriffs. Weimarer Beiträge 22, 1976, 1, S. 5—35.

Müller, Hans-Heinrich: Entwicklungstendenzen der Viehzucht in Brandenburg vor den Agrarreformen von 1807. JW 1966, 2, S. 137–189.
—: Märkische Landwirtschaft vor den Agrarreformen von 1807, Potsdam 1967.
—: Christopher Brown — an English farmer in Brandenburg-Prussia in the 18th century. Agricultural History Review 17, 1969, S. 120–135.
—: Akademie und Wirtschaft im 18. Jh., Berlin 1975.
Müller, Hans-Hermann: Zu einigen Ergebnissen der archäozoologischen Forschung. In: 25 Jahre archäologische Forschungen der DDR, Berlin 1976 (AF 21, 1–4), S. 194–196.
Müller, Ingeborg: Kartoffelnahrung im Vogtland, Plauen 1976.
Müller, Josef (Hg.): Rheinisches Wörterbuch, 1 ff., Bonn 1928 ff.
Müller-Mertens, Eckart: Skizze zur weiteren Verständigung über das feudale Produktionsverhältnis. EAZ 13, 1972, S. 543–578.
Müller-Scheessel, Karsten: Jürgen Christian Findorff und die kurhannoversche Moorkolonisation im 18. Jh., Hildesheim 1975.
Müller-Wille, Wilhelm: Langstreifenflur und Drubbel. Deutsches Archiv für Landes- und Volksforschung 8, 1944, S. 9–44.
Müller-Wille, Michael: Die landwirtschaftliche Grundlage der Villae rusticae. In: Germania Romana, 3: Römisches Leben auf germanischem Boden, hg. von Hermann Hinz, Heidelberg 1970, S. 26–42.
Münchhausen, Otto von: Der Hausvater, 3. Aufl., 1, Hannover 1771.
Mylius, Christian Otto (Hg.): Corpus Constitutionum Marchicarum, 5/3, Berlin 1740.

Neumann, Gotthard: Vor- und Frühgeschichte. In: Das Gleichberggebiet, Berlin 1963, S. 14–57, 185–226.
—: Germanische Ackerbaugeräte des 4.–5. Jhs. von Jena-Lobeda. AF 11, 1966, S. 260–267.
Neuse, Walter: Siedlungsgeschichte der Bauernschaft Möllen im Landkreis Dinslaken, Neustadt/Aisch 1964.
Neussychin, A. I.: Die Entstehung der abhängigen Bauernschaft als Klasse der frühfeudalen Gesellschaft in Westeuropa vom 6. bis 8. Jh., Berlin 1961.
Nicolai, J. D.: Über die Hofedienste der Unterthanen, Berlin 1799.
Nobis, Günter: Beiträge zur Abstammung und Domestikation des Hauspferdes. Zeitschrift für Tierzüchtung und Züchtungsbiologie 64, 1955, S. 201–246.
Notebaart, Jannis C.: Windmühlen. Der Stand der Forschung über das Vorkommen und den Ursprung, Den Haag–Paris 1972.
Nowothnig, Walter: Germanische Ackergeräte in Schlesien. Altschlesien 8, 1939, S. 93–103.
Nowotny, Paul (Hg.): Groß Partwitz. Wandlungen eines Lausitzer Heidedorfes, Bautzen 1976.
Nutzungsberechnung. Fortgesetzter Versuch einer Nutzungs-Berechnung einigen wohlgewarteten Kuhviehs. Oeconomische Nachrichten (Leipzig) 7, 1755, S. 204–234.

Ohlhaver, Horst: Der germanische Schmied und sein Werkzeug, Leipzig 1939.
Orwin, C. S./Orwin, C. S.: The open fields, 3. Aufl., Oxford 1967.
Ott, Hugo: Studien zur spätmittelalterlichen Agrarverfassung im Oberrheingebiet, Stuttgart 1970 (QFA 23).
Ott, Norbert H.: Dorfsiegel als Erzeugnisse volkstümlicher Kunst. Jahrbuch Coburger Landesstiftung 1967, S. 239–256.
Otte, Friedrich Wilhelm: Oekonomisch-statistische Beschreibung der Insel Fehmarn, Schleswig 1796.
Parain, Charles: The evolution of agricultural technique. In: The Cambridge Economic History of Europe, 1: The agrarian life of the Middle Ages, 2. Aufl., Cambridge 1966, S. 125–179.
Paret, Oscar: Spätrömisches aus Tuttlingen. Fundberichte aus Schwaben N. F. 4, 1928, S. 87–90.

Pazdur, Jan: Technika jako przedmiot badań historii kultury materialnej (Technique en tant qu'objet de recherche de l'histoire de la culture matérielle). KHKM 22, 1974, S. 411—433.
Peesch, Reinhard: Das Gerät in der Arbeitswelt des Fischers. Zur Tradierung von Gerät und Arbeitserfahrung. DJV 12, 1966, S. 26—36.
—: Der Vorgang des Tradierens. DJV 13, 1967, S. 115—117.
Peters, Jan: Ostelbische Landarmut. Sozialökonomisches über landlose und landarme Produzenten im Spätfeudalismus. JW 1967, 3, S. 255—302; JW 1970, 1, S. 97—126.
Petráň, Josef: Typologie der Bauernbewegungen in Mitteleuropa unter dem Aspekt des Übergangs vom Feudalismus zum Kapitalismus. In: Der Bauer im Klassenkampf, Berlin 1975, S. 449 bis 467.
Peuckert, Will-Erich: Die große Wende. Das apokalyptische Saeculum und Luther, Hamburg 1948.
Piendl, Max: Hab und Gut eines bayerischen Ritters im 14. Jh. In: Festschrift Max Spindler, München 1969, S. 193—213.
Pirenne, Henri: Sozial- und Wirtschaftsgeschichte Europas im Mittelalter, 3. Aufl., München 1974.
Pittioni, Richard: Der frühmittelalterliche Gräberfund von Köttlach, Landkreis Gloggnitz, Brünn—München—Wien 1943.
Planck, Dieter: Untersuchungen im fränkischen Friedhof von Tauberbischofsheim-Dittigheim, Main-Tauber-Kreis. Archäologische Ausgrabungen (Stuttgart) 1976, S. 55—58.
Podewils, von: Wirtschafts-Erfahrungen in den Gütern Gusow und Platkow, 1—4, Berlin 1801 bis 1804.
Podwińska, Zofia: Technika uprawy roli w Polsce średniowiecznej (Die Technik der Bodenbearbeitung im mittelalterlichen Polen), Wrocław—Warszawa—Kraków 1962.
—: Gospodarstwo wiejskie w okresie wczesnofeudalnym (5 w. — początek 12 w.). In: Zarys historii gospodarstwa wiejskiego w Polsce, 1, Warszawa 1964, S. 181—262.
Poel, J. M. G. van der: De landbouw in het verste verleden (Agriculture in the Long-Ago). BROB 10/11, 1960/61, S. 125—194.
—: Oude nederlandse ploegen (Alte niederländische Pflüge), Arnhem 1967.
—: Verkeerd geinterpreteerd: de middeleeuwse karploeg volgens Lindemans (Falsch interpretiert: der mittelalterliche Kehrpflug nach Lindemans). In: Vriendenboek voor A. J. Bernet Kempers, Arnhem 1971, S. 198—104.
Postan, M. M.: Essays on medieval agriculture and general problems of the medieval economy, Cambridge 1973.
Prange, Wolfgang: Siedlungsgeschichte des Landes Lauenburg im Mittelalter, Neumünster 1960 (QFGSH 41).
—: Die Anfänge der großen Agrarreformen in Schleswig-Holstein bis um 1771, Neumünster 1971 (QFGSH 60).
Prinz, Otto/Schneider, Johannes (Hg.): Mittellateinisches Wörterbuch, 1 ff., Berlin 1967 ff.
Putschke, Wolfgang: Sachtypologie der Landfahrzeuge, Berlin (W)—New York 1971.

Quantz, B.: Die erste deutsche Dreschmaschine. JGGLL 36, 1937, S. 24—25.
Quietzsch, Rudolf: Zur Verbreitung und Geschichte des Dreschflegels. DJV 15, 1969, S. 84—120.
—: Der Kampf der Bauern um Triftgerechtigkeit in Thüringen und Sachsen um 1525. In: Der arm man 1525, hg. von Hermann Strobach, Berlin 1975, S. 52—78.
Quitta, Hildegard: Mittelalterliche Sicheln aus Leipzig. In: Leipziger Beiträge zur Vor- und Frühgeschichte, Leipzig 1955, S. 148—153.

Raabe, H. F. W. (Hg.): Gesetzsammlung für die Mecklenburg-Schwerinschen Lande, 1. Sammlung, 1—5, 2. Aufl., Wismar—Rostock—Ludwigslust 1869—1872.
Rach, Hans-Jürgen/Weißel, Bernhard (Hg.): Landwirtschaft und Kapitalismus in der Magdeburger Börde, I/1, Berlin 1978 (VIDV 66,1).

Rainer, Johann: Geschichtliche Bemerkungen über den Buchweizen. Carinthia 1/151, 1961, S. 705 bis 710.
Rasch, Max: Wirtschafts- und Hofinventar eines nordschleswigischen Marschhofes vor 200 Jahren. HMSH 70, 1963, S. 81—85.
Rau, Karl Heinrich: Ueber die Landwirthschaft der Rheinpfalz, Heidelberg 1830.
Reichar(d)t, Christian: Land- und Garten-Schatz, 1—6, Erfurt 1751—1755.
Reichmann, Oskar: Der Deutsche Wortatlas als Quelle für die Agrargeschichte. ZAA 14, 1966, S. 30—44.
Reichstein, Hans: Pferde- und Menschenknochen aus dem fränkischen Grab Nr. 9 in Rheinhausen. Rheinische Ausgrabungen (Düsseldorf) 9, 1971, S. 166—173.
Reile, Adolf: Geschichte der Sensenfabrik Neuenbürg, Stuttgart 1953.
Rennebach, Günter: Eine frühgeschichtliche Pflugschar aus der Oberlausitz. AF 14, 1969, S. 101 bis 104.
Rhamm, Karl: Ethnographische Beiträge zur germanisch-slawischen Altertumskunde, 1—2, Braunschweig 1905—1910.
Riechelmann, Benno: Vom Ackerhof zum Großgut. Zwei Jahrhunderte wirtschaftlicher Entwicklung des Rittergutes Veltheim im Kreise Halberstadt, Leipzig 1926.
Riedel, Adolph Friedrich (Hg.): Codex diplomaticus Brandenburgensis, 1/1ff., Berlin 1838ff.; 2/1ff., Berlin 1843ff.
Riehl, Wilhelm Heinrich: Die deutsche Arbeit, 3. Aufl., Stuttgart 1883.
Ries, Ludwig-Wilhelm/Preuschen, Gerhardt: Die Arbeit in der Landwirtschaft, 3. Aufl., Stuttgart 1956.
Riesch, Johs. Wolfg. Graf von: Praktische Bemerkungen über die Ober-Lausitzische Landwirthschaft, Dresden 1805.
Ritterling, E.: Museographie für die Jahre 1910—1912. In: 7. Bericht der Römisch-Germanischen Kommission 1912 (1915), S. 26—252.
Rodigast, Rolf: Das Einkommen der Greifswalder Stadtbauern in der zweiten Hälfte des 18. Jhs. JW 1976, 3, S. 107—118.
Röder, Josef: Getreidesichel, Getreideernte und fränkische Sicheln im Neuwieder Becken. Rheinische Vorzeit 4, 1941, S. 86—93.
Rörig, Fritz: Das älteste erhaltene deutsche Kaufmannsbüchlein. Hansische Geschichtsblätter 50, 1925, S. 12—66.
Rosenow, Christopher Ehrenreich: Versuch einer Abhandlung vom Ackerbau und der Koppelwirthschaft, Leipzig 1759.
Rütimeyer, Leopold: Ur-Ethnographie der Schweiz, Basel 1924.
Rupprecht, Gottfried: Der gute Feld- und Hauswirth ... in dem Kurfürstl. sächß. Erzgebirge, Dresden 1788.

Saalfeld, Diedrich: Bauernwirtschaft und Gutsbetrieb in der vorindustriellen Zeit, Stuttgart 1960 (QFA 6).
Šach, František: Radlo a pluh na území Československa (Haken und Pflug auf dem Gebiet der Tschechoslowakei). In: Vědecké práce zemědělského múzea, Praha 1961, S. 23—155.
—: Soustava oradel starého světa a zařazení nářádí z území Československa (System der Ackerbaugeräte der Alten Welt und Einordnung der aus dem Gebiet der Tschechoslowakei stammenden Geräte). In: Vědecké práce zemědělského múzea, Praha 1963, S. 173—231.
Sack, Joachim: Die Herrschaft Stavenow, Köln 1959.
Saenger, Wolfgang: Die bäuerliche Kulturlandschaft der Hohenloher Ebene und ihre Entwicklung seit dem 16. Jh., Remagen 1957 (FDL 101).
Sandow, Erich: Das Schadensverzeichnis aus der Eversteinschen Fehde (ca. 1409). Mitteilungen aus der lippischen Geschichte und Landeskunde 23, 1954, S. 52—107.
Schanz, Friedrich M.: Ein Beispiel des Odal ... in Schlegel bei Zittau, Dresden 1934.

Scharlau, Kurt: Gewannflurforschungen in Hessen. In: Mayer (Hg.) 1964, 1, S. 29–51.
Scheuenpflug, Lorenz: Das Inventar des ehemaligen Scheppacher Hofes aus dem Jahre 1768. Schwäbische Blätter für Heimatpflege und Volksbildung 15, 1964, S. 79–88.
Schier, Bruno: Vom Aufbau der deutschen Volkskultur. Zeitschrift für Deutsche Geisteswissenschaft 2, 1939/40, S. 332–348.
Schindler, Reinhard: Eine germanische Siedlung des 1.–5. Jhs. n. Chr. in Hamburg-Farmsen. Hammaburg 4, 1953/55, S. 173–196.
Schlegel, Walter: Gruorn und seine Umgebung. In: Bischoff-Luithlen 1967, S. 15–31.
Schlögl, Waldemar (Hg.): Die älteste Besitzliste und das Urbar des Stiftes Diessen von 1362–63, München 1970.
Schmidt, Berthold: Die späte Völkerwanderungszeit in Mitteldeutschland, Halle 1961.
Schmidt, Georg C. L.: Der Schweizer Bauer im Zeitalter des Frühkapitalismus, 1–2, Bern–Leipzig 1932.
Schmidt, Gustav Heinrich: Zur Agrargeschichte Lübecks und Ostholsteins, Zürich 1887.
Schmidt, Leopold: Gestaltheiligkeit im bäuerlichen Arbeitsmythos. Mitteilungen der Österreichischen Gesellschaft für Anthropologie, Ethnologie und Prähistorie 80, 1950, S. 2–77. (a)
—: Die Kurzstielsense. Zur Verbreitung und Geltung einer Gruppe europäischer Ernteschnittgeräte. Archiv für Völkerkunde 5, 1950, S. 159–186. (b)
—: Verbreitungshinweise zur Gestellsense. SAV 48, 1952, S. 31–42.
—: Antike und mittelalterliche Pflugscharen in Österreich. Archaeologia Austriaca 19/20, 1956, S. 227–238. — Auch in: Research on ploughing implements, Copenhagen 1956, S. 141–151.
—: Der randbeschlagene Spaten in Ostmitteleuropa. DJV 3, 1957, S. 388–406. (a)
—: Geschichtliche Grundlagen der Gerätekultur. Zu den Aufgaben der Erforschung des bäuerlichen Arbeitsgeräts, dargetan an den Säegeräten in Kärnten. Carinthia 1/147, 1957, S. 773 bis 802. (b)
—: Volkskunde von Niederösterreich, 1, Wien 1966.
Schneiter, Fritz: Agrargeschichte der Brandwirtschaft, Graz 1970.
Scholten-Nees, Mechthild/Jüttner, Werner: Niederrheinische Bauerntöpferei. 17.–19. Jh., Düsseldorf 1971.
Schramm, Albert (Hg.): Der Bilderschmuck der Frühdrucke, 1ff., Leipzig 1920ff.
Schröder, Edward (Hg.): Kaiserchronik. In: Deutsche Chroniken, 1 (MGH, Script. 1), Hannover 1895, S. 1–441.
Schröder, G.: Zu Urgroßvaters und Großvaters Zeiten. HMSH 17, 1907, S. 104–109.
Schröder, K. H.: Die Gewannflur in Süddeutschland. In: Mayer (Hg.) 1964, 1, S. 11–28.
Schröder-Lembke, Gertrud: Die Einführung des Kleebaus in Deutschland vor dem Auftreten Schubarts von dem Kleefeld, Berlin 1954.
—: Die mecklenburgische Koppelwirtschaft. ZAA 4, 1956, S. 49–60.
—: Englische Einflüsse auf die deutsche Gutswirtschaft im 18. Jh. ZAA 12, 1964, S. 29–36.
—: (Hg.) Martin Grosser, Anleitung zu der Landwirtschaft; Abraham von Thumbshirn, Oeconomia. Zwei frühe deutsche Landwirtschaftsschriften, Stuttgart 1965 (QFA 12).
—: Petrus de Crescentiis und sein Einfluß auf die frühe deutsche Sachliteratur. ZAA 19, 1971, S. 160–169.
—: Die Entwicklung des Raps- und Rübsenanbaus in der deutschen Landwirtschaft. ZAA 24, 1976, S. 145–160.
Schuchardin, S. W.: Grundlagen der Geschichte der Technik, Leipzig 1963.
Schütze, Johann Friedrich: Holsteinisches Idiotikon, 1–4, Hamburg 1800–1806.
Schuldt, Ewald: Die slawischen Burgen von Neu-Nieköhr/Walkendorf, Kr. Teterow, Schwerin 1967 (Beitr. z. Ur- und Frühgesch. d. Bez. Rostock, Schwerin u. Neubrandenburg 1).
Schulze, Eduard Otto: Die Kolonisierung und Germanisierung der Gebiete zwischen Saale und Elbe, Leipzig 1896.

Schumacher, Christian Wilhelm Christlieb: Das gerechte Verhältniß der Viehzucht zum Ackerbaue, Frankfurt—Leipzig 1763; 2. Aufl. 1805.
—: Abhandlung vom Haaken als einem vorzüglichen Ackerwerkzeuge an statt des Pfluges, Berlin 1774.
Schumacher, Karl: Siedelungs- und Kulturgeschichte der Rheinlande von der Urzeit bis in das Mittelalter, 2, Mainz 1923.
Schuppan, Peter: Kulturgeschichte und Geschichtsbild. Tendenzen der Kulturgeschichtsschreibung in der BRD. JVK 18, 1975, S. 51—83.
—: Marx und Engels über Kultur und Kulturentwicklung. JVK 19, 1976, S. 9—54.
—: Thesen zum Gegenstand und zur Entwicklung der Kulturgeschichtsschreibung in der DDR. Weimarer Beiträge 1977, 3, S. 161—166.
Schwarz, Dietrich W. H.: Sachgüter und Lebensformen. Einführung in die materielle Kulturgeschichte des Mittelalters und der Neuzeit, Berlin (W) 1970.
Schwerz, Johann Nepomuk: Beobachtungen über den Ackerbau der Pfälzer, Berlin 1816.
Schwind, Ernst von (Hg.): Leges nationum Germanicarum, 5/2: Lex Baiuwariorum, Hannover 1926 (MGH, Leg., sect. I, 5/2).
Seidel, Barbara: Wort und Brauch im Arbeitsjahr des Tabakbauern im Oder-Randow-Gebiet. DJV 10, 1964, S. 103—124.
Ševelenko, A. Ja.: Proizvodstvenno-trudovoj opyt narodnych mass Evropy VI—X vekov (The experience gained by the popular masses of Europe in the sphere of productive labour between the 6th and 10th centuries). Voprosy istorii 1975, 8, S. 78—101.
Seydel, Paul: Geschichte des Rittergutes und Dorfes Limbach in Sachsen, Dresden 1908.
Sick, Wolf-Dieter: Vergleichende Untersuchungen zur Siedlungsentwicklung im Keuperbergland von Württemberg. In: Beiträge zur Genese der Siedlungs- und Agrarlandschaft in Europa, Wiesbaden 1968, S. 164—165.
Siebmacher: Das erneuerte Teutsche Wappenbuch, 1, Nürnberg 1657.
Skazkin, S. D.: Der Bauer in Westeuropa während der Epoche des Feudalismus, Berlin 1976.
Slicher van Bath, B. H.: Een Fries landbouwbedrijf in de tweede helft van de zestiende eeuw (Ein friesischer Landwirtschaftsbetrieb in der zweiten Hälfte des 16. Jhs.). Agronomisch-historische bijdragen (Wageningen) 4, 1958, S. 67—208.
—: The agrarian history of Western Europe A. D. 500—1850, London 1963.
—: Eighteenth-century agriculture on the continent of Europe: evolution or revolution? Agricultural History (Davis, Calif.) 43, 1969, S. 169—179.
Sloet, L. A. J. W.: Des Hertog's huis te Hattem in het begin der XVde eeuw. Bijdragen voor vaderlandsche geschiedenis en oudheidkunde N. R. 9, 1877, S. 12—64.
Šolta, Jan: Die Ertragsentwicklung in der Landwirtschaft des Klosters Marienstern, Bautzen 1958.
Specht, Reinhold (Hg.): Die anhaltischen Land- und Amtsregister des 16. Jhs., 1—3, Magdeburg 1935—1940.
Spehr, Reinhard: Ein spätkaiserzeitlich-völkerwanderungszeitlicher Hortfund mit Eisengeräten von Radeberg-Lotzdorf, Kreis Dresden. AFSB 14/15, 1966, S. 169—219.
—: Die Rolle der Eisenverarbeitung in der Wirtschaftsstruktur des Steinsburg-Oppidums. Archeologické rozhledy 23, 1971, S. 486—503.
Sporhan, Lore/Stromer, Wolfgang von: Die Nadelholzsaat in den Nürnberger Reichswäldern zwischen 1469 und 1600. ZAA 17, 1969, S. 79—106.
Sprenger, Balthasar: Oekonomische Beiträge und Bemerkungen zur Landwirthschaft auf das Jahr 1780, Maulbronn (1779).
Springer, Matthias: Sein und Bewußtsein. Fragen des mittelalterlichen Geisteslebens (Rez. über Gurevič 1972). JW 1975, 2, S. 255—261.
Stahleder, Helmuth: Weistümer und verwandte Quellen in Franken, Bayern und Österreich. Zeitschrift für bayerische Landesgeschichte 32, 1969, S. 525—605, 850—885.

Steensberg, Axel: North West European plough-types of prehistoric times and the Middle Ages. Acta archaeologica 7, 1936, S. 244–280.
—: Ancient harvesting implements, København 1943.
—: Plough and field shape. In: Selected papers of the 5th International Congress of Anthropological and Ethnological sciences (1956), Philadelphia 1960, S. 342–345.
Stegmann, Eduard (Hg.): Samuel Benedikt Carsted, Atzendorfer Chronik, Magdeburg 1928.
Steinhauer, Walter: Germanische Graswirtschaft und deutsche Wortgeographie. Zeitschrift für Mundartforschung 20, 1952, S. 66–92.
Steinle, Peter: Die Vermögensverhältnisse der Landbevölkerung in Hohenlohe im 17. und 18. Jh., Stuttgart-Hohenheim 1971.
Steinmann, Paul: Bauer und Ritter in Mecklenburg, Schwerin 1960.
Steinmann, Ulrich: Die Bundschuhfahnen des Joß Fritz. DJV 6, 1960, S. 243–284.
Steirischer Bauer. Katalog der Ausstellung „Der steirische Bauer. Leistung und Schicksal von der Steinzeit bis zur Gegenwart", Graz 1966.
Stiehler, Gottfried: Gesellschaft und Geschichte. Zu den Grundlagen der sozialen Entwicklung, Berlin 1974.
Stockey, Friedrich: Untersuchungen über die Entwicklungsgeschichte der Handhacken in Mitteleuropa, Diss. Hannover 1964.
Stolz, Otto: Die Schwaighöfe in Tirol, Innsbruck 1930. (a)
—: Zur Geschichte der Landwirtschaft in Tirol. In: Tiroler Heimat. Zeitschrift für Geschichte und Volkskunde Tirols N. F. 3, 1930, S. 93–138. (b)
—: Rechtsgeschichte des Bauernstandes und der Landwirtschaft in Tirol und Vorarlberg, Bozen 1949.
Stoob, Heinz: Landausbau und Gemeindebildung an der Nordseeküste im Mittelalter. In: Mayer (Hg.) 1964, 1, S. 365–422.
Straub, A./Keller, G. (Hg.): Herrade de Landsberg, Hortus deliciarum, 1–2, Straßburg 1879, 1899.
Streubel, Andreas Christlieb: Beschreibung eines mecklenburgischen Ackerinstruments, der Haacken genannt. Berlinische privilegirte wöchentliche Relation ... 2, 1753, S. 1237–1239.
Strobach, Hermann (Hg.): Geschichte der deutschen Volksdichtung, Berlin 1980 (im Druck).
Strobel, Albrecht: Agrarverfassung im Übergang. Studien zur Agrargeschichte des badischen Breisgaus vom Beginn des 16. bis zum Ausgang des 18. Jhs., Freiburg—München 1972.
Sudendorf, H. (Hg.): Urkundenbuch zur Geschichte der Herzöge von Braunschweig und Lüneburg, 1–11, Hannover 1859–1883.
Sudhof, Siegfried: Die Stellung der Landwirtschaft im System der mittelalterlichen Künste. ZAA 4, 1956, S. 128–134.

Takács, Lajos: Schollenbrecher. Beiträge zur primitiven Bodenbestellung. AE 12, 1963, S. 419 bis 425.
—: Zur Geschichte der Kurzstielsensen in Ungarn. AE 20, 1971, S. 339–376.
Tarr, László: Karren, Kutsche, Karosse. Eine Geschichte des Wagens, Berlin 1970.
Techen, Friedrich (Hg.): Die Chroniken des Klosters Ribnitz, Schwerin 1909.
Teichert, Manfred: Erläuterungen zur wissenschaftlichen Bezeichnung der Haustiere und zu einigen Begriffen in der Tierzucht. EAZ 16, 1975, S. 681–685.
Ten Cate, C. L.: Wan God mast gift ... Bilder aus der Geschichte der Schweinezucht im Walde, Wageningen 1972.
Tessin, Georg: Mecklenburgische Bauernlisten des 15. und 16. Jhs., 2: Das Amt Bukow mit dem Lande Poel, Schwerin 1938.
Thaer, Albrecht: Beschreibung der nutzbarsten neuen Ackergeräthe, 1–3, Hannover 1803–1806.
Thünen, Johann Heinrich von: Der isolirte Staat, 1–3, 3. Aufl., Berlin 1875.

Tiessen, Maike: Die Tierwelt einer städtischen und einer ländlichen Siedlung im frühmittelalterlichen Schleswig-Holstein. In: Archäologisch-biologische Zusammenarbeit in der Vor- und Frühgeschichtsforschung. Münchener Kolloquium 1967, hg. von Joachim Boessneck, Wiesbaden 1969, S. 148–156.
Töpfer, Bernhard: Zur Problematik der vorkapitalistischen Klassengesellschaft. JW 1967, 4, S. 259–286.
Treue, Wilhelm: Achse, Rad und Wagen. Fünftausend Jahre Kultur- und Technikgeschichte, München 1965.
Trier, Jost: Venus. Etymologien um das Futterlaub, Köln–Graz 1963.
Trotzig, Dag: Slagan och andra tröskredskap (Flegel und andere Dreschgeräte), Stockholm 1943.
Tschernikel, Egon: Ein alttirolisches Inventar. Tiroler Heimatblätter (Innsbruck) 10, 1932, S. 403 bis 405.
Tschumi, Otto: Urgeschichte des Kantons Bern, Bern–Stuttgart 1953.

Vegesak, Friedrich von: Zur Aufnahme der Landwirthschaft, Berlin 1766.
Vogt, Heinz-Joachim: Archäologische Beiträge zur Kenntnis der landwirtschaftlichen Produktionsinstrumente der Slawen in den brandenburgischen Bezirken. EAZ 16, 1975, S. 491–503.
—: Altslawische Ackerbaugeräte vom Gelände des Burgwalls „Grodisch" in Wiesenau Kr. Eisenhüttenstadt. In: Veröffentlichungen des Museums für Ur- und Frühgeschichte Potsdam 10, 1976, S. 205–220.
Vollrath, Peter: Landwirtschaftliches Beratungs- und Bildungswesen in Schleswig-Holstein in der Zeit von 1750 bis 1850, Neumünster 1957 (QFGSH 35).
Vouga, Paul (Hg.): La Tène, Leipzig 1923.

Wallwitz, Bars Graf von: Die Hofmark Adldorf vom 16. Jh. bis zur Bauernbefreiung, Waldsassen/Bayern 1968.
Wartmann, Hermann (Hg.): Urkundenbuch der Abtei Sanct Gallen, 1–2, Zürich 1863, 1866.
Wartung des Rindviehs. Von der Wartung des Rindviehes durch die Wiedertäufer auf einem Gute im Hannöverischen. In: Beiträge zur Oekonomie, Technologie, Polizey und Cameralwissenschaft 5, 1781, S. 159–178.
Wattenbach, W. (Hg.): Monumenta Lubensia, Breslau 1861.
Weber-Kellermann, Ingeborg: Erntebrauch in der ländlichen Arbeitswelt des 19. Jhs. aufgrund der Mannhardtbefragung in Deutschland von 1865, Marburg 1965 (VIMV 2).
Wegner, Eginhard: Feldsysteme um 1700 im Gebiet des ehemaligen Vorpommern. WZM Halle–Wittenberg 17, 1968, S. 275–285.
Weidmann, Werner: Die pfälzische Landwirtschaft zu Beginn des 19. Jhs., Saarbrücken 1968.
Weiershausen, Paul: Taleae ferreae. Mannus 34, 1942, S. 84–92.
Weinhold, Rudolf: Winzerarbeit an Elbe, Saale und Unstrut, Berlin 1973 (VIDV 55).
Weiss, Hildegard: Die Zisterzienserabtei Ebrach, Stuttgart 1962 (QFA 8).
Weißel, Bernhard: Von wem die Gewalt in den Staaten herrührt. Beiträge zu den Auswirkungen der Staats- und Gesellschaftsauffassungen Rousseaus auf Deutschland im letzten Viertel des 18. Jhs., Berlin 1963.
Welcker, R.: Ein Eisenfund im Büdinger Wald. Saalburg-Jahrbuch 9, 1939, S. 104–106.
Werkmüller, Dieter: Über Aufkommen und Verbreitung der Weistümer, Berlin (W) 1972.
Weyns, Jozef: De verluchting van een Vlaams cijnsboek uit omstreeks 1275 (Die Illumination eines flämischen Zinsbuches von etwa 1275). In: Vriendenboek voor A. J. Bernet Kempers, Arnhem 1971, S. 144–147.
White, K. D.: Agricultural implements of the Roman world, Cambridge 1967.
White, Lynn jr.: Medieval technology and social change, Oxford 1964.
Wied, Werner: Zur Ortsgeschichte von Bermershausen. In: Wittgenstein. Blätter des Wittgensteiner Heimatvereins 53, 1965, S. 6–42, 85–100.

Wiegelmann, Günter: Der „Atlas der deutschen Volkskunde“ als Quelle für die Agrargeschichte. ZAA 12, 1964, S. 164–180.
—: Reliktzonen und moderne Gebiete in der bäuerlichen Sachkultur der Neuzeit. In: Kulturraumprobleme aus Ostmitteleuropa und Asien, Kiel 1964, S. 23–26.
—: Alltags- und Festspeisen. Wandel und gegenwärtige Stellung, Marburg 1967.
—: Erste Ergebnisse der ADV-Umfragen zur alten bäuerlichen Arbeit. Rheinische Vierteljahrsblätter 33, 1969, S. 208–262.
—: Innovationszentren in der ländlichen Sachkultur Mitteleuropas. In: Volkskultur und Geschichte. Festgabe für Josef Dünninger, Berlin (W) 1970, S. 120–136.
—: Bäuerliche Arbeitsteilung in Mittel- und Nordeuropa – Konstanz oder Wandel? Ethnologia Scandinavica 1975, S. 5–22.
Wiemann, Harm: Rechnungen des Klosters Barthe um 1600. Jahrbuch der Gesellschaft für bildende Kunst und vaterländische Altertümer zu Emden 39, 1959, S. 37–96.
—: Beiträge zur Wirtschafts- und Sozialgeschichte Ostfrieslands. In: Ostfriesland im Schutze des Deiches, hg. von Jannes Ohling, 1, Pewsum 1969, S. 377–500.
Wiese, Heinz/Bölts, Johann: Rinderhandel und Rinderhaltung im nordwesteuropäischen Küstengebiet vom 15. bis zum 19. Jh., Stuttgart 1966 (QFA 14).
Wiessner, Hermann: Sachinhalt und wirtschaftliche Bedeutung der Weistümer im deutschen Kulturgebiet, Baden–Wien–Leipzig–Brünn 1934.
Wießner, Edmund (Hg.): Heinrich Wittenwilers „Ring“, Leipzig 1931.
Wilsdorf, Helmut: (Rezension über) Fischer F. 1966. DJV 13, 1967, S. 466–467.
Wismüller, Franz X.: Geschichte der Teilung der Gemeindeländereien in Bayern, Stuttgart–Berlin 1904.
—: Geschichte der Moorkultur in Bayern, 1–2, München 1909, 1934.
Wiswe, Hans: Grangien niedersächsischer Zisterzienserklöster. Braunschweiger Jahrbuch 34, 1953, S. 5–134.
Wiswe, Mechthild: Bücherbesitz und Leseinteresse Braunschweiger Bauern im 18. Jh. ZAA 23 1975, S. 210–215.
Wittmann, Reinhard: Der lesende Landmann. Zur Rezeption aufklärerischer Bemühungen durch die bäuerliche Bevölkerung im 18. Jh. In: Der Bauer Mittel- und Osteuropas im sozio-ökonomischen Wandel des 18. und 19. Jhs., Köln–Wien 1973, S. 142–196.
Wolfram, Richard: Altertümliche Dreschmethoden im österreichischen Voralpenland. Das Austreten durch Tiere. In: In memoriam António Jorge Dias, 3, Lisboa 1974, S. 395–414.
Wopfner, Hermann: Die Lage Tirols zu Ausgang des Mittelalters und die Ursachen des Bauernkrieges, Berlin–Leipzig 1908.
—: (Hg.) Urkunden zur deutschen Agrargeschichte, Stuttgart 1928.
Wossidlo, Richard/Teuchert, Hermann: Mecklenburgisches Wörterbuch, 1 ff., Neumünster–Berlin 1942 ff.
Wrase, Siegfried: Die Anfänge der Verkoppelungen im Gebiet des ehemaligen Königreichs Hannover, Göttingen 1969.
Wrede, Adam: Eifeler Volkskunde, 2. Aufl., Bonn–Leipzig 1924.

Zaborsky, Oskar von: Hinterlassenschaftsinventarien aus dem Bayerischen Wald. BJV 1956, S. 10–14.
Zahn, Wilhelm: Die Wüstungen der Altmark, Halle a. S. 1909.
—: Heimatkunde der Altmark, 2. Aufl., Salzwedel 1928.
Zedler, Johann Heinrich (Verleger): Großes vollständiges Universal-Lexicon, 1–64, Halle 1732 bis 1750.
Zeitlinger, Josef: Sensen, Sensenschmiede und ihre Technik. Jahrbuch des Vereins für Landeskunde und Heimatpflege (Linz) 91, 1944, S. 13–178.

Zeller, Bernhard: Das Heilig-Geist-Spital zu Lindau, Lindau 1952.
Zender, Matthias: Räume und Schichten mittelalterlicher Heiligenverehrung in ihrer Bedeutung für die Volkskunde, 2. Aufl., Köln 1973.
Ziesemer, Walther (Hg.): Das große Ämterbuch des Deutschen Ordens, Danzig 1921.
Zinck(e), Georg Heinrich: Allgemeines Oeconomisches Lexikon, 2. Aufl., Leipzig 1744.
Zingerle, Oswald von: Mittelalterliche Inventare aus Tirol und Vorarlberg, Innsbruck 1909.
Zoller, Dieter: Die Ergebnisse der Grabung Gristede. Nachrichten aus Niedersachsens Urgeschichte 31, 1962, S. 31–57.
Zürn, Friedrich Anton: Geschirrkunde oder Beschirrungslehre, Leipzig 1897.

Nachträge

Balassa, Iván: Zur Geschichte des Ackerbaues in Pannonien. Burgenländische Forschungen H. 61, Eisenstadt 1971, S. 45–51.
Berg, Gösta: The introduction of the winnowing-machine in Europe in the 18th century. Tools and Tillage 3/1, 1976, S. 25–46.
Braun, Walter: Bäuerliches Gerät aus schwäbischer Vergangenheit. Bayerland (München) 64, 1962, S. 101–104.
Harnisch, Hartmut: Landgemeinde, feudalherrlich-bäuerliche Klassenkämpfe und Agrarverfassungen im Spätfeudalismus. ZG 26, 1978, S. 887–897.
—: Produktivkräfte und Produktionsverhältnisse in der Landwirtschaft der Magedeburger Börde von der Mitte des 18. Jhs. bis zum Beginn des Zuckerrübenanbaus in der Mitte der dreißiger Jahre des 19. Jhs. In: Rach/Weißel (Hg.) 1978, S. 67–173.
Holsten, Robert: Die Volkskunde des Weizackers, Stettin 1914.
Leser, Paul: Fritz-Graebner — Eine Würdigung. Anthropos 72, 1977, S. 1–55.
Maróti, Egon: Zur Rolle der Wassermühle beim Übergang von der Sklavereiordnung zum Feudalismus. JW 1978, 2, S. 107–114.
Nekuda, Vladimir: Pfaffenschlag. Zaniklá středověká ves u Slavonic, Brno 1975.
Schuldt, Ewald: Tätigkeitsbericht des Museums für Ur- und Frühgeschichte Schwerin für die Zeit vom 1. 1. 1977 bis 31. 12. 1978. AF 24, 1979, S. 101–104.
Schultz-Klinken, Karl-Rolf: Die Entwicklung der ländlichen Handarbeitsgeräte in Südwestdeutschland, Stuttgart 1975.
Wiegelmann, Günter: Zur Geschichte der Kornfege in Mitteleuropa. In: Museum und Kulturgeschichte (Hansen-Festschr.), Münster 1978, S. 145–156.

Nachweise zu den Abbildungen

A. Abbildungen im Text

Abb. 1. Röm.-Germ. Zentralmuseum Mainz. Nach Schumacher 1923, Abb. 57/6. Zeitstellung gemäß dem Fund eines ähnlichen Modells in Rodenkirchen (Haberey 1949, S. 100) wahrscheinlich spätrömisch.

Abb. 2. Museum (Staatl. Altertümersammlung) Saarbrücken. Länge 75,5 und 81 cm. Nach Kolling 1961, Abb. 6/1, 6/8: Stück b (fälschlicherweise als „Pflugmesser" bezeichnet) durch Beifunde auf 3. Jh. u. Z. datiert.

Abb. 3. *a* — Museum Wiesbaden. Länge der untersten Schar ca. 17 cm. Nach Behaghel 1942, Taf. 40 A/1—2: Reinecke Latène C + D; *b* — Länge 22,2 cm, Gewicht 365 g. Nach Weiershausen 1942, Abb. 6 (mit falscher Lokalisierung in der Unterschrift); *c* — Steinsburg-Museum. Länge ca. 23,2 cm. Nach Neumann 1963, Abb. 16/25; *d* — Landesmuseum Bonn (?). Länge 33,5 cm. Nach Klein J. 1897, Taf. V/23: spätlatènezeitlich. Zu diesem Typ vgl. auch die Funde von Manching bei Jacobi G. 1974, Nr. 470—478 (Taf. 27).

Abb. 4. *a* — Landesmuseum Bonn. Länge 31,8 cm. Nach Blum 1851, Taf. III/1—2; 2. Jh. u. Z. (?); *b* — Slowak. Museum Bratislava. Länge 32,3 cm. Nach Šach 1961, Abb. 31: 1. Jh. u. Z.

Abb. 5. *a* — Länge 10,3 cm. Nach Modderman 1960/61, Abb. 34: 1. Jh. v. u. Z. (Spandjaardsberg, Periode V); *b* — Museum Carnuntinum. Länge ca. 23,2 cm. Nach v. Groller 1909, Fig. 13/2; vgl. Schmidt L. 1956b, S. 143: 2.—3. Jh. u. Z.

Abb. 6. *a* — Länge 18 cm. Nach Paret 1928, Abb. 47/1: gefunden u. a. mit spätrömischer Schnalle; *b* — (nicht mehr existierend) Länge 20,6 cm. Nach Gringmuth-Dallmer 1975, Abb. 2a: vermutlich kaiserzeitlich-völkerwanderungszeitlich.

Abb. 7. *a* — Saalburg-Museum. Länge ca. 41,2 cm. Nach Jacobi L. 1897, Taf. XXXV/1 fehlgedeutet als „Pflugschar": 1.—3. Jh.; *b* — ebenda. Länge 52 cm. Nach Jacobi L. 1910, Abb. 21: spätrömerzeitlich; *c* — Museum Saarbrücken. Länge 43 cm. Nach Kolling 1961, Abb. 8/2; *d* — Länge ca. 43,2 cm. Nach Gutmann 1936, Abb. 191a: 3./4. Jh.; *e* — Landesmuseum Stuttgart. Länge 68 cm. Nach Fundberichte aus Schwaben 1907, Taf. V/8 (als „Schar" fehlgedeutet) und Paret 1928, S. 89: spätlatènezeitlich (angezweifelt von Kutsch 1926, S. 28); *f* — Landesmuseum Trier. Länge 67,6 cm. Nach Jahresbericht des Rheinischen Landesmuseums Trier für 1938. Trierer Zeitschrift 14, 1939, Abb. 28: 2./3. Jh.; *g* — Landesmuseum Darmstadt. Länge ca. 80 cm. Nach Ritterling (Anthes) 1915, aus Abb. 77: Mitte. 2. Jh.; *h* — Röm.-germ. Zentralmuseum Mainz. Länge ca. 77 cm. Nach Lindenschmit 1881, Taf. IV/1.

Abb. 8. *a* — (nicht mehr existierend) Länge 42,4 cm. Nach Gringmuth-Dallmer 1975, Abb. 2/b: mit Schar (oben, Abb. 6b); *b* — Landesmuseum Dresden. Erhaltene Länge 26,2 cm. Nach Spehr 1966, Abb. 4 (mit Scharfund): spätkaiserzeitlich-völkerwanderungszeitlich; *c* — erhaltene Länge 27,8 cm. Nach Nowothnig 1939, Abb. 2/6: wandalisch; *d* — Friesch Museum Leuwarden. Länge 53 cm. Nach Jirlow/v. d. Poel 1968, Abb. 6: vor 800 u. Z. Vgl. auch das Sech des Pfluges auf einem Bilderpsalter des 9. Jhs. (ganze Darstellung hinten, Abb. 16).

Abb. 9. *a* — Museum für Hamburgische Geschichte. Länge des oberen Bruchstückes ca. 6,2 cm, ursprüngliche Gesamtlänge vermutlich ca. 15 cm. Nach Schindler 1953/55, Abb. 2 (fehlgedeutet als Sech, „Vorschneidemesser"): 3. Jh.; *b* — Balaton-Múzeum Veszprém. Länge 24 cm. Nach Balassa 1972, Abb. 38: römerzeitlich. Es vergleichen sich hiermit asymmetrische Schare von Folkestone Villa/England (Aberg 1956/57, Fig. 7/2), Lisičići kod Koncija/Bosnien (Čremošnik 1955, Taf. 5/2) u. a.

Abb. 10. *a* — Länge ca. 20 cm. Nach v. d. Poel 1967, Abb. 9/15: Dorestad (wikingischer Handelsplatz); *b* — Museum Groningen. Länge 26 cm. Nach v. d. Poel 1967, Abb. 9/14: frühmittelalterlich; *c* — Museum Oslo. Länge ca. 20,4 cm. Nach Ohlhaver 1939, Taf. 21/1: 9. Jh.; *d* — Länge ca. 18,8 cm. Nach Manning 1964, Abb. 6/B: römerzeitlich.

Abb. 11. *a* — Landesmuseum Schleswig. Länge 25 cm. Nach Jankuhn 1938, Abb. 126c: 9./10. Jh.; *b* — Länge ca. 20 cm. Nach v. d. Poel 1967, Abb. 9/13; *c* — Friesch Museum Leuwarden. Länge 21 cm. Nach Jirlow/v. d. Poel 1968, Abb. 4: etwa 7. Jh. (?); *d* — Länge ca. 10 cm (?). Nach Manning 1964, Abb. 5/E: "The type appears to be Belgic and Roman."

Abb. 12. *a* — Landesmuseum Dresden. Länge 11 cm. Nach Spehr 1966, Abb. 2 (mit Sech, oben, Abb. 8b): spätkaiserzeitlich-völkerwanderungszeitlich; *b* — Länge 13,5 cm. Nach Nowothnig 1939, Abb. 1/3: wandalisch (Podwińska 1964, S. 204: frühfeudal, 7.—8. Jh.); *c* und *d* — Museum Gera. Länge ca. 11,6 und 14 cm. Nach Neumann 1966, Taf. 34a/b: undatiert „germanisch"; *e* — Schloßmuseum Büdingen. Länge ca. 15 cm. Nach Welcker 1939, Taf. 29/11: fränkisch.

Abb. 13. *a* — Landesmuseum Halle. Länge 26,9 cm. Nach Mildenberger 1951, Taf. 17/1 bzw. Schmidt B. 1961, Taf. 61h: frühes 6. Jh.; *b* — Länge 22,5 cm. Nach Nowothnig 1939, Abb. 1/1: wandalisch. Es vergleicht sich die Schar von Thunau/Niederösterr. (Schmidt L. 1956b, S. 150: 8./9. Jh.).

Abb. 14. Museum für Ur- u. Frühgeschichte Weimar. Länge 17,1 cm. Fundplatz „Neue Kiesgrube", Siedlung des 9./10. Jahrhunderts, Grube Nr. 23.

Abb. 15. *a* — Juni-Bild (umgezeichnet) aus der Salzburger „Astrologia" (Nationalbibliothek Wien), Miniaturen nach nordfranzösischer Vorlage, um 818. Nach Brandt 1927, 1, Abb. 192; *b* — Illustration aus einer Version des „Utrecht Psalters" (Brit. Museum?), Federzeichnungen aus der Schule von Reims, um 830. Andere Version bei v. d. Poel 1967, Abb. 6.

Abb. 16. Darstellung (umgezeichnet) aus einem Bilderpsalter (Landesbibliothek Stuttgart) nordfranzösischer Provenienz, 9. Jh. Nach Klein E. 1966, Taf. III/4.

Abb. 17. Röm.-Germ. Zentralmuseum Mainz. Länge ca. 7 cm. Nach Schumacher 1923, Abb. 57/5. Ein Eggenmodell auch im Fund von Rodenkirchen, vgl. Haberey 1949, Abb. 2/6: Hauptfundstück Glasschale datiert 368 u. Z.

Abb. 18. Länge der Balken 82—88 cm, der Zinken ca. 22 cm, Abstand der Zinken ca. 15 cm. Nach v. d. Poel 1960/61, Abb. 16: C 14-Datierung Gro 1171 auf 1680 $\pm$ 60 Jahre.

Abb. 19. Rekonstruiert nach den fragmentarischen Reliefs in Buzenol, Arlon und Trier. Breite über alles bei dem Originalgerät vermutlich 144—154 cm. Nach White K. D. 1967, Fig. 118.

Abb. 20. *a* — Steinsburg-Museum. Länge ca. 43,2 cm. Nach Neumann 1963, Abb. 16/30; *b* — Museum Jena. Länge 35 cm. Nach Neumann 1966, Taf. 34/d: 4./5. Jh., germanisch; *c* — Nach Beranová 1971, Abb. 2b (ihrerseits nach Vouga 1923).

Abb. 21. Miniatur (umgezeichnet) aus dem Kalender des Wandelbert-Martyriologiums (Vaticana Rom), Prüm/Eifel oder St. Gallen, Anfang des 10. Jhs. Nach Epperlein 1975, Abb. 3.

Abb. 22. Monatsbilder Juli und August (umgezeichnet) aus der Salzburger „Astrologia". Wie oben Abb. 15. Nach Goldschmidt 1928, 1, Taf. 13.

Abb. 23. *a* — Museum Schwerin. Länge 18 cm. Nach Beltz 1920/21, Taf. XI/85: 1./2. Jh. u. Z., langobardisch; *b* — Museum Jena. Erhaltene Länge 16 cm. Nach Neumann 1966, Taf. 34/e: 4./5. Jh., germanisch; *c* — Steinsberg-Museum. Höhe ca. 34,8 cm. Nach Neumann 1963, Abb. 16/30; *d* — Höhe (?) ca. 38 cm. Nach White K. D. 1967, Fig. 57.

Abb. 24. Landesmuseum Bonn. Höhe der rechten Sichel 35 cm. Nach Röder 1941, Abb. 1: aus einer Siedlung des 6.—9. Jhs.

Abb. 25. Nach Jahnkuhn 1957, Abb. 10: vor 11. Jh.

Abb. 26. *a* — Höhe ca. 32 cm. Nach Beranová 1976, Abb. 2/5: Anfang des 9. Jhs.; *b* — Niederösterr. Landesmuseum Wien. Länge (Höhe?) 36,6 cm. Nach Pittioni 1943, Taf. XV/9: 9./10. Jh.

Abb. 27. Detail (Umzeichnung) einer Miniatur „Gleichnis vom barmherzigen Samariter" aus dem Reichenauer Evangeliar (Staatsbibliothek München), Ende des 10. Jhs. Nach Goldschmidt 1928, 2, Taf. 28.

Abb. 28. Illustration zu Psalm 80, Vers 14. Umzeichnung aus dem Stuttgart-Psalter (wie oben, Abb. 16). Nach Ten Cate 1972, Abb. 53.

Abb. 29. Landesmuseum Eisenstadt. Länge 16,8 bzw. 19,8 cm. Nach Dworschak 1934, Abb. 3 (dort aber falsche Maßangaben): Datierung der Verbergung durch Münzfund.

Abb. 30. *a* — Museum für Ur- und Frühgeschichte Weimar. Länge 35 cm. Fundplatz Wüstung „Altenfeld"; *b* — Museum Weimar. Länge 39 cm. Fundplatz unsicher, möglicherweise derselbe wie *a*.

Abb. 31. *a* — Museum Rothenburg. Länge 33,3 cm. Nach Knebel 1964, Taf. 16: undatierter Oberflächenfund, vermutlich nicht vor 13. Jh. *b* — Landesmuseum Dresden. Länge 26,8 cm. Baumann W. 1978, S. 45—47: durch Münzfund vor (?) 1. Hälfte des 15. Jhs. datierbar; Beifunde u. a. Sech und Stielschar.

Abb. 32. Hist. Museum Schwerin. Länge 27 und 35 cm. Eine von ihnen (Basedow, welche?) vor 1467. Vgl. Jahrbücher des Vereins für meckl. Geschichte u. Altertumskunde 8, 1843, B, S. 82; a. a. O. 39, 1874, 2. Bericht, S. 2; a. a. O. 53, 1893, S. 212. Nach Bentzien 1969, Abb. 60.

Abb. 33. Sammlung Künne, Püggen bei Salzwedel (1964, Verbleib?). Länge 27,5 cm. Datierung durch Analogie: Lerche 1970, S. 136f. Nach Bentzien 1969, Abb. 4b.

Abb. 34. Kunstsammlungen Görlitz. Länge Schar 36,5 cm, Sech 46 cm. Nach Rennebach 1969, Taf. 16, Abb. 2/3: undatiert, wohl mittelalterlich. Man vgl. Fund Prinzendorf/Niederösterreich bei Schmidt L. 1956a, S. 233, Abb. 4: 13./14. Jh.

Abb. 35. Hist. Museum Bern. *a* — Länge ca. 66,8 cm; *b* — Länge ca. 63,6 cm. Nach Jahrbuch des Bernischen Historischen Museums 37/38, 1957/58 (1959), Abb. 20/3 + 1: spätes Hochmittelalter (Beifund bei *a* = Armbrustbolzen) entgegen Tschumi 1953, S. 75, 121 (römisch).

Abb. 36. Monatsbilder (umgezeichnet) aus zwei Versionen des „Augsburger Psalters" (Staatsbibliothek Berlin bzw. München), jedoch wahrscheinlich — zumindest die Version *b* — in Würzburg entstanden. Der Pflugtyp ist eher fränkisch-bayerisch als schwäbisch. *a* — Nach Klein E. 1966, Taf. III, Abb. 5: 13. Jh. [etwa 1225/50]; *b* — Nach Fischer H. 1929, Abb. S. 161: 13. Jh.

Abb. 37. Darstellung aus dem illustrierten Zinsbuch „Veil Rentier" des Jehan de Pamele-Audenarde/Oudenaarde (Bibliothek Brüssel). Nach Weyns 1971, Abb. 10: um 1275; Kehrpflug-Deutung nach v. d. Poel 1971.

Abb. 38. Landesmuseum Stuttgart. Länge 39,4 cm, was von der Dimension her nicht für eine Haken-, sondern eine Kehrpflugschar spricht. Die Prägemarken schließen „römische" Zeitstellung (so Klein, E. 1966, Taf. I/1) aus, deuten vielmehr auf Mittelalter oder frühe Neuzeit. Nach Klein, E., ebda.

Abb. 39. *a* — Landesmuseum Saarbrücken. Länge 21,6 cm, Tüllenkanten mit Schlagmuster in Tannenzweigmanier, eingepunzte Schmiedemarken „H". Nach Kolling 1966, Abb. 2 (Taf. 5/2): mittelalterlich; *b* — Museum Assen. Länge ca. 29,6 cm. Nach v. d. Poel 1967, Abb. 9/10: mittelalterlich oder jünger.

Abb. 40. Ausschnitt (Umzeichnung) eines Blattes aus dem „Reiner Formelbuch" (Nationalbibliothek Wien), Musterbuch eines Malers aus dem steirischen Kloster Rein. Nach Brandt 1927, 2, Abb. 123; Datierung nach Steirischer Bauer 1966, S. 156: 12. Jh.

Abb. 41. Ausschnitt (Umzeichnung) aus einem teppichartigen Tuch mit Darstellungen aus dem Motivkreis „Wilde Leute" (Österr. Museum f. Kunst u. Industrie). Der „Wilde Mann" hält eine Rübe in der Hand. Nach Brandt 1927, 2, Abb. 19: 1275.

Abb. 42. Monatsbild (Umzeichnung) aus einem Psalterium (Univ.-Bibliothek Graz). Nach Steirischer Bauer 1966, Abb. 15 vor S. 153: 13. Jh.

Abb. 43. *a* — Monatsbild (Umzeichnung) aus dem Kalendarium im „Chorbuch für die Prim", Zwiefalten/Württemberg (Landesbibliothek Stuttgart). Nach Löffler 1928, Taf. 22: ca. 1138/47; nach Brandt 1927, 1, S. 153: 1162; *b* — Monatsbild (Umzeichnung) aus dem „Landgrafenpsalter" (Landesbibliothek Stuttgart). Nach Löffler 1925, Taf. VIII: um 1211/13 aus einer thüringischen Malerschule (Reinhardsbrunn, Eisenach?). — Die Sicheln sind hinsichtlich der Handhabe äußerst naturgetreu, hinsichtlich des fehlenden Bogens nach rechts weniger naturgetreu dargestellt.

Abb. 44. Farbminiatur (Umzeichnung) aus der Dresdner Bilderhandschrift des Sachsenspiegels (Landesbibliothek Dresden?). Nach v. Amira 1902, Taf. 82: 3. Viertel des 14. Jhs. Zur Lokalisierung vgl. Nachweis zu Abb. 54.

Abb. 45. *a* — Länge 34,5 cm, die Blattrückseite durch Rippe verstärkt. Nach v. d. Poel 1960/61, Abb. 19 rechts: Burmania II-terp, mittelalterlich; *b* und *c* — Höhe ca. 53,6 bzw. 57,6 cm. Nach Grimm P. 1939, Taf. XIX, Abb. 4: 12.—14. Jh.; *d* — Museum für Geschichte der Stadt Leipzig. Weitere Angaben zu Fundplätzen und Datierungen bei Quitta 1955 bzw. Küas 1961 (*d* — nach dessen Abb. 29).

Abb. 46. *a* — Darstellung (Umzeichnung) aus dem Evangeliar Ottos III. (Staatsbibliothek München). Nach Abel 1967, Taf. III/1: um 1000 bzw. Ende des 10. Jhs.; *b* — wie oben Abb. 43a; *c* — Monatsbild (Umzeichnung) aus einem vermutlich thüringischen Faltkalender (Staatsbibliothek Berlin), um 1400; *d* — wie oben Abb. 37. Nach Weyns 1971, Abb. 8.

Abb. 47. Länge ca. 28,6 cm. Nach Beranová 1971, Abb. 1d: um 1300 bzw. 1. Hälfte des 14. Jahrhunderts.

Abb. 48. Nach Beranová 1975, Abb. 13 (ihrerseits nach Vakarelski, bulgarisch rezent).

Abb. 49. Nach Beranová 1975, Abb. 10/3: mittelalterlich.

Abb. 50. Wie oben Abb. 43b. Nach Löffler 1925, Taf. X, XI.

Abb. 51. Wie oben Abb. 37 und 46d. Nach Weyns 1971, Abb. 12.

Abb. 52. Darstellung (Umzeichnung) aus dem „Hortus deliciarum" der Herrad von Landsperg (1125/30—1195). Nach Straub/Keller 1879/99, Pl. Vb bzw. Treue 1965, Abb. S. 201.

Abb. 53. Wie Abb. 52. Nach Straub-Keller 1879/99, Pl. XXX.

Abb. 54. Quelle wie oben Abb. 44. Nach v. Amira 1902, Taf. 61. Die ausschließlich vorkommenden Sielengeschirre in den Bildern der Dresdner Handschrift des „Sachsenspiegels" machen die sonst angenommene Herkunft des Künstlers aus dem Meißnischen fraglich und weisen eher in den ursprünglichen Geltungsbereich des Rechtsbuches, etwa das Mittelelbe-Harz-Gebiet (Bistum Halberstadt).

Abb. 55. Quelle wie oben Abb. 44 und 54. Nach v. Amira 1902, Taf. 65. Zur Lokalisierung vgl. oben Abb. 54, Nachweise.

Abb. 56. Farbminiatur (Umzeichnung) aus der Heidelberger Bilderhandschrift des Sachsenspiegels, 14. Jh. Nach der Faksimile-Ausg. Koschorrek 1970, Bl. 9 verso (unten). Lokalisierung vom gerätekundlichen Aspekt wie Abb. 54.

Abb. 57. *a* — Fundplatz Hotel Astoria. Museum für Geschichte der Stadt Leipzig. Höhe einschl. Holzblatt 32 cm. Nach Küas 1961, Abb. 24: mittelalterlich; *b* — Höhe 23 cm. Nach v. d. Poel 1960/61, Abb. 17: mittelalterlich.

Abb. 58. Museum für Geschichte der Stadt Leipzig. Breite 28 cm. Nach Küas 1961, Abb. 22.

Abb. 59. Holzschnitt zu Crescentius 1493, Verleger Peter Drach, Speyer. Nach Schramm 1933, 16, Taf. 4, Abb. 31.

Abb. 60. *a* — Detail (schematisierte Umzeichnung) aus einer Zeichnung von Hans Holbein d. J. Nach Glaser 1924, Taf. 7: Luzern 1518. *b* — Attribut (schematisierte Umzeichnung) der Kunigundenstatue im Chorgestühl von St. Stephan, Wien. Nach Braun 1943, Abb. 238: Ende des 15. Jhs.

Abb. 61. Streichbrettbeschlag 24 × 37 cm, Sech Länge ca. 55 cm, Grindelketten o. M. (?). Nach Guyan/Schnyder 1976, Abb. 20: archäologische und C-14-Datierung des sonstigen Fundgutes auf Ende des 15./evtl. Anfang des 16. Jhs.; die Grindelketten — Verbindung zwischen Pflugbaum und Radvorgestell — nicht als solche erkannt.

Abb. 62. Detail (Umzeichnung) aus einer Illustration zu Boccaccios „De cleres et nobles femmes“ (Lissabon, Stiftung Gulbenkian). Nach Fischel 1963, Abb. 11: um 1410. Vgl. Klein E. 1965.

Abb. 63. Darstellung in einem Waffeleisen (welcher Herkunft?) von 1555. Nach Hansen 1967, Abb. 13.

Abb. 64. Zeichnung aus dem „Ingenieurkunst- und Wunderbuch“, Weimarer Codex 328 (Nationale Forschungs- und Gedenkstätten der klassischen deutschen Literatur). Umzeichnung nach einem Foto; Reproduktion bei Bentzien 1975, Taf. 6: 15./16. Jh.

Abb. 65. Aus einem Aktenvorgang von 1558/72, Staatsarchiv Dresden, Geheimes Archiv, Loc. 4418, fol. 254^{r}.

Abb. 66. Federzeichnung „Ein von vielen Pferden gezogener Pflug“ von Peter Opel (Kupferstichkabinett Berlin). Bock 1921, 1, Nr. 577: 1587.

Abb. 67. Holzschnitt des Petrarca-Meisters, Illustration zu „Von der Artzny bayder Glück“ (1532), Verleger Heinrich Steyner, Augsburg. Nach: (Crescentius), New Feldt und Ackerbaw, Frankfurt a. M., Sigmund Feyerabend, 1583, S. 172: wiederverwendet, um 1518/21 entstanden.

Abb. 68. Holzschnitt des Hans Sebald Beham zu Ryff 1546, Verleger Egenolph, Frankfurt a. M. Nach Diederichs 1908, 1, Abb. 176.

Abb. 69. Holzschnitt des Hans Vintler zum „Buch der Tugend“, 1486, Verleger Johann Blaubirer, Augsburg. Nach Schramm 1943, 23, Taf. 145/Nr. 685.

Abb. 70. Kalenderbild in der Art des Hans Sebald Beham (1500—1550): um 16. Jh. Vgl. Bartels 1924, Abb. 46. Hier Ausschnitt nach Mössinger 1960, Abb. S. 166.

Abb. 71. Relief (umgezeichnet von Oskar v. Zaborsky-Wahlstätten) auf einem Epitaph in der Stadtkirche von Eschenbach/Oberpfalz (1585). Nach Kasparek 1961, Abb. 1.

Abb. 72. Bild (Umzeichnung) aus dem Kalender des Magisters Johannes Nider von Gemünd, Ende des 15. Jhs. Nach Diederichs 1908, 1, Abb. 126.

Abb. 73. Kalenderbild (Holzschnitt), Kopie des 16. Jhs. nach Hans Sebald Beham (1500—1550). Nach Diederichs 1908, 1, Abb. 175.

Abb. 74. Titelholzschnitt „Gesprech von zwayen Gesellen", Augsburg(?) 1524. Nach Diederichs 1908, 1, Abb. 230.

Abb. 75. Nach Berger 1972, Abb. 8—9: um 1500.

Abb. 76. Arbeit des Bildhauers Christoph Walther (Dresden). Nach Blaschke 1967, Abb. 13.

Abb. 77. Stark vergrößerte Umzeichnung nach einem Foto. Staatsarchiv Meiningen, Gemeinschaftl. Hennebergisches Archiv, Sektion II H 43. Vgl. Kobuch-Müller 1975, S. 54—58 (dort auch ein weiterer Siegelabdruck).

Abb. 78. Umzeichnung nach Streubel 1753, Taf. N.

Abb. 79. Umzeichnung nach Leske 1785, Taf. 13/3: „Der um Ullersdorf gewöhnliche Rurhaken".

Abb. 80. Holzschnitt „Ackerpferd am Pflug" von Johann Friedrich Gottlieb Unger (Kupferstichkabinett Berlin) für das „ABC-Buch für Kinder", Halle 1797.

Abb. 81. Lithographie (Kupferstichkabinett Berlin) zum „Unterricht im Landschaftszeichnen", München o. J. (um 1830). Der Künstler stammt aus Nördlingen/Bayerisch Schwaben.

Abb. 82. Kupferstich aus v. Hohenthal 1754, Taf. zu S. 281.

Abb. 83. Nach einer Federzeichnung über einer Kohlenskizze „Zwei Pflüge" von Johann Georg von Bemmel (Kupferstichkabinett Berlin). Bock E. 1921, Nr. 6600: Zuschreibung offenbar fraglich.

Abb. 84. Schematische Umzeichnung eines Steindrucks von v. Stengel aus Rau 1830, Taf. 2.

Abb. 85. Glasbild, „Fensterbierscheibe", gestiftet von Bauer „Hans Hinrich Brammer", o. O. (Bomann-Museum Celle). Umzeichnung nach Lauffer 1936, Taf. nach S. 22: nebenstehendes, stilistisch ähnliches Glasbild 1753 datiert.

Abb. 86. Koren 1972, Abb. 9: 19 (?) Jh. Länge des mittleren Föhrenstammes 210 cm.

Abb. 87. Umzeichnung eines Kupferstichs von Sprengel/Böttger zu Thaer 1803, 2, Tab. 7. Breite des Geräts ca. 180 cm.

Abb. 88. Geräte des späten 19. Jhs. aus kleinbäuerlichem Besitz. o. M.

Abb. 89. Nach Dinklage 1966, Taf. XVI/27. Das Gerät wurde vereinfachend umgezeichnet.

Abb. 90. Vereinfachte Umzeichnung nach v. d. Borne 1752, Taf. zu S. 12.

Abb. 91. Nach Röder 1941, Abb. 3/4: 18./19. Jh. Die Zähne sind nicht in die Schneide selbst eingefeilt (wie bei einer Säge), sondern setzen auf der Unterseite des Blattes als schmale Stege an.

Abb. 92. Holzschnitt „Bäuerin mit Sichel" von Johann Georg Unger, gebürtig aus Goes bei Pirna (Kupferstichkabinett Berlin): etwa Mitte des 18. Jhs.

Abb. 93. Umzeichnung eines Kupferstichs aus: Magazin aller neuen Erfindungen, Entdeckungen und Verbesserungen, Leipzig 1797—1800, Lfg. 3, Taf. V, Fig. 2.

Abb. 94. Holzschnitt „Bauer mit Dreschflegel" von Johann Friedrich Gottlieb Unger (Kupferstichkabinett Berlin) für das „ABC-Buch für Kinder", 1797.

Abb. 95. Umzeichnung eines Kupferstichs bei Zincke 1744, Tab. XXI. Quantz 1937, S. 24: 1700/1710 verwendet.

Abb. 96. Umzeichnung eines Kupferstichs in den Schriften der Ökonomischen Gesellschaft (Niederösterr. Landesarchiv). Nach Buchinger 1952, Abb. S. 364: 1769.

Abb. 97. Landesmuseum Schleswig. Nach Lühning 1963, Abb. (1) S. 21: 1763.

Abb. 98. Länge des Kastens 190 cm. Bomann-Museum Celle. Nach Bomann 1927, Abb. 125: 18. Jh. (? eher 1. Hälfte 19. Jh.).

Abb. 99. Umzeichnung eines Kupferstichs aus: Magazin ... (wie Abb. 93), Lfg. 6, Taf. VII·

Abb. 100. Vorauspublikation einer DDR-Karte für den Ethnologischen Atlas Europas durch Bentzien/Quietzsch 1976, S. 180f.; dort nähere Interpretation.

Abb. 101. Quietzsch 1969, Karte 1. Im Aufsatz nähere Interpretation.

Abb. 102. Nach Duhamel du Monçeau (dieser wiederum nach Jethro Tull), umgesetzt im Magazin ... (wie Abb. 93), Lfg. 5, Taf. VIII, später auch seitenverkehrt übernommen von Krünitz 1809, 112, Abb. 6512—6513 u. ö. Umzeichnung des Kupferstichs nach Magazin, a. a. O.

Abb. 103. Umzeichnung eines Kupferstichs aus Krünitz 1809, 112, Abb. 6510.

Abb. 104. Marouflé eines unbekannten Meisters. Umzeichnung nach v. d. Poel 1967, Abb. 20: 2. Hälfte des 18. Jhs., Ostteil der Provinz Noord-Brabant.

Abb. 105. *a* — Umzeichnung eines Holzschnitts „Landwirtschaftliche Gerätschaften" von Johann Georg Unger (Kupferstichkabinett Berlin); *b* — Werkzeichnung aus Krünitz 1809, 112, Abb. 6480 bis 6481.

Abb. 106. Nach dem Originaldruck, Abb. S. 278 (Deutsche Staatsbibliothek Berlin).

Abb. 107. Dasselbe, Abb. S. 287. Abhängig von Krünitz 1780, 21, s. v. *Hakenpflug* oder (wie dieser) von Schumacher 1774.

Abb. 108. Vereinfachte Umzeichnung des Dekors einer Schüssel (Heetjens-Museum Düsseldorf). Nach Scholten-Nees/Jüttner 1971, Abb. 125 bzw. Abb. S. 119: Töpfer Martin Jacobus Mellen 1763, Werksvorlage von Wolter Draeck.

Abb. 109. Vereinfachte Umzeichnung des Dekors eines Walzenkruges (Meyenburg-Museum Nordhausen). Laut Katalog Der Bauer und seine Befreiung. Kunst vom 15. Jahrhundert bis zur Gegenwart, Dresden 1975, S. 150, Nr. 205: Erfurt, 1770.

Abb. 110. Umzeichnung eines Kupferstichs von Johann Friedrich Bolt nach einer Zeichnung von Johann Heinrich Ramberg „Der Sommer" (Kupferstichkabinett Berlin), um 1800.

Zeichnungen: Wilfried Baumann (31b) und Renate Meuche (14, 30). — Umzeichnungen aus der Literatur: Ulrich Bentzien (2, 4, 7, 8, 17, 24, 25, 26, 29, 31a, 32, 33, 38, 45, 60, 61, 62, 64, 76, 77, 78, 88, 90, 96, 109), Ursula Berger (3, 5, 6, 9—13, 16, 18, 20—23, 27, 28, 34, 35, 39, 41, 43, 44, 46, 50, 54, 55, 57, 79, 85, 91, 99, 103, 104, 105 oben) und Doris Rühling (1, 82, 84, 86, 87, 93, 95, 98, 102).

B. Abbildungen im Tafelteil

Taf. I. Miniatur des Jehan Mièlot zu „Vie et miracles de Notre Dame" (Nationalbibliothek Paris): 2. Hälfte des 15. Jhs. Foto: Musée des Arts et Traditions Populaires.

Taf. II. Monatsbild Juli aus dem Breviarium Grimani, Simon Bening zugeschrieben: etwa 1500/1520. Nach Grote 1973, Taf. 13.

Taf. III. „Sommer", Stich aus der Jahreszeiten-Folge von Pieter Brueghel d. Ä. (Bibliothek Brüssel): 1568. Foto: Deutsche Fotothek Dresden.

Taf. IV. Detail eines Altargemäldes, einer Darstellung der Kornfeldlegende (St. Marien, Parchim/Meckl.) Lübische Arbeit? Um 1500. Foto: Ulrich Bentzien.

Taf. V. Detail aus einer lavierten Federzeichnung „Frauen vertreiben Geistliche" von Lucas Cranach d. Ä. (Kupferstichkabinett Berlin). Bock E. 1921, Nr. 4798: um 1520. Zwischenaufnahme nach Foto.

Taf. VI. Oben: Illustration des Meteoritenfalls bei Ensisheim 1492 in Diebold Schillings d. J. Luzerner Bilderchronik: 1513. Aus Durrer/Hilber 1932, Taf. 197. — Unten: Kupferstich „Das Milchmädchen" des Lucas van Leyden. Bartsch Nr. 158: 1510. Aus Friedländer 1924, Taf. XXVI.

Taf. VII. Titel und Titelholzschnitt von Hans Weiditz(?) zu einem Druck von 1530, Verleger Christian Egenolph, Straßburg. Aus einem Originaldruck.

Taf. VIII. Oben: Titelkupfer aus Reichardt 1754, Bd. 5. Foto: Univ.-Bibliothek Rostock. — Unten links: Keramikwandplatte von Jakob Hagmann, Töpferort Issum (Germ. Nationalmuseum Nürnberg): 1770. Aus Scholten-Nees/Jüttner 1971, Abb. 282(b). — Unten rechts: Keramikwandbild aus der Werkstatt Evers, Töpferort Schaephuysen (Niederrhein. Museum Duisburg): 1799. Inschrift: „Was sind das/ vär rare/ sachen/ das der Hunt auf solche art sol butten." Aus Scholten-Nees/Jüttner 1971, Abb. 305 (b).

Taf. IX. Oben: Zwei Kupferstiche aus der Folge „Die Monate oder Jahreszeiten" (März, Juli) von Daniel Chodowiecki (Museum d. bild. Künste Leipzig). Engelmann 1857, Nr. 183: Genealogischer Kalender 1778, Verleger Georg Berenberg, Lauenburg. Foto: Museum der bild. Künste. — Unten: Kupferstich „Sommer" von Johann David Schleuen nach Daniel Chodowiecki (Kupferstichkabinett Berlin). Nicht bei Engelmann 1857. Illustration zu J. B. Basedows „Elementarwerk" (1770 ff.), Tab.XVI (b).

Taf. X. Kolorierte Radierungen „Bauer beim Ackern rastend" und „Bauer mit Pferden auf dem Acker", von Adam von Bartsch nach Wilhelm Kobell (Kupferstichkabinett Berlin). 1800. Fotos: Kupferstichkabinett Berlin.

Taf. XI. Oben: Radierung „Pferd und Pflug" von Johann Adam Klein (Kupferstichkabinett Berlin). Jahn Nr. 127-III: 1813. — Unten: Detail einer Radierung „Dorfstraße" von Dietrich Findorff (ebda). Um 1770/80. Fotos: wie Taf. X.

Taf. XII. Radierungen „Zwei Ställe" von Johann Christian Klengel (Kupferstichkabinett Berlin). Ende des 18. Jhs. Foto: wie Taf. X.

Taf. XIII. Radierungen „Viehmagd" und „Die Schweine" von Johann Adam Klein (Kupferstichkabinett Berlin). Jahn Nr. 225—IV, 184: 1817/18. Foto: wie Taf. X.

Taf. XIV. Oben: Kupferstich aus Reichardt 1754, Bd. 5, Taf. III. Foto: Univ.-Bibliothek Rostock. — Unten: Titelkupfer zu „Oeconomische Nachrichten", Leipzig 1749ff., von Johann Martin Bernigeroth. Foto: wie oben.

Taf. XV. „Die Erde", Marmorplastik im Rondell an der Großen Fontäne von François Gaspar Adam. Kurth 1970, S. 194: 1758. Foto: Ulrich Bentzien.

Taf. XVI. Oben: Kupferstich (Ausschnitt, ohne das Portal mit vier dorischen Säulen) „Die ökonomische Trophäe von Labes" von Daniel Chodowiecki (Museum der bild. Künste Leipzig). Engelmann 1857, Nr. 67: 1770. Foto: Museum d. bild. Künste Leipzig. — Unten: Radierung „Kaiser Joseph II. pflügt" von Johann Babtist Bergmüller nach Zeichnung(?) von (?). (Kupferstichkabinett Berlin). 1769 oder bald danach. Foto: wie Taf. X.

Sachregister

FSC
www.fsc.org
MIX
Papier | Fördert gute Waldnutzung
FSC® C083411

Kolibri 360 GmbH
Ferdinand-Jühlke-Straße 7
99095 Erfurt, Deutschland
produktsicherheit@kolibri360.de